스필버그의 말

스필버그의 말

영화적 상상력에 휴머니즘을 녹여낸 거장, 일생의 인터뷰

스티븐 스필버그

브렌트 낫봄 · 레스터 D. 프리드먼

이수원 옮김

마음산책

옮긴이 **이수원**

파리3대학에서 영화미학을 전공한 후 10여 년간 부산국제영화제 프로그래머로 일했다. 전남대학교에서 학생들을 가르치며 영화에 관한 글쓰기와 번역을 병행하고 있다. 지은 책으로 『하루의 로맨스가 영원이 된 도시』, 옮긴 책으로 『에리크 로메르』『센소 비평 연구』『발라시네』『카이에 뒤 시네마』『오션킹』 등이 있다.

스필버그의 말

영화적 상상력에 휴머니즘을 녹여낸 거장, 일생의 인터뷰

1판 1쇄 인쇄 2022년 1월 5일
1판 1쇄 발행 2022년 1월 10일

지은이 | 스티븐 스필버그
엮은이 | 브렌트 낫봄 · 레스터 D. 프리드먼
옮긴이 | 이수원
펴낸이 | 정은숙
펴낸곳 | 마음산책

편집 | 권한라 · 성혜현 · 김수경 · 이복규 · 나한비
디자인 | 최정윤 · 오세라 · 차민지
마케팅 | 권혁준 · 권지원 · 김은비
경영지원 | 박지혜

등록 | 2000년 7월 28일(제13-653호)
주소 | (우 04043) 서울시 마포구 잔다리로 3안길 20
전화 | 대표 362-1452 편집 362-1451   팩스 | 362-1455
홈페이지 | www.maumsan.com
블로그 | blog.naver.com/maumsanchaek
트위터 | twitter.com/maumsanchaek
페이스북 | facebook.com/maumsan
인스타그램 | instagram.com/maumsanchaek
전자우편 | maum@maumsan.com

ISBN 978-89-6090-720-1 03680

* 책값은 뒤표지에 있습니다.

* 사전에 저작권자와 연락이 닿지 않은 인터뷰 및 사진은 연락이 닿는 대로 사용·허가 절차를 밟겠습니다.

내가 바라는 단 한 가지는
뭔가 새로운 걸 시작하고 그걸 끝까지 해내려는
열망과 사랑을 잃지 않는 겁니다.
오직 그걸 희망해요.

■ 일러두기

1. 이 책은 『Steven Spielberg: Interviews』(University Press of Mississippi, 2000)의 개정 증보판 『Steven Spielberg: Interviews, Revised and Updated』(University Press of Mississippi, 2019)를 우리말로 옮긴 것이다.
2. 외국 인명, 지명, 독음 등은 외래어 표기법을 따르되 관용적인 표기와 동떨어진 경우 절충하여 실용적 표기를 따랐다.
3. 국내에 소개된 작품명은 번역된 제목을 따랐고, 국내에 소개되지 않은 작품명은 원어 병기 후 제목을 독음대로 적거나 우리말로 옮겼다.
4. 옮긴이 주는 글줄 상단에 표기했다.
5. 영화명, TV 프로그램명, 잡지와 신문 등의 매체명은 〈 〉로, 시리즈는 ' '로, 책 제목은 『 』로 묶었다.

과거와 미래를 함께 그리는 눈

이 책의 초판이 출간된 이래 스티븐 스필버그는 믿을 수 없을 만큼 왕성하게 영화를 찍어왔고, 그중 몇 편은 그의 작품들 가운데 가장 복합적인 문제의식을 담고 있다. 이를테면 〈에이 아이〉〈마이너리티 리포트〉〈뮌헨〉〈링컨〉〈스파이 브릿지〉〈더 포스트〉 등이 이에 속한다. 이런 도전적인 영화들과 함께 〈캐치 미 이프 유 캔〉〈터미널〉〈틴틴: 유니콘호의 비밀〉〈마이 리틀 자이언트〉처럼 좀 더 가벼운 영화들을 만들어 대중에게 즐거움을 선사했으며, 〈우주 전쟁〉〈워 호스〉〈레디 플레이어 원〉에서는 그보다 어두운 대기와 땅의 영역, 그리고 가상현실 전쟁으로 뛰어들었다. 인기 시리즈 '인디아나 존스' 중 그가 감독한 〈인디아나 존스: 크리스탈 해골의 왕국〉은 과도한 비판을 받기도 했으나, IMDB에 따르면 2021년현재 개봉 예정일이 2023년으로 미뤄졌다 추가로 시리즈 한 편이 극장가를 강타할 예정이다. (스필버그의 제작 발표가 종종 기대와는 전혀 다른 영화로 귀결되긴 하지만) IMDB 사이트에는 〈웨스트 사이드 스토리〉와 오랜 시간 기다려왔던 〈에드가르도 모르타라 납치 사건The Kidnapping of Edgardo Mortara〉이 사전제작 중이라고 나와 있다. 〈에드가르도 모르타나 납치 사건〉은 19세기 이탈리아를 배경으로, 유대인이지만 기독교도로 자라난

한 소년의 이야기다. 두 영화 모두 〈뮌헨〉에서 협업한 토니 쿠슈너가 각본을 맡았다. 2016년 12월 18일 70세 생일을 맞이했던 스필버그가 은퇴선언을 하거나 영화를 만드는 파죽지세의 속도를 늦출 기미가 전혀 없음은 명백하다.

저서 『시민 스필버그Citizen Spielberg』에서 나는 스필버그가 감독한 광범위한 생산물에 전통적인 장르 범주를 적용해, 그의 영화들이 미국 주류 영화제작 방식의 특징으로 자리 잡은, 공고히 구축된 형식에 어떤 식으로 편하게 들어맞는지 입증했다. 그 형식은 초기 무성영화 시기부터 스튜디오 시스템의 전성기를 거쳐 현재의 블록버스터 및 소규모 영화들의 패턴에서도 지속되고 있다. 이 책의 초판 발간 이후 스필버그가 감독한 장편영화들의 경우에도 그 패턴은 유지되어왔다. 〈에이 아이〉〈마이너리티 리포트〉〈우주 전쟁〉〈레디 플레이어 원〉은 SF영화, 〈워 호스〉와 〈링컨〉, 그리고 〈스파이 브릿지〉의 경우 전쟁영화, 〈터미널〉〈뮌헨〉〈더 포스트〉는 사회문제 영화, 마지막으로 〈캐치 미 이프 유 캔〉〈인디아나 존스: 크리스탈 해골의 왕국〉과 〈틴틴: 유니콘호의 비밀〉은 액션/모험 멜로드라마의 패턴을 보여준다. 스필버그의 영화들은 관습적인 장르 범주에 들어맞긴 하나 단순히 전통적인 플롯과 캐릭터들로 잘 닦인 길을 답습하는 대신, 확립된 장르의 공식들에 끊임없이 활력을 불어넣는다. 창의성이 떨어지는 사람의 손에서였다면 그저 반복의 편리와 익숙함에 대한 향수 외에는 선사하지 못했을 지루한 '장르적' 설명에 밀도와 깊이를 더하는 방식을 통해서 말이다. 철학자이자 문화비평가 발터 벤야민의 적절한 지적대로, "예술 작품의 고유성은 그것이 전통의 직조 속에 묻혀 있다는 사실과 떼어놓을 수 없다."(『기술복제시대의 예술작품』, 1936) 스필버그의 대작들은 미국 영화사에서 양분을 취할 뿐 아니라 그 경계를 확장한다.

스필버그의 초기 영화들에 등장한, 본질적 의미를 갖는 캐릭터, 모티프, 비유, 주제들은 나중에 만들어진 영화들에도 새로운 배치를 통해 나타난다. 그리하여 신나는 모험에 뛰어드는 '남자-소년들', 끊임없이 자유와 무한한 상상력의 메타포가 되는 비행 이미지, 사회 조건이 변화하는 세계 속에서 남성성에 대한 두려움과 불안으로 가득한 캐릭터들을 볼 수 있다. 무엇보다 파편화된 가정이 스필버그의 서사들을 지배한다는 점이 가장 일관적이다. 그 가정은 혈연관계 혹은 위험한 상황에 의해 어쩔 수 없이 함께하게 된 경우지만, 개인이든 소수집단이든, 그보다 큰 규모의 생존자 그룹이든, 가상현실의 팀원들이든 혹은 미국이라는 국가 전체든, 모두 서로 재결합하기 위해 투쟁한다. 2000년 이후 스필버그의 대작들은 이런 요소들을 구체화함으로써, 이전의 많은 영화들보다 복잡한 주제들에 훨씬 심도 있게 파고든다. 식인 상어보다는 위험한 기술, 포옹하고 싶은 외계인보다는 살인자 외계인, 광란하는 공룡 대신 파괴적인 테러리즘을 다룬다. 그 영화들은 스필버그의 전작들에 새겨진 잊지 못할 시각적 인각들에 버금가거나, 심지어 때로는 그것들을 능가하는, 돋보이는 섬세한 예술성을 지속적으로 보여준다. 스필버그가 이런 강박적 반복들을 인지하기에 자신의 영화에서 의식적으로 복제하는 것인지, 아니면 재등장하는 패턴들을 의식하지 못한 채 그것들이 포함된 서사들을 강박적으로 재생산하는 것인지 의문을 갖게 된다.

많은 평론가들의 주장처럼 〈쉰들러 리스트〉는 개인으로서나 영화감독으로서나 스필버그의 이력에서 극적인 전환점이 되었다. 이 영화를 만들면서 그는 유대인이라는 자신의 정체성과 강제로 대면해야 했을 뿐 아니라 마침내 그 정체성에 축배를 들 수 있었다. 더불어 영화의 강렬한 주제와 타고난 비주얼은 마침내 평단으로 하여금 그의 상상력을 재평가하고, 그가 영감 넘치는 엔터테이너일 뿐 아니라 진지한 예술가라는 결론을 내리게끔 했다. 그동안 많은 평론가들은 스필버그의 블록버스터들이 (조지 루카스의 블록버스터들처럼) 할리우드 영화제작을 진지한 예술 형식보다는 놀이공원 기구 탑승으로 만들어버렸다고 하며, 그를 영원한 청소년으로 꾸준히 폄하해왔다. 예술가의 여정 속에 순수하게 결정적인 의미로 자리 잡게 된 순간은, 1994년 〈쉰들러 리스트〉가 아카데미 작품상을 수상하고, 더불어 마침내 그토록 오랜 시간 그가 갈망했던 감독상 부문의 황금 트로피를 고국으로 가져왔을 때 공개적으로 부각되었다(그는 1999년 〈라이언 일병 구하기〉로 동일한 상을 재차 수상했다). 〈쉰들러 리스트〉의 개봉과 더불어 스티븐 스필버그는 새로운 예술적 정통성의 층위에 도달했고, 공식 평단과 대중 모두 그의 이후 영화들을 그 같은 층위에서 평가하게 된다. 그때 이후로 스필버그의 영화를 보러 가는 것은 스릴 넘치는 모험으로 여겨졌던 것만큼이나 지적으로 도전적인 경험이 되었고, 때로는 한 영화에서 그 양 측면을 모두 경험할 수 있었다.

이처럼 평단의 극적인 분위기 전환은 스필버그에 대한 학계의 반응에서도 명백하게 드러난다. 내가 『시민 스필버그』를 썼을 무렵 그에 대한 도서는 전기들이 주를 이뤘으며(그중 최고는 조지프 맥브라이드의 것이다), 그 책들은 단지 비화나 여느 영화 팬들을 위한 관습적인 견해 정도만을 제공했다. 그러나 이제는 스필버그에 대한 책을 쓰는 것이 일종의 가내수공업이 되어, 다양한 학술서들이 발간되었다. 그중 대표적으로 나이절 모리스의 『스필버그의 영화: 빛의 제국The Cinema of Steven Spielberg: Empire of Light』, 제임스 켄드릭의 『황홀 속의 암흑: 스필버그 영화의 재평가Darkness in the Bliss Out: A Reconsideration of the Films of Steven Spielberg』, 딘 코왈

스키의 『스티븐 스필버그와 철학Steven Spielberg and Philosophy』, 앤드루 고든의 『꿈의 제국Empire of Dreams』, 리처드 시켈의 『스티븐 스필버그: 회고 Steven Spielberg: A Retrospective』를 들 수 있다. 이제 더 이상 스필버그는, 그의 대중적 인기와 발전해가는 주제의 성숙을 화해시킬 수 없었던 영화학자들이 금기시하는 대상이거나, 혹은 주류 영화 만들기의 실상에 경악한 평단의 샌드백이 아니다. 그는 대중적인 예술가로서뿐 아니라 의미심장한, 때로는 논쟁적인 이슈들에 태클 걸기를 두려워하지 않는 최고의 기량을 갖춘 영화감독으로서, 가치 있는 학술적 탐구의 대상으로 부상했다.

그러나 비록 이 책의 초판 발간 이후 스필버그가 평단의 지지와 학계의 주목을 얻긴 했지만, 그의 문화적 폭발력은 상당히 잦아들었다. 이전의 〈죠스〉〈미지와의 조우〉〈레이더스〉〈이티〉〈쥬라기 공원〉〈쉰들러 리스트〉〈라이언 일병 구하기〉 같은, 반드시 봐야 하는 영화들은 엄청난 박스오피스 기록을 달성했을 뿐 아니라 극장의 경계를 넘어 문화적 시대정신을 활용하고 정의하는 데에 도움을 주었다. 그 영화들은 단순히 상영되기를 넘어 하나의 사건이 되었다. 그런데 이 책의 초판과 개정판 발간 사이의 세월 동안, 그의 어떤 영화도 이처럼 광범위하게 대중의 환영을 받지는 못했다. 미국의 현 정치 상황을 언급하기 위한 역사적 회고임이 명백한 〈더 포스트〉는 평단의 찬사와 엄청난 박스오피스 수치를 달성하긴 했으나, 스필버그에게 또 한 번의 아카데미상을 선사하지는 못했다. 1980년대와 1990년대에 성인이 된 관객과 영화학도들에게 스필버그는 여전히 경배의 대상이자 국내 박스오피스에서 역대 최고의 수익을 거둔 감독 중 최고봉에 위치한 사람으로 남아 있다. 다만 스필버그가 상업적으로 성공하고 그에 대한 도서나 논문이 지속적으로 발간

되고는 있지만, 그 영화들은 더 이상 엄청난 대중적 인기를 누릴 정도는 아니며, 한때 부여됐던 컬트cult의 위상 역시 획득하지 못하고 있다. 동시대의 영화 팬들에게 스필버그란, 1960~70년대의 젊은 관객들이 존 포드와 하워드 호크스를 바라봤던 것과 매우 흡사하다. J. J. 에이브럼스와 크리스토퍼 놀런 같은 슈퍼히어로 감독들이 선보이는 신나는 절정의 순간들이 결여된 영화를 만드는, 좀 더 나이 든 핵심 그룹의 영화감독 중 한 명인 것이다. 에이브러햄 링컨이 뱀파이어 연맹과 맞서 싸우는 오늘날의 영화 우주 속에서, 수정 헌법 13조를 통과시키기 위한 링컨의 역사적 투쟁은, 여전히 나치들과 싸우는 연로한 고고학자의 모험이나 매한가지로 극히 지루해 보인다. 이와 같은 세대 전환은 스필버그가 이제 학계에서 진지하게 다뤄질 수 있는 이유 중 하나가 된다. 학계에서 엄청난 인기란 대개, 공공연한 적의 또는 의혹의 시선으로 받아들여지기 때문이다.

그렇다면 2000년 이래 스필버그의 뇌리를 채워온, 두드러지는 주제들은 무엇인가? 그의 이력에서 분명히 드러나듯, 스필버그는 미래를 그리면서 동시에 과거의 역사적 사건을 바라본다. 〈링컨〉〈워 호스〉〈스파이 브릿지〉〈뮌헨〉에서 그는 남북전쟁부터 제1차 세계대전, 냉전, 테러와의 전쟁에 이르기까지 어떻게 전쟁들이 우리 미국의 현 문화를 규정해왔는지 지속적으로 탐색한다. 〈레디 플레이어 원〉은 이 개념들을 미래로 가져가는데, 미래의 전투는 가상현실에서 발생하나 그 결과는 주민들의 암울한 일상에 영향을 미친다. 상기한 영화들 각각에서 스필버그는 특정 개인의 시선으로 광대한 역사의 화폭을 주시한다. 그 개인들은 거의 예외 없이, 자신의 통제를 벗어난 일련의 사건들의 덫에 걸린 남성들이다. 초기 영화들의 경우, 인물들이 종종 잠재적으로 치명적인 상황에 강제로 놓이는 것과 달리, 이러한 개인들은 외견상 안전해 보이는 장소를 버리는 선택을 하며, 원시적 생존 본능이 관습적인 사회 윤리를 대체하고 죽음의 위협이 실제와 가상의 풍경 모두에 깔려 있는 불안정한 환경으로 뛰어드는 모험을 감행한다. 스필버그의 초현실적인 영화들(〈에이아이〉 〈마이너리티 리포트〉 〈우주 전쟁〉 〈레디 플레이어 원〉)에는 이 전에 그가 시도했던, 평화롭고 심지어 포용해도 될 법한 외계인들이 등장하는 SF물들의 온기와 경이가 결여돼 있다. 대신 나중에 나온 영화들은, 우리 문화의 발전을 위해 구상되었지만 그런 발전의 시도 속에서 막중한 사회적 비용을 유발하는 기술 혁신에 인류가 얼마나 비싼 대가를 지불하는지를 숙고한다. 〈캐치 미 이프 유 캔〉과 〈터미널〉 같은, 상대적으로 가벼워 보이는 영화들에서조차 가족 관계의 파탄이나 관료주의적 이민 정책 같은 논쟁적 이슈들이 어두운 흔적을 남기고 있으며, 그 결과 상실과 심지어 슬픔의 감정들이 전반적인 모험의 감각을 상쇄한다.

이 책의 초판은 〈슈가랜드 특급〉부터 〈라이언 일병 구하기〉까지 영화감독으로서 스필버그의 이력을 다루었다. 그 시기에 스필버그는 할리우드에서 진로를 개척하고자 분투하는 자신만만한 젊은 영화감독에서 찬란한 박스오피스 기록을 줄줄이 이뤄낸 중견 감독으로, 또 흥행에 따른 보상뿐 아니라 마침내 평단의 지지 또한 획득한 예술가로 발전했다. 초판 서문의 끝에서 우리는 다음과 같이 말했다. "스필버그는 미국 사회에서 전설적인 인물, 이 시대의 윤곽을 그려내고 우리의 꿈속에 살고 있는 문화적 힘으로 부상했다." 21세기에 들어 그는 원로급 실력자의 위상을 획득했으며 여전히 상업영화 제작의 풍경 속에서 강력한 영향력을 발휘하고 있다. 그는 아카데미상을 3회 수상하고 어빙 G. 솔버그 기념상을 수상했으며, AFI평생공로상, 독일연방공화국 공로장, 뛰어난 공로를 인정하는 국방부훈장, 다수의 명예학위, 대영제국훈장, 골드휴고평생공로상, 케네디센터상, 대통령자유훈장과 그 외 수많은 상을 수상했다. 그가 제프리 캐천버그, 데이비드 게펀과 1994년에 세운 드림웍스DreamWorks는 실사영화(〈아메리칸 뷰티〉 〈글래디에이터〉 〈아버지의 깃발〉)와 애니메이션 (〈개미〉 〈슈렉〉 〈드래곤 길들이기〉) 모두에서 수많은 성공작들을 제작하거나 배급했다.

최근 스필버그가 내놓은 일련의 영화들은 여전히 요동치는 지성과, 창조적 예술가 스스로에 대한 도전 의지를 입증한다. 친구인 마틴 스코세이지와 클린트 이스트우드와 마찬가지로, 스필버그가 발표한 향후 프로젝트 목록을 보면 그가 영화와 무관한 분야로 사라지거나 막후 인물이라는 명예직에 만족하려는 뜻이 없다는 것을 명백히 알 수 있다. 가까운 미래에 그가 자발적으로 디렉터스 체어를 흔들의자와 교환하거나, 어느 날 마지막 "컷!"을 외치리라는 조짐은 없다.

브렌트와 나는 호바트윌리엄스미스칼리지의 뛰어난 학생 질리언 콜린스와 앨리슨 커클린스키에게 그들의 지치지 않는 작업, 일관된 인내심과 유머 감각, 그리고 이 책에 대한 막중한 기여에 감사의 마음을 전한다. 더불어 미시시피대학교 출판부, 그중에서도 케이티 킨과 리사 맥머트레이, 크레이그 질의 도움과 지원에 감사드린다.

레스터 D. 프리드먼

스필버그가 세상을 바라보는 방식이,
매일 우리에게로 다시 세상이 전달되는 방식이 되었다.

차례

촬영 현장에서

끊임없는 시작의 여정

헬펀   영화는 어떻게 시작하게 되었나요?

스필버그   저 혼자 홈 비디오, 8밀리, 16밀리, 35밀리 영화를 10달러, 100달러, 1천 달러를 들여 10~11년 동안 만들었어요. 그 후 35밀리 단편을 찍었어요. 후원자가 나타나 1만 달러를 줘서 찍은 거죠. 유니버설 스튜디오의 사장 시드 샤인버그가 그 단편을 봤고, 그래서 TV물 연출을 위한 계약서를 쓰게 됐죠.

헬펀   계약 기간이 얼마나 되었어요?

스필버그   7년 계약이었어요.

헬펀   아직 계약 기간인가요?

데이비드 헬펀David Helpern, 〈테이크 원Take One〉 1974년 3/4월 호에서.

스필버그 아뇨. 하지만 약 5년 전에 계약했죠.

헬펀 그래서 만들게 된 첫 작품이 '심야의 화랑Night Gallery'이죠?

스필버그 프로로서 만든 첫 작품이 조앤 크로퍼드가 나오는 '심야의 화랑'이에요. 조종사 삼부작이었어요. 그는 뉴욕 정전 시기 맨해튼에 사는 시각장애자 과부를 연기했어요. 로드 설링이 쓴 재치 있는 작품이었는데 조앤이 대사를 외우는 데 애를 먹었죠. '초월적인transcendental'이나 '식도esophagus' 같은 말을 기억하지 못했어요.

헬펀 스물한 살에 조앤 크로퍼드나 배리 설리번 같은 저명한 배우들과 일한다는 게 어떤 느낌이었을까요? 많이 어려웠나요?

스필버그 네, 어렵다마다요. 재미있게도, 나는 그 첫 경험을 그야말로 봉인해버렸어요. 큰 트라우마가 되었는데, 유니버설과의 계약서에 서명한 지 말 그대로 4주 만에 일어난 일이기 때문이죠. 한동안 스튜디오를 돌아다니다가 내 프로그램을 맡게 되리라 생각했는데, 4주 만에 조앤 크로퍼드와 함께 촬영장에 서게 되니 엄청난 문화적 충격이었고(짐작하시겠지만 첫날은 멘붕이었어요), 그래서 촬영 계획을 철저하게 세웠어요. 너무 충격을 받은 상태라 계획을 미리 잘 짜야 하겠다고 생각했어요. 실제 세트장에서는 내가 누구에게도 큰 쓸모가 없을 것이기 때문이었죠. 그리고 난생처음 오십, 육십 대의 나이 지긋

한 기술 스태프들과 일했는데, 제겐 매우 생경했어요. 그러나 그들은 정말 협조적이었죠. 질문을 많이 했는데 다 답을 해주더군요. 그 첫 프로그램에서 매우 조심스러웠던 건, 내가 아는 게 전혀 없다는 사실 때문이었어요. 지극히 개방적인 마음을 유지하려 노력했고 매 쇼트를 철저히 계산했죠. 7일 촬영 예정의 TV물이었고, 그날 나는 완수하려고 마음먹은 분량인 35개 쇼트를 준비해 갔어요. 웃기는 일이었죠. 결국 15개 쇼트만을 찍고 마감했어요. 각본이 내 취향은 아니었어요. 완전한 멜로였으니 형편없는 출발이었죠. 거의 아침드라마 수준이었어요.

헬펀 조앤 크로퍼드나 배리 설리번과 문제는 없었나요?

스필버그 전혀 없었습니다. 그 TV물을 계기로 배리와는 절친한 사이가 됐어요. 그때 이후로 배리는 내게 일종의 보호자가 됐죠.

헬펀 그 외에 연출한 TV물에는 어떤 것이 있나요?

스필버그 '심야의 화랑' 조종사 편으로 시작해서 그 시리즈의 두 편을 더 연출했어요. 그리고 '형사 콜롬보'의 첫 에피소드를 맡았는데 계속해서 시리즈가 방송을 탔어요. 이어서 '게임의 이름Name of the Game'을 찍고, '마커스 웰비Marcus Welby' 시리즈 한 편과(가리지 않고 찍었죠) '변호사 오언 마셜Owen Marshall, Counselor at Law' 한 편을 찍었어요. 로이 티니스가 출연하는 '정신과 의사들The Psychiatrist'이라는 시리즈는 정말 마음에 들었어요. 그중 두 편을 연출했는데, 총 6회 중 첫 회와 마지막 회였죠. TV영화로는 〈대결Duel〉〈섬씽 이블〉〈세비지〉〈슈가랜드 특급〉이 있습니다.

헬펀　　〈대결〉의 극장판이 유럽에서 거둔 대성공에 대해 설명해주실 수 있나요?

스필버그　아뇨. 왜 그렇게 인기였는지 정말 모르겠어요. 그러나 어떻게 해서 그렇게 됐는지, 발단은 알아요. 영화평론가 딜리스 파월이 영화를 보고 열광했죠. 그리고 어느 날 밤 그가 런던의 모든 영화평론가들을 한자리에 모아 영화를 보여줬고, 그들의 지지 덕에 유니버설과 CICCinema International Corporation가 유럽 배급을 맡게 된 거죠. 딜리스가 진정한 시작점이었어요. 폴린 케일이 〈파리에서의 마지막 탱고〉의 경우에 그랬던 것처럼요.

헬펀　　그 영화에 대해 스스로는 어떻게 느끼나요? 좋아하세요?

스필버그　아, 정말 좋아합니다.

헬펀　　미국에서도 극장 개봉하길 원하시는지요?

스필버그　단 한 가지 이유로 원하지 않습니다. 계산해봤더니 미국인 약 1천 5백만 명이 이미 영화를 봤더라고요. 그저 여기서는 그만큼 흥행에 성공할 거라 생각하지 않는 거죠.

헬펀   TV영화에서 극장 영화로의 이행이 어려웠나요?

별로인 TV영화 다섯 편을 찍을 수는 있지만
별로인 극장 영화 다섯 편을 찍을 수는 없어요.

스필버그   전혀 그렇지 않았지만, 문제는 나 자신이 곧장 극장 영화로
직행하길 원치 않은 거였죠. 기다렸어요. 네다섯 개의 극장
영화를 찍을 기회가 있었지만 안 했죠. 별로인 TV영화 다섯
편을 찍을 수는 있지만 별로인 극장 영화 다섯 편을 찍을 수
는 없어요. '별로'라는 건 평단의 지지를 얻지 못하거나 흥행
에 성공하지 못하는 영화들을 의미하죠. 그래서 그저 기다리
고 기다리고 또 기다렸어요. 첫 영화는 내 이야기로 만들겠다
고 스스로와 작은 내기를 했는데, 정말로 그 내기가 제안받은
프로젝트들에 대한 일종의 정신적 억제책이 됐죠. 스스로 다
짐하곤 했어요. "글쎄, 이걸 연출할direct 수는 있겠지만 영화
화할film 수는 없을 거야." 그리고 〈슈가랜드 특급〉을 만들었
죠. 〈시티즌 뉴스Citizen News〉에 실린 텍사스 납치 사건을 읽은
뒤, 원작 이야기를 쓰고 다른 작가들과 시나리오 작업을 했어
요. 숙고했던 거죠. 여하튼 기다릴 만한 가치가 있었어요.

헬펀   〈슈가랜드 특급〉을 정치 영화라 생각하세요?

스필버그   네, 고도로 정치적이죠. 이 영화는 무엇보다도 미디어에 대한 통렬한 고발장입니다. 바퀴 위에서 곡예를 부리듯 모든 힘을 다 동원했죠.

헬펀   미디어에 대한 전반적인 생각이 감독님을 그 이야기로 이끈 건가요?

사람들은 단지 뉴스를 보기만 하는 게 아니라
그 안에 있길 원한다는 거죠.

스필버그   네, 그 생각이 마음에 들었어요. 더불어, 이게 바로 오늘날 미국의 상황이다, 사람들은 월터 크롱카이트가 진행하는 7시 뉴스의 일부가 되길 원한다, 라는 아이디어가 좋았어요. 사람들은 단지 뉴스를 보기만 하는 게 아니라 그 안에 있길 원한다는 거죠. 그리고 오늘날에는 우리 중 누구라도 사소하고 매우 단순한 신경증적인 행위를 통해 비중 있는 뉴스거리를 만들어낼 수 있다는 생각이 마음에 들었어요. 이 영화가 말하고자 하는 게 바로 그런 거죠. 그건 가슴에서 우러나온 행동이었고 고뇌를 달래주는 일종의 여행이었지만, 한편으론 너무 단순한 이야기라 발전시켜야 했어요. 급격히 난장판으로 치달아야 했죠.

헬펀   이 영화에는 영웅과 악당이 존재하나요?

스필버그　네, 물론이죠. 내 생각에 실제 영화의 영웅은 경찰들이에요. 저한테는 어쨌든 그래요. 아무도 그렇게 보진 않지만 나는 경찰이 영웅이라고 생각하죠. 악당은, 그들을 위해 지나치게 복을 빌어준 지지자들이라고 봐요. 나는 이 영화를 포크folk로 바라보지는 않았어요. 클로비스와 슬라이드를 포크 영웅으로 생각하지 않았죠. 많은 평론가들에게 둘은 포크 영웅이지만 나는 전혀 그렇게 생각하지 않았어요.

헬펀　골디 혼은 어떤가요? 아주 교묘한 캐릭터던데요.

스필버그　네, 맞아요, 교묘해요. 실제로는 반대였는데, 실화에서는 뒤에서 조종하는 인물이 윌리엄 애서턴이 연기하는 클로비스였어요. 우리의 이야기에서는, 골디 혼의 시각과 대위 벤 존슨의 시각으로 보려고 했죠(반드시 그래야 했던 건 아니지만 극적인 것을 고려해 선택했어요. 실화가 너무 앞뒤가 딱 들어맞는 구조여서 우리의 상상력이 그걸 거스른 거죠). 골디 혼은 극도로 교묘해요. 내가 보는 진짜 악당은 바로 그예요. 깡패는 그인 거죠. 그렇게 되도록 내가 의도했다는 뜻이에요. 하지만 사람들은 각자 누가 악당이고 영웅인지에 대해 다른 해석을 하죠. 골디 혼은 자기 아이를 데려오려는 동기가 매우 강했어요. 그가 악당이 된 건 임무 때문이 아니라, 그 자신을 돌보기 시작하면서 떠올린 아이에 대한 기억에서 발생한 상실 때문이에요. 그는 치킨을 먹기 시작했고 황금 스탬프를 얻기 시작했죠. 남편에게 할 일을 지시하기 시작했고, 아메리칸 드림이란 인디언 추장의 이동 주택 같은 것아메리칸 드림이 곧 허상이라는 의미이라 생각했어요.

〈슈가랜드 특급〉이 아주 호평을 얻었음에도 상업적으로 실패한, 혹은 고생한 이유가 뭐라고 생각하세요?

스필버그 글쎄요, 우선 계속 상영이 됐으니 영화가 실패했다고 생각하지는 않아요. 우리 제작 팀은 재개봉을 기다리고 있어요. 〈슈가랜드 특급〉이 실패한 주된 원인은 유사한 주제의 서로 다른 두 영화, 〈황무지Badlands〉〈보위와 키치Thieves Like Us〉와 같은 시기에 개봉하는 바람에 관객들이 세 영화를 한 묶음으로 봤다는 데 있기 때문이에요. 사람들과 이야기하다보니 알게 된 사실인데, 그들이 영화 평들을 읽으며 내 영화에 대한 리뷰와 그의 영화에 대한 리뷰를 혼동했더라고요(테런스 맬릭의 영화 〈황무지〉를 분석한 좋은 평들이었는데 영화 흥행의 전환점이 됐죠. 테런스 영화의 주제는 굉장히 우울하거든요). 내 생각에는, 대중이 당시 두 영화가 본질적으로 서로 다르다는 걸 몰랐어요. 다음으로 많이 드는 생각은 개봉 시점에 관해서예요. 그 해 봄에는 어떤 영화도 크게 성공하지 못했어요. 9월에서 1월까지 〈형사 서피코Serpico〉〈엑소시스트〉〈스팅〉〈빠삐용〉그리고 (세상에, 이때 성공한 영화들이 많군요) 〈청춘 낙서American Graffiti〉를 포함한 여섯 편의 흥행작들이 개봉한 뒤였죠. 너무 많은 영화들이 돈을 쓸어 담고 있었는데, 우리 영화가 개봉했을 때 그 영화들은 이미 주요 개봉관 상영을 마친 뒤 동네 영화관과 자동차극장 등 전국 곳곳에 걸려 있어서, 무슨 영화를 보러 갈지 영화사史상 유례없이 까다롭게 구는 요즘 영화 관객들의 응석을 다 받아줬죠. 세 번째 실패 요인은 광고와 홍보예요. 배급을 맡은 유니버설이 〈슈가랜드 특급〉 홍보에 의지가 없었어요. 그냥 국내 개봉만 했죠. 준비도 없었고, 전혀 내 마음에 들지 않는 트레일러에, 1969년 텍사스에서 벌어진 실화를 바탕으로 한 영화라는 사건적 성격 대신, 골디 혼이 출연하고 그가 스타인데다 늘 웃고 있다는 사실에 초점을 맞춘 캠페인을 벌였어요.

헬펀   감독님에게는 그런 상황에 대한 통제권이 전혀 없었나요?

스필버그   네, 전혀요. 홍보 요소라곤 웃고 있는 골디뿐이었는데(곰인형 옆에서 웃고 있으니 〈슈가랜드 특급〉이 마치 〈초콜릿 천국Willy Wonka & the Chocolate Factory〉처럼 보였죠) 홍보가 너무 달콤하다보니 사람들은 포도당인지 자당인지 아무튼 혈당 과다로 인해 영화를 안 보게 된 거죠.

헬펀   제가 들은 몇 안 되는 비판 중 하나인데요. 어떤 사람들의 말에 따르면 미국 중산층에 대한 영화의 태도가 지나치게 건방지다고 합니다.

스필버그   나는 전혀 그렇게 느끼지 않아요. 아니에요. 심지어 나의 생각도 아니었어요. 미국 중산층에 대한 내 시각에 맞추기 위해 이야기나 현지인들을 왜곡하지 않았어요. 그곳에 직접 가서 보고 찍은 거예요. 여러분이 영화에서 보는 건 실제로 텍사스에서 일어났고 또 일어나고 있는 일입니다. 열 지어 있는 그 모든 경찰차들, 실제 사건에서는 그 두 배였지만, 그 차들은 차치하고라도, 현지인 약 65명을 고용했을 뿐 아니라, 그들 거의 모두가 자기 대사를 만들게끔 했어요.

헬펀   현재 영화를 재개봉할 계획이 있나요?

스필버그   네. 홍보를 재검토하고 있는데 실화보다 더 생생한 액션 캠페인을 구상하고 있죠. 여름 재개봉을 계획하고 있습니다.

헬펀   새 홍보 캠페인에 대해 조언하실 기회가 있었나요?

스필버그   네, 있었어요. 이 영화〈죠스〉를 의미에 착수하기 바로 직전에 그래픽 담당자와 만나 이야기했죠. 함께 새 그래픽 홍보의 기반이 될 일곱 내지 여덟 개의 스케치를 새롭게 그렸어요.

헬펀   이 나라에서 여러 문제에 시달리셨는데, 〈슈가랜드 특급〉에 대한 평단의 반응이 감독님께 힘을 좀 북돋아줬나요?

스필버그   네, 아주 큰 용기를 줬어요. 다만 당시 그 자리에 갈 수 없었기 때문에 실제로는 즐기지 못했죠. 여기에서 일하고 있었거든요. 이 영화 촬영을 사흘만 중단할 수 있는지 물어봤지만 안 된다고 하더군요. 칸영화제에 가지 못해서 매우 화가 났어요. 릭은 (옆에 있는 리처드 드레이퍼스에게 "자네는 어떤 영화제를 놓치고 있지?"라고 물어본 뒤) 베를린영화제를 놓치고 있고요.

헬펀 〈죠스〉 프로젝트의 어떤 점에 끌리셨나요?

스필버그 사실대로 말해도 되나요?

헬펀 네, 사실대로요.

스필버그 사실대로 말하면 내가 난처해질 수도 있는데, 사실 〈죠스〉 프로젝트에서 진정으로 끌린 건 원작 소설에 있어요. 마지막 120쪽에서 인물들이 거대한 백상어를 잡으려고 바다 사냥에 나서고 하나의 드라마로 길게 확대돼요. 서로 적대적이다가 종국에는 상어와 싸우기 위해 힘을 합치는 그 세 인물 간의 드라마죠. 책을 처음 읽었을 때 그 부분이 나를 사로잡았어요. 1, 2막에 해당하는 소설의 초반 200여 쪽은 끔찍했어요. 그래서 재넉에게 말했죠(내가 자발적으로 영화를 찍겠다고 했거든요), 첫 2막을 창작한 시나리오로 바꾸고 마지막 3막은 원작에 아주 충실하게 할 수 있다면 영화를 찍겠다고요. 그가 동의해서 프로젝트에 참여하게 됐죠.

헬펀 〈슈가랜드 특급〉의 흥행 문제가 이 영화를 찍는 데 압박감을 많이 주었나요?

스필버그   〈슈가랜드 특급〉 때보다 훨씬 자유로움을 느껴요. 최소 두 배
           는 더 자유롭죠.

헬펀   사람들의 기대가 존재한다는 점에서, 잘 알려진 소설을 영화
           로 만드는 게 어려웠나요?

스필버그   네, 사람들은 기대를 갖죠. 베스트셀러에 손대기 시작하면 언
           제나 위험이 도사리고 있어요. 사람들이 영화관에 들어가 책
           에서 가장 좋아하는 장면들이 통째로 사라진 걸 보면 매우 실
           망하리라는 그런 위험이죠. 그게 문제예요. 하지만 나의 내적
           자아가 말하는 건데, 진심으로 세 배우와 나, 그리고 각본가
           와 또 다른 각본가, 제작자 이렇게 여섯 내지 일곱 명이 함께
           작업한 결과, 원작보다 나은 영화를 만들어냈다고 생각해요.
           우리가 정말 그렇게 했기를 바라는데, 만약 아니라면 다음 봄
           에 소식이 들려오겠죠. 미국 독립의 주역들이 그려진 달러들
           을 통해서요. 시나리오 읽어보셨어요?

헬펀   아뇨, 못 읽었는데 먼저 보고……

스필버그   우리도 그러고 싶어요. 촬영 중에 각본을 쓰고 있거든요. 사
           실 후퍼와 심지어 퀸트, 브로디 모두 굉장히 호감 가는 캐릭
           터인데, 영화에서 퀸트가 조금 늦게 변화하듯 그들에 대한 호
           감은 점진적으로 생겨나야 하죠. 지금 그 장면을 찍고 있어
           요. 이 시퀀스 이후 두 남자는 퀸트를 전보다 잘 이해하게 되

고 덩달아 관객이나 우리도 그를 더 잘 이해하게 돼요. 그 결과 무대는 인물들이 서로 다투는 곳이라기보다 상어와 맞서 싸우기 위한, 더 열린 공간이 됩니다. 약 8미터의 거대한 백상아리가 보트를 물어뜯어 구멍이 나는 마당에 언쟁하거나 다툴 시간이 정말이지 없기 때문이죠. 우리 팀은 그 세 캐릭터를 함께 모을 방법을 궁리하다가, 노래를 부르게 하자는 아이디어가 나왔어요. 노래로 셋이 단합하게 만들자는 거였죠. 함께 일하다가 상어를 물리치면서 새로운 관계를 발견해가는, 아주 느슨한 관계로 묶인 세 배우들이 만들어내는 마법 같은 거예요.

헬펀   이 영화에 국한된 특수한 문제가 있다면요?

스필버그   이 영화요? 글쎄, 당신이 그중 하나〈죠스〉의 촬영 현장인 배의 나무판을 가리킨다를 깔고 앉았네요. 아침에 닻을 내려 보트를 고정하는 데 걸리는 시간이 문제예요. 그리고 바다에서는 화면 구성에 제한이 아주 많아요. 선상에서는 어찌나 제약이 많은지 찍을 수 있는 쇼트들이 동날 지경이에요. 바다에서 사흘째 되는 날 그야말로 쇼트가 바닥났다니까요. 영화를 매우 단순하게 찍는 중이에요. 카메라를 배우들에게 고정하고 그들이 작업하도록 놔두는 방식이죠.

헬펀   이런 문제들을 알면서도 왜 굳이 로케이션 촬영을 하시나요?

스필버그   글쎄요, 물탱크에서 찍으면 그럴듯하지 않잖아요. 특히 요즘 처럼 〈프렌치 커넥션〉과 〈미드나잇 카우보이〉 같은 영화들이 다큐멘터리 방식으로 로케이션 촬영되는 때에는 더욱 그렇죠. 관객들은 〈포세이돈 어드벤처〉나 〈스팅〉을 보면서 "스튜디오에서 찍었네"라고 말해요. 나는 구별이 가능하다고 봐요. 〈스팅〉은 야외 세트장에서 촬영한 티가 나고, 〈포세이돈 어드벤처〉는 방음 스튜디오 촬영으로 보여요. 아시겠지만, 정말 영화의 품새 문제고, 우리가 관객들이 얼마나 똑똑한지 간과하는 거라고 생각해요. 그들은 다 알아보죠.

헬펀   〈슈가랜드 특급〉은 시네마스코프표준 규격(1.33:1)에 비해 가로의 비가 큰(2.35:1) 와이드스크린 방식 촬영이죠?

스필버그   네, 파나비전애너모픽 렌즈를 사용해 화상을 압축 촬영하는 방식 혹은 카메라로, 화면이 선명하고 밝아진다을 썼죠.

헬펀   선택하신 이유는 뭐죠?

스필버그   고속도로가 수평으로 펼쳐지기 때문이고, 또 자동차를 더 많이 보여주려고요. 같은 이유로 상어가 워낙 길어서 파나비전 촬영을 선택했어요.

헬펀   카메라 설치와 이동은 대부분 촬영감독 빌 버틀러에게 맡기시나요, 아니면 감독님이 결정하시나요? 그런 결정들은 얼마나 앞서 내리시나요?

스필버그   빌이 끝내주는 아이디어를 낼 때를 제외하면 내가 카메라를 세팅하는데, 실제로 빌이 좋은 아이디어를 낼 때가 많아요. 그러면 더 좋은 아이디어에 맞춰 카메라를 설치하죠. 누구라도 최고의 아이디어를 내면, 그에 맞춰 카메라 위치가 정해져야 해요. 그 문제에 관해서 특별히 자존심을 내세우진 않아요. 다만 카메라 이동은 없어요.

드레이퍼스   가장 좋은 아이디어를 내는 자가 촬영이 끝날 때쯤 상어를 이기는 거죠.

스필버그   상어가 모든 쇼트들을 결정해요.

드레이퍼스   실제 상어요.

스필버그   이 영화에는 오직 한 마리의 상어만 있는데, 실물이죠.

헬펀   감독님이 카메라 세팅의 상당 부분을 결정하지 않은 상황에서 배우들이 즉흥으로 연기할 때, 어떤 식으로 촬영감독과 배우들이 최대한 힘들지 않도록 하시나요? 한 장면에 변수가 너무 많으면 어려워지잖아요, 특히 즉흥으로 찍을 때는요.

스필버그   내가 좋아하는 작업 방식은 (가끔만 그렇게 했는데) 먼저 배우들과 리허설을 한 뒤, 배우가 어디로 이동하는지 동선이 파악되면 거기에 맞춰서 카메라를 세팅하는 거예요. 때로는 한정된 촬영 현장으로 인해 그 반대가 될 때도 있어요. 배우들이 장면 내에서 움직이는 게 힘들 때인데, 그러면 카메라가 먼저 자리를 잡은 뒤 배우들이 카메라 주변에서 연기하는 거죠. 이 영화에서는 반반이었다고 봐요. 어떤 경우에는 배우들이 어떻게 하는지 보기 위해 기다렸다가 그들의 움직임으로부터 얻은 아이디어들을 활용해 연출을 했던 것 같아요. 또 다른 경우에는 마음속에 이미 쇼트나 장면 자체에 대한 시각적 아이디어를 갖고 있어요. 술꾼 장면 초반이 후자의 경우인데, 흉터를 비교하는 대회에서 로버트를 원 쇼트로 시작하길 원했고, 그가 흉터를 비교하기 위해 움직이면 투 쇼트로 변화하죠. 그리고 릭이 흉터를 찾으려고 등을 젖혀 자기 몸을 살필 때 원 쇼트로 간 뒤, 흉터를 보여줄 때 다시 투 쇼트로 전환해요. 그런 식으로 찍기를 원했고 그 경우에는 배우들이 카메라에 맞췄죠. 이 영화는 사실상 준비를 전혀 못 했기 때문에 불확실성이 커요. 제대로 준비를 못 하고 찍은 첫 영화예요. 시간이 없었거든요. 스튜디오 측은 예정된 배우조합Actor Guild 파업 때문에 영화를 빨리 진행하길 원했어요. 그래서 약 두 달 앞당겨 촬영에 들어갔어요. 갑자기 마서스비니어드Martha's Vineyard에서 촬영 장소를 찾으며 매일 밤 하워드 새클러, 이어서 칼 고틀립과 시나리오를 수정하는 처지가 됐죠. 시각적인 계획을 세울 틈이 없었어요. 따라서 시각적으로는, 내가 시도했던 어떤 영화보다도 가장 단순한 영화가 나올 겁니다. 다만 3막은 믿기지 않을 정도로 비주얼이 강렬하고 '매우' 흥분되고 '매우' 무시무시할 겁니다. 끔찍한 면면들이 있고요. 한창 액션 시퀀스가 진행 중일 때 그렇게 많은 캐릭터들 간의 관계를 만들어낼 수 있다는 건 참 재미있는 일이에요. 농담이 아니라, 상어가 보트를 공격하는 와중 로버트의 표정, 로이의 표정, 릭의 표정은 정말 많은 걸 말해줘요. 3막은 온통 표정이에요. 머리가 빙빙 도는 장면 편집을 원해요.

헬펀   브로디의 아내와 후퍼의 관계 장면은 영화에서 생략됐어요. 감독님의 결정인가요?

스필버그   사적인 결정이에요. 그 부분을 생략한 건 내 책임이라고 보는데, 그들의 관계는 위기와 전혀 관련이 없다고 느꼈어요. 그건 베스트셀러를 만들어내는 널리 알려진 공식에 가까워요. 마피아, 섹스처럼 그런 관계는 그저 또 하나의 도려내야 할 요소로 느껴졌어요. 마피아는 들어냈죠. 섹스는 완전히 없애진 않았지만 두 인물의 관계는 삭제했어요. 왜냐하면 낭만적인 어류학자가 그 마을에 나타나서 맡은 일을 하는 대신 경찰서장의 아내와 놀아나고, 그럼으로써 어류학자가 비호감 캐릭터가 되고 경찰서장은 책 속의 비합리적인 아합Ahab, 이스라엘의 왕 캐릭터가 될 수는 없는 법이니까요. 원작을 읽고 나서 가장 먼저 바꾸기로 한 것이 둘의 관계예요. 몇몇 여성들은 대화로 유혹하는 원작의 장면에 진정으로 끌리긴 하지만요.

헬펀   원작에 없는 장면들을 추가했나요?

스필버그   약 27개의 장면을 추가했어요. 첫 1, 2막은 모두 추가한 것들
          입니다. 완전히 새로 만들었어요.

헬펀   피터 벤츨리가 첫 시나리오 버전을 썼습니다.

스필버그   처음의 세 버전을 썼으니 그도 개입되어 있죠. 사실 피터가
          둘의 관계를 생략하는 걸 눈감아줬어요. 그러니까 그는 각본
          에서 그 관계를 삭제한 첫 작가였어요. 그 후 피터와 나는 원
          작에 존재하지 않는 중요한 장면 세 개를 추가했어요. 그런
          다음 피터 스스로 책을 쓸 때는 생각하지 않았던 두 장면을
          더 넣었어요. 그 다음에 온 작가가 한두 장면을 더 추가했고
          세 번째 작가가 합류했을 때 또 두세 개 장면을 추가했는데
          성공적이었죠.

헬펀   이 영화를 제작할 당시의 문제점 중 하나로 준비 시간 부족을
          언급하셨는데요.

스필버그   맞아요, 시간이 부족했던 게 중대한 문제였죠. 배우들과 리허
          설을 할 수 없었기 때문이에요. 사실상 촬영 들어가기 24시간
          전에 맞춰봐야 했거나, 세 번째 테이크를 찍다가 갑자기 아이
          디어가 떠오르면 협의를 한 뒤, 촬영을 중단하고 다시 찍곤
          했어요. 거의 촬영 직전까지 로버트 쇼를 만나지 못했어요.

정말 그랬죠. 아직도 많은 조연 배역들이 캐스팅되지 않았어요. 영화를 찍으면서 캐스팅하고 있어요. 로이가 이 영화에서 처음 캐스팅됐는데, 촬영 들어가기까지 3주밖에 안 남은 시점이었죠. 로이와 의견을 나누기 위해 통화했을 때 나는 막 시나리오를 완성하려던 참이었고, 그래서 로이와 나는 실제로 많은 이야기를 나눌 수는 없었어요. 우리는 노력했죠. 로스앤젤레스, 아니 뉴욕에서 여러 차례 만났어요. 내가 뉴욕에 있는 동안 매일 조 앨런 레스토랑에 갔어요. 로이는 매일을 나와 함께 보냈어요. 하지만 릭은 보스턴 57 호텔에서 우리가 영화를 하자고 그의 팔을 비튼 단 하루밖에 준비할 시간이 없었어요. 그에게 17개의 약속을 했어요. 그중 13개를 지켰죠.

헬펀   나머지 네 개도 지키실 건가요?

스필버그   아뇨.

헬펀   이 영화를 둘러싼 모든 사전 홍보가 두려우신가요? 〈위대한 개츠비〉잭 클레이턴의 1974년 영화 같은 게 두려우세요?

스필버그   네, 그래서 매우 신중하게 인터뷰에 응하고 있어요. 이 영화가 패션 트렌드를 낳지 않을 것은 확실해요. 영화가 끝난 뒤 사람들이 나와서 덩거리dungaree 작업복, 낡은 밀리터리 재킷과 야구 모자를 사지는 않을 겁니다. 내 생각에 사전 홍보를 한다면 그건 이 영화가 뭔가 새롭다는 점에 기인해요. 거대한 킬러 상어, 식인 상어, 그리고 물에 대한 공포, 피해망상을 어떻게 다루는지를 봤을 때 지금까지 이런 영화는 없었어요. 그래서 그런 종류의 흥분이 생겨나는 거죠. 다행히 사람들로 하여금 〈바람과 함께 사라지다〉류의 것을 기대하며 영화로 걸어 들어가게 한 뒤, 매우 실망한 채 나오게 하는 경향이 있는 〈위대한 개츠비〉의 사전홍보 같은 건 안 하고 있어요.

헬펀   직접적인 영향을 받은 영화감독이 있나요? 아니면 간접적인 영향이라도요.

스필버그   네, 물론이죠. 내 말은, 영화감독이다보니 영향받을 만한 모든 사람들로부터 영향을 받았다는 뜻이에요. 지금 하신 질문은 굉장히 여러 번 받았는데, 보통 나는 정말로 나와 동시대의 감독들을 좋아하고(인터뷰에서 했던 그 많은 답들을, 사실이긴 하나, 다 예로 들 순 없어요), 시사실에 앉아 프레스턴 스터지스1940년대 할리우드의 대표적인 코미디 감독의 영화 여덟 편을 보는 것보다, 좋은 친구이기도 한 조지 루카스에게서 더 많은 것을 얻는다고 대답했어요. 적어도 이 사람들은 살아 있고 또 살아가고 있기 때문에 시나리오와 아이디어들을 빠르게 교환할 수 있고 정말 얻는 게 있어요. 그렇다고 잘못 이해하시면 안 돼요. 나는 수백 편의 옛날 영화들을 봐요. 하지만 그로부터 그다지 많은 걸 배우지는 않았어요. 존 포드로부터는 경제를 배웠어요. 그러나 흔히 말하는 경제는 아니에요. 내가 정말이지 너무나 제멋대로거든요. 존 포드가 가르쳐준 게 있다면 오버헤드 쇼트배우의 머리 바로 위에서 찍는 쇼트에서 어떻게 멈춰 기다릴 것인가, 그러니까 언제 뒤로 넓게 빠지고 언제 가까이 좁혀갈 것인가에 대한 문제, 그리고 장면이나 쇼트를 찍을 때 매번 클로즈업을 사용하지는 않을 것, 그것들은 아무 의미도 없다, 이런 것들이에요. 언제 클로즈업이 적합한가의 문제죠. 내 말은 포드가 클로즈업과 와이드 쇼트장면의 전체를 촬영하는 쇼트의 선택에서 지극히 현명했다는 뜻입니다. 포드는 내게 기술적으로 가장 완벽한 영화감독이고, 두 번째가 오슨 웰스입니다. 웰스보다 포드를 앞에 두는 것은 오직 테크니션, 위대한 테크니션으로서예요. 그로 인해 사람들이 내게 소리를 지르고 비웃기는 했지만요.

헬펀   조지 루카스를 언급하셨습니다. 다른 동시대 감독 중 같은 그룹에 넣을 만한 분이 있나요?

스필버그   친구 중 한 명이 있는데 아직 감독은 아니지만 언젠가 아주 좋은 감독이 될 거예요. 윌러드 휴익이라고 해요. 글로리아 카츠와 윌러드 휴익은 〈청춘 낙서〉 각본을 쓴 팀이에요. 최근 그들 자신의 영화, 조지 루카스가 제작한 세 번째 영화 〈방송국 사고 파티〉를 완성했어요. 더불어 브라이언 드 팔마를 친한 친구이자 동시대 감독으로 생각하며, 존 밀리어스도 친한 친구예요. 다른 사람들도 있어요. 이를테면, 윌리엄 프리드킨의 작업을 많이 좋아하죠. 〈생일 파티〉는 정말 마음에 들어요. 사람들은 그 영화를 잘 몰라요. 〈생일 파티〉에서 보여준

프리드킨의 작업이 정말 좋아요. 이번에 로버트 쇼를 캐스팅한 이유 중 하나도 바로 〈생일 파티〉와 〈프렌치 커넥션〉 때문이에요. 〈엑소시스트〉는 그다지 마음에 들진 않았죠. 재미있는 건, 이런 영화감독들이 젊기 때문에 그들로부터 많은 정보를 얻는 것이 아니라, 단지 가장 쉽게 연락이 닿는다는 이유로 서로 왕래한다는 사실이죠. 늘 그들을 만나요. 그저 자연스럽게 그렇게 되는데, 영화 찍는 것에 대해 다른 감독들과 자유롭게 토론하기 시작하면 대부분 불꽃이 튀죠. 지난 60년간 가장 위대했던 미국 감독 여섯 명의 영화 열 편을 보는 것보다 그런 토론을 훨씬 즐겨요. 그게 곧 내가 작업하는 방식이에요. 아직 나는 아무 스타일이 없고, 나만의 스타일을 찾지 못했어요. 정말 웃기죠. 지금까지 영화 두 편을 만들었는데 여전히 영화 만드는 게 뭔지 잘 모르겠어요. 아직 갈 길이 멀게 느껴져요.

헬펀 영화 만드는 게 뭔지 잘 모르겠다는 의미가 뭐죠?

스필버그 내 말은 모든 도구는 갖췄지만 아직 언어에 대한 완전한 지휘권이 없다는 뜻입니다. 프랑스어 학습에 비견될 수 있죠. 마치 3년째 프랑스어를 배우고 있는데 현지에 가서 사람들과 말할 때 "당신은 미국인이잖아요. 그러니 내가 영어로 하죠. 당신이 내게 프랑스어로 말하느니 내가 당신에게 영어로 말하는 게 낫겠어요"라는 말을 듣지 않으려면 아직 근 3년이 남았다는 뜻입니다. 여전히 갈 길이 남아 있다고 느껴요. 다시 말해 〈죠스〉는 영화 만들기 훈련이에요. 그러나 훈련인 것이지, 아주 쉽게, 본능적으로 내가 얻을 수 있는 뭔가는 아니에요. 많은 생각과 제자리를 맴도는 고민, 왜 내가 이걸 하고 있는지를 묻고 그에 대해 분석하는 게 요구돼요. 그리고 뭔가에 대해 매우 분석적이게 되는 순간, 그게 먹히지 않는다는 걸 깨닫죠. 반면 이렇게 하면 옳을 거라 느끼면서도 "왜 그렇게 하는 거죠?"라는 릭의 질문에 이유를 대지 못하면, 대체로 그게 옳은 길이라는 데 모두가 동의해요.

뭔가에 대해 매우 분석적이게 되는 순간,
그게 먹히지 않는다는 걸 깨닫죠.

헬펀　　감독님의 영화작업을 관통하는 세계관이 있다고 생각하세요?

스필버그　　아뇨. 아직은 없어요. 그 질문은 10년 후에 해주세요.

헬펀　　세계관이 없다는 게 소재에 대해 접근할 때 문제라고 생각하시나요?

스필버그　　아뇨, 그건 단지 성숙이라 불리는 거예요. 서른 살에는 그저 멈추지 않고 계속 갈 뿐이에요. 예를 들어 〈슈가랜드 특급〉을 내가 6개월 전에 만들었다면(다가오는 12월에 개봉할 예정으로 6개월 전에 촬영을 시작했다면) 다른 영화가 됐을 거예요.

헬펀   어떻게 달랐을까요?

스필버그   모든 걸 핸드헬드handheld, 카메라를 삼각대에 설치하지 않고 손으로 들어 촬영하는 기법, 35밀리 핸드헬드로 다큐멘터리처럼 만들었을 겁니다. 컬러로 찍되, 텔레비전에서 흔히 하는 방식으로, 영화 전체를 경찰차들 뒤에서 차들을 찍은 뒤 도망자들을 찍는 방식으로 만들었겠죠. 벤 존슨의 시점을 택했을 거예요. 존슨이 주인공이었을 것이고, 우리는 쌍안경, 망원경, 경찰 라디오, 백미러로 수평선을 바라보는 눈길, 롱 쇼트, 차 옆에 서 있는 조연들을 통해 나머지 사람들에 대해 알아갔겠죠. 그리고 폴리스 라인 뒤에서부터 이야기 전체를 풀어나갔을 겁니다.

헬펀   그러니까, 모든 것에서 현실성이 제거된다는 거네요.

스필버그   모든 것을 현실로부터 유리시켰을 거예요. 매우 특정한 시점을 취했을 겁니다. 왜냐하면 실제로 〈슈가랜드 특급〉에서는 광범위한 시점을 택했거든요. 모든 걸 미디어, 경찰, 그리고 삼인조라는 세 가지 다른 관점에서 풀어갔죠.

헬펀   영화의 소재를 고르실 때 주로 실제 일어난 사건들에 매력을 느끼시나요?

스필버그   네, 꿈이나 혹은 상상보다 뉴스에 난 이야기에 훨씬 더 끌려요. 코스타 가브라스를 좋아해요. 언젠가 〈제트〉 같은 영화,

정치 스릴러를 만들고 싶어요. 다음 영화가 정치 스릴러예요.

헬펀   어떤 영화죠?

스필버그 자세히 말씀드릴 순 없지만 SF영화예요.

헬펀   어느 회사와 하나요?

스필버그 컬럼비아의 마이클 필립스와 줄리아 필립스요. 〈스팅〉을 제
       작한 사람들이죠. 다음 영화는 그들과 합니다.

헬펀   젊은 감독들이 예전보다 첫 영화를 찍는 게 더 쉬워졌다고 생
       각하시나요?

스필버그 네, 훨씬 쉬워졌죠. 오늘날에는 큰돈 들이지 않고 16밀리로
       영화를 찍고 많은 지원을 받는 게 아주 쉬운 일이 됐어요. 메
       이저 스튜디오들이 신인들을 찾고 있거든요. 영화를 끝낸 뒤
       시사를 할 때면 스튜디오 간부들이 영화가 좋은지 아닌지 평
       을 들어보기 위해 폭풍처럼 들이닥치죠. 내 말은 요즘 스튜디
       오들이 "당신이 만들면 우리는 구입한다, 당신이 만들면 우
       리는 배급한다"라는 정책을 편다는 거예요. 그러니까 영화를
       만들기 위해 어떻게든 20만 달러를 마련할 수만 있다면(자체
       적으로든 혹은 에드 프레스먼 같은 수호천사를 통해서든), 영화가
       제대로 배급될 확률이 매우 높아요. 에드 프레스먼은 〈딜링

Dealing〉〈시스터스〉〈황무지〉를 제작했어요. 다시 말해, 도움을 줄 만한 아주 좋은 사람이죠.

헬펀   요즘 영화 만드는 것과 관련한 감독님의 가장 큰 문제는 무엇인가요?

스필버그   내 흥미를 끌 만한 이야기를 찾아내는 것, 그리고 영화제작의 시작부터 마무리까지 걸리는 9개월 동안 그 흥미를 유지해줄 수 있는 이야기를 찾아내는 것, 그것이 가장 큰 문제예요.

헬펀   영화 만드는 과정에서 가장 신나는 부분은요?

스필버그   이야기를 구상할 때 가장 신나요. 두 번째로는 영화를 구성해 갈 때예요. 가장 골치 아프고 싫어하는 단계는 실제 영화를 촬영하고 감독하는 거죠. 사실이에요.

헬펀   네, 일종의 안티 클라이맥스anti-climax죠. 원하는 것 그대로를 얻지 못하는.

매일 새로운 일이 일어나고
매일 뭔가를 망치지만, 신이 납니다.

스필버그   뭘 원하는지는 정확히 알아요. 원칙에 따라 그림을 그리는 것과 같죠. 그래서 〈슈가랜드 특급〉을 만들 때보다 이 영화가

44

훨씬 흥미진진해요. 〈슈가랜드 특급〉에서는 모든 게 계획한 대로 갔거든요. 이 영화의 경우에는 매일 돌발 상황이 발생해요. 매일 새로운 일이 일어나고 매일 뭔가를 망치지만, 신이 납니다.

헬펀   감독님이 처음의 두 영화를 통해 영화 만들기에 대해 배운 어떤 점이 세 번째 영화 만드는 과정을 수월하게 해줄까요?

스필버그   그 질문을 내가 제대로 이해했다면 다음 영화에 폴 린드美国의 유명 배우가 예정된 건가요?

헬펀   그건 아니지만 예상치 못한 게스트를 내놓을 순 있겠죠.

스필버그   어떻게 더 수월해지냐고요? 글쎄, 그 질문엔 우회적으로 답해보죠. 모든 영화는 각각 다르고, 어떤 한 영화를 완벽하게 만들 정도의 배움을 얻는 경우는 없다고요. 너무나 많은 데이터를 모은 나머지 영화 만들기에 돌입한 뒤 따뜻하게 데워진 버터처럼 순항하는 경우는 절대 없어요. 이것이 내 우회적인 답이에요. 그 질문에 어떻게 답해야 할지 정말 모르겠네요. 아직은 정말 모르겠어요. 이곳에 더 있다가 두 시간 정도 후에 다시 질문해주세요. 생각해보고 싶으니까요. 좋은 질문이에요. 지금까지 영화에 대해 받아본 질문 중 최고예요.

새들의 시각에서 바라본 소우주

보브로   〈슈가랜드 특급〉을 만들 때 하나의 개념적 구상에서부터 출발했나요, 아니면 캐릭터로부터 시작하셨나요? 다시 말해, 풍경을 가득 채우는 자동차 추격전 아이디어를 먼저 떠올린 뒤 그에 맞는 이야기를 찾으신 건가요, 아니면 그 반대인가요?

스필버그   1969년 텍사스에서 벌어진 실화를 토대로 한, 루 진과 클로비스 포플린의 휴먼 드라마로부터 영감을 얻었어요. 내가 머릿속으로 떠올린 그 모든 자동차들의 시각적 장관이 불러일으킬 호소력에 넘어가기 한참 전이었죠.
〈슈가랜드 특급〉의 일부는 사실에, 다른 부분은 함께 작업한 두 천재 작가 핼 바우드와 매슈 로빈스의 멋진 만화적 상상력에 근거해요. 실제 이야기에서는 11개 자치주에서 온 약 90대의 경찰차와, 그리고 신만이 정확한 수를 아시겠지만, 그토

앤드루 C. 보브로Andrew C. Bobrow, 〈필름메이커스 뉴스레터Filmmakers Newletter〉 1974년 여름 호에서.

록 많은 급수역과 사거리들이 오합지졸의 구성을 이뤘어요. 우리에게 허락된 예산은 경찰차 40대였는데, 100대로 보이게 만들어야만 했죠.

가장 관심 있었던 것 중 하나는 텍사스주가 대변하는 미국의 상황을 보여준다는 생각이었어요. 이 나라의 어떤 주에라도 해당될 만한 소우주죠.

그리고 〈슈가랜드 특급〉이 〈비장의 술수〉빌리 와일더의 1951년 영화와 닮은 점이 좋았어요. 캐릭터들이 어떤 인간이고 어떤 일을 할지 모른 채, 그들이 아이를 다시 데려오기 위한 자비의 여정errand of mercy에 오른다는 사실만으로 그저 그들을 지지하는 사람들, 또 그런 사람들이 매스컴이 조직한 행사를 계기로 결집한다는 아이디어가 마음에 들었죠. 그건 오래된 미국적 감성 중에서도 좋은 부분들을 아주 많이 불러일으켜요.

보브로   시나리오를 매우 상세하게 쓰셨나요, 아니면 마스터 신을 다 쓰신 후에 쇼트의 세부 사항들의 메커니즘을 계산하셨나요?

스필버그   워낙 기념비적인 보급 문제가 걸려 있는지라 〈슈가랜드 특급〉의 모든 건 전부 매우 상세한 마스터 시나리오를 토대로 사전에 계획되었어요. 사실 시나리오의 문체가 지극히 은유적인 나머지 영화의 많은 쇼트들이 그로부터 영감을 받아 탄생할 만큼의 수준으로 시나리오를 미리 준비했죠.

내 말을 이해하기 위해서는 바우드와 로빈스의 작업을 알아야 해요. 예를 들어보면, 그들은 한 쇼트 내에서 경찰차 5대가 데이토나 500 Daytona 500, 플로리다 데이토나에서 열리는 인기 자동차경주 대회처럼 카메라 앞을 쏜살같이 지나간다고 묘사했는데, 그러면 데이토나 500 레이스를 방송하는 〈와이드 월드 오브 스포츠〉 프로그램에서 늘 보여주던 틸트 카메라 영상 tilted camera image, 상하로 수직 이동하는 카메라 움직임을 즉각 떠올리게 돼요. 이런 종류의 은유, 이런 종류의 이미저리 imagery가 간단한 문장에 담겨 있어서 쇼트의 절반 정도를 떠올리는 데 도움이 됐어요.

보브로　촬영장에서의 작업은 얼마나 빠듯하게 짜두셨나요? 히치콕식으로 매 쇼트를 사전에 계획하셨나요? 아니면 현장에서 그때그때 처리하셨나요?

스필버그　그래픽 아티스트를 내 사무실로 오게 해서 셸오일 주유소 지도라고 불릴 만한 것 위에 영화 전체를 스케치하라고 한 뒤, 그것을 텍사스의 내 호텔 방 한쪽 벽에 붙여두었어요. 그래서 경찰차 하나가 나타난 후 이어서 그 뒤를 따르는 차들이 2대, 10대, 50대로 불어날 때 버즈 아이 뷰 bird's eye view, 새의 눈처럼 아주 높은 곳에서 본 것 같은 시점로 영화가 어떻게 보일지 정확하게 알 수 있었죠. 영화에 등장하는 그 모든 흥미진진한 정차 휴게소, 치킨 판매대 장면이나 간이 화장실 장면들도 포함해서요. 그래서 촬영 스케줄에 임할 때 항상 포괄적인 시각적 견해를 가질 수 있었죠.

영화 전체를 시간순으로 촬영했는데 그래야만 했기 때문이에요. 화요일에 차 200대, 수요일에는 7대, 목요일에는 1대, 그리고 금요일에 또 다시 150대, 이렇게 클레오파트라식으로 변덕스럽게 일일 촬영 계획표를 내놓는 건 아주 어렵죠. 그리고 당연히 시간순으로 찍음으로써, 배우들이 역할을 훨씬 더 잘 이해할 수 있었어요.

하지만 그렇게 철저히 준비되어 있으면, 다음 날 촬영장에서 전날 밤 해뒀던 숙제 패턴에 맞지 않을 때 사고가 굳어져 자발적으로 대응하지 못하게 될 위험이 있어요. 현장에서는 예기치 못했던 멋진 일들이 벌어지거든요. 배우들이 의견을 내고, 기술 스태프들이 의견을 내고, 지나가던 구경꾼도 제안을 할 수 있어요. 감독은 매일 마음을 열어둬야 하고, 촬영 전날 사랑에 빠져버린 숙제에 갇혀선 안 된다고 생각해요.

감독은 매일 마음을 열어둬야 하고,
촬영 전날 사랑에 빠져버린 숙제에 갇혀선
안 된다고 생각해요.

보브로　　이 영화에는 상당히 많은 대형 사고들이 등장하는데, 그중 특별히 조지아주 경찰과 텍사스주 경찰 사이에 벌어진 한밤의 대충돌이 있습니다. 부상자가 전혀 없었다고 들었어요. 지극히 조심스러운 준비 작업과 아마도 어느 정도의 행운이 조합된 결과라는 생각이 드는데요. 이에 대해 말씀해주시겠어요?

스필버그　　스턴트 촬영 중에 부상이 없었던 건 오직 케리 로프틴 덕이에요. 케리는 팀을 보호하기 위해 상상할 수 있는 모든 조치를 취하는 데다 최고의 스턴트맨들을 고용해요. 우리 영화의 스턴트 코디네이터이자 몇 대 차를 실제로 운전했지만, 당연히 모든 스턴트 장면에서 모든 차를 운전할 수는 없었고, 그래서 몇몇 대단한 인력을 할리우드에서 불러왔어요.

가장 연출하기 어려웠던 충돌 시퀀스는 우리가 '스쿠너 포 코너스Schooner Four Corners'라 불렀던 교차로에서 발생하는 밤중 충돌이었어요. 어려웠던 이유는 그 시퀀스에서 현지 경찰차가 우리의 주요 차량 '2311'을 측면에서 쳐야 했기 때문이에요. 그 차의 왼쪽 뒷면만 쳐야 했는데, 왜냐하면 문이나 엔진을 강타하면 그 차를 더 이상 사용할 수 없을 수도 있었기 때문이에요. 케리는 모든 스턴트맨 중에서 자신이 가장 세심하니 옆에서 치는 자동차를 운전하겠다고 말했죠. 과연 그는 우리가 허락한 부위만 정확하게 강타했어요. 이 스턴트에 이어서 4대의 카메라로 촬영한 것이, 이제 막 2311을 측면에서 친 현지 경찰차를 벤 존슨의 차가 강타하는 순간이었어요. 그리고 그 차 뒤로 공공안전부 소속 차량 10대가 뒤따르다가 루브 골드버그Rube Goldberg, 미국의 풍자만화가 만화에서처럼 연이어 추돌했죠.

빌모스가 '스쿠너 포 코너스'를 오버헤드 조명으로 밝혔어요. 그 지역이 칠흑같이 깜깜해 우리가 알아서 조명을 준비해야 했죠. 먼저 빌모스의 제안에 따라, 미술감독이 길 건너편에 엉망진창 사고가 벌어질 현장인 트랙터 임대 주차장을 짓고, 50와트 전구 200개가 주차장 한편에서 다른 편을 쏘도록 했어요. 주유소 네온사인이 두 번째 조명이었고, 세 번째 조명은 주유소 내부 인테리어와 전등 빛이었죠.

빌모스는 네 시간을 들여 세트장을 밝혔어요. 오후 4시에 시작했는데 날이 어둑해져서야 준비가 끝났죠. 그 와중에 나는 마스터장면 안의 모든 요소를 볼 수 있는 원거리 쇼트를 찍기 전에 커버리지특정 인물이나 사물에 초점을 둔 쇼트를 먼저 찍어둬야만 했어요. 차들이 부딪쳐서 망가지는 동시에 엔딩이었거든요. 그래서 차들이 아슬아슬하게 칠 듯 말 듯하고, 회전하면서 그다지 강타하지는 않는 커버리지 쇼트들을 찍었는데, 그걸 마치고 나니까 새벽 1시 30분이었어요. 실제로 충돌하는 장면에 쓸 수 있는 밤 조명 시간은 네 시간 삼십 분밖에 안 남았죠.

가장 자랑스러운 스턴트는 KION-TV 방송 차량이 뒤집혀서 진흙탕에 빠지면서 리포터 여섯 명이 손발을 휘저으며 하늘로 날아갈 때예요. 이유는 뉴스 차량을 운전하던 케리의 스턴트 타이밍과, 광각렌즈를 장착한 채 진흙탕 가장자리에서부터 약 15센티미터 떨어진 곳의 바닥 높이에 설치된 카메라의 위치가 완벽히 조화를 이뤘기 때문이에요. 또한 테드 그로스먼이라는 스턴트맨이 매우 자랑스러워요. 누구보다도 높이 점프했죠. 차가 뒤집히기 시작하자 팬케이크처럼, 그리고 날개를 펼친 독수리처럼 허공으로 즉각 몸을 날렸고 고작 약 60센티미터 깊이의 진흙탕을 향해 머리부터 내려왔어요. 로드 러너워너 브라더스의 시리즈 '루니 툰'에 나오는 캐릭터. 일명 뻐꾸기새 만화에서처럼 곧장 진흙 속으로 머리를 꽂았어요!

스턴트맨들은 각자 다른 스턴트맨보다 잘해보려는, 개별적이고 사적인 흥분을 느끼죠. 한 장면에 여섯 명의 극히 경쟁력 있는 스턴트 운전자들을 모아놓으면 카메라 앞에서 놀라운 일들이 벌어질 수 있어요. 그 예로, 태너 서장이 단지 약 1킬로미터밖에 안 떨어진 중고차 부지에서 총격전이 벌어지고 있다는 말을 들을 때 축구장에서부터 차들이 급발진하는 장면을 들 수 있어요. 그날 할리우드와 시카고에서 온 11명의 스턴트 운전자들이 있었고, 45명 이상의 텍사스 출신의 실제 경찰관들이 있었어요. 공공안전부로부터 소속 경찰관 모두에게 급발진해서는 안 된다는 명령이 내려왔어요. 그들 모두 축구장에서 건전하고 질서정연하게 운전해서 나와야 한다는 거였죠.

글쎄, 실제로 벌어진 상황은 아주 흥미로웠어요. 중고차 부지에서 차량 11대가 쌩 나가고 다른 차 45대 정도가 일렬로 조용히 뒤따를 걸 머릿속에 그려보니 그날 촬영은 다 망쳤다는 느낌이 들었어요. 그래서 조감독에게 상황을 설명했고, 조감독은 텍사스 출신들에게 할리우드 운전자들이 그들보다 낫다고 함으로써 그들을 짜증나게 만들었죠. 제임스 파고가 조감독이었는데, 그가 하얀 깃발을 들어 올리자마자 차량 48대가 그때까지만 해도 말끔했던 바닥에 더러운 바퀴 자국을 남기지 뭡니까! 영화를 봤다면 아시겠지만, 이 영화에서 가장 스펙터클한 발진 장면 중 하나예요.

보브로 촬영 비율, 특히 말씀하신 자동차 충돌 장면들의 촬영 비율은 어땠나요?

스필버그   정말 다양했어요. 액션 신에서의 비율은 대부분 2:1이었지만 연기 장면의 비율은 6:1에 가까웠어요. 스턴트 장면은 대부분 테이크1이나 테이크2에서 끝내야 하는 반면, 연기는 훨씬 힘들고 때로는 즉흥적이죠. 일례로 골디는 테이크1이나 테이크2에서 멋진 연기를 보여주고 테이크7에서 다시 원기를 회복한 뒤, 테이크12나 13에서 재차 경탄할 만한 결과를 내요. 이에 반해 윌리엄 애서턴은 매우 진지하고 쉽게 만족하지 않는 뉴욕 배우로, 테이크가 거듭될수록 나아져요. 그러다보니 테이크가 지속됨에 따라 골디는 점점 약해진 반면 윌리엄은 점점 더 나아졌죠.

실내 대화 장면들의 경우, 골디를 테이크1이나 테이크2에서 클로즈업으로 잡은 뒤 윌리엄의 연기가 정점에 달하는 테이크11이나 테이크12에서는 그를 오버 더 숄더 쇼트인물의 어깨 너머로 대상을 포착하는 쇼트로 찍은 이유 중 하나도 바로 그래서였어요.

보브로   현지 배우를 섭외하셨나요?

스필버그   현지 배우들은 주로 샌안토니오, 휴스턴, 댈러스의 길거리를 지나던 중에 섭외했어요. 마이크 펜턴과 셰리 로즈가 캐스팅 담당이었는데 우리 셋이 현지 인재들을 찾아내기 위해 세 도시를 돌아다녔어요. 그 결과 재능 있는 사람들을 많이 발견했죠.

내 생각에 로케이션 촬영을 하면서 현지인 배역을 위해 캘리포니아나 뉴욕 배우들을 데려오는 건 개탄스러운 일이에요. 나는 〈슈가랜드 특급〉에, 골디 혼, 윌리엄 애서턴, 마이클 색스, 벤 존슨, 스티브 캐널리 같이 뉴욕과 캘리포니아 출신의 능숙한 배우들을 캐스팅했어요. 하지만 나머지 대사가 있는 65개 배역을 위해서는 실제 현지인들을 구하지 않으면 범죄를 저지르는 거라 느껴졌죠.

보브로 촬영감독 빌모스 지그몬드와는 어떤 방식으로 작업했나요? 함께 긴밀히 소통했나요? 그에게도 재량권이 있었나요?

스필버그 빌모스와 나는 이 영화에서 거의 형제 같았어요. 그는 매우 흥미로운 사람이죠. 그의 위대한 카메라 아이camera eye를 기용하는 순간 그의 아이디어도 덤으로 얻게 돼요. 그는 미국 촬영감독의 틀을 넘어선 아이디어들을 제안하죠.

재량권에 대해 말하자면, 나는 재량권을 가진 촬영감독과 작업해본 적이 없어요. 촬영감독이 재량권을 갖는 순간 그가 감독이 되고 감독은 견습생이 돼버려요. 빌모스는 매우 뛰어난 카메라맨이면서도 고집이 세요(오직 영화가 잘되기 위해서라는 취지에서요). 때로는 그의 "하하하!"가 감독의 생각과 충돌하는데, 그때 감독은 강해져야 하고 진정으로 감독이 되어 말해야만 해요. "당신의 생각을 높이 평가하며 그것이 당신 관점에서는 효과적이지만, 나는 내 방식대로 하길 원해요." 그러면 빌모스는 즉시 당신이 바라는 방식을 따를 만큼 충분한 프로죠. 빌모스가 어떤 쇼트에 대해 "안 된다"고 한 적은 절대 없었어요. 우리 사이에 논쟁이 벌어진 적은 있지만, 궁극적으로 봤을 때 빌모스가 맞았다면 영화는 2점을 기록했을 것이고 거기에 더해 나 또한 맞았다면 합쳐서 4점을 기록했을 거예요. 향후 영화 여섯 내지 일곱 편을 함께 작업하길 고대하고 있죠.

그의 작업 방식을 예로 들어 설명해볼게요. 침대에서 벌어지는 골디 혼과 윌리엄 애서턴의 러브신을 준비 중이었는데 초점 문제가 심각했어요. 빌모스는 매력적인 헝가리 억양으로 말했죠. "좋아요, 골디, 1센티미터 정도만 앞으로요. 그만 멈춰요." 그리고는 말했죠. "그래요, 윌리엄, 대략 2분의 1센티미터 뒤로요. 좋아요, 그만 멈춰요." 그런 뒤 말했어요. "이제, 골디, 당신이 1센티미터 앞으로요. 네, 한쪽 팔로 기대요. 그렇게 지탱할 수 있겠어요? 괜찮아요? 됐어요." 그런 뒤 말했죠. "이제, 윌리엄, 그쪽으로 약 1센티미터요. 그만 멈춰요." 그리고는 "네, 골디, 이제 준비됐어요. 비명 질러도 돼요."

보브로   엄청난 경찰차들의 대열을 비추는 그야말로 긴, 롱 쇼트들을 어떻게 연출했는지 구체적으로 설명해주시겠어요?

스필버그   교통 상황을 통제하려 할 때 비난받는 상황과 유사해요. 자동차들은 감독할 게 거의 없어요. 오히려 텍사스 자체를 연출하려고 노력하는 게 더 힘들어요. 먼저 풍경이 팬케이크처럼 납작해서, 아주 높은 곳에 있지 않는 한 네 번째 차부터는 어떤 것도 시야에 들어오지 않아 나머지 차량 45대를 볼 수가 없죠. 그래서 많은 쇼트들을 크레인으로 찍었고, 다른 쇼트들의 경우에는 차량 대열을 하나의 단단한 액션으로 압축하기 위해 롱 렌즈들을 사용했어요. 45대의 순찰차를 동원한 마당에, 앞의 7~8대만 보이고 나머지는 지평선으로 좁혀지다가 사라진다면 제작비 면에서 큰 낭비죠. 롱 렌즈는 45대 차량을 100대로 보이게끔 하는 데 아주 큰 도움을 줬어요.

〈슈가랜드 특급〉촬영에서 우리를 가장 크게 도와준 두 가지는 5와트의 무전기와 공공안전부예요. 어떤 경우에는 고속도로 순찰차들이 나서서 교통로를 변경시켜야 했어요. 또 어떤 때에는 북쪽으로 3킬로미터, 남쪽으로 3킬로미터 내 반경의 도로를 막아 사방 1.5킬로미터를 완벽히 비워야 했어요. 이게 무슨 의미냐 하면, 테이크1이 끝나면 테이크2를 준비하기 위해 45대 경찰차 모두가 방향을 틀어서 1.5킬로미터 뒤로 빠진 뒤, 다시 방향을 바꿔서 재집결해야 했다는 거예요. 우리는 엉덩이를 대고 앉아 공공안전부(텍사스에서 고속도로 순찰을 담당하는 부서죠)와 담당 경찰관이 그동안 막혀 있던 길을 열어주는 걸 기다려야 했어요. 대략 북쪽으로 픽업트럭 10대에서 때로는 자동차 100대까지, 남쪽도 비슷한 수준의 차량들이 모두 분노에 찬 경적을 울렸는데, 십오 분 동안이나 하는 일 없이 제자리에서 기다려야 했기 때문이죠. 요컨대 한 번 세팅할 때마다 한 시간 삼십 분이 걸렸어요.

보브로   영화에서 많은 대화들이 경찰의 양방향 무선으로 이뤄집니다. 그런 식의 연출을 선택하신 건 물품 공급 문제 때문인가

〈슈가랜드 특급〉의 한 장면

요, 아니면 서로 평행하는 장면을 보여줄 때 전통적으로 사용되는 교차편집과 다른 여타 기술보다 그 방식이 이야기에 더 맞다고 생각해서였나요?

스필버그 〈슈가랜드 특급〉의 음향 담당인 존 카터가 경찰차 안에 작동하지 않는 마이크를 장착한 뒤, 배우가 버튼을 눌러 마이크에 대고 말할 수 있도록 5와트 무전기에 연결시켰어요. 그리고 바닥에는, 카메라 시야를 피해 실제 스피커를 장착해서 상대편 차에 있는 벤 존슨의 응답이 들리게 했죠. 5와트 무전기가 존슨의 차, '2311'(주된 경찰차), 매슈번의 차에 하나씩 있었어요. 그 결과 실제로 양방향, 세 방향, 네 방향 대화 전달이 가능했고, 다큐멘터리 느낌, 그리고 아주 자연스럽고 사실적인 모양새를 만들어냈죠.

또 하나 덤으로 얻은 건 마이크를 누르거나 엄지를 마이크로부터 뗄 때 그 굉장한 갈라지는 소리를 들을 수 있었다는 거예요. 더빙 스튜디오에서 인공적으로 믹싱할 때에는 그 소리를 얻을 수 없죠. 더빙 과정에서 양방향 경찰 무선통신을 사용했기에 그 사운드를 살릴 수 잇었죠. '2311'에서는 질문들이 걸러지지 않은 채 들렸고 스피커를 통해 나오는 상대편 차의 벤 존슨의 응답도 그랬어요. 하지만 이 방식을 택함으로써 그날그날 찍은 필름들dailies을 볼 때 실제 상황이 어땠는지 볼 수 있었죠.

보브로 영화에 밤 장면이 많은데요. 어떤 기술을 사용하셨는지, 그리고 그런 장면 중에 특별히 힘들었던 게 있다면 말씀해주세요.

스필버그　모든 나이트 포 나이트night for night, 밤에 찍는 밤 장면 시퀀스는 장면의 조명을 밝히는 데 들어가는 시간 때문에 힘들죠. 하지만 사막이나 바다에서가 아니라면 데이 포 나이트day for night, 낮에 찍는 밤 장면의 경우 사실감이 떨어지기 때문에 나이트 포 나이트로 가기로 결정했어요.

〈슈가랜드 특급〉을 데이 포 나이트로 촬영하려면 주변 구조물들의 모든 창을 아크arc 전등으로 강하게 밝혀야 했을 텐데 그러면 과도한 예산이 들었을 거예요. 게다가 빌모스는 대형 조명들을 갖고 다니지 않아요. 단지 소수의 크세논xenon 전등과 백열등을 휴대할 뿐이고 태양을 활용하거나 흐린 하늘의 부드럽게 퍼지는 빛을 사용해요. 그는 자연스러운 조명의 예술가이며, 육중하고 관습적인 조명 장치를 사용하는 게 옳다고 생각하지 않죠.

하루는 밤중에 경찰차에 앉아 있다가 말도 안 되는 생각이 떠올랐는데, 빌모스는 처음에는 너무 연극적이라며 망설이다가, 곧 좋아하게 돼서 함께 실행에 옮겼어요. 경찰관인 슬라이드의 얼굴을 향하고 있는 자동차 계기판 밑에 빨간색 백열등과 초록색 백열등을 달고, 그가 마이크를 켤 때에는 화면 바깥의 송신기로부터 빨간 빛이 들어와 그의 얼굴이 빨간색으로 물들고, 마이크에서 손가락을 떼고 메시지를 수신할 때에는 수신 신호등에서 나오는 초록색으로 얼굴이 물들게끔 한다는 아이디어였어요. 이런 생각은 섹시한 루이지애나 출신 근육질 남자 둘이 존 포드식 해피엔딩을 장식하기 직전, 각자 차를 몰고 오는 시퀀스에서도 효과를 발휘했어요. 또한 세 주요인물이 밤에 유유자적하는 장면에서도 효과가 있었죠. 클로비스는 손전등을 갖고 놀고 있고 루 진은 우스꽝스러운 요가 자세로 앉아 풍선껌을 씹고 있고, 슬라이드는 피곤한 채 방심하지 않으려고 하는 장면 말이에요.

보브로   중고차 부지 시퀀스에 사용된 특수효과가 매우 인상적이에요. 어떤 식으로 그 장면을 계획해 최고의 결과를 얻어내셨나요?

스필버그   미술 팀에게 판지로 중고차 부지 모형을 만들고 미니어처들을 준비하라고 했어요. 약 15센티미터 크기의 레이아웃에서 미니어처들을 뒤섞는 건 현장에서 실물을 옮기는 것보다 훨씬 수월하죠. 그리고 그 모형을 토대로 모든 카메라 앵글과, 마치 폭죽이 터지는 듯한 충돌 사고들을 정했고 십자포화十字砲火의 안무를 짰어요.

이 모든 과정에서 차들 몇 대의 한쪽을 초록색 페인트로 칠하고 다른 쪽은 빨갛게 칠하기로 결정했어요. 그렇게 해서 총격을 당한 자동차 2대가 실제로는 하나의 동일한 차일 수 있었죠. 총격전으로 자동차 20대에 구멍이 뚫리는 것으로 보이지만 실제로는 10대에만 총을 쐈기 때문에 엄청난 비용을 절약할 수 있었어요.

존 밀리어스도 내게 큰 영향을 미쳤어요. 나는 그의 특수효과

의 팬, 특별히 밀리어스표 '튕겨져 나오는 총알 쇼트'의 팬이
에요. 그래서 중고차 부지 총격전에서 엄청난 무력시위를 보
여주고 폭죽이 터지는 듯한 모든 순간들을 대부분의 영화에
서보다 훨씬 요란하게 만들 작정을 하고 있었죠. 〈슈가랜드
특급〉에서 총알이 유리를 관통할 때면 유리창이 거미줄 무늬
로 갈라질 뿐 아니라, 나사와 받침대가 헐거워지면서 떨어져
나온 앞 유리가 통째로 주차장을 가로질러 날아가요. 타이어
에 총알이 박히면 타이어 전체가 터지고 휠 캡wheel cap이 날
아가고 차 전체가 뿌연 먼지 기둥 속에서 주저앉죠. 그야말로
눈부심의 극치를 달리는 장면 중 하나를 만들고 싶었어요. 다
시 말해, 날아가는 유리가 날카로운 첫소리를 내는 총알의 실
제 속도만큼이나 캐릭터들에게 해를 입힐 수 있다고 느껴지
길 바랐어요.

보브로   마이클 색스(슬라이드 역)와 윌리엄 애서턴(클로비스 역)의 외
        양이 매우 닮은 건 의도하신 건가요?

스필버그   네, 일부러 서로 닮은 배우들을 캐스팅했어요. 외형이 많이
        닮지 않았다면 최소한 정신과 태도가 가까워야 했죠. 우리가
        원한 건 같은 부류의 두 배우, 같은 동네에서 살면서 함께 성
        장한 뒤 각자의 길을 간 두 캐릭터였어요. 한 명은 경찰의 길
        을, 다른 한 명은 책임감이라곤 없는 금발 미인과 신성한 결
        혼의 길을 간 캐릭터죠.

보브로 〈슈가랜드 특급〉의 예산은 어느 정도였나요?

스필버그 유니버설 스튜디오 측에 나가는 25퍼센트를 포함해서 250만 달러요. 원래 55일 촬영으로 계획했는데 60일을 찍었어요. 추가 촬영 5일 중 3일에 대해서는 흔쾌히 내 탓이라고 인정하겠어요. 나머지 이틀은 날씨 탓이고요. 날씨가 종잡을 수 없었고 전반적으로 맞추기가 매우 힘들었죠.

보브로 특별히 〈슈가랜드 특급〉의 성공에 기여했다고 생각하시는 기술들이 있나요?

내가 만든 영화들이
모두 똑같아 보이길 원치 않아요.

스필버그 그런 게 있다 하더라도 지나치게 의식하고 싶지 않아요. 후진으로 물러난 채, 한 번 성공한 기술이니 재사용하는 게 뭐 어떠냐는 심보로 낡은 기술에 의지해야 하는 처지가 되길 바라지 않거든요. 내가 만든 영화들이 모두 똑같아 보이길 원치 않아요. 그래서 내 삶에서 자동차와 이별한 거예요. 현재 작업 중인 〈죠스〉에서는 사실상 자동차를 모두 없앴어요. 현지 경찰은 매일 아침 자전거로 출근하죠.

보브로 텔레비전에서 작업하신 경험, 빡빡한 예산 및 촬영 일정이라는 텔레비전 매체의 고된 특징이 감독님의 구성 방식이나 잦은 이동 카메라 사용에 영향을 미쳤다고 생각하세요?

스필버그　내게 끼친 영향이라면 스타일을 확대했다는 거예요. 비록 텔레비전을 통해 극장 영화로 진출할 수 있었지만, 항상 텔레비전이라는 매체에 분노해왔어요. 나는 마스터 신들을 찍을 때 커버리지를 극소수로 혹은 거의 사용하지 않고, '플레이하우스 90Playhouse 90' 이후 세대 베테랑들에게 대체로 낯선 기술인 트래킹 쇼트한 지점에서 다른 지점으로 카메라를 이동하면서 촬영하는 쇼트를 재발견함으로써 텔레비전 테크닉의 표준 방법에 반하는 연출을 시도해왔어요. TV화면을 위해 쇼트들을 구성하려고 노력했던 거죠.

그리고 나는 대부분의 TV감독들보다 쇼트들을 멀리서 찍어요. 내게 클로즈업이란 카메라가 대상을 허리까지 잡는 쇼트를 의미해요. TV에서는 목까지만 보일 때 클로즈업이라고 하죠. 한편 나는 목까지만 볼 수 있을 때 초커choker라고 하는데, TV에서는 코와 이마 선 사이만 보일 때 초커라 하고요.

빡빡한 촬영 일정에 대해 말하자면, 나는 하고 싶은 대로 할 수 있었어요. 윗선에서는 그저 그날 정해진 10쪽 분량의 촬영을 마치면 좋아하는 거죠. 대량의 커버리지 쇼트들을 동반한 망친 시퀀스든, 10쪽을 멀리서 한 쇼트에 담아 찍은 단 하나의 트래킹 마스터 앵글이든 상관없었죠.

보브로　조금 전에 존 밀리어스 이야기가 나왔는데요. 작년 잡지 〈뉴스레터〉(6권 21호)에 실린 딜린저에 관한 인터뷰를 진행했을 때 그가 말하기를, 감독 일은 전투를 책임진 장군이 되는 것과 일맥상통한다더군요. 완벽한 전략, 물자 보급, 타이밍 등의 문제이며, 그 후로는 성공적으로 그것들을 즉흥적으로 다뤄야 한다고요. 어떻게 생각하세요?

스필버그   영화 만드는 게 전투 장면과 유사하다는 데에 동의하지만, 그보다는 개인 신체상의 지구력 시합으로 생각하고 싶어요.
내게는 영화제작의 전 과정 중 본 촬영 단계가 가장 고독한 부분이에요. 마치 수학 등식을 푸는 것 같아요. 뉴트럴 코너 neutral corner, 권투 경기장의 네 코너 중 선수들이 사용하지 않는 코너에 가서 신神이 현현할 때까지 초조하게 기다리는 거죠. 때로는 끝까지 아무것도 나타나지 않고, 그러면 평범한 다섯 개의 대안을 두고 혼자 앉아 있죠. 그럴 때면 제작부장이 게으름 피우지 말고 얼른 일어나라고 해요. 따라서 감독 일은 장군이 되는 것과 전혀 달라요. 오히려 중위가 되는 것 같죠. 장군 역할은, 멀리 떨어진 푸에르토 바야르타Puerto Vallarta, 멕시코 중서부의 해양 관광지에서 당신에게 짖어대는, 돈줄을 쥔 사람의 몫이에요.

감독 일은 장군이 되는 것과 전혀 달라요.
오히려 중위가 되는 것 같죠.

보브로   감독님이 스스로를 액션 감독, 이를테면 윌리엄 웰먼과 같은 그룹으로 간주하신다고 보면 될까요?

스필버그   어떤 한 부류의 감독이 되는 데에는 관심이 없어요. 나는 액
션을 사랑해요. 관객들의 마음을 꽉 움켜쥔 채, 그들이 난장
판이나 공포를 불러일으키는 뭔가를 보며 의자에서 몸을 앞
으로 구부리거나 움찔하는 걸 좋아하죠. 관객을 완전히 영화
에 몰입하는 수준으로 끌고 가는 게 좋아요. 그러나 자동차
사고나 엔진 폭발 없이도 그런 게 가능하다고 생각해요.

SF나 러브 스토리를 만들고 싶어요. 영화산업이 체계적으로
여성 영화를 멀리해왔기 때문에 여성 영화도 만들고 싶고요.
영화 속에서 자아실현을 한 여성이 맡을 만한 주연 역할은 극
소수예요. 반면 주말마다 자신들의 남자를 영화관으로 떠민
이들은 여성이죠.

본질적으로 액션은 자극적이며, 많은 감독들이 액션 모티프
에 기대는 이유 중 하나는 3개월간 이어지는 로케이션 촬영
이 지루하길 원치 않기 때문이라고 봐요. 매 분마다 웃음이
터져 나오고 스턴트 액션이 따른다는 건 늘 매우 흥미진진하
죠. 아시겠지만, 자동차 100대를 지휘하는 것이나 마이크 니
콜스가 B-25 폭격기 20대를 지휘하는 것영화 〈캐치 22〉의 한 장면,
스탠리 큐브릭이 개미고지Anthill를 향해 수천 명의 프랑스 군
인들을 보내는 것영화 〈영광의 길〉의 한 장면, 이 모든 건 굉장한 감
흥을 불러일으켜요. 액션 감독의 과열된 자아의 욕망에는 뭔
가 재미있는 부분이 있어요. 사람이 아니라 산을 움직이고 싶
어 하죠.

액션 감독의 과열된 자아의 욕망에는
뭔가 재미있는 부분이 있어요.
사람이 아니라 산을 움직이고 싶어 하죠.

보브로   상업영화계에서 성공하고자 하는 사람들에게 조언을 하나 해
                 주신다면요?

스필버그   글을 많이 쓰고, 한두 편의 단편을 찍어보고, 스스로 편집하
                 고, 촬영도 직접 해보고, 만약 아마추어 배우라면 그 영화에
                 서 주연도 맡아보세요. 그러나 자신의 능력을 전혀 보여주지
                 않고 작품을 따내는 건 거의 불가능해요. 스튜디오들은 열의
                 와 열정, 배우고자 하는 의지 같은 능력은 믿지 않아요. 그들
                 이 원하는 건 당신이 이익을 창출할 수 있는 영화감독이라는
                 증빙 자료예요. 영화 만들 돈 30만 달러를 당신에게 내주려하
                 기 전에 당신이 얼마나 뛰어난지 보고 느끼길 원하죠.
                 나는 한 편에 15달러, 때로는 200달러를 들여서 8밀리와 16밀
                 리 영화들을 만들며 시작했어요. "정문으로 들어가 내 작품을
                 보여주려면 단편영화를 만들어야 하는데 자금을 마련할 수가
                 없어요"라며 변명할 수는 없죠. 비록 슈퍼 8 필름을 사용하고
                 친구한테 빌린 코닥 엑타사운드Kodak Ektasound 카메라로 촬영
                 했을지언정, 작은 영화들을 만드는 데에는 돈이 많이 들지 않
                 아요.

보브로   현재 위치에 이르기까지 가장 도움이 됐던 주요인이 뭐라고

생각하세요?

스필버그   세상의 다른 어떤 것보다도 그걸 간절히 원했다는 점이죠.

프라이멀 스크림

"당신이 그걸 뭐라고 부를지 모르겠지만, 사람들은 늘 우주에 관한 오락물이라고 할 만한 것을 기대하고 있어요. 기상학적 설명 그 이상의 것을요. 행동과학의 관점에서 나는, 하늘을 바라보며 저기서 무슨 일이 벌어지고 있길래 공군과 정부가 우리에게는 그걸 알려주려고 하지 않을까에 대해 이해하려고 노력하는 것과 마찬가지로, 왜 사람들이 하늘을 쳐다보면서 그걸 믿고 싶어 하는가에 대해 알아내려고 했어요."

〈죠스〉에서 심연과의 격투 이후 스티븐 스필버그는 하늘로 눈을 돌렸고, 그 결과 UFO 현상에 관한 '과학적 추측'을 다룬 동시대 이야기 〈미지와의 조우〉가 올해 안에 개봉될 예정이다. 이 인터뷰가 녹음되던 당시, 프랑수아 트뤼포François Truffaut, 1960년대 누벨바그를 대표하는 프랑스의 영화감독가 등장하는(그는 자신이 감독하지 않은 영화에 처음 등장하는 것이다) 중요한 장면의 뭄바이 촬영이 남아 있었다. "핵심적인 반전을 이루는 인도 장면에 그가 나와요. 그 장면이 없으면 트뤼포의 캐릭터는 큰 의미가 없어요." 그러나 그 장면이나 캐릭터에 대해 스필버그는 더 이

리처드 콤스Richard Combs, 〈사이트 앤드 사운드Sight and Sound〉 1977년 봄 호에서.

상 입을 열지 않았다. 실제 영화 내용과 그 안에 등장하는 추측들의 정체에 대해서는, 촬영 기간 동안 앨라배마주의 모빌에 위치한 영화 팀의 베이스캠프를 둘러쌌던 것처럼, 여전히 엄격한 보안이 유지되고 있다.

스필버그 우리 팀은 상당히 큰 세트장에서 작업하고 있어요. 프로덕션 디자이너에 따르면, 내가 나중에 정말 좋아하게 된 그가 만든 모형이, MGM Metro-Goldwyn-Mayer, 할리우드 스튜디오 시스템을 대표하는 미국의 영화제작 및 배급사이나 치네치타Cinecitta, 이탈리아 로마 남쪽 교외에 위치한 거대 종합 촬영소의 사운드 스튜디오보다 네 배 더 크다더군요. 당시 유일하게 가능했던 선택은 날씨 통제가 불가능한 야외에서 그것도 막대한 예산이 들어가는 밤에 촬영하는 것, 아니면 조정 가능한 촬영용 격납고를 어디에선가 찾아내는 것이었어요. 큐브릭이 사용했던 격납고를 활용하고 싶었지만 그곳에는 대량의 빛이 중앙을 강타하고 있다는 걸 알게 됐죠. 오직 두 개의 격납고만 사용 가능했는데 오리건과 모빌에 있었어요. 폐쇄된 비무장 공군기지예요. 타맥tarmac, 도로 포장재의 일종 위에서 잡초들이 자라고 있죠. 기지 전체의 출입을 통제했어요. 보안 경찰을 고용하고 작은 가판대를 세웠죠. 그러고 나니 그 두 격납고는 영화 스튜디오처럼 보이기 시작했죠. 우리는 들어갈 때 암호화된 사진 신분증을 줘야 했고, 그럼으로써 현지 언론사에서 가짜 신분증을 만들어 출입을 시도하지 못하게 했죠. 〈워싱턴 포스트〉는 세트장에 침투하기 위해 갖은 노력을 했어요. 스스로를 밥 우드워드Bob Woodward, 워터게이트 사건 보도에 기여한 〈워싱턴 포스트〉 기자에 비유한 리포터의 경우, 우리의 보안을 뚫을 최선의 방법이 엑스트라들이 일을 마친 뒤 자유로울 때 밤에 바에서 몇 명을 인터뷰한 뒤, 마치 그 모든 걸 스스로 현장에서 취재한 것처럼 1인칭 시점에서 이야기를 써내려가는 거라고 판단했어요. 그 이야기가 신문에 났는데, 내가 읽어본 기사 중에서 가장 잘못된, 얼토당토않은 제5종 근접 조우에 대한 거였죠. 그러나 그 자신이 뭘 말하고 있는지 모르다보니 매우 이채로운 이야기를 썼고, 독자들에게는 더더욱 흥미롭게 들렸죠.

콤스   비밀 유지 중임에도 불구하고 질문드리겠는데요. 이를테면 감독님 영화에 2001년의 미래 기기들이 등장하지는 않죠?

스필버그   정신적으로는 지난 30년간의 UFO 논쟁을 다루지만, 실제 스크린상으로는 동시대를 배경으로 하는 영화예요. 믿으면 과학적 사실이고, 믿지 않으면 공상 과학이죠. 나는 두 신념의 중간에 위치한 불가지론자라서, 과학적 추측이라는 입장이에요. UFO는 광년 10년의 먼 거리에 있는 게 아니라, 바로 미국 교외의 중심부에 존재하죠.

콤스   어떤 특별한 사건에서 이야기가 비롯됐나요?

스필버그   나의 실제 경험은 아니에요. 내가 조사한 자료를 총망라했어요. 〈내셔널 인콰이어러〉의 스크랩들과 뉴스 통신 자료를 포함, 시중에 나와 있는 모든 걸 읽었어요. 심지어 그 프로젝트가 기밀문서 목록에서 제외되기 훨씬 전부터 청서靑書에 접근하려고 시도했지만, 소용없었죠. 대부분 실제로 체험한 사람들을 만나기 시작하면서 영감을 얻었고, 이야기를 나눠본 사람들 중 약 다섯 명이 인생의 어느 한순간 하늘을 올려다봤고 설명하기 힘든 뭔가를 봤다는 사실을 깨달았어요. 그 후 나는 제2종 근접 조우를 경험한 사람들을 만나기 시작했는데, 2종 근접 조우에서는 부인할 수 없는 매우 경이로운 뭔가가 바로 그들의 눈앞에서 벌어졌어요. 이렇게 직접 사람들을 만나고 인터뷰를 하면서 영화 만들기에 흥미를 갖게 됐죠. 내가 인터뷰한 사람들이 모두 거짓말하는 것일 수는 없다는 걸 알 만큼 충분히 많은 인원을 인터뷰했어요. 사람들이 밤에 반짝이는 것으로 경험한 많은 목격들은 결국 무언갈 본 게 아니라 그저 하늘을 발견한 것에 그치죠. 그래서 많은 신고 건들은 천문학의 관점에서 쉽게, 기존 법칙에 따라 설명 가능해요. 그러나 기존 방식으로 묘사하기 힘든 다른 목격담들이 있는데도, 기본적으로 과학계는 아인슈타인의 법칙에 수정을 가할 준비가 돼 있지 않아요.

콤스　　그렇다면 〈미지와의 조우〉영화의 원제목인 'Close Encounters of the Third Kind' 또한 직역하면 '제3종 근접 조우'를 뜻한다는 어떤 건가요?

어떻게 밤하늘에 UFO가 존재할 수 있겠어요?
사람들이 더 이상 밖으로 나가 위를 올려다보지 않는데 말이죠?

스필버그   그들을 직접 만나는 단계예요. 3종 근접 조우에 대해 유럽에
           서는 미국에서보다 훨씬 거리낌이 없어요. 미국에서는 밤중
           에 부딪치게 되는 그 개체들에 대해 쉬쉬하는 분위기가 있어
           요. 왠지 모르겠지만, 브라질, 프랑스, 이탈리아, 남미 대륙에
           서는 훨씬 개방적이고, 일반적으로 동의하며, 과학적 회의론
           이 덜해요. 미국의 경우 텔레비전에서 〈필리스〉〈모드〉〈올
           인 더 패밀리〉가 동일 시간대에 방영 중인 마당에 어떻게 밤
           하늘에 UFO가 존재할 수 있겠어요? 사람들이 더 이상 밖으
           로 나가 위를 올려다보지 않는데 말이죠?

콤스   3종 근접 조우의 사례들이 많이 보고됐나요?

스필버그   수백 가지에 달해요. 베티 힐과 바니 힐은 뉴햄프셔에 사는
           국제결혼을 한 부부인데, 우주선으로 인도되어 3종 근접 조
           우 경험을 했어요. 전해진 바에 따르면 그들은 철저한 신체검
           사를 받았고 베티는 우주선 안에서 몇몇 생물체와 소통을 했
           는데, 그 후 부부는 그 사건을 완전히 잊어버렸어요. 그들은
           2년 동안 서로에게 끔찍한, 연속되는 악몽 같은 결혼 생활을
           보냈어요. 그리고 정신과 의사를 찾아가 각자 따로 최면 치료
           를 받으면서 당시 실종된 세 시간 동안(세 시간 후 그들은 갑자
           기 서로 약 145킬로미터 떨어진 곳에 있었죠) 무슨 일이 있었는지
           함께 퍼즐을 짜 맞출 수 있었어요. 존 C. 풀러가 쓴 『중단된
           여정The Interrupted Journey』이라는 책에 그 사건이 나와요. 책을
           원작으로 한 TV영화도 있어요.

접촉 당시 그들은 베티에게 별자리표를 보여줬는데, 끊긴 선과 아닌 선들이 배치되어 있었고 서로 다른 점들이 표시돼 있었어요. 그는 그것을 외우려고 하진 않았지만 매우 유심히 바라봤어요. '그들'은 그에게 끊긴 선들은 무역로이며 일반 선들은 탐험로라고 설명했는데, 그는 최면 상태에서 지도를 재현해냈어요. 1960년대 중반, 앞서 언급한 책에 지도가 실렸을 때 도대체 무엇을 의미하는지 아무도 이해할 수 없었어요. 그리고 3~4년이 흐른 뒤 고도로 발달한 망원경에 의해 네 개의 중요한 별들이 발견됐는데 그 별들이 베티의 지도를 완성했어요. 지도의 정확한 복제판이 우주에서 발견됐죠.

콤스   UFO에 대한 정부와 공군의 비밀스러운 태도를 언급하셨는데, 그렇다면 마치 〈암살단The Parallax View〉의 SF 버전처럼, 이 영화는 점점 늘어나는 UFO 목격 사례와 정치적 광기 사이의 연결성을 짚고 있나요?

스필버그   그렇기도 하고 아니기도 해요. 어떤 면에서 이 영화는, 대학가의 동요와 공산주의의 위협에 대해서와 마찬가지로 UFO에 대해서도, 오늘날 미국에서 벌어지는 비밀 작전들이 가진 스위스식 정확성을 보여주고 있어요. 실제로 모두 동일한 성격을 가져요. UFO에 대해 미국 정부는 지난 30년간 기밀을 엄수하고 그저 매우 비밀스러운 입장을 취했죠. 대중에게 그냥, 이를테면 SR71을 미국의 새 초음속 정찰기로 하늘에 띄우기 전에 테스트하는 중이었다고 말했다면 막대한 비용을 절약할 수 있었을 거예요. 혹은 당신들이 밤중에 뒤뜰 하늘에서 목격하는 물체들은 시험 중에 있는 초기밀의 지구 비행체라고 솔직하게 말하는 편이 쉬웠을 거예요. 그러나 정부는 그렇게 말하고 있지 않으며, 또 그렇게 말하려는 의지가 없어요. 미국은 정책이 지배하는 나라로, 1947년 케네스 아널드가 12개의 은빛 원반을 목격한 후(아널드는 '비행접시'라는 표현을 만들어냈죠), 과학계나 미공군 소속 직업군인들이 이를 함구해야 한다는 정책을 수립했고, 그 후 30년 동안 백악관이 그 명령을 철회한다는 지시를 하달하지 않았기에, 사람들은 그것을 철저히 따라왔어요. 그저 미국의 본성, 미국의 구조입니다.

〈암살단〉은 〈미키 원Mickey One〉과 더불어 내가 본 가장 편집증적인 영화예요. 이 영화는 극적인 스토리텔링 구조 내에서 날것의 리얼리즘을 보여준다는 점에서 〈프렌치 커넥션〉과 훨씬 더 닮았어요. 나는 우리 영화가, 〈프렌치 커넥션〉이 거리 범죄와 마약과 뉴욕에 대해 말하는 바를 UFO에 대해 한다고 생각해요. 필름film이라기보다 무비movie예요필름은 예술성을, 무비는 그보다 상업성을 띤 영화라는 의미로 사용했다. 정말로요. 상당히 오락적이고, 사건이 아니라 사람을 중심으로 다루죠. 그러나 동시에, 사건의 덫에 걸리기 전까지는 순수했지만 그 후 사건을 극복해야 하는 사람들에 대한 영화예요.

콤스   트뤼포와의 작업은 어땠나요? 소통에 문제가 있었나요?

스필버그   그는 자신의 영어 실력이 스스로가 원하는 수준에 못 미친다고 생각하지만 소통하기에는 충분해요. 벌리츠Berlitz 어학원에서 개인 교습을 받았죠. 그래서 영화를 보면 실제로 그가 전국의 여러 모텔에 투숙하는 동안 벌리츠 영어 강의 테이프를 트는 것이 나와요.

트뤼포는 줄곧 나의 최우선 순위였지만, 전화를 걸어서 그 위대한 프랑스 영화감독에게 이 신인의 영화에 출연해달라고 부탁할 용기가 없었어요. 그래서 미뤘죠. 프랑스 배우 리노 벤투라와 미팅을 가졌어요. 트랭티냥에게는 연락하진 않았지만 관심이 있다는 표현을 했어요. 필리프 누아레에 대해서도 관심을 표명했죠. 그러다가 나는 내가 정말로 프랑수아 트뤼포를 원한다는 결론을 내렸고, 최선의 방법은 그의 집으로 전화를 거는 거였어요. 그는 여러 이유를 들며 수락했어요. 내 생각에는 특별히 시나리오가 마음에 들었거나 잘 이해해서가 아니라 타이밍이 맞았기 때문이에요. 그는 '배우'라는 책을 집필 중이었는데, 자신이 아닌 다른 감독을 위해 새벽 6시에 일어나 일곱 시간 동안 버티고, 마지막 한 시간 삼십 분은 압박감 속에서 작업하는 고초를 경험하고 싶어 했어요. 그런데 세상에, 그는 확실히 빨리 배우더군요.

콤스   이런 영화는 사전에 철저히 계획되나요?

스필버그   그 점에서는 〈죠스〉 때와 정확히 같아요. 모든 세트피스set piece, 관객들에게 가장 인상적으로 남을 만한, 대규모 예산이 들어가는 극적 효과를 내는 신 혹은 시퀀스들을 미리 스케치해뒀죠. 작은 드로잉들이 수백 개에 달했으며, 영화 전체에 대한 편집을 사전에 해놓은 뒤 촬영을 하고, 다시 편집했어요. 사람들과 일하다 보면 즉흥 연기를 한다거나 시나리오에서 벗어나는 순간들이 발생해요. 근본적으로 나는 시나리오작가가 아니고 글쓰기를 즐기지 않아요. 차라리 협업하는 편이 좋아요. 나는 새로운 아이디어들이 필요해요. 우주로 기존의 아이디어들을 송신한 뒤 돌아오길 기대할 수는 없죠. 뭔가 실험하기 위해서는 새 아이디어들이 필요해요. 그래서 〈미지와의 조우〉 시나리오를 쓰기 위해 나를 가뒀고, 세상으로 나왔을 때에는 상당히 괜찮은 버전이 완성되어 있었어요. 그러나 캐릭터 몇몇은 썩 마음에 들지 않았어요. 배우들의 도움 덕에 군더더기를 없애고 장면의 본질로 곧장 들어갈 수 있었어요. 본질적으로 〈죠스〉에서 했던 방식과 동일했죠. 매 장면의 주제를 찾아서 그에 맞춰 즉흥 연기를 했고(옆에는 녹음기를 틀어뒀어요), 그런 다음 내가 재빨리 타자기로 달려가 최상의 문구들을 찾아내서 기존 장면을 다시 씀으로써, 다음 날 배우들이 전날 밤의 느슨한 즉흥 연기를 바탕으로 작성된 시나리오를 손에 쥘 수 있었죠.

새로운 아이디어들이 필요해요.
우주로 기존의 아이디어들을 송신한 뒤
돌아오길 기대할 수는 없죠.

콤스 그런 방식으로 인해 이처럼 막대한 비용이 드는 영화의 제작자들과 부딪치지는 않았나요?

스필버그 좀 이상한 이유 덕분에 〈죠스〉에서 나는 하고 싶은 대로 했어요. 그들은 그저 나를 내버려뒀죠. 매일 시나리오를 수정했지만 윗선, 곧 서부 해안의 권력자들 가운데 그 누구도 내게 전화하지 않았어요. 그들 중 누구도 그때까지의 시나리오를 좋아하지 않았기에, 내가 스토리와 시나리오를 향상시키는 것 밖엔 할 일이 없다고 느낀 거겠죠.

나는 두 층위에서 관객에게 도달하는 영화를 만들기로 결정했어요. 첫 층위는 명치를 강타하는 거였고 두 번째 층위는 코 바로 밑에 어퍼컷을 날리는 거였죠. 진정한 '원-투, 아웃'의 조합이었어요. 그것보다 심오한 뭔가를 의도한 적은 없어요. 원작을 너무 재미있게 읽은 데다 시나리오를 재작업하면서부터는 더더욱 재미있었기 때문이죠. 실제로 "프라이멀 스크림primal scream, 원초 요법 도중 감정이 폭발한 환자가 내지르는 외침 영화를 만들 겁니다"라고 말하기도 했고요.

〈죠스〉에 대한 가장 흥미로운 분석 중 하나는 "생태계를 지키는 경호원의 마지막 보루"라는 평이었어요. 인간이 자연산 둑을 막아 인공 호수들을 만들며 내륙 환경을 통제하고 있는데, 갑자기 먼 바다의 보초병이 "멈춰요, 쿠스토J.-Y. Cousteau, 20세기 프랑스의 해양 탐험가 씨. 더 이상 갈 수 없습니다. 이번엔 우리가 당신을 물리쳐야 할 차례예요"라고 말한다는 거죠. 처음 이 영화 프로젝트에 참여하게 됐을 때 가장 나를 공포에 떨게 한 것은, 소화계를 가지고 섭취를 하는 다른 어떤 생물이 거기에 존재한다는 생각이었어요. 그저 다른 누군가의 메뉴판에 오른다는 생각이 절대적으로 소름끼쳤죠. 먹이사슬의 일

〈죠스〉 촬영장에서의 스티븐 스필버그

부라는 점에 몸서리쳤어요. 〈죠스〉는 아픈 곳을 건드리는 영화예요. 우리의 신경을 무방비로 만드는 데다, 원초적인 태아 상태와 관련되며, 당신은 당신 안에서 헤엄치고 있다고 말하고 있어요.

그렇기 때문에 나는 〈죠스〉의 방식보다 〈대결〉의 방식을 훨씬 좋아해요. 〈대결〉은 더 대담했죠. 그 영화는 매우 부자연스러운 상황을 다룬 반면, 〈죠스〉는 인류의 진화만큼이나 자연스러워요. 트럭으로부터 그런 공포를 불러일으키려 노력하는 것이 물속의 식인 물고기라는 이미 공인된 공포의 유발보다 훨씬 어렵기 때문에 〈대결〉은 더 큰 도전이었어요. 그러나 〈대결〉 속에는 또 다른, 완전히 새로운 규칙들이 존재하죠.

콤스   감독님 영화들 간의 유사성, 스타일의 연속성에 대해 인식하고 있으시나요?

어떤 면에서 나는 서로 다른 두 사람이라는 생각이 들어요.
늘 본능이 이성을 징발하거나,
지성이 본능에 의해 깎아내려지죠.

스필버그   〈대결〉과 〈죠스〉 사이의 패턴과 유사성, 〈슈가랜드 특급〉과 곧 들어가게 될 영화 사이의 유사성이 확실히 있어요. 그러나 전체 작품의 스타일에 관해서라면 무엇이든 내 생각을 갖기에는 지나치게 주관적이겠죠. 내가 만들어내는 저널리즘을 믿는 것과 스스로에 대한 고유한 의견을 형성하려고 하는 것이 바로 내가 맞서 싸우고자 하는 대상이죠. 그러기에는 아직 내가 만든 영화 편수가 충분하지 않다고 생각하고, 내 영화의 대부분은 나 자신에 대한 나의 입장만큼 사적이지는 못했어요.

다른 누구보다도 내게 실질적으로 영향을 미친 감독은 존 프랭컨하이머예요. 시각적인 측면에서가 아니라 편집자로서 말이에요. 그의 편집은 종종 이야기 내용 자체보다 에너지가 넘치죠. 〈맨츄리안 켄디데이트〉를 보고 처음으로 영화편집의 모든 걸 깨달았어요. 그 후 집에서 8밀리 영화들을 여러 편 찍었고, 편집실에서 장면들을 자르고 병치하고 트릭을 사용하는 실험을 해보기 시작했어요. 나는 모든 부정적인 것들, 영화에서는 피하려고 노력하는 것들을 텔레비전으로 배웠어요. 텔레비전에서 배운 하나는 턱에서 이마까지 잡는 클로즈업보다 더 나쁜 건 없다는 점이에요. 〈영광의 길〉을 보면서 타이트한 클로즈업의 수가 얼마나 적었는지 깨달았던 게 기억나요. 그렇기에 큐브릭이 일단 클로즈업을 사용하면 그때는 뭔가 의미가 있었죠.

〈황무지〉와 〈배리 린든〉은 영화의 시대와 분위기를 빛나게 하는 방식, 어떤 느낌을 주는지, 그리고 영화를 본 후 친구들에게 설명하는 데 있어서 매우 유사하다고 생각해요. 〈배리 린든〉을 좋아하지만, 그 영화를 보는 건 점심도 먹지 않고 프라도미술관을 관람하는 것과 같았어요. 테런스 맬릭 감독의 그 영화가 끝났을 때, 마치 정말 내가 먼지를 뒤집어쓰고 머리카락에 기름이 낀 것처럼 느껴져서 샤워를 하고 싶었죠. 내가 만드는 영화들은, 그저 그 반대라고 생각해요. 때로는 내용을 위해 스타일을 완전히 몰수하게 돼요. 〈죠스〉에 스타일이 없다고 스스로 느끼는 이유죠. 〈죠스〉에는 내용과 실험만이 있어요. 〈죠스〉는 관객을 전기가 흐르는 소몰이용 막대로 몰아가는 것과 다를 바 없어요. 이 영화에서 내가 한 작업에 대해서는 매우 복합적인 감정이 드는데, 앞으로 두세 편의 영화를 더 찍고 나면 다시 이 영화를 되돌아보고 내가 무엇을 했는지 알 수 있을 거예요. 영화를 다시 봤는데, 내가 본 영화 중 가장 단순하다는 걸 깨달았어요. 그저 본질적인 움직임, 서스펜스와 공포가 작동하는 지점들, 그리고 딱 적당한 캐릭터 전개였어요. 그런 캐릭터 전개로 인해 영화의 어느 지점에 이르면 그들이 맡은 배역 내에서 샤이더를 미워하게 되고, 쇼를 미워하게 되고, 드레이퍼스를 미워하게 되었다가 다시 그들을 좋아하게 되죠.

당시 우리 팀은 인물들 각자의 동기, 왜 그들이 상어와 싸울 운명이었고 왜 다음 날 아침에 나가서 아내와 작별의 입맞춤을 하고 심연과의 결투를 벌이는지에 대해 깊이 있는 대화를 나누곤 했어요. 지난주에 영화를 다시 봤을 때 나는, 우리가 인간이 이해하지 못하고 두려워하는 것들에게 갖는 기초적이고 원초적인 본능에 대해 이야기했던 것임을 깨달았어요. 밤에 맞닥뜨리는 초자연 같은 것들에 대해 이야기했던 거죠.

원했다면 그 영화를 매우 섬세하게 만들었을 수도 있었을 거예요. 사운드 스튜디오에서 사고하는 방식의 대척점으로서, 내가 밤에 사고하는 방식에 훨씬 더 가깝도록 많은 일을 할 수도 있었을 거고요. 어떤 면에서 나는 서로 다른 두 사람이라는 생각이 들어요. 늘 본능이 이성을 징발하거나, 지성이 본능에 의해 깎아내려지죠.

행간의 빈틈을 채우는 일

스티븐 스필버그는 말한다. "조지아였던 것으로 기억하는데, UFO와 제1종 근접 조우를 경험한 여성들이 여러 명 있었어요. 그들은 머리 위로 낮게 지나가는, 조명이 밝혀진 차량을 목격했는데, 우측에는 알파벳 글자 U, F, O가 빛나고 있었어요."

"지금 이 이야기를 들은 사람의 99.9퍼센트는 분명히 매우 잘못된 정보를 가진 두 사람이 이야기를 지어냈다고 말하겠죠. 이 현상에 관해 너무 순진해서 그런 생각을 했고 그런 목격을 보고했다고 말이죠. 사실, 별세계의 기밀 요원들이 멀리 이곳까지 날아온 것은 어쩌면 20세기의 성장을 관찰하기 위해서일 수 있어요. 만약 이곳에 도착한 사실을 사람들이 모르게끔 속이고 싶었다면, 우리의 환상과 우리가 상상한 방식 그대로 그들을 보게 함으로써 그들의 정체에 대해 우리가 가져온 생각에 부조리한 논평을 가하는 것보다 더 나은 기만이 뭐가 있었을까요? 그들이 멀리서 여기까지 찾아올 만큼 똑똑하다면, 틀림없이 우리를 정신적으로 교란하는 것도 할 수 있을 거예요."

미치 터크먼Mitch Tuchman, 〈필름 코멘트Film Comment〉 1978년 1/2월 호에서.

"내가 들어본 근접 조우 경험담 중에는 전혀 신빙성 없는 것들도 있었어요. 어떤 목격담이라도 액면 그대로 받아들일 수는 없어요. 그 이야기를 누가 하는지, 그들의 배경이나, 여타 기이한 현상에 대해 그들이 다른 사람들에게 했을지 모를 다른 이야기 등을 고려해야 해요. 그러나 한편으로는 충격적인 근접 조우 경험을 가지고 나를 찾아온 사람들이 너무 많았기 때문에, 그것들을 그저 무시할 수는 없어요."

"납득할 만한 보고는 3종이 아니라 2종 근접 조우, 즉 남겨진 물리적 증거에 대한 목격이라 생각해요."

"나는 한 번도 근접 조우를 경험한 적이 없어요. 예외가 있다면 1천 9백만 달러 영화와의 근접 조우뿐이죠."

터크먼 스튜디오 부지에 몰래 들어간 소년의 전설에 관한 진실은 무엇인가요?

스필버그 현재 대단히 부풀려진 이야깃거리가 됐죠. 실제로 완전히 낭설은 아니에요. 정말 유니버설 부지로 몰래 들어가(1967년이었죠), 허락 없이 3개월을 다른 감독들이 텔레비전 방송을 만드는 걸 보며 지냈어요.

터크먼 어떻게 가능했나요?

스필버그 그저 걸어 들어갔을 뿐이에요. 점심시간이나 이른 아침에 온갖 종류의 사람들이 도보로 중앙 게이트를 오갔어요. 나는 동트기 무섭게 일어나 정장을 차려입고 서류 가방을 들고 갔는데, 무슨 이유에서인지 문을 지키던 스코터가 매일 나보고 들어오라고 손짓을 하더군요. 사람들이 나를 누군가의 아들, 블랙 타워Black Tower 경영진 중 한 명으로 추측했나보다 생각했어요. 그래서 그냥 사무실을 하나 찾아서 들어갔죠.

그러나 현실은 막다른 골목 같은 경험이었어요. 그 안에 내 일을 실제로 원하는 사람은 아무도 없었고, 여전히 중년 남자들에게 한정된 직업이었어요. 현장에 젊은 층이라곤 배우들뿐이었죠. 젊은 층의 부활이 이제 막 시작된 시기였어요.

터크먼   감독님이 그 부활의 한 원인이라고 생각하세요?

스필버그   원인은 아니지만, 부활의 엔진에 시동 거는 걸 도운, 아마도 다섯에서 열 명 중 하나였다는 생각은 들어요.

터크먼   그렇게 만든 공동체가 있나요?

스필버그   지금은 있지만, 당시에는 없었어요. 조지 루카스를 제외하고는 전혀 아는 사람이 없었어요. 게다가 조지를 만난 것도 그해 서던캘리포니아대학교 학생들의 전체 작품 발표회에서였어요. 존 밀리어스는 그 학교 그룹의 회원이었기 때문에 상당히 일찍 알았죠. 그 둘과 안면을 튼 지 딱 1년이 지난 후 헬 바우드와 매슈 로빈스를 만났어요. 매슈는 미국영화연구소AFI를 다녔고 바우드는 서던캘리포니아대학교 학생이었어요. 당시 프랜시스 포드 코폴라는 나의 스타였어요. 캘리포니아대학교 로스앤젤레스캠퍼스 학생인데 글을 써서 생계를 유지했으며, 로저 코먼장르의 규칙을 깬 것으로 유명한 B급 영화의 거장이 제작하는 영화의 감독으로서 이제 막 출발하고 있었기 때문이죠. 1967~68년이었을 거예요. 따라서 어떤 의미에서 프랜시스는 젊은 감독들에게 처음 영감을 준 사람이에요. 다른 사람들보다 먼저 돌파구를 찾았기 때문이죠.

터크먼 그 공동체는 어떤 성격을 갖고 있나요? 서로들 만나세요? 각자의 영화에 대한 이야기를 나누시나요?

스필버그 편한 시간에 만나기도 하고 시나리오와 각자 찍은 러프 컷 rough cut들을 보여주기도 해요. 핼 바우드와 매슈 로빈스는 이제 막 첫 장편영화를 만들었어요. MGM 사람들이 보기 전에 우리가 먼저 그 영화를 봤던 걸로 기억해요. 나는 지금까지 두 번 봤죠. 우리 멤버로는 핼, 매슈, 롭 코언(제작자인데 현재 전업 제작자로서는 유일하게 젊은 세대예요), 존 밀리어스, 조지 루카스, 브라이언 드 팔마, 윌러드 휴익, 필 코프먼, 마이크 리치, 그리고 마샤 루카스가 있어요. 20년 후 영화산업이 어떻게 될지 추측하며 수다를 엄청 떨었죠. 20년이 지나서도 영화산업이 존재할까에 대해서요.

터크먼 지금부터 20년 후 영화산업이 존재할까요?

스필버그 네, 존재할 거라고 생각해요.

터크먼   감독님은 인생에서 특별히 영화감독이라는 직업이 미친 영향
력에 대해 의구심을 갖고 있으시다고 읽었어요. 영화감독이
아니라면 어떤 종류의 자원을 활용할 수 있으셨을까요? 토요
일 낮 상영을 즐겨 다니던 아이는 아니셨는데요.

스필버그   전혀 아니죠. 사실 부모님으로부터 영화를 멀리하라는 말을
듣는 아이였어요. 텔레비전, 그리고 극장에서 보는 영화를 제
한하셨죠. 부모님과 반드시 동행해야 영화를 볼 수 있었고 보
통 부모님이 더 좋아할 만한 영화들이었어요. 대니 케이 영화
들, 뮤지컬 영화들, 〈코트 제스터〉, 오드리 헵번 주연의 〈화니
페이스〉, 그리고 디즈니 영화들처럼 오늘날 대중적인 취향이
라고 불릴 만한 영화들이었어요. 내가 본 첫 영화라고 기억하
는 건 세실 B. 드밀의 〈지상 최대의 쇼〉였고, 그 후로 본 영화
들은 우연히 모두 디즈니 만화나 디즈니 모험 영화들이었어
요. 내게 텔레비전이란 이모진 코카, 시드 시저, 수피 세일즈
1950~60년대 미국 코미디 프로그램에 출연하던 배우들, 그리고 시트콤 〈신
혼여행자〉가 다였어요. 애리조나 주의 피닉스에서는 텔레비
전이 그다지 고품질의 영화를 방영하지 않았어요. 일주일에
네 번씩 미키 루니 주연의 〈원자 소년The Atomic Kid〉이 방영됐
죠. 아마 이런 것들이 내가 영향을 받은 유일한 경로였을 거
예요. 프레스턴 스터지스 회고전이나 프랭크 캐프라의 영화
들을 볼 수 있는 우수한 예술영화관이 없었어요. 텔레비전은
밤 10시 30분까지만 나왔고, 화면의 조정용 패턴은 그리 흥미
롭지 못했으니까요.

터크먼   그렇다면 감독님에게 영화는 우상의 모방이 아니었네요.

스필버그   전혀 아니었죠. 프로로서 영화를 찍기 시작하면서부터 비로
          소 옛날 영화를 몇 편 보았고, 영화의 진가를 알아보는 면에
          서 스스로 다시 태어났죠.

터크먼   진정으로 '자기의 바이올린을 연주하고' 싶어 하는 아이, 즉
          보통의 아이들이 하는 일들 대신 영화를 만들고 싶어 하셨던
          건가요?

스필버그   어떤 아이들은 유소년 야구 리그 혹은 밴드에 참여하거나, TV
          를 봐요. 나는 항상 소규모 홈 무비home movie, 자가 제작 영화 촬
          영에 열중했죠. 오직 홈 무비를 만들며 성장했어요. 그게 탈
          출구였어요.

터크먼   얼마나 많은 소규모 홈 무비를 만드셨나요?

스필버그   16밀리 영화를 처음 찍기 전, 그리고 35밀리로 〈앰블린
          Amblin'〉을 찍기 한참 전에 15~20개가량의 8밀리 영화를 찍었
          어요.

터크먼   그 작은 영화들을 지금도 다 갖고 있으세요?

스필버그   거의 다 간직하고 있어요. 몇 편은 다시 본 지 그리 오래되지

않았고요.

터크먼   다시 본 소감은 어떠신가요? 스필버그 영화라는 것을 쉽게 알아볼 수 있었나요?

스필버그 카우보이모자를 쓰고 독일 전투 헬멧을 쓴 아이들이 나오는 홈 무비라는 걸 금세 알아볼 수 있는 그런 영화였죠. 지금 그 영화들을 보는 건 재미있어요. 놀라웠던 건 아주 초기에 만들어진 영화 몇 편에 테크닉, 즉 빠른 편집이 사용됐다는 사실이에요.

터크먼   카메라 뒤에서 벌어진 모든 작업에 직접 나서셨나요?

스필버그 연기도 포함해서 내가 모든 걸 했어요.

터크먼   지금 감독님의 경력을 되돌아본다면 너무 이를까요?

아무도 동일한 걸 보지 않았고,
특히 나는 더더욱 아니에요.

스필버그 아, 분명히 그렇죠. 세 편의 TV영화를 포함한 11개의 TV물을 제외한다면요. 장편영화 세 편밖에 만들지 않은 누군가에 대해 논한다는 건 힘들어요. 스스로에 대해 말해보라는 주문을 늘 받지만, 내 입장에서는 출발선에서 단지 약 90미터밖에 오지 못했기 때문에 힘들어요. 880미터를 뛰어야 하는데 이제 막 출발 구역에서 벗어난 형국이죠.

나만의 스타일에 대해 견해를 밝히기엔 아직 그게 내 눈에 보이지 않기 때문에 매우 힘들어요. 그에 대한 수많은 상충하는 글들을 읽었어요. 아무도 서로 동의하는 것 같지 않더군요. 아무도 동일한 걸 보지 않았고, 특히 나는 더더욱 아니에요. 사람들이 존재론적 스타일이라는 걸 언급하지만, 그건 기술 상의 스타일은 아니죠.

터크먼   무슨 의미인가요?

스필버그   사람들은 내 영화 대부분이 콘셉트에 관한 것이니 내가 콘셉트 무비들을 만든다는 결론을 이끌어냈어요. 이야기가 개인의 감정적인 문제들에서 시작해 그로부터 꽃피는 영화들과 반대된다는 의미에서요. 이야기가 폭넓은 설정과 더불어 시작되며, 사람들은 그 설정에 합류한다는 거예요. 콘셉트가 엔진이고 사람들은 석탄 관리인이라는 말이죠. 그렇지만 내 영화들 대부분이 콘셉트 지향적이지 않기에, 반드시 그 영화들이 사적 딜레마나 내 자신의 사적 중심에서부터 발전된 게 아니라고 할 순 없어요.

터크먼   저는 위협적인 존재라는 설정에 대해 생각했어요. 〈미지와의 조우〉에 나오는 모함母艦은 위협적이지 않지만요. 감독님 영화의 캐릭터들은 동기가 없는, 혹은 최소한 그 동기를 이해할 길이 없는 그 뭔가에 대항해요. 그 뭔가가 왜 그런 짓을 하는 지는 중요한 포인트가 아니죠.

스필버그   마치 인생 같다고 생각해요. 살아가는 동안 어떤 논리로도 설명되지 못하는 많은 일들이 발생해요. 텔레비전은 분명 늘 우리에게 쉬운 답, 쉬운 해결책, 즉 모든 것이 존재 이유가 있다고 가르쳐왔어요. 아시겠지만 삶은 그렇지 않죠. 나는 규칙이 존재하지 않는 영화들을 사랑해요.

아시겠지만 삶은 그렇지 않죠.
나는 규칙이 존재하지 않는 영화들을 사랑해요.

터크먼   영화 소재로 생각은 해봤지만 거절했던 개념들이 있었나요?

스필버그   당연히 있었죠(실제로 꼭 그랬다는 건 아니지만요). 침략은 늘 선호해온 소재예요. 조국에 대한 침입, 완전한 점령 말이에요. 세상에서 가장 오래된 소재죠. 스타인백의 『달은 지다The Moon Is Down』 같은 거요. 사실 나는 실제 삶에서 그다지 편집증적이지는 않기 때문에, 편집증적인 1970년대의 대변자가 되려는 집착은 별로 없어요.
〈미지와의 조우〉의 그래픽을 내가 디자인했어요. 고속도로가 점점 좁아지다가 사라지는 지점에 이르는 동안 뭔가가 다른 편에서 기다리고 있는 장면이죠. 내가 만든 영화의 대부분은 여행에 관련돼요. 목적지는 항상 1막에서 알 수 있죠. 많은 영화들이 질문을 던지고 그에 대해 답함으로써 관객이 기대하는 불가피한 결론으로 인도하며 (내가 바라는 바이지만) 관객들은 실망하지 않아요. 내 영화 각각은 도착 지대를 약속한다고 생각해요. 나는 단지 어떤 드라마에 관심을 갖죠.

터크먼   지금까지의 작업에서, 감독님이 먼저 제안하신 영화 프로젝트의 비중이 어떻게 되는지, 만약 할당된 작업인 경우에는 어떻게 그것을 감독님 고유의 영화로 만들어낼 수 있었는지 요약해주시겠어요?

스필버그   〈앰블린〉은 내가 모두 주도했어요. 창작 시나리오였죠. 내가 시나리오를 쓰고 편집을 하고, 음악과 촬영을 제외한 모든 걸 했어요.

그 영화는 지독한 상업주의에 대한 공격이었어요. 이전에 내가 만들었던 많은 16밀리 소규모 영화들은 내게 어떤 도움도 되지 못했죠. 매우 난해했어요. 그래서 돈줄을 쥔 사람들에게 확실히 프로 영화감독처럼 보일 뭔가를 찍고 싶었어요. 〈앰블린〉은 내가 카메라를 움직일 줄 알고 훌륭한 구성을 짜고 조명과 연기를 다룰 수 있다는 걸 증명함으로써, 영화산업으로 진출해 성공하기 위한 의식적인 노력이었어요.

〈앰블린〉에서 내게 중요했던 유일한 도전은 '대사 없이 한 소년과 소녀에 관한 이야기를 풀어내기'였어요. 사운드를 원해도 재정적으로 불가능하리라는 사실을 발견하기 전에 착수했던 도전이었죠.

터크먼 지금은 그 영화에 대해 어떻게 느끼세요?

스필버그 아, 못 봐주겠어요. 실로 내가 1960년대에 얼마나 무관심했는지 입증해주죠. 그 영화를 다시 볼 때면 "켄트주립대학교 1970년 5월 처음으로 반전 집회 및 정부에 항의하는 시위가 벌어진 곳에 가지 않았다는 게 놀랍지 않아" 혹은 "베트남전에 참전하지 않은 거나, 모든 친구들이 피켓을 들고 걷다가 센추리 시티에서 곤봉으로 두들겨 맞을 때 나 혼자 저항하지 않았다는 게 놀랍지 않군"이라는 말이 쉽게 나와요. 나는 동떨어진 채 영화를 만들고 있었고, 〈앰블린〉은 코까지 영화에 푹 잠긴 한 젊은이의 번지르르한 부산물이죠.

터크먼 감독님이 만드신 TV물의 정확한 순서는 어떻게 되나요?

스필버그 '심야의 화랑' '마커스 웰비' '정신과 의사들' '게임의 이름' '변호사 오언 마셜' '형사 콜롬보' 그리고 TV영화로는 〈대결〉 〈섬씽 이블〉 〈세비지〉의 순서예요.

터크먼 TV물에 대해 더 말씀해주실 수 있는 게 있다면요?

스필버그 '심야의 화랑'의 에피소드는 배당됐던 거예요. 전혀 내가 계획한 게 아니었죠. "자네 이제 막 스물한 살이 됐네. 프로 영화감독이 되고 싶나? 시리즈물이 있으니 가서 연출해보게"라는 식으로 배당됐죠.

터크먼   연출하신 방송 시리즈 중 특징적으로 스필버그 영화라고 말
       할 수 있는 게 있나요?

스필버그 '형사 콜롬보'와 '정신과 의사들'이 그럴 수 있겠네요. '정신
       과 의사들'에서 배우들과 최고의 작업을 만들어냈어요. 매우
       흥미로웠죠. 그때 좋았던 건 대본에 내 조언을 추가할 수 있
       었다는 점이에요. 제리 프리드먼이 제작자였어요. 그는 유니
       버설 스튜디오 내 중앙에 위치한 롱헤어영화협회longhair film
       society 소유자였어요. 많은 시나리오작가, 영화감독, 그리고
       비전을 연구하는 사람들을 고용했고, 그가 나온 대학 출신 사
       람들과 동부 쪽 지인들을 데려왔어요. 나는 당시 그가 마음에
       들어 했고 "받게, 나를 위해 '정신과 의사들' 두 회를 연출하
       게"라고 말을 건넨 젊은이였을 뿐이에요.
       어떤 면에서는 제리가 정말 최고의 소재를 나한테 준 셈이에
       요. 죽음에 대한 에피소드를 찍었고, 나머지 하나는 판타지와
       만화에 빠진 여섯 살 소년에 대한 것이었어요. 두 에피소드는
       너무나 상반됐는데 그 둘을 연이어 찍었죠. 대본에 정말 많은
       의견을 낼 수 있었어요. 진정한 도전이었죠.
       사실상 내가 만든 최고의 TV물은 '정신과 의사들' 2화라고 생
       각해요. 8밀리 영화를 찍던 시기 이후 처음으로 아침 9시에
       아이디어를 떠올린 다음 오후 2시에 방송을 찍을 때 그 아이
       디어를 사용할 수 있었어요. 그 에피소드에서 크루 굴레이저
       는 십이지장암으로 죽어가는 상황이에요. 극 중에서 최상위
       프로 골퍼 중 한 명으로 PGA 연맹전에 참가했었죠. 그가 병

원 침대에 누워 있고 골프 파트너 두 명이 방문해요. 대본에 적힌 대로 둘은 너무도 불편한 마음이에요. 굴레이저는 자신의 죽음을 여러 차례 직면했지만, 두 남자는 그와 더불어 그것을 마주할 수가 없어요. 그가 죽음을 수용하는 데에 동의할 수 없는 둘은, 결국 떠나야 하죠.

내 생각에는(그날 아침에 떠오른 생각이었죠) 이 두 골프 파트너가 삽을 들고 18번 홀에 가서 전체 홀을 파내어 신발 상자에 넣은 뒤 깃발을 꽂고, 병원 입원실로 가져와서 그에게 준다면 굉장히 가슴 뭉클할 것 같았어요. 그 장면에서 그는 선물을 받은 후 열어보는데, 흙과 잔디와 깃발이 들어 있어요. 결과는 굉장했죠. 크루는 배우이자 한 인간으로서 울기 시작했어요. 카메라가 돌아가기 시작하자 즉각적으로 울음을 터뜨리는 반응을 보였죠. 홀에서 잔디를 뜯어내 손에 움켜쥔 채 흙으로 뒤범벅이 됐고, 자기가 받아본 가장 훌륭한 선물에 고마워했어요. 아이디어에 개방적이었기 때문에 탄생할 수 있었던, 매우 감동적인 순간이었어요. 낮 동안의 그토록 많은 시간, 카메라 속 많은 필름, 예산상의 엄청난 비용 때문에 모든 게 통제돼야 할 필요는 없었어요. 당신들도 그와 같은 방식으로 더 많은 일들을 할 수 있고, 영화를 성장시키고 캐릭터들에 생기를 불어넣을 수 있을 거예요.

터크먼   감독님께서 만든 영화 시퀀스들은 우리를 쉽게, 감정적으로 압도해요. 엄청난 효과들의 조종자시잖아요.

내 영화들에, 기계화된 광기가 지배하는
이 세계를 뚫고 가는 데 안내자 역할을 하는
인간들이 없다면 만족하지 못할 거예요.

스필버그   내 영화들은 모두, 관객이 영화 속에서 뭔가 경험해가는 인물과 스스로를 동일시할 수 있을 만한 충분한 인간성을 보여줬어요. 그러나 나만의 〈멋진 인생〉프랭크 캐프라의 1946년 영화을 만들지는 못했어요. 아직은 못했죠. 언젠가 해낼 거예요. 그러나 그 사이 내 영화들에, 기계화된 광기가 지배하는 이 세계를 뚫고 가는 데 안내자 역할을 하는 인간들이 없다면 만족하지 못할 거예요.

터크먼   그걸 어떻게 성취하죠?

스필버그   그저 스티븐 스필버그, 나 자신을 그 상황에 두고 자문해보죠. "나 같으면 어떻게 할까?" 하루는 〈죠스〉의 로버트 쇼가 맡은 캐릭터인 퀸트에게 접근할 방법에 대해 고민하고 있었어요. 내가 후퍼라면 퀸트에게 어떻게 접근할까? 그래서 개그를 만들어냈어요. 로버트 쇼가 내러갠싯 맥주를 마시고 캔을 우그러뜨린 뒤 배 바깥으로 던져버리면 그에 대한 응답으로 리처드 드레이퍼스는 스티로폼 컵을 으깨버리는 거죠.
혹은 그저 느꼈던 바를 투사한 경우도 있는데, 시나리오에 없던 로이 샤이더와 그의 아들 사이의 장면을 즉흥적으로 찍었어요. 로이는 자기 연민에 빠져 있고 어린 소년이 그의 모든 동작과 표정을 따라하고 있어요. 로이가 아들이 자기를 따라한다는 걸 알아챈 뒤, 부자는 따뜻한 정을 나누죠. 영화에 휴머니즘을 불어넣기 위해 내가 추가할 수 있는 건 그런 소소한 것들이에요.

터크먼 　그건 감독님이 미리 써뒀던 것들에 반해 즉흥적으로 발생하나요?

스필버그 　영화가 어떻게 작동하고 행동해야 하는가, 라는 엄격한 구조 내에서 발생하는 즉흥이에요. 내가 가장 즉흥적인 때는 대부분 가장 철저하게 계획했을 때, 스토리보드가 콘티로 작성됐을 때예요. 즉흥적일 수 있는 자신감을 주거든요. 과제를 하지 않았을 때, 몇 주 전에 계획을 짜두지 못했을 때에는 상대적으로 자신감이 떨어져요. 기본적으로 나는 장비 설치가 많이 들어가지 않는 장면을 배우들과 작업할 때 매우 느슨해져요. 반대로 액션 시퀀스, 혹은 장면들을 클라이맥스로 끌고 갈 때에는 수개월 전에 미리 시각화했던 것을 대개 고수해요. 즉흥성은 계획된 범위 내에서 발휘하죠.
　믿거나 말거나 〈미지와의 조우〉의 경우 사전에 많은 휴머니즘적 요소들이 시나리오상에서 계획됐어요. 미리 써둔 내용들은, 이 부분에서는 감정적 이유로 넓게 찍는다, 이 각도에서는 감정적 이유로 좁게 찍어야 한다, 라는 걸 보여줘요. 모든 건 감정적 이유에 따른 거죠. 기계적 이유가 전혀 아니에요. 영화 한 편이 의미하는 바가 바로 그거예요. 영화 속의 모든 선명한 이미지들은 영화를 처음부터 끝까지 보는 사람들로부터 본능적인 반응을 촉발하고자 한다는 의미죠.

터크먼 TV 장편영화로 넘어가기 전에 '게임의 이름'이나 다른 시리즈물에 대해 덧붙일 말씀이 있나요?

스필버그 '게임의 이름'에서 맡은 편은, 내가 구상한 건 아니지만, 필립 와일리가 막 대본을 끝냈을 초기에 내가 투입됐어요. 딘 하그로브와 함께 프로젝트에 참여했어요. 사실상 딘이 대본을 거의 다 썼죠.

터크먼 '형사 콜롬보'는 어땠나요?

스필버그 '형사 콜롬보'는 즐거운 경험이었어요. 옆에서 지원하는 정도의 역할이기도 했고, 피터 포크가 그 굉장한 캐릭터를 발견해가는 걸 지켜봤기 때문이죠. 그 시리즈 전에 콜롬보에 관한 두 편의 TV영화가 제작된 적이 있지만, 내가 참여한 건 시리즈의 첫 에피소드였고, 피터는 여전히 캐릭터를 모색 중이었어요. 나는 피터와 함께 그가 자신의 레퍼토리에 간직해뒀던 다수의 '콜롬보주의'를 발견해나갔죠.

터크먼 '변호사 오언 마셜'은요?

스필버그 '변호사 오언 마셜'은 그냥 할당된 거예요.

터크먼   제가 이해하기론 〈대결〉을 만들 당시 제작 보드가 상당히 특
        별했다던데요.

스필버그   정말 깔끔했어요. 거대했죠. 약 가로로 36미터, 세로로 1.5미
        터였어요. 일종의 영화 벽화였죠.

터크먼   그때까지만 해도 TV영화는 시리즈물의 한 시간짜리 에피소
        드처럼 찍었어요. 조감독이 보통 트럭 쇼트truck shot, 트랙을 따라
        카메라 전체가 좌우로 움직이는 트래킹 쇼트들을 담당했죠. 그 제작 보드
        는 예술적으로 필요했다기보다는 일종의 스튜디오의 전술이
        었나요?

스필버그   아니라고 생각해요. 처음에는 나를 위한 일종의 시각적 개관
        용으로 만들었어요. 시나리오는 좋았지만 묘사가 너무 장황
        했기 때문이에요. 결국 나는 시나리오를 해체해야 했고, 제작
        사무실 전체에 길게 펼쳐진 길 위에 영화를 통째로 시각화해
        야 했어요. 각각의 핵심적인 순간을 배분한 뒤 별칭을 붙였
        죠. 그 결과 방송국 사람들에게 전체 이야기를 보여줄 수 있
        었고 사람들은 〈대결〉이 무엇에 관한 영화인지 쉽게 이해할
        수 있었어요.

터크먼   예전에도 그들이 그런 걸 본 적이 있었나요?

스필버그   전혀요.

터크먼   그들의 반응은 어땠나요?

스필버그   내 생각에는 아주 좋았어요. 확실히 독창적이었거든요. 그전에는 영화의 지도라는 걸 본 적이 없었죠.

터크먼   그렇게 하지 않으셨다면 감독님이 원하는 방식대로 촬영하지 못했을 확률이 조금이라도 있나요?

스필버그   아뇨. 그렇지만 그 보드는 카메라 2대 혹은 카메라 3대 세팅을 계획할 때에도 도움이 됐어요. 그런 시각적 개관이 없으면 어디에 카메라를 놓을지 조금 혼란스러울 거라 생각하는데, 나는 16일 만에 촬영을 마쳤죠. 반드시 50일 내로 끝내야만 하는 영화였는데 16일 만에 해낸 유일한 이유는, 자동차가 트럭을 추월하고 트럭이 자동차를 추월하고 다시 차가 트럭을 추월하는 시퀀스를 한눈에 볼 수 있었고, 카메라 3대가 한 번에 작동하는 다큐멘터리처럼 내가 전체 장면을 꽉 틀어쥐고 있었기 때문이에요.
그리고 〈대결〉이 방영된 후 첫 주에 내 에이전시로 10~15개 장편영화 제안이 들어왔죠.

터크먼   모두 유니버설이었나요?

스필버그   아뇨, 여러 스튜디오였어요. 워너 브라더스, 유나이티드 아티스츠, 폭스 등……

터크먼   그중 유니버설하고만 작업해야 했나요?

스필버그   그들이 나를 빌려주려 하지 않는 한 그랬죠. 그 당시 여전히
         7년 독점계약 아래 있었는데, 계산하기로는 기간이 아직 남
         아 있었어요.
         그런데 〈섬씽 이블〉의 경우에는 내가 하고 싶어서 했던 거예요.

터크먼   유니버설 작품은 아니었죠.

스필버그   네, CBS 영화였죠. 유니버설 측에서 허락했어요. 나한테 줄
         만한 작품이 없었는데, 내가 사무실에 앉아 시간 죽이는 걸
         보는 대신, "어서 가보게"라고 말했죠.
         〈세비지〉는 불가항력에 가깝게 할당된 영화예요. 스튜디오가
         내게 뭔가를 하라고 명령한 처음이자 마지막 경우였죠.
         버트 레이놀즈가 나오는 〈화이트 라이팅〉은 제안이 들어와서
         거의 만들 뻔했다가 안 한 유일한 영화예요. 그 영화에 2개월
         반을 투자했어요. 버트와 한 차례 미팅을 했고, 대부분의 촬
         영지를 찾아 캐스팅을 시작했는데, 문득 첫 장편영화로 하고
         싶은 게 아니라는 걸 깨달았어요. 커리어를 안전모를 쓴 일
         꾼 같은 감독으로 시작하길 원치 않았어요. 조금 더 사적인
         뭔가를 하고 싶었죠. 그래서 〈화이트 라이팅〉의 '발목을 잡은
         채'(할리우드 용어예요) 〈슈가랜드 특급〉으로 갔어요. 〈대결〉
         〈섬씽 이블〉 〈세비지〉를 완성한 뒤 같은 해에 〈화이트 라이
         팅〉을 감독하기로 했죠. 3개월이 지난 후 〈화이트 라이팅〉을

감독하지 않기로 마음을 바꿨고 〈슈가랜드 특급〉의 이야기를 발견한 뒤 그걸 대신 발전시켜나갔어요.

터크먼 〈슈가랜드 특급〉에는 세 가지 도전이 있었던 걸로 보여요. 차 안의 삼인조의 변화하는 관계, 추격의 성격, 그리고 탈선을 어떻게 다룰 것인가의 문제.

스필버그 유일하게 솔직한 마음을 털어놓을 수 있는 영화인데, 만약 처 음부터 〈슈가랜드 특급〉을 다시 찍어야 한다면 완전히 다른 모양새로 할 거예요. 영화의 전반이 태너 서장(벤 존슨)의 영 향권에서 전개됐을 거예요. 영화 전반부 전체를 그가 과거를 보는 시점에서 이끌어냈을 겁니다. 경찰 바리케이드 뒤, 그의 순찰차 내부에서부터요. 도주하는 청년들을 보여주는 대신 경찰 라디오를 통해 그들의 목소리만 들을 수 있을 테며, 어 쩌면 쌍안경을 통해 멀리 세 개의 머리만 보이겠죠.

터크먼 왜죠?

스필버그 왜냐하면 〈슈가랜드 특급〉에서 당국은, 그들이 왜 그렇게 무 리가 형성되고, 왜 압도적인 규모의 자경단 활동과 자유로운 형식의 영웅주의가 존재하는지, 그리고 왜 태너 서장이 결국 무력과 폭력으로 차 안의 인물들을 쳐부숨으로써 그것에 종 말을 고하기로 결정해야 하는지를 진정으로 이해할 만한, 공 정한 기회를 갖지 못했기 때문이에요. 현재로선 태너 서장의 결정이 지나치게 약한 데다 동기부여도 안 돼 있어요. 영화의 전반부 전체를 이 남자와 그의 이야기, 그가 어떻게 텍사스 보안관이 됐는지, 왜 인간의 생명을 중요시하게 됐는지를 알아가는 데 사용할 거예요.

터크먼   이전에는 왜 그런 식으로 안 하셨죠?

스필버그   모르겠어요. 이제야 통찰력을 갖고 이야기할 뿐이에요. 다시 찍는다면 십중팔구 다른 경찰관을 매개로 차 안에 있는 사람들에 대한 극히 편향된 생체 해부를 했을 거예요. 그들을 도덕심이 해이하고 동기가 없는 잡범들로 보여줬을 것이고, 반대로 태너 서장의 시선을 통해서는 그 젊은이들이 단순한 젊은이들이 아니라 총을 갖고 있으며 차 안에 무방비 상태의 경찰관을 데리고 있다는 점을 보여줬을 거예요.
그리고 영화 후반부에서는 차 안에서 벌어지는 모든 일, 그들이 실은 얼마나 천진난만하고 시골스러운지, 그들의 목표가 얼마나 시시하고 멍청한지, 얼마나 순진한지를 이야기했을 거예요. 그 후에는 후반부에서 경찰관이 공범이 된 채 차 안에서 전개되는, 그 3인 체제의 동지애로 맺어진 관계에 대한 이해를 불러일으켰을 거예요.
후반부의 시간은 그런 식으로 지나가게 했을 것이고, 마지막 십 분은 변화가 없었을 거예요.

터크먼   아기는 뜬금없어요.

스필버그   아기는 정말 뜬금없죠. 하룻밤의 성공을 성취한 뒤 그것을 두
          고 어쩔 줄 몰라 하는 록그룹의 이야기로 만들어버리죠.

터크먼   감독님 영화들에는 두 개의 테마가 일관되게 드러납니다. 스
          펙터클과 부당한 이용exploitation이죠. 〈슈가랜드 특급〉〈죠스〉
          〈미지와의 조우〉에서도 마찬가지예요. 마이크, 카메라맨, 대
          중이 존재해요.

나는 항상 미디어가 대중적인 사건의
귀추를 결정하는 방식에 관심을 가져왔어요.

스필버그   나는 항상 미디어가 대중적인 사건의 귀추를 결정하는 방식
          에 관심을 가져왔어요. 저녁 7시 뉴스를 보면서부터, 전국적
          으로 뉴스 프로그램이 완전히 상업화되는 걸 줄곧 지켜봤죠.
          매체의 본부에서 시작된 뒤 그보다 작은 도시들로 성공적으
          로 확장해갔다고 생각해요. 이에 대해서는 확실히 〈네트워
          크〉시드니 루멧의 1976년 영화가 나보다도 훨씬 더 요점을 잘 말해
          줘요.

터크먼   감독님 영화들에는 일종의 '도착 지대'가 있다고 말씀하셨어
          요. 그곳에 이르렀을 때 얼마나 많은 이야기들이 성과를 거두
          는지 궁금한데요? 예를 들어 퀸트와 후퍼 간의 계급적 적대
          감은 실제 상어를 죽이는 과정에서 어떻게 청산되나요?

스필버그   기본적으로 후퍼에게 교훈을 주는 것으로 청산돼요. 퀸트가 옳거든요. 후퍼는 틀렸고요. 인간의 기술이 만들어낸 최고의 산물도 상어를 죽이지 못했어요. 상어를 죽게 한 건 삼인조 중 가장 숙련되지 못한 자의 간계와 지략이었어요.

터크먼   감독님도 들으셨겠지만 피델 카스트로^{1953년 쿠바혁명을 주도했던} ^{사회주의 혁명가로, 1976년 이후 사망까지 쿠바 국가평의회 의장을 지냈다가} 〈죠스〉는 오직 자본주의자들이 투자를 지키기 위해 어떤 짓까지 (죽이는 것까지) 할 수 있는지 보여준다고 논평했습니다.

스필버그   멋지네요! 총체적인 '민중의 적'에 대한 언급이군요.

터크먼   그런데 해수욕장 폐쇄라는 사안은 인물들이 배에 오르기 전에 종결됩니다. 영화의 클라이맥스에서 성취되지 않아요.

스필버그   원작의 영화 버전을 구상하면서, 영화를 지탱하고 영화를 보는 동안 관객의 관심을 지속시키기 위해서는 세 남자 사이 계급 갈등 이상의 것이 필요하다고 느껴졌어요. 그래서 어떤 면에서는 오믈렛을 요리하는 것처럼 했어요. 약간의 햄, 약간의 치즈, 그리고 양파도 조금 들어가길 원했죠.

터크먼   그러나 종국에는 햄, 치즈, 양파가 사라지고 에그 스크램블이 남죠.

스필버그   정말 근사해요.

터크먼   그런 방식이 마음에 드세요?

스필버그   정확히 내가 목표했던 바대로 끝냈다고 생각해요. 〈죠스〉에
는 결정타를 가하기 전에 해결해야 할 문제들이 있었어요. 해
수욕장을 열 것인가 말 것인가, 라는 총체적 사안이었는데,
상어가 7월 4일 독립기념일에 공격을 하자 학술적인 문제가
되었고, 그렇게 종결되었어요. 〈죠스〉에서는 클라이맥스가
한 번 이상이었어요. 여러 번의 결말이 있었죠. 말하자면 첫
1막에서는 거기 있는 게 진짜로 상어라는 걸 증명했어요. 2막
은 시장이 틀렸고 사면초가에 몰린 경찰서장이 옳다는 걸 증
명했죠. 그리고 마지막 3막은 기본적으로 인간 대 야수의 이
야기였어요. 그것은 자연에 맞선 인간의 일관된 승리에 대한
축하라고 불릴 수 있을 거예요. 영원할지는 모르겠지만요.
〈죠스〉는 시장의 이야기가 아니었기에, 시장의 문제에 단 일
분도 더 쓰고 싶지 않았어요. 시장은 영화 중반을 떠받치기
위한 장치예요. 그가 해수욕장을 열어야 한다고 말하자, 관객
은 긴장하죠. 이제 상어의 시간이구나! (피터 벤츨리가 쓴 원작
소설 속 시장 이야기는 전혀 마음에 들지 않았어요.)

터크먼   〈미지와의 조우〉에 나오는 군의 정보 통제 문제는 어떤가요?

스필버그   군의 정보와 은폐 공작은 너무 비밀리에 행해지는 거라서 영

화 한 편 전체, 아마도 시퀄 혹은 프리퀄로 다루거나, 아니면 다른 누군가가 영화를 만들어서 그 문제에 상응하는 공정한 시간을 들이는 게 필요할 거예요. 나는 그저 널리 퍼져 있는 은폐 공작을 암시하는 것과, 마음끼리의 조우에 대부분의 노력을 할애하는 것, 이 둘 사이에서 고민했죠.

터크먼   어쩌면 영화의 끝이 모든 것에 대한 결론이 내려져야만 하는 지점이 아닐지도 모르겠네요.

스필버그   내 영화들 중 어떤 것도, 끝에서 모든 질문에 답한다고 생각하지 않아요. 〈슈가랜드 특급〉을 포함한 영화들의 각각의 막에는 클라이맥스가 있죠. 물론 마지막 막에서 가장 중요한 질문에 답을 해주지만, 그렇다고 모든 것에 답하는 건 아니에요. 왜, 도대체 왜 숟가락으로 떠먹여야 하는가? 왜 뷔페를 차려야 하는가? 이런 질문들과 함께 관객은 영화관에 들어올 때보다 나설 때 더 많은 걸 알 수 있어요. 특히 UFO 같은 수수께끼를 다룰 때는 더욱 그래요. 내가 모든 답을 갖고 있는 건 아니라서, 답을 아는 척 가장하고 싶지 않았어요. 답을 해야만 하는 문제들도 있었어요. 음악이 영어로 어떻게 번역되지? 노래를 주고받는 동안 그들은 서로에게 어떤 말을 할까? 근본적으로 '딕, 제인, 샐리'는 무엇을 의미하지? 그러나 설교하고 싶지는 않았어요. 〈미지와의 조우〉가 끝날 때 거기 서서 "그들이 서로 나눈 대화가 이런 거야"라고 말하고 싶지 않았어요. 그들이 "안녕"이라고 했다는 걸 아는 데 난 만족해요.

이 영화는 상상력을 발휘하고 싶어 하는 사람들을 위한 거예요. 팔짱을 낀 채 "증명해봐"라고 말하는 사람들을 위한 게 아니죠. 나는 증명할 수 없어요. 누구도 증명할 수 없어요. 오늘날 누군가 그걸 증명하고 싶은지도 잘 모르겠어요. 다만 우리 모두는 혼자가 아니라는 사실을 알고 싶어 하죠.

다만 우리 모두는
혼자가 아니라는 사실을 알고 싶어 하죠.

터크먼   '스필버그의 금발 미인'에 대해 말씀해주시겠어요?

스필버그   재미있군요. 내 생애에 금발 미인과 사귄 적은 없거든요. 대부분이 흑발이었죠.

터크먼   유대인 소년과 비유대인 소녀라는 의미는 아닐까요?

스필버그   아마도 관련이 많을 것 같네요. 내가 궁극의 '식사shiksa, 이디시어로 비유대인 소녀를 의미'를 찾고 있나 보죠.

터크먼   리처드 드레이퍼스, 왜 리처드 드레이퍼스였나요?

스필버그   리처드는 일종의 운동 에너지로 항상 긴장돼 있어요. 요즘 배우 중에서 스펜서 트레이시와 가장 유사하기도 하고요. 또한 우리 모두의 안에 있는 약자를 대변한다고 생각해요.

터크먼   어째서 그런 점이 감독님 영화의 중심 캐릭터에게 적합한가
       요?

스필버그   왜냐하면 동시에 그는 아주 많이, 보통 사람 같기 때문이에
       요. 리처드는, 말하자면, 로버트 레드포드보다는 훨씬 동일시
       하기에 수월하다는 거죠. 우리 대부분은 리처드 드레이퍼스
       같아요. 우리 중 소수만 로버트 레드포드나 스티브 매퀸을 닮
       았죠. 나는 항상 내가 만드는 영화들을 믿어왔고, 내 주인공
       들은 항상 미스터 보통 친구였어요.

나는 항상 내가 만드는 영화들을 믿어왔고,
내 주인공들은 항상 미스터 보통 친구였어요.

터크먼   특정 협업에 대해, 특히 존 윌리엄스, 버나 필즈와의 협업에
       대해 어땠는지 여쭤보고 싶어요.

스필버그   나와 함께 일하는 모든 편집 기사들은 나의 비전을 완성해
       준다고 할 수 있어요. 나는 프레임 신호를 본 뒤 무비올라
       Moviola, 영화 필름 편집용 영사 장치를 멈추고 말해요. "여기 표시해줘
       요." 가끔은 내가 주의 깊게 계획했던 시퀀스를 그들이 재작업
       하는데, 내 계획보다 나을 때도 있어요. 하지만 나는 내 방식
       을 지키는 면에서 정말 엄격한 사람이에요. 다만 존 윌리엄스
       에 대한 통제권은 극히 미약해요. 단지 함께 음악을 들을 뿐이
       에요. 그런 뒤 그에게 내 영화를 보여주면서 엔딩까지 이야기

하려고 노력하며, 음악 분위기에 대한 내 취향을 전달하려고 해요. 그러나 일단 존이 피아노 앞에 앉고 나면, 그의 영화고 그의 음악이 돼죠. 그만의 고유한 초과와 중첩이 일어나요.

터크먼   '하늘의 음색sky tones'은 〈미지와의 조우〉에서 이야기의 구성 요소이기도 해요.

스필버그   네, 이야기의 일부예요. 존과의 협업이었어요. 존은 이 영화에 2년 반 전부터 참여하고 있었어요. 심지어 〈죠스〉의 음악을 작곡하기 이전부터 〈미지와의 조우〉에 대한 회의를 했죠. 절친한 사이이기도 하고 어쨌거나 나는 음악에 매우 공을 들이거든요. "당신의 지도자에게 나를 데려다줘Take Me to Your Leader"앨릭스 그래햄의 만화에서 기원한 이 문장은 외계인의 말로, 이후 SF물에서 유행했다 류의 것보다는 더 수학적이고 음악적인 소통을 원했어요.

터크먼   그의 모티프 덕에 음악이 상어를 대체하는 것도 가능했어요.

스필버그   프렌치 호른이 없었다면 뭔가 다른 악기를 사용했겠지만, 아무튼 상어의 테마곡은 만들 예정이었어요. 그건 우리가 이미 오래전에, '먼 바다' 테마, 퀸트 테마 '전투 준비' 모티프, 승리의 행진곡과 더불어 결정한 거였죠.

터크먼   상어의 구원을 시도하신 거였나요? 바다로 나아가다가 뒤로 돌아서 다시 다가오는 그 작은 부두 조각은 정말 대단했거든요.

스필버그 　첫째, 위협을 위장하는 게 훨씬 도전적이고 재미있으며, 두 번째로는, 관객들이 내가 가진 것보다 나은, 더 폭넓은 상상력을 갖고 있다 생각해요. 그들은 행간의 빈틈을 채우죠. 그들은 내가 나의 상업적 감각에 따라 상어를 보여줘야 한다고 생각해 고무 상어를 제시했을 때보다, 수면 밑에서 뭔가 일어났다고 암시했을 때 머릿속에서 훨씬 더 무시무시한 상어를 봤어요.

존은 내가 가진 자산이고 조 앨브스도 마찬가지예요. 〈미지와의 조우〉〈죠스〉, 그리고 〈슈가랜드 특급〉에서도 미술감독을 맡았던 조 앨브스는 영화의 스타일뿐 아니라 이야기에도 막중한 기여를 했어요. 그는 나의 진정한 동맹이자 자문이었죠.

첫째, 위협을 위장하는 게 훨씬 도전적이고 재미있으며,
두 번째로는, 관객들이 내가 가진 것보다 나은,
더 폭넓은 상상력을 갖고 있다 생각해요.

터크먼 　시나리오작가들은 어땠나요? 이제 감독님이 직접 쓰시는 걸 선호하세요?

스필버그 　아뇨, 내가 〈미지와의 조우〉 시나리오를 쓴 유일한 이유는 내가 원하는 방식대로 쓸 수 있는 사람을 찾을 수 없었기 때문이에요. 모두 훨씬 더 제임스 본드의 모험에 가깝게 만들려고 했어요. 아니면 정반대로 너무 개인적이고, 지나치게 세속과

격려되고, 실제로 일어나는 일은 없고, 왜 인간의 삶은 균열되는가, 같은 걸로 귀결시키는 부류였죠. 완전히 가족적이거나, 아니면 완전히 UFO적이었어요. 양쪽 모두를 다 수용하려는 사람은 아무도 없었죠. 시나리오작가들과의 협업을 선호해요. 큰소리로 떠들 때 최고의 아이디어들을 얻게 되거든요. 협력자가 있다는 건 멋진 일이에요. 존 윌리엄스는 〈미지와의 조우〉에서 내 협력자였고 편집 기사 마이클 칸도 마찬가지였어요. 헬 바우드와 매슈 로빈스는 〈미지와의 조우〉를 포함해, 내가 만든 모든 영화의 협력자였죠.

터크먼   감독님은 어느 정도로 스스로 사업자적 태도를 갖춰가고 있다고 보시는지 궁금합니다. 비즈니스맨이 되는 게 감독 일과 별개라는 가정 아래에서요.

스필버그   요즘에는 내 생각들을 관철하기 위해, 창의적인 조력자들보다는 이사회나 은행가들과 싸워야만 하는 상황이에요.

터크먼   그럴 때에도 감독님 입장을 고수해내나요?

스필버그   곧 이뤄질 것이기에, 내 입장을 지켜낼 수 있어요. 장차 일어날 일이니까요. 오늘날에는 은행, 개별 비즈니스맨, 국가 전체가 영화산업을 지원하고 있어요. 그래서 브라운 더비^{고급 레}스토랑 이름에서의 오찬이라기보다 매디슨 가^{미국 광고업계}에서 열리는 회의에 가깝죠.

터크먼   자유와 힘이 예전보다 적어졌나요, 많아졌나요?

스필버그 확실히 현재 훨씬 많은 자유와 힘을 갖고 있다고 생각해요. 영화에 투자하는 사람들이라고 해서 꼭 창조적이지는 않고 또 그들이 그러길 원하지도 않아요. 그들은 자신들 소유의 유정油井과 월 가 거래로 행복해하며, 단지 감독이 자기들이 주는 돈에 책임을 지기를, 더불어 서너 달 뒤에 돈을 더 달라고 찾아오지 않기를(그럼에도 불구하고 당연히 그렇게 되지만) 바랄 뿐이에요.

터크먼   그럼 감독님이 카메라로 무엇을 찍는지에 대해서는 그들이 신경을 많이 쓰나요?

스필버그 아뇨, 거의 그렇지 않아요. 그들의 관심은 완성된 상품이에요. 그래도 여전히 이사회가 남아 있어서, 〈미지와의 조우〉의 경우에는 컬럼비아의 회계 담당자를 여러 차례 만나야 했죠. 당시 이사회의 각 이사들을 개별적으로 만나야 했어요. 앨라배마의 모빌에 위치한 세트장으로 데려와 우리의 초대형 세트를 보여줬어요. 자금을 대는 자들은 여전히 제작자가 아닌, 감독의 입으로 직접 설명을 듣길 원하거든요.

터크먼   저는 강력한 힘을 가진 영화감독을 자유의 메타포로 간주해요. 〈닥터 지바고〉와 〈라이언의 딸〉 시절에 사람들은 데이비드 린의 재능에 대해 지나치다 싶을 만큼 존경심을 갖고 바라봤어요. 감독님이 획득하신 건 증대된 자유가 아니라, 어떻게 보면 또 다른 구속이네요.

스필버그   그럼에도 불구하고 외교술의 비중이 커요. 내가 늘 외교적일 수 있길 바랍니다. 세트장에서 울화통을 터뜨리거나, 물건들을 내팽개치며 "이 현장으로는 일 못해"라고 말하거나, 은행가가 자금을 올려주려 하지 않고 입을 다물라고 했다는 이유로 자리를 박차고 나가는 일이 결코 없기를 바라요. 여전히 사람들을 슬롯머신이 아닌 사람으로 대할 수 있기를 바랍니다. 최근 두 영화에서 내가 감당했던 것만큼의 책임감을 경험해본 사람이라면 그 누구라도 비즈니스맨이 '돼야' 해요. 불가피한 일이죠.

터크먼   잡지 〈뉴 웨스트〉에 마샤 셀리그슨이 쓴 글에 따르면, 〈미지와의 조우〉에 대한 책임감 때문에 감독님 손톱이 남아나지 않았다던데요. 〈슈가랜드 특급〉 당시 감독님 모습이 기억납니다. 손톱이 긴 적이 결코 없었죠.

스필버그   마샤는 틀렸어요. 나는 네 살부터 손톱을 물어뜯었어요. 나는 술을 안 해요. 담배도 안 피워요. 마약도 안 하죠. 하는 거라곤 손톱 물어뜯는 것밖에 없어요. 유일한 나쁜 습관이죠. 기자들은 딱 영화감독들처럼, 효과를 추구해요.

터크먼   다른 영화를 시작하실 준비가 됐나요?

스필버그　당장 다른 영화로 뛰어들 에너지나 결단력이 남아 있지 않아요. 그럴 기력이 없습니다.

터크먼　마음에 둔 새 프로젝트가 있으세요?

스필버그　있어요. 여러 개 있지만, 올해 1977년 혹은 1978년에도 얼마간은 할 기력이 없어요. 정말 지쳤어요. 〈당신 손을 잡고 싶어〉 같은 영화의 기획은 견인차로 내 차를 끌어다가 배터리를 충전하는 것에 비유할 수 있어요. 그게 끝날 때쯤이면 너무 따분해진 나머지 곧장 방음 스튜디오로 뛰어들고 싶어질 거라는 게 느껴져요. 그러나 지금 당장은 일단 탈진 상태예요.

터크먼　조지 루카스와 새 영화를 구상 중이라는 게 사실인가요?

스필버그　루카스와 나는 그가 제작하고 내가 감독하는 영화를 함께할 계획이고, 누구를 고용하든 시나리오를 우리가 재작업할 공산이 커요. 하지만 나중 일이에요.

터크먼　〈당신 손을 잡고 싶어〉에 대해 묻겠습니다. 감독님이 예전에 가졌던 기회를 로버트 저메키스에게 주었다는 면에서 거의 스티븐 스필버그 스토리의 리메이크던데요.

스필버그　네, 하지만 그런 측면에서 박애주의자가 되려는 게 아니에요. 수년간 로버트를 알고 지냈고, 그의 영화들을 좋아했어요. 그가 만든 몇몇 단편은 정말 감탄스러워요. 로버트는 합리적인 예산으로 촬영 가능한 시나리오를 쓰려 했고, 그가 영화를 감독할 수 있도록 내가 개입해서 제작하게 된 건 시간 문제였어요. 오직 그뿐이에요.

터크먼   제작자에 뜻을 두고 있으세요?

스필버그   전혀요. 그 영화는 예외예요. 이 일로 인해 제2의 로버트 저메키스가 되려거나 나를 대부로 삼으려는 사람들로부터 일주일에 시나리오 스무 편을 추가로 받는 일이 없길 바랍니다.

터크먼   그런 일이 발생하고 있나요?

스필버그   로버트에게 기회를 주지 않았던 지난 4년간 벌어진 일이에요. 시드 샤인버그가 나에게 시작할 기회를 줬을 때에도 그런 일이 발생했죠. "이제 당신이 가진 부의 일부를 나눠야 할 차례라고 느끼지 않아?"라고 쓰여 있는 쪽지를 받았죠.

터크먼   어떻게 답하셨나요?

개인적인 문제에서 시작하는
흥미진진함을 유발할 수 있게 된다면,
비로소 내가 좋은 영화감독이라고 할 수 있을 거예요.

스필버그   내 대답은 내가 스튜디오의 기획 사업과는 무관하다는 거예요. 여전히 나 자신을 위한 경력을 쌓아가기 위해 노력 중이에요. 스스로가 보기에 잘한다고 할 수 있도록 싸우고 있어요. 내 눈에 잘하는 걸로 보일 때쯤이면 심지어 일을 그만둘지도 몰라요. 앞으로 수년간은 그럴 리 없어 보이지만요. 아직 나 스스로 만족한 영화는 없었어요. 훌륭하다고 생각한 영화를 만든 적이 없어요.

〈죠스〉〈슈가랜드 특급〉〈미지와의 조우〉는 5년 후의 나라면 만들지 못했을 영화들이에요. 희망컨대, 삶과 덕목 면에서 더 깊어짐에 따라 주변 사람들, 사랑하는 사람들, 가족을 더욱 소중히 여기게 되고, 또 영화들이 훨씬 더 사적, 감정적으로 풍부해진다면, 그리고 마침내 그런 전환을 거쳐 그와 같은 소재를 다룰 수 있게 되어 개인적인 문제에서 시작하는 흥미진진함을 유발할 수 있게 된다면, 비로소 내가 좋은 영화감독이라고 할 수 있을 거예요.

〈미지와의 조우〉 촬영장에서의 스필버그

마치 여름방학 계획표처럼

포스터   감독님과 저 둘 다 텔레비전 시대에 자랐어요. 감독님은 그로
부터 구체적으로 어떤 영향을 받으셨나요?

스필버그   정크푸드 같은 영화에 관해서라면, 전혀 영향을 받지 않았어
요. 부모님은 당황스러울 정도로, 내가 어느 정도 나이를 먹
을 때까지(얼마나 오랫동안 어머니, 아버지와 함께 살았는지 밝히
고 싶지 않기 때문에 몇 살 때까지였는지는 말하지 않겠어요) 텔레
비전을 못 보게 하셨어요. 텔레비전 전체를 검열하셨죠. 〈신
혼여행자〉를 볼 수 있다는 건 여동생 셋과 내가 그 주 내내
착하게 지냈다는 걸 의미했어요. 그러면 우리는 한 시간 정도
(일종의 휴식으로) TV를 볼 수 있었어요. TV세트는 부모님이
파티에 가시고 베이비시터만 있을 때 내가 늘 몰래 내려가 보
던, 거실의 금기시된 거대 가구였어요. 그럼에도 불구하고 그

스티브 포스터Steve Poster, 〈아메리칸 시네마토그래퍼American Cinematographer〉 1978년
2월 호에서.

걸 보면서 그것을 복제하거나 모방하거나 그와 관련된 일을 할 만한 자극을 받았다고는 말할 수 없어요. 결국 TV로 첫발을 뗄 줄은 전혀 몰랐죠. 그러나 완전히 다른 방식으로 시작했어요.

포스터   그렇다면 영화에 대한 관심은 처음에 어떻게 갖게 되셨죠?

스필버그   아버지가 가족 캠핑 여행 때 홈 비디오를 많이 찍으셨어요. 야외 활동을 즐기는 가족이었던지라, 3일간의 주말여행으로 애리조나 화이트 산맥의 황야 한가운데에 침낭을 가져가 그 안에서 자곤 했어요. 아버지는 카메라를 가져와서 우리의 여정을 촬영했고, 일주일이 지나면 모여 앉아 장면들을 함께 봤어요. 나는 이내 졸기 시작했고요.

아버지는 카메라를 가져와서 우리의 여정을 촬영했고,
일주일이 지나면 모여 앉아 장면들을 함께 봤어요.

포스터   실제로 영화를 만들기 시작한 건 어떤 이유에서였나요?

스필버그   야외 견학 때 카메라를 집어 들고 리얼리티를 높였다고나 할까요. 부모님한테 차에서 내리게 해달라고 한 뒤 차에서 떨어져 약 180미터 앞으로 갔어요. 내가 됐다고, 오라고 손짓하면, 부모님은 와서 차를 멈추고, 내려서 짐을 풀기 시작했어요. 캠핑 여행을 실제 무대처럼 꾸미기 시작했고 잘못 찍은 영상은 잘라냈어요. 때로는 그저 재미로, 여기 두 프레임, 저기 세 프레임, 그리고 또 다른 곳을 열 프레임 찍곤 했어요. 그러면 다큐멘터리들이 사실을 담기보다 초현실적인 지경에 이르렀죠.

포스터   감독님은 이제 열렬한 영화 팬이십니다. 언제 그렇게 열정적으로 변했나요?

스필버그   영화산업에 참여하게 되면서 팬이 됐어요. 영화를 만들기 시작하면서 비로소 로스앤젤레스의 누아트극장Nuart Theater에 가서, 영화사에 대해 훨씬 오랜 기간 몰입했던 친구들이 꿰고 있던 영화들을 재발견했죠. 열일곱 살인가 열여덟 살 때였어요. 요즘 열세 살, 열네 살 아이들이 페데리코 펠리니이탈리아 네오리얼리즘의 계보에서 시작해 고유의 자전적이고 예술적인 영화를 만든 감독와 미켈란젤로 안토니오니이탈리아 모더니즘 영화의 대표적인 감독에 대해 통달하는 데 비하면 상대적으로 늦었죠.

포스터   따라서 감독님의 영화 만들기 첫 경험은 가족들의 홈 비디오를 찍는 것이었나요?

스필버그   더불어, 내가 사진 부문에서 공로 배지를 받고 싶어 한 보이스카우트 단원이었다는 사실을 들 수 있어요. 당시 전제 조건은 스틸사진들로 이야기를 만들어야 한다는 거였어요. 나는 스틸사진을 찍는 대신, 비디오카메라로 같은 보이스카우트 단원이었던 친구들을 활용해 삼 분 길이의 짧은 서부극을 만들었어요. 카메라상에서 필름을 잘라(집에 도착했을 때에는 이어붙이기splice를 전혀 하지 않은 상태였죠) 약 일주일 후 단원들에게 보여줬어요. 공로 배지를 받았을 뿐 아니라, 함께 받았던 함성과 괴성, 박수 덕분에 더더욱 열렬히 영화를 원하게 됐어요. 날것의 출발이었던 셈이에요.

포스터   그 첫 성공에 고무되어 영화를 계속 만들게 되셨나요?

스필버그   첫 성공은 내가 그 자리를 나와 칠 분 길이의 서부극을 한 편 더 만들고 싶을 정도의 영향을 미쳤어요. 필름 두 통을 사용했죠. 첫 편보다 조금 더 섬세해졌어요. 편집 도구를 알게 됐고요. 드라이 앤드 웨트dry and wet, 촬영장에서 딴 음향에 음향실에서 만든 효과음과 음악 등을 덧입히는 과정를 발견했어요. 내가 드나들던 F&B/Ceco와 번즈 앤드 소이어Birns & Sawyer는 애리조나의 스코츠데일에 있는 둘뿐인 카메라 대여점이었죠.

포스터   처음 시작하실 때 시나리오의 아이디어는 어디에서 얻으셨어요?

스필버그   내 귀로 직접 얻었어요, 정말로요. 무슨 말이냐 하면, 영화적으로 은둔자가 아니었다는 거예요. 부모님이 나를 데리고 가서 많은 영화들을(대부분 월트 디즈니였어요) 보여줬기 때문에 영화가 뭔지는 어느 정도 알고 있었어요. 처음 본 영화는 세실 B. 드밀의 〈지상 최대의 쇼〉였고, 당시 내가 높게 평가한 몇 가지 기술을 촬영장에서 따라해보려고 했던 것 같아요. 하지만 정말로 무엇보다 직감으로 했어요. 다음으로 1940년대 캐슬 필름즈의 8밀리 캡슐 다큐멘터리들2차 대전 중 미군을 위해 제작된 다큐멘터리에서 영감을 받아 〈전사 부대Fighter Squad〉라는 전쟁영화를 만들었어요. 그 다큐멘터리들은 흑백이었고, 사진총gun camera으로 찍은 멋진 쇼트들이 있었어요. 예광탄이 발사되고 메서슈미트2차 대전 중 사용된 독일군 전투기들이 불타올라 땅으로 곤두박질치고 탱크와 기차들이 폭발하는 쇼트들이었죠. 그런 영화들을 일곱 내지 여덟 편 구입해서 흥미진진한 쇼트들을 모두 발췌한 뒤 그것들을 중심으로 영화 시나리오를 썼어요. 발췌한 필름들은 서로 연결된 게 아니어서, 편집 중에 다듬어지지 않은 상태로 스톡 쇼트stock shot, 다큐멘터리 등에서 발췌해 다른 영화에 삽입시키거나 배경으로 이용하는 쇼트가 들어가면 늘 티가 났어요. 전반적인 색조가 극단적으로 변했죠.

포스터   배우들은 어디서 구했나요?

스필버그   동네 아이들, 학교 친구들을 활용했어요. 젊은 조종사가 P-51의 조종간을 뒤로 당기는 쇼트가 필요하면, 피닉스의 스카이하버공항으로 가서 P-51에 올라탄 뒤(부모들이 허락을 받은 뒤였죠), 뒤로 당겨지는 조종간을 클로즈업으로 촬영했어요. 그런 다음 상승하고 있는 비행기의 모습을 담은 스톡 푸티지footage, 편집 전의 원본 필름 하나를 이어 붙였고, 회심의 미소를 짓는 열네 살 친구의 클로즈업으로 장면전환 했죠. 그리고 나서 그의 엄지가 버튼을 누르는 또 다른 클로즈업이 이어진 뒤, 총알이 연속 발사되는 다른 스톡 쇼트를 붙였어요. 그런 식으로 전체를 조합했어요.

포스터　실제로 감독님이 직접 찍으신 푸티지가 많았네요.

스필버그　직접 개발한 기술도 많았어요. 열여섯 살에 했던 것들을 나중에 영화관에서 본 35밀리 영화들에서 발견하면서 놀랐던 기억이 나요. 어떤 것도 독창적인 건 아니었죠. 실제로 내가 발명한 건 아무것도 없지만, 〈남과 여〉클로드 를루슈의 1966년 영화가 나오기 한참 전에 플래시 컷flash cut, 화면과 화면 사이에 삽입한 빠르게 움직이는 화면을 사용한 기억은 나요.

포스터　시나리오를 미리 상세하게 쓰셨나요, 아니면 촬영하면서 만들어가셨나요?

스필버그　시나리오의 대부분을 낱장을 뺐다 끼웠다 할 수 있는 공책의 산수용 종이 뒷면에, 뭔가 쓸 만한 것이 눈에 들어오면 어디에서라도 작성했어요. 대체로 시나리오를 쓴 다음 암기한 뒤 사람들에게 각자 역할을 알려줬어요. 그로부터 한참 지나서야 타자기 앞에 앉아 촬영 대본을 작성하고 복사해서 사람들에게 나눠주게 됐죠. 하지만 그러면서 최고의 교훈 하나를 얻은 셈이에요. 영화를 머릿속으로 외운 뒤 연기자와 기술 스태프 들에게 해야 할 일을 조금씩 알려주는 법을 배웠으니까요.

포스터   당시 출연진과 제작진은 어떤 사람들이었나요?

스필버그   그저 같은 학교에 다니면서 토요일에 할 일이 없었던 내 또래
의 십 대들이었어요(바로 나처럼요). 일찍 여자를 알게 된 녀
석들은 내 영화랑 아무 관련이 없었죠. 열두 살, 열세 살에 데
이트를 하던 아이들은 영화 만들기를 애들 장난이라 생각했
기 때문에, 영화 찍는 걸 도와준 대부분의 친구들은 인생을
늦게 시작한 부류였어요. 언젠가 후발주자들의 모임을 조직
해서, 우리 영화에 짬을 낼 수 없었던 근육질 부류 녀석들에
비해, 그들의 결혼이 어느 정도로 행복한지 볼 거예요. 얼마
전 후발주자였던 옛 고등학교 동창 두 명과 점심을 먹었는데,
고등학교 때 잘나가던 놈들과 근육맨들이 모두 이혼을 했거
나 비참하거나…… 경찰이라고 하더군요.

포스터   촬영을 막 시작할 무렵에는 어떤 종류의 영화 장비를 사용하
셨나요?

스필버그   아버지가 처음 사신 건 8밀리 코닥 영화 카메라였어요. TTL
방식렌즈 노출 측정 방식의 뷰파인더가 없었죠. 위로 젖히는 두 개
의 특수 아크릴plexiglass 파인더로 봤어요. 그 후 아버지는 삼
중 렌즈 터릿turret을 구비한 모델을 사셨는데 특수 아크릴에
직사각형의 윤곽선 세 개가 있었어요. 망원렌즈를 위한 빨간
선, 중간 렌즈를 위한 노란 선, 와이드 앵글 렌즈를 위한 파란
선이었죠. 그런 카메라들은 태엽으로 작동하는 장난감 같았

어요. 삼십오 초간 태엽이 돌아간 후 다시 태엽을 세게 감아야 했죠. 그 후 내 영화 한 편이 아마추어 영화제(애리조나의 캐니언영화제)에서 1등을 했는데 16밀리 카메라를 상품으로 받았어요.

포스터   당시 몇 살이었나요?

스필버그   열다섯이었죠. 하지만 16밀리 영화작업을 감당할 돈이 없다는 걸 알았고, 그럴 능력이 생길 때까지 카메라가 그저 선반 위에 있을 거라는 것도 알아서, 8밀리 카메라 볼렉스 H8Bolex H8, 스위스 빈티지 카메라과 바꿨어요. 당시로서는 매우 화려한 장비였죠. 동시에 아버지께 도움을 약간 받아 볼렉스 조네리처 Bolex Sonerizer를 샀어요. 측면에 마그네틱 막이 있어서 8밀리 필름에 직접 음향을 입힐 수 있는 최초의 기술력을 가진 제품이었어요. 그래서 영화를 찍은 뒤 편집된 푸티지를 이스트먼 코닥에 보내 마그네틱 띠를 입혀서 다시 받을 수 있었죠. 그런 다음 모든 대사와 음향효과, 음악 등을 거실에서 후시녹음했어요.

포스터   한층 정교해진 장비 덕택에 훨씬 야심 찬 영화들을 만드실 수 있었겠네요.

스필버그   네. SF영화들을 만들었어요. 볼렉스 카메라로 한 시퀀스를 찍은 다음 필름을 되감아 이중노출 촬영(사람들이 사라지거나 미모의 여인이 엽기적으로 변하는)을 할 수 있었어요.

옛날 론 채니할리우드 초창기 공포영화에 자주 등장했던 미국 배우로, 자신이
출연한 영화의 연출 및 각본에 참여하기도 했다의 디졸브 트릭을 사용했
죠. 필름 위에 짧게 몇십 센티미터로 단위로 얼굴에 조금씩
화장을 덧입혔고 악의에 찬 변신 단계들을 디졸브로 처리해
마지막에 뱀파라 캐릭터를 얻을 수 있었죠. 기술의 상당수는
카메라가 무엇을 할 수 있는지에 따라 결정됐어요. 페이드인
과 페이드아웃을 위해 작은 이중 편광기를 구입했죠. 이런 기
기들은 마치 라이오넬미국 최대의 모형 기차 유통업체 기차가 오늘날
그런 것과 마찬가지로 골동품이 됐지만, 1961~62년에는 최
신식 장비였고, 그것들을 사용해 상당히 정교한 영화들을 만
들어낼 수 있었죠.

포스터　당시 편집에는 어느 정도 참여하셨나요?

스필버그　모든 걸 내가 편집했어요. 잘라내는 게 얼마나 중요한지 알게
된 후부터, 다시는 카메라상에서 자르지 않았죠. 필름 한 통
으로 모든 마스터 쇼트들을 찍고, 클로즈업 쇼트들은 다른 필
름으로, 그리고 액션과 트릭 쇼트들은 세 번째 필름으로 찍었
어요. 그런 다음 집에 있는 내 방에서 필름을 해체한 뒤 임시
로 만든 작은 절삭기에 개별 쇼트들을 핀으로 꽂아뒀어요. 각
쇼트에는 테이프 조각을 붙여서, 숫자를 매기고, 그 장면에
뭐가 들어 있는지, 어느 위치로 가야 하는지를 표시해 구별했
어요. 그런 다음 각 쇼트들을 핀에서 떼어내 요즘 편집하는

식으로 잘랐죠. 그야말로 정말 영화를 조립했어요. 전문 영화 감독이 되기 전에 편집 기사가 된 셈이죠.

포스터 감독님의 기술들은 상당히 세련됐어요. 그 방법론은 어디에서 배우셨나요?

스필버그 모르겠어요. 그 점에 대해 많이 생각해봤어요. 왜냐하면 영화를 보러 가서 어떤 기술에 대해 너무나 흥분한 나머지 집에 와서 시도해봤다고는 전혀 말할 수 없고, 실제로도 그러지 않았기 때문이에요. 어떤 장면에서 누가 걸으면 카메라가 그를 따라 걷게 했어요. 카메라를 시멘트 바닥에 고정한 채 그 사람이 다가오도록 한 뒤 대사를 말하고 걸어가버리게 하는 것이 아니라, 걷고 있는 사람과 함께 움직이는 게 자연스러워 보였죠. 그러니까 어떤 것들은 배워서 했다기보다 자연스럽게 이뤄졌다고 생각해요.

포스터 영화 기술에 대한 책을 읽으셨나요?

스필버그 아뇨, 그러지 않았어요. 1961~62년 애리조나의 피닉스에서 찾아볼 수 있는 영화 관련 책들은 요즘 상황과는 달랐거든요. 『영화 만드는 법How to Make a Movie』과 같은 글쓰기 관련 책들이었는데 '개었지만 그늘진open-shade'의 반대로 '흐리면서 맑은cloudy-bright'이 무엇을 의미하는지 말해주었죠. 시간이 더 지나 대학에 가서야 비로소, 뒤늦게 손에 넣을 수 있었던 것들을 읽기 시작했어요. 그러나 피닉스 같은 작은 도시에서는 아니었어요.

포스터   처음 만든 영화들은 어떻게 보여줬고, 관객은 어떻게 구성됐나요?

스필버그   관객은 대개 열두 살 미만 아이들이었어요. 영화표를 1다임^{미국 은화 단위. 1달러의 10분의 1}에 팔았고(나중에 1쿼터^{1달러의 4분의 1}로 가격을 올렸죠) 아이들은 우리 집으로 왔어요. 거실을 활용해 아이들은 카드 게임용 탁자의 의자에 앉았어요. 첫 관객이었죠. 열여섯 살에 〈불빛Firelight〉이라는 두 시간 반 길이의 매우 야심 찬 SF영화를 만들었어요. 사운드 스트라이프^{마그네틱 사운드가 녹음되는 필름 위의 줄무늬}를 사용했고 대사, 음악, 그리고 카메라로 탄생한 특수효과가 동시 녹음, 녹화됐으며, 특수효과는 한 편의 영화에서 네 번, 다섯 번, 때로는 열 번 사용되기도 했어요. 그 영화를 두당 1달러를 받고 500명에게 보여줬어요. 영화에 400달러가 소요됐으니 첫 상영일 밤 100달러 수익을 낸 셈이죠. 그걸 마지막으로 아버지가 전근을 가게 되셔서 우리 가족은 바로 다음 날 샌프란시스코로 이사했어요. 내가 처음으로 정교하게 만든 장편의 프리미어 상영을 한 뒤 24시간이 지난 참이었죠. 그 후로 내 삶은 바뀌어서, 약 2년간 영화 없이 지내면서, 고등학교를 졸업하고 괜찮은 성적을 받아서 들어갈 만한 대학을 찾아내기 위해 노력했어요. 공부에 진지하게 임했죠.

포스터   초기 프로젝트들의 경우 영화 만드는 데 필요한 대부분의 것들을 스스로 하셔야 했는데요. 그중 어떤 과정을 가장 즐기셨나요?

스필버그   쇼트의 세팅, 즉 카메라의 위치를 정함으로써 그 앞에서 일어나는 일을 흥미롭게 만드는 걸 즐겼던 것 같아요. 어떻게 설치할지에 대한 결정이 그 무엇보다도 재미있다는 걸 발견했죠. 트릭, 주관적 시점 등, 앵글에 아주 많이 몰두했어요. 그리고 항상 카메라가 이야기를 하도록 했어요. 그 후로 이야기가 카메라에게 말하도록 하는 법을 배웠지만, 그 교훈을 얻기까지는 얼마간 시간이 걸렸죠. 두 번째로 즐겼던 과정은 편집이었어요. 실수들을 보고, 수정하고, 개선할 수 있었기 때문이에요. 아주 작은 편집기와 뷰어 앞에 앉을 때에는 내리쬐는 태양을 이기려고 노력할 때보다 훨씬 압박감이 덜했어요. 오늘날에도 이 모든 것들은 변하지 않았다고 봐요.

포스터   영화를 더 많이 찍게 되면서 다른 사람들에게 위임하기 시작한 분야는 뭐였나요?

스필버그   책임을 위임하지 않았어요. 내 문제점은 찍는 영화가 많아질수록 모든 걸 더 많이 했다는 거예요(여전히 아마추어 영화 이야기입니다). 영화를 만들면 만들수록 (연기를 제외하면) 훨씬 더 많이 직접 하길 원했어요. 연기를 제외한 모든 걸 했죠. 내 영화의 조명 담당이기도 했고 카메라 감독이기도 했어요. 세트도 직접 지었어요. 모든 분장을 내가 했고, 시나리오도 모두 내가 썼어요. 영화음악을 위해서는 고등학교 밴드를 활용했어요. 내가 클라리넷을 연주하고 거기에 맞춰 악보를 쓴 뒤 피아노를 칠 줄 아는 어머니께 피아노 음정으로 바꿔달라고 부탁했어요. 함께 악보를 만들었고, 밴드가 그것을 녹음해 내 첫 오리지널 사운드트랙이 탄생했죠. 만드는 영화가 많아질수록 더 많은 걸 하고 싶어 했어요. 내가 모든 걸 다 하는 게 불가능하다는 걸 처음 깨달은 시점은 전문 감독이 되어 일하기 시작한 뒤 특정 조합들이 부과하는 특정한 제한이 있다는 걸 알게 된 무렵이었어요. 그 조합들에 따르면 나는 카메라를 운용하거나 필름을 편집하거나 음악을 작곡할 수 없었어요. 감독조합 카드에 모든 게 쓰여 있었죠.

포스터   지난여름 감독님이 작업하시는 걸 보니 제작의 거의 모든 측면에 영향력을 발휘하시는 게 분명하던데요. 프로로 작업하면서 감독님이 여전히 통제하고 싶으신 영역들은 어떤 것인가요, 그리고 어떤 영역들을 위임하시나요?

스필버그   현재 내가 즐겁게 위임하는 것은 나보다 훨씬 더 그에 대한 실행 능력을 잘 갖춘 사람들이 있다고 느끼는 역할들이에요. 분장, 세트 조립, 작곡 같은 기능들이죠. 과거 나 스스로 했던 것들이지만, 이제는 내가 매우 신뢰하는 사람들에게 위임하고, 결코 뒤돌아보지 않죠. 그러나 계속해서 관여하는 역할들도 존재해요. 담당자가 내 대리인이거나 조언자인 경우로, 내가 고용하는 그 사람을 거치지만 상당 부분 그 역할들을 직접 담당하죠. 이를테면 촬영이 있어요. 조명을 직접 설치할 수는 없지만, 한 장면의 사진이 어떻게 나와야 하는지 결정하는 데 관해 내가 끼치는 영향력이 크다고 느껴요. 촬영감독과 이야기를 나눔으로써 분위기를 정하는 것, 그를 통해서 나의 비전을 얻어내기 위해 필요한 만큼 함께 시간을 보내는 걸 좋아해요. 카메라 세팅도 직접 합니다. 그 부분에서 내 역할은 영화에 대한 시각적 해석이라 생각해요. 카메라가 어디로 가고 렌즈는 어떤 것을 사용하며 배우는 어떻게 보여야 하는지의 측면 말이에요. 그것이 이야기에 대한 나의 책임이라고 느낍니다. 내가 독점하는 또 다른 역할은 편집이에요. 스스로를 내 영화의 편집 기사로 간주하며, 그 역할을 맡은 사람과 협업해요. 그 사람이 뭔가 제안할 게 있고 그것이 좋은 발상이면 그대로 적용하지만, 대부분의 경우 편집을 내 일로 생각하고, 촬영 또한 그래요. 요즘 관여하는 다른 분야로는 전시展示가 있어요. 영화가 어떤 식으로 배급돼야 하고 광고 디자인은 어떻게 보여야 하는지, 캠페인과 마케팅은 또 어때야 하는지 등이에요. 한 영화가 완성된 후 관객 앞에 선보이기 전까지 얼마나 쉽게 그 영화가 손상될 수 있는지 알게 된 이상, 점점 더 많이 관여하게 되는 일들이죠. 〈슈가랜드 특급〉 이후 마케팅이 얼마나 중요한지 깨달았어요. 영화를 만드는 것만큼이나 중요하다고 생각해요.

포스터　　감독님의 영화들은, 관객에게 강력한 영향을 미치는 놀라운 역량을 보여줍니다. 그런 능력을 발전시키는 데 초기 영화들에서 배운 점은 무엇인가요?

내가 무엇을 좋아하는지 알고,
바깥 세상에 그것을 함께 나눌 사람들이
충분히 있기를 바라요.

스필버그   글쎄요, 가장 먼저 깨달은 건 관객이 핵심이라는 거예요. 자신을 위해for myself 혹은 나를 이해하는 지인들을 위해서라기보다, 나를 통해through myself 그리고 관객들을 위해 영화를 만들어오고 있어요. 아마 나는 엔터테인먼트 감독, 혹은 더 무신경하게라면 상업영화 감독으로 불리고 있을 거예요. 관객이 2~3년 단위로 어떻게 변하는지(그들은 정말 변하죠) 잘 안다고 자처하지는 않지만, 내가 무엇을 좋아하는지 알고, 바깥 세상에 그것을 함께 나눌 사람들이 충분히 있기를 바라요. 따라서 스스로를 이용한다고 할 수 있어요. 내가 내 영화의 관객 같은 거죠.

포스터   감독님은 이야기꾼이십니다.

스필버그   네, 이야기를 늘어놓는 걸 좋아해요. 〈죠스〉를 큰 물고기 이야기라고 생각했고, 그 이야기를 길게 풀어가는 재미가 있었죠. 그와 달리 〈미지와의 조우〉는 〈죠스〉에서 그랬던 것처럼 관객을 다루는 체계적인 시도라기보다, 영감에 따른 부분이 훨씬 많았어요.

포스터   어떤 의미로 '영감'을 말씀하신 건가요?

스필버그   〈미지와의 조우〉는 창조적인 발상에서 기원한 창작 시나리오여서 훨씬 더 유기적인 개입이 있었어요. 〈죠스〉는 소설을 각색한 것이니까 발상은 다른 데에서 온 셈이죠. 영화의 기본 구조가 소설을 거쳐서 관객과 연결되기에, 그 소설을 각색해 피터 벤츨리의 것이라기보다 내 것이라고 생각되는 영화로 만드는 것이 내 일이었어요. 그 과정이 즐거웠죠. 어쨌든 100퍼센트 내 영화는 아니라는 점을 말하고 있는 겁니다. 그 영화는 오래도록 많은 사람들과 공유하게 될 것인데 반해, 〈미지와의 조우〉는 나와 훨씬 더 가깝죠.

포스터   배우가 감독님이 원하는 연기를 보여주기 위해, 감독님께 무엇을 필요로 하는지 어떻게 알아내시나요?

스필버그   기본적으로 그 배우가 한 개인으로서 얼마나 불안정한지에 주목하죠. 배우는 안정적일수록 실험적이라고 생각해요. 스스로에게 기대지 않죠. 자신이 진정으로 공감하기 힘든 이상한 발상에 기댈 겁니다. 모든 걸 시도할 거고요. 추측건대, 또 다른 부류인 훨씬 더 전전긍긍하고, 어떻게 성공해서 어떻게 자신의 시장성을 높이고 어떻게 보일지에 더 관심을 갖는 배우는 함께 작업하기 힘겨운 유형이에요. 운에 맡겨보거나 실험을 시도하지 않을 것이며, 그 대신 할 줄 아는 것에만 의존하려는 사람이기 때문이에요. 두 부류의 배우와 모두 일해봤어요. 단지 하나밖에 할 줄 모르는 특정 유형의 배우가 존재하며, 그는 한 가지를 성공했기 때문에 시장성이 있는 그 한 가지 말고는 어떻게든 깊이 탐험할 수 있는 기회를 스스로에게 주지 않아요. 리처드 드레이퍼스는 그런 종류의 배우가 아니죠. 리처드는 심지어 스스로 곤란한 지경에 처할 정도로 위험을 무릅쓸 그런 배우예요. 다른 사람이 되기 위해, 색다른 시도를 위해, 리처드 드레이퍼스가 아니라 작가가 그에게 기대하며 요구하는 사람이 되기 위해 그렇게 하죠.

포스터 그와 같은 걸 어느 정도나 미리 결정하시나요?

스필버그 스티브, 모든 건 캐스팅에서 결정돼요. 영화의 캐스팅이 일단락되면 내 창조적 노력의 40퍼센트가 실현됐다고 느껴요. 배우들을 활용하는 건 내 작업에 도움이 되기 위해서예요. 나는 그 작업이 공동의 노력이 되게끔 노력해요. 배우가 좋은 아이디어를 내고 그것이 영화를 더 낫게 만든다면 내 자존심 같은 것 때문에 그걸 무시하지 않을 거예요. 뭐랄까, 그 아이디어가 적합하다고 여기자마자 영화에 적용하겠죠. 그러나 우선 캐스팅을 하고 나면 상당히 정형화된 영화가 될 걸 알아요. 퀸트 역에 로버트 쇼를 캐스팅했지만, 로버트 듀발이 더 흥미로웠을 가능성이 있어요. 그 캐릭터가 요구하는 만큼 강력하거나 연극적이지는 못했을지라도요. 〈죠스〉를 여러 다른 방식으로 진행할 수 있었을 거예요. 원작 소설이 암시한 인물은 맷 후퍼를 연기할 로버트 레드포드 같은 사람이었지만, 리처드 드레이퍼스 같은 사람이 후퍼를 연기한다면 캐릭터가 훨씬 더 공감을 불러일으킬 수 있으리라(캐릭터가 덜 호사가로 보이리라) 느꼈어요. 그래서 그 경우에는 원작과 다르게 갔죠. 실로 이야기에 달렸어요. 이야기가 모든 걸 지시한다고 생각해요.

포스터   지금 말씀은 사전 시각화라는 문제로 이어집니다. 감독님은 촬영의 대부분을 미리 계획하시는 것 같은데(지난여름에 우리가 사용한 장면 스케치북이 그걸 잘 지시합니다만), 촬영장에서는 본래의 아이디어들을 엎고 장면을 완전히 재설계하시는 걸 봤어요. 사전 시각화는 감독님께 얼마나 중요한가요?

스필버그   글쎄, 아마 그게 중요한 건, 비록 새로운 발상들이 떠오르긴 해도, 어느 날엔가 아이디어가 바싹 메말라 새로운 게 전혀 생각나지 않는다면, 이미 활자로 적어놓은 괜찮은 아이디어에 의지할 수 있다는 걸 아니까 안심할 수 있다는 의미에서일 거예요. 최악의 경우에, 사전제작 단계에서 괜찮게 작동했던, 그러니까 시나리오상에서 작동했고 영화에서도 잘 작동하게 될 1안을 확보 중이라는 걸 아침에 일어났을 때 알고 있다는 건 중요해요. 그러나 항상 암기식의 영화 만들기와 싸우려고 노력해요. 그날그날 내 상상력에 의지해서, 스케치 방법론과 '히치콕-디즈니' 신드롬으로부터 살짝 방향을 틀어 작업하려고 시도하죠. 반면 액션 시퀀스의 경우, 사전 계획이 정말 도움이 됐어요. 액션 시퀀스는 미리 준비해두지 않으면(먼저 머릿속으로, 다음으로 시나리오상에서, 마지막으로 몇 주에 걸쳐 필름상에서) 길을 잃고 말아요. 그러나 그 외의 경우에는 기본적으로 장면들을 미리 계획하되 배우들이 영감을 주길 원해요. 감정적인 신을 연기해야 할 때면, 배우들과 해당 장면을 무대에 올려보는 걸 선호하고, 촬영감독, 조명 기사 및 기술 스태프들에게 밖에서 기다리라고 한 뒤, 리허설을 보고 나서 시각적 선택들을 하기 시작하죠. 배우들이 어디로 움직여야 할지 정하기 위해 우선 스스로 느끼는 대로 움직이도록 내버려둔 뒤, 내가 관여해서 일종의 액션 안무를 짜요. 그다음 세 번째 단계는 카메라를 들어오게 해서 촬영하는 거예요. 따라서 사실상 두 가지 상이한 작업 방식이 있는 셈이죠.

포스터　　그 두 방법을 언제 처음 개발하기 시작하셨나요?

스필버그　처음 TV에서 일하기 시작하고 그들이 정말 내게 원하는 바가 6일 안에 한 시간짜리 TV물을 만드는 것임을 깨달았을 때, TV에서는 즉흥을 시도할 시간이 전혀 없기 때문에 모든 게 아주 잘 계획돼야 한다는 걸 이해했어요. TV에서는 상상에 따른 대응을 반기지 않아요. TV는 제작자의 매체예요. 반면 영화는 감독의 매체죠. TV에서는 제작자가 아주 강력한 힘을 가질뿐더러 일정에 대한 걱정을 많이 해요. TV에서 하루 일정이 밀리면 안타깝게도 장편영화 열흘 일정이 밀리는 것에 맞먹어요. 그래서 어느 정도 자존심을 누른 채 대가를 지불하기 시작해야 했죠. 나는 3년 동안 열한 편 또는 열두 편의 TV물을 만들었어요. 많은 것 같지는 않아요. 어떤 감독들은 1년에 열다섯 편을 만들죠. 그러나 매 작품마다 스스로를 많이 투자했기 때문에 내게는 많은 거였어요. 매 방송물을 소규모 장편영화라고 여겼고 그처럼 찍었죠. 내가 유일하게 거부한 건 텔레비전에서 말하는 클로즈업, 투 쇼트, 오버 더 숄더 쇼트, 마스터 쇼트 형식이었어요. TV물을 하나 만들 때마다 충분히 많은 사람들이 그걸 보고, 내 작업을 좋아해주고, 또 영화를 해보라고 제안하기를 계속 바랐지만, 그들이 내 방문을 두드리기까지는 수년이 걸렸어요.

포스터   제작 과정에는 끊임없는 타협이 존재하며, 항상 일정량의 압박을 낳습니다. 그런 상황에 놓인 감독님을 본 적이 있는데, 늘 철저히 확신에 차 있는 듯하더군요.

스필버그   아니에요. 속으로는 스스로에게 묻죠. '이게 맞는 길인가? 나를 궁지로 몰아넣고 있는 건가? 지금 프랑수아 트뤼포를 클로즈업으로 찍으면, 어제 찍은 시퀀스에서는 전혀 클로즈업 없이 비춰야 한다는 걸 의미하나?' 무슨 말이냐 하면, 항상 마음을 졸이고 있다는 거예요. 겉으로 내가 어떻게 보이는지는 스스로 안에 있기 때문에 모르지만, 최선을 다해 세운 계획을 갖고도 그것이 잘 돌아가지 않을까 늘 걱정한다는 것만은 알아요. 가장 잘 준비된 시퀀스가 확신에 차 편집됐을 뿐 아니라 실행 가능한 아이디어였음에도 불구하고 자발성과 에너지가 전혀 없던 상황들을 너무 여러 번 경험했어요. 계획 상황을 장악하게 되면 대들보가 보이게 되죠. 거대 구조가 표면의 덮개로부터 삐져나오는 게 보여요. 따라서 내가 계획하고 확신에 차서 편집한 장면들이 종종 매우 실망스러워요. 그러나 또 어떤 경우에는 나를 칭찬하며 말하곤 해요. "계획이 최선의 방법이야." 여러 변수에 따라 다르지만, 항상 내가 올바르게 행동하고 있는지 걱정해요.

포스터　초기 영화들을 만들 때 경험한 어떤 일들이, 압박을 견디는 법을 가르쳐줬을까요?

영화산업은 멋지고 우리들을 도취시키는 축제지만,
그 점을 지나치게 진지하게 여기면
스스로를 죽이고 말 거야.

스필버그　그들이 할 수 있는 최악은 나를 자르는 것이지, 나를 죽일 수는 없다, 라는 단지 그 사실이에요. 늘 영화를 진지하게 대했지만, 그와 동시에 늘 어느 정도 우스개로 대해왔어요. 멀리 떨어진 채, 온전한 객관성을 띠는 그 갑작스러운 소중한 순간들을 맞이하게 되면, 100여 명이 주변을 뛰어다니고, 맡은 일을 하고, 그들의 파트너에게 깊은 인상을 심어주려 하고, 물건들을 떨어뜨리고, 실수를 하고, 그걸 두고 울고, 화를 내고, 대기실로 들어가 문을 잠가버리고, 커피를 쏟고, 돈을 잃는 모습이 눈에 들어와요. 그럴 땐 그냥 뒤쪽에 앉아 웃으며 스스로에게 말하죠. 영화산업은 멋지고 우리들을 도취시키는 축제지만, 그 점을 지나치게 진지하게 여기면 스스로를 죽이고 말 거야. 반면 정말 압박이 심할 때에도 웃어넘길 수 있다면(한 발짝 물러나 조롱할 만한 재미있는 뭔가를 발견할 수 있다면), 그것이 마음의 안정을 얻을 수 있는 길이고, 또한 〈미지와의 조우〉에서처럼 상황이 정말 안 좋아질 때 내가 행동하는 방식이에요. 세트장 비계에 올라가 가로세로 약 122×61미터짜리 구상안을 내려다보며 처음에 그것이 풀 먹인 종이와 회반죽으로 어떻게(가로세로 약 30×45센티미터로) 설계됐는지 떠올리곤 했어요. 그러곤 웃었죠. 그건 거대한 어린이용 조립 완구였어요.

포스터   압박에서 멀어지는 측면에서 또 어떻게 발전했다고 느끼시나요?

스필버그   어렸을 때는 곧잘 화를 내곤 했어요. 이제 더 이상 그만큼 화를 내지는 않아요. 〈미지와의 조우〉에서는 몇 번 그러긴 했지만요. 그러나 열두 살, 열세 살 때에는 정말 화를 버럭 내곤 했고, 사람들이 어떻게 반응하는지 볼 수 있었기 때문에 스스로를 좋아할 수 없었어요. 어떤 상황에서건, 사적으로든 영화 감독으로서든, 자제력을 잃는 걸 좋아하지 않아요. 화를 멈추도록 도와준 이유 중 하나예요.

포스터 　 15년간 영화를 만드시면서 깨달은 것들로 인해, 초기 영화들을 이렇게 했다면 더 나았을지도 모른다는 생각을 해보시나요?

스필버그 　 결코 그런 식으로 과거를 되돌아보지 않아요. 어떻게 보면 그 반대예요. 초기작들을 보며 추후 영화들에 대비하게 됐어요. 하지만 과거를 돌아보며 지금 아는 걸 그때 알았더라면 〈더 라스트 건〉(내가 만든 첫 삼 분짜리 8밀리 서부극이에요)을 어떤 식으로 더 낫게 만들었을까, 라고 자문했던 적은 없어요. 창작의 모든 과정은 성장의 과정이며, 되돌아보면서 과거에 이랬다면 어땠을까, 라고 추측하는 건 조금 겁나는 일이죠.

창작의 모든 과정은 성장의 과정이며,
되돌아보면서 과거에 이랬다면 어땠을까, 라고
추측하는 건 조금 겁나는 일이죠.

포스터 　 하지만 예전에 일어난 일의 결과로 더 주의를 기울이게 된, 영화 만들기 과정의 요소들이 있지 않나요?

스필버그 　 네, 주로 연기, 배우들이에요. 제대로 된 호흡을 보여주는 두 사람 사이의 폭발적으로 드라마틱한 신이 〈전함 포템킨〉의 계단에 선 1천 명의 사람들보다 훨씬 더 흥미진진하다는 걸 배웠어요. 리처드 드레이퍼스 같은 배우의 훌륭한 연기 한 방이 큰 규모의 액션 시퀀스(커스터 장군의 옥쇄1876년 인디언과의 전투에서 미 육군이 몰살당한 사건, 자동차 추격전, 킹콩 등 그 무엇이든) 여러 개의 가치를 지닌다는 게 분명해졌죠.

포스터 〈죠스〉와 〈미지와의 조우〉 이후 감독님은 어떤 종류의 영화라도 원한다면 거의 다 만들 수 있는 자유를 누리게 되셨는데요. 차기 프로젝트 발굴을 위해 어떻게 접근하시나요?

스필버그 모르겠어요. 그 점에 대해 그리 걱정하지 않아요. 운 좋게도, 보통 아이디어를 찾고 있지 않을 때 그것이 떠올라요. 내가 어떤 프로젝트에 흥미를 갖게 되는 건 다음 단계를 밟아야만 한다는 압박감 때문이 아니라, 뭔가를 읽었거나 혹은 흥미로운 발상이 떠올라 종이에 적어뒀다가 마침내 만들기로 계획했기 때문이죠. 다음에 만들 코미디는 〈미지와의 조우〉를 막 시작할 무렵 떠올랐어요. 앞을 내다보지 말았어야 할 딱 그 시점이죠. 뭔가를 발견하고 마음속 깊이 간직하면서 나에게 말했어요. "언젠가 이 영화를 만들지도 모르겠군." 곧 알려지겠지만, 내 차기 영화가 될 거예요. 힘든 건 제안들이 막 들어오기 시작할 때 책과 시나리오들을 읽어야 한다는 거예요. 그러나 다른 한편으로, 만약 책으로 출판되기 전의 『죠스』를 교정쇄로 읽지 않았다면 결코 영화작업에 참여하지 못했을 겁니다. 따라서 독서, 지속적으로 새로운 아이디어를 찾는 것에 조금 신경이 곤두서 있죠.

포스터 〈죠스〉에 어떻게 참여하게 되셨는지 좀 더 상세히 말씀해주세요.

스필버그　　그건 어느 정도 우연이었어요. 〈슈가랜드 특급〉을 편집 중이었는데, 〈죠스〉의 제작자인 재넉과 브라운이 그들이 가진 모든 걸 내게 제안하고 있었고, 나는 당시 그들이 제안한 것들에 대해 그리 탐탁지 않아 했어요. 그런데 〈슈가랜드 특급〉의 첫 번째 혹은 두 번째 편집에 관해 그들과 회의하던 도중, 바깥 사무실에 '죠스'라는 제목의 원고를 발견했어요. 무엇에 홀렸는지 모르겠지만, 그 제목이 너무나 매혹적이라 생각해서(믿을 만한 치과의사에 관한 내용이라 생각했죠'죠스'라는 제목을 직역하면 턱 또는 입이라는 뜻이다) 그 원고를 집어서(사실상 훔쳤죠, 그 망할 것을 말이에요) 집에 가져와 주말에 다 읽어버린 뒤, 바로 내가 바라는 차기작이라는 걸 깨달았죠. 그래서 월요일에 그들을 찾아가 말했어요. "우리 함께 작업할 영화를 찾고 있는 중이잖아요. 이걸 당신들 사무실에서 발견했어요." 그들은 답했죠. "글쎄, 함께하고 싶지만, 저작권을 우리에게 판 에이전시가 영화감독도 끼워서 팔았지 뭡니까. 패키지에 감독 포함이에요." 그래서 말했죠. "그럼, 향후 혹시라도 그 감독이 프로젝트에서 빠지게 되면 전화주세요." 그리고 정확히 그런 일이 일어났어요. 약 2주 후 그들이 내게 전화해서 말하더군요. "아직 생각 있으면 함께 합시다."

포스터　　언젠가 뮤지컬을 하고 싶다고 말씀하셨습니다. 흥미를 갖는 다른 분야가 또 있다면요?

스필버그   아, 흔해빠진 러브 스토리, 서부극, 뮤지컬, 전쟁영화, 에로틱 판타지, 코미디 등 모두 조금씩이요.

포스터   그러니까 정말 여러 분야에 두루 참여하려는 거네요?

스필버그   네…… 그해 내 상상을 자극하는 거라면 무엇이든요. 향후 10년의 게임 계획을 미리 짜놓고 다섯 개 프로젝트를 1순위에서 5순위까지 정리해 갖고 있는 걸 원치 않아요. 향후 10년 동안 만들 다섯 편의 차기작들을 알고 있는 건 인생을 살아가는 끔찍한 방식이라 생각해요. 단지 지루하다는 게 아니라, 사람도 변하거든요. 몇 년간 변치 않고 그대로인 사람은 아무도 없어요. 어떤 이들은 심지어 매주 변하죠. 내가 1971년에 좋아했던 것을 지금이라면 아마도 만들려 하지 않을 거예요. 지금이라면 〈대결〉을 안 만들겠죠. 생각해보니, 지금부터 3년 후라면 〈죠스〉를 만들지 않을 거예요. 따라서 너무 먼 미래를 계획하지 않는 게 중요해요. 각 프로젝트는 그해에 당신이 어땠는지를 반영하거든요.

몇 년간 변치 않고 그대로인 사람은 아무도 없어요.
어떤 이들은 심지어 매주 변하죠.

포스터   이 인터뷰의 주된 목표 중 하나는 막 영화에 입문한 사람들에게 오늘날 가능해진 기술을 사용하게끔 격려하는 거예요. 어떤 조언을 해주실 수 있나요?

스필버그   시중에 나와 있는 슈퍼 8밀리 음향 카메라 하나를 구하세요. 크리스마스 선물로 받으세요. 요즘 나와 있는 장비들은 너무 정교한데, 그게 장점이자 단점이에요. 예를 들어, 오늘날 십 대나 심지어 그보다 어린 아이들이 손에 넣을 수 있는 장비를 1961년에 내가 가질 수 있었다면, 매 프로젝트에 그렇게 많은 시간을 들일 필요가 없었을 거예요. 하지만 그만큼 배우지도 못했겠죠. 요즘의 최신식 장비의 문제점은 후시녹음, 테이프 녹음기 작업, 음악과 다른 음향효과의 균형을 맞추고 믹싱하는 과정의 필요성을 미연에 제거한다는 거예요. 모든 게 너무나 '즉각적'이라서 곧장 필름에 새겨지죠. 예전에는 음향 녹음과 음악을 배우고, 스스로 음향효과를 만들었기에 즐거웠어요. 그러나 요즘에는 유성영화 만들기가 아침에 이불 밖으로 나오는 것(그게 당신에게 쉬운 일이어야겠지만)만큼이나 수월해졌어요.

포스터   그러니까 현재의 슈퍼 8밀리 장비가 가진 고도의 정교함이 제한 요인이라는 의미인가요?

스필버그   빠르게, 고통 없는 홈 무비를 찍기 원한다면 그렇지 않겠죠. 그러나 전문 영화감독이 되길 열망하는 이들은 16밀리와 35밀리로 작업하기 시작하면서 비로소 배우게 되겠죠. 슈퍼 8 카메라로는 랩 작업, 색 보정, 랩 디졸브, 옵티컬 등에 대해 아무것도 배우지 못할 겁니다. 음향 믹싱을 전혀 배울 수 없을 것이며 조명에 대해서도 배우는 게 극히 적을 거예요. 새

필름이 너무나 신속해서 단지 램프를 켜기만 하면 아주 멋진 고든 월리스1970년대 할리우드에서 시대를 앞서 '비주얼 스토리텔링'을 만들어 낸 촬영감독. 단순하면서도 효과적인 표현에 강했으며 '대부' 삼부작에서 부각된 언 더 라이팅의 대가다식의 교차 조명을 얻을 수 있게 됐거든요. 만약 피사체가 창가에 앉아 있다면 자연광이 비칠 텐데, 그러면 카 메라가 거기에 맞춰지는 식이죠. 따라서 조명, 조리개 변화, 노출부족, 노출과다, 플래시 사용, 필터로 촬영하기 등의 기 술을 익힐 수가 없어요. 오늘날의 장비로는 모두 과도하리만 큼 능숙하게 만들어요. 결과 또한 즉각 나오죠. 과거에는 일 주일 반을 기다려야 했어요. 촬영분을 보냈다가 되돌려 받기 까지 걸린 시간이었죠. 이제는 (진짜 프로들처럼) 음향을 입힌 필름을 익일, 즉 24시간 후에 볼 수 있고, 뒤로 기대앉아 그걸 보면서, 여생을 영화를 만들며 보내고 싶은지 아닌지 당장 알 수 있게 됐어요.

포스터   여생을 영화를 만들고 싶다고 결정한 이들에게 해주실 조언 이 있다면요?

스필버그   영화를 감독하는 데 관심 있는 사람들에게 내가 하고 싶은 말 은, 가능한 한 젊을 때 빨리 시작하라는 것과, 영화를 만든 다 른 사람들에 관해 읽기보다는 자신의 영화를 만들라는 거예 요. 밖으로 나가서 촬영하고, 편집하고, 그리고 보여주는 것 (특히 보여주는 것, 관객의 말에 귀 기울이며 그들의 요구를 얼마나 잘 알고 있는지 살피는 것)을 대체할 만한 건 아무것도 없어요.

더불어 젊은이들이(심지어 이미 영화를 직업으로 삼고 있는 사람들조차) 발견하게 되는 건 자신의 작업을 더욱 저명한 사람들이 보도록 하는 게 얼마나 힘든지예요. 그러나 그건 거쳐야 하는 수고(피곤한 발걸음, 고통, 실망)에 속해요. 젊은이에게 많은 편지를 받아요. 거기에는 "영화를 네 편 완성했어요. 누구에게 보여줄 수 있나요? 아무도 반응하지 않는 것 같아요"라고 쓰여 있어요. 그래요, 안 하죠. 그들은 반응하지 않아요. 선뜻 받아들이지 않아요. 내 영화 중 뭐라도 보여주기까지 얼마나 많은 시간이 걸렸는지 몰라요. 행운이 크게 좌우하고, 또 닫힌 문을 열기 위해 간절히 원함으로써 경첩을 떼버리는 일이 아주 중요하죠. 바깥세상에는 젊은 영화감독들에게 호의적인 이들이 있고, 그렇지 않은 이들이 있어요. 그 지점에서 힘든 일을 해야 해요. 자기 홍보, 자기를 파는 건 세상에서 가장 힘든 일이에요. 만약 처음 시작하는 시기라면, 심지어 영화를 만드는 것보다도 더 힘들죠.

내 안의 나를 가두며

〈죠스〉의 어두컴컴한 심연에서 〈이티〉의 별이 빛나는 상공에 이르기까지, 영화감독 스티븐 스필버그는 전 세계 관객들을 모험의 현장으로 이끌었다. 상업성과 예술성이 종종 상반된 것으로 간주되는 영화산업에서 스필버그는, 둘을 조합해내는 거장임을 반복적으로 입증했다. 이 인터뷰에서 스필버그는 새로운 영화 고전들과 박스오피스 신기록, 그리고 영화사에서 극소수의 감독만이 그에 필적할 만한 대중의 관심과 인기를 탄생시킨 자신의 이력에 관해, 사적이면서도 프로다운 통찰력을 보여준다.

로열 〈폴터가이스트〉와 〈이티〉를 동시에 개봉하시기로 한 이유가 무엇인가요?

스필버그 그렇게 한 건 단지 두 영화를 동시에 만들었기 때문이에요. 영화산업에는 '항공교통관제' 같은 것이 존재하지 않아요. 그

수전 로열Susan Royal, 〈아메리칸 프리미어American Premiere〉 1982년 7월 호에서.

149

저 다채로운 중동 바자르bazaar, 천장이 덮인 대규모 시장에서처럼 시장에 영화들을 던져놓으면 영화들이 나가서 그들이 할 수 있는 뭐든 하는 거예요. 때로는 예측 가능하고 때로는 운명이며 때로는 정말 놀랍기도 해요. 나는 추측하기를 그만뒀어요. 내 영화들이 어떻게 될지 절대 예상해보지 않아요. 무슨 일이 일어날지 결코 알 수 없거든요. 그래서 크리스마스 시즌과 여름 바캉스 시즌이 흥미진진해요. 대어들이 출시되고 예기치 못한 영화들이 등장해요. 때로 영화 개봉의 적기는 그 사이의 기간, 즉 핼러윈과 크리스마스 사이의 소위 '죽음의 계곡 시기', 혹은 웬만하면 큰 영화들을 개봉하지 않으려고 하는 1월에서 부활절 혹은 메모리얼데이까지의 불모의 시기이기도 해요. 가끔은 '죽음의 계곡 시기'에 개봉한 〈청춘 낙서〉와 〈애니멀 하우스의 악동들〉처럼 깜짝 놀랄 일이 벌어져요. 그 기간에는 아무도 큰돈을 벌어들일 기대를 하지 않지만, 관객은 한 해의 어떤 시점에라도 좋은 영화라면 보러 갈 거예요. 개봉 황금 시간대, 그리고 누가 언제 무슨 요일에 영화를 보러 가는지에 대한 그 모든 인구통계학과 스튜디오들의 자료 조사는 정말 쓸모없는 것들이에요. 통계적으로 여름이 영화관에 제일 사람이 많이 드는 시기이지만, 모두가 보고 싶어 하는 영화가 있다면 언제 개봉하는지는 중요하지 않죠. 그럼에도 〈죠스〉가 1975년 여름이 아니라 1974년 크리스마스에 개봉했다면 돈을 조금 덜 벌었겠지만요. 이제는 더 이상 예측이 불가능해요. 어떤 때에는 큰 영화들이 쓰러지고 〈미스터 아더〉스티브 고든의 1981년 영화같이 예기치 못한 작은 영화들이 급부상하죠. 아무도 〈미스터 아더〉가 1억 달러 흥행 기록을 세우리라 기대하지 않았어요. 갑자기 유명해지더니 1위로 올라섰어요.

로열 올 여름은 〈록키 3〉 〈그리스 2〉 〈13일의 금요일 3〉 등 여러 개의 속편들이 개봉하고 있어요.

스필버그 가을에 개봉되는 〈할로윈 3〉도 있죠. 맞아요, 2편, 3편들이 많이 나오고 있어요.

로열 언젠가 속편 촬영이 영화 만들기를 예술에서 과학으로 격하한다고 말씀하셨어요. 여전히 그렇게 생각하세요?

스필버그 몇몇 속편에 대해서는요. 〈죠스〉는 한 편으로 끝내기로 구상했었어요. 〈죠스 2〉는 그저 기계적인 과학을 이미 성공한 공식에 적용하는 것만으로도 어느 정도 돈을 벌 수 있다는 사실을 증명했을 뿐이에요. 반면 지속되는 훌륭한 이야기를 탄생시키는 영화들도 있죠. 열 편의 '록키'를 만드는 것은 전혀 잘못이 아니며, 스무 편의 '007'을 만드는 것도 잘못이 아니에요. 스무 편의 '스타워즈'를 만드는 것 또한 그렇죠. 그 영화들은 연속적인 모험 결작선을 이루고, 각 영화가 개별적인 이야기를 다뤄요. 영화들을 지속적으로 관통하는 유일한 공통분모는 기본 캐릭터들이고요. 그것은 전혀 잘못된 게 아니에요. 〈그리스 2〉가 좋은 영화일 거라 확신하지만, 자연스러운 후속작은 아니에요. 강요된 속편이죠. 〈스타 트렉 2—칸의 분노〉는 그보다 자연스러운 속편이에요. 〈레이더스〉 2편의 경우, 또 다른 모험담이 될 거예요. 그건 '007'이나 '스타워즈'에 더 가까워요. 그러나 내가 만약 〈미지와의 조우〉의 속편을 만든다면 진심에서 우러나온 게 아닐 거예요. 본질적으로 그 영화는 가능한 최선의 방식으로 끝났어요. 리처드가 사라지고 결코 돌아오지 않아요. 만약 속편을 만들어 리처드가 돌아온다면, 〈죠스 2〉에서 9미터 정도 길이의 비슷한 상어가 동일한 섬을 공격하는 터무니없는 방식과 마찬가지로, 첫 이야기의 고유함이 망가질 거예요. 〈죠스 2〉가 좋은 속편이 아니었던 것처럼, 〈미지와의 조우〉도 좋은 속편을 만들어내지 못할 거예요.

로열   스튜디오들이 감독의 이익을 가로채는 문제에 대해 말씀을 많이 하셨어요. 감독님 그리고 조지 루카스가 파라마운트 픽처스와 〈레이더스〉를 두고 한 계약의 세부 내용을 보니 그런 일이 감독님들께 일어나지 않을 건 분명하던데요.

스필버그   조지와 나는 뭐랄까, 옛날식으로 돈을 벌어요…… 일을 해서 벌죠. 수년간 스튜디오들은 창의적인 개인, 말하자면 감독 혹은 감독 겸 시나리오작가가 아이디어를 제시한 명목으로 벌어들이는 1달러당 간접비, 예를 들어 배급비, 이자, 수익 등을 합쳐 4달러를 가져갔어요. 우리는 우리의 과거 업적에 기대서 〈레이더스〉 계약을 구상했어요. 조지는 폭스에서 1등 영화를 만들었고, 나는 유니버설과 컬럼비아에서 1등 영화를 만들었어요(이제 둘은 〈레이더스〉로 파라마운트의 1등 영화를 차지하게 되었다). 이제 우리가 스튜디오에 돈을 벌어다주는 걸 멈추고, 스튜디오가 함께 벌어야 할 시간이 됐다고 생각할 뿐이에요. 우리 측에서 먼저 나서고 싶었어요. 그래서 한쪽에서는 조지가 〈스타워즈 에피소드 5—제국의 역습〉과 〈스타워즈 에피소드 4—새로운 희망〉을 휘두르고, 다른 쪽에서는 내가 〈죠스〉와 〈미지와의 조우〉를 흔들며 파라마운트를 찾아가 말했어요. "조지가 저작권과 네거티브^{필름의 원본}에 대한 권한을 가지고, 소유권은 우리가 가질 겁니다. 그리고 우리 작업의 일정 지분을 당신들이 제공하는 배급 서비스의 대가로 지불하겠어요." 많은 스튜디오들이 거절했죠. 유니버설은 거래 계약서 자체를 쳐다보려고도 하지 않았어요. 폭스, 월트 디즈니 스튜디오, 워너 브라더스는 "안 된다"라고 했고요. 파라마운트는 상당한 액수를 벌어들이기까지 영화에 6억 달러 이상이 들 거라는 점을 알면서도, "좋아요, 한번 해보죠"라고 했어요. 파라마운트는 계약을 했고 위험을 감수하겠다고 말했어요. 그렇게 하는 데는 정말 배짱이 필요했죠.

로열   제작자로 활동할 때, 감독을 돕고 싶은 유혹을 느끼시나요?

스필버그 지금까지 딱 두 번 제작자 일을 했는데, 모두 로버트 저메키스 감독의 영화였어요. 〈당신 손을 잡고 싶어〉와 〈고물차 소동〉이었죠. 두 번 모두 로버트 저메키스에 대한 믿음과 신뢰가 컸기 때문에 그가 영화를 만드는 동안 나는 그저 저 멀리 사라질 수 있었어요. 그건 그의 영화였어요. 결코 먼저 나선 적이 없고, 그가 요청할 때만 지원을 했어요. 정말 상황과 감독에 따라 좌우되는 문제죠.

로열　　　〈폴터가이스트〉는 어땠나요?

스필버그　　〈폴터가이스트〉의 라인 프로듀서line producer를 맡았죠. 내 제작사 영화였고, 스토리보드부터 편집에 이르기까지, 시작 단계에서부터 많이 관여했어요. 〈폴터가이스트〉는 캘리포니아에 사는 평범한 가정의 이야기로, 막내인 다섯 살 캐럴 앤이 폴터가이스트 경험이유 없이 물체가 움직이거나 이상한 소리가 나는 현상을 하게 돼요. 실제로 폴터가이스트 경험은 사춘기 전, 그리고 종종 청소년기의 아이들을 중심으로 나타나요. 영화에서는 그 경험으로 인해 가족이 혼란스러운 악몽에 빠지죠.

로열　　　〈이티〉는요…….

유년 시절을 지금도 생생하게 기억해요.
일흔, 여든이 됐을 때에는
심지어 더욱 기억이 선명하리라 확신해요.

스필버그　　〈이티〉는 내가 어느 정도 경험한 사람, 캐릭터, 관계들에 대한 것이기 때문에 사적인 영화예요. 유년 시절을 지금도 생생하게 기억해요. 일흔, 여든이 됐을 때에는 심지어 더욱 기억이 선명하리라 확신해요. 여하튼 이 영화는 내가 성장하면서 겪은 것들에서 따왔으며, 동시에 열 살 소년과 우주 공간에 있는 구백 살 외계 인격체의 관계에 대한 영화를 만들고 싶은 열망에서 비롯됐어요.

로열   감독님의 유년 시절에서 직접 비롯된 건가요?

스필버그   유년 시절의 판타지들로부터 비롯됐죠. 일부는 내 유년기에서, 그리고 성장기를 함께한 친구들로부터 가져왔고, 다른 일부는 아주 사적이고도 유혹적인 마음 간의 만남을 위해, 우주 공간을 지구로 가져오려는 열망에서 비롯됐어요. 〈폴터가이스트〉는 〈레이더스〉를 하던 중 우연히 구상했어요. 어렸을 때부터 줄곧 유령 영화를 만들고 싶었는데, 〈미지와의 조우〉에서 아이가 모함에 납치되고 그와 동일한 신체 비율의 친구들이 그를 데려갔을 때 벌어지는 일이 맘에 들었어요. 그래서 〈미지와의 조우〉에서 벌어지는 아동 납치와 폴터가이스트들에 대해 해둔 조사들을 어느 정도 섞어서, 미국 중부의 교외에 있는 집에서 유령들에게 납치당하는 아이에 관한 영화를 만들었죠.

로열   모든 영화들의 스토리보드를 그리시나요?

스필버그   〈이티〉 전에 만든 영화들 전부 스토리보드가 있어요. 종이 위에 영화를 시각적으로 고안한 뒤 그것을 촬영했고, 영화가 진행됨에 따라 더 아름답게 만들어갔어요. 1차원의 스케치로 표현된 종잇조각은 단지 시작점에 불과하기 때문이죠. 캐릭터 묘사, 분위기, 움직임, 음향 및 온갖 것들을 통해 그 스케치에 생명을 불어넣어야만 해요. 항상 영화들을 종이 위에서 구상했고, 〈폴터가이스트〉까지도 그랬어요. 〈폴터가이스트〉를 디자인한 후, 두 달을 종잇조각과 연필, 그리고 내 낙서 같은 그림들을 해석하는 몇몇 스케치 담당자들과 함께 보내는 과정에서 스스로 지쳤다고 판단했어요. 〈이티〉를 즉흥적으로 찍기로 결정했죠. 즉흥적으로 만드니까 아주 자연스럽고 활력 넘치는 영화가 되더군요. 다른 영화들이 그렇지 않다는 건 아니지만, 나 스스로 놀랐어요. 〈이티〉 같은 작은 영화에는 데생이 필요하지 않다는 걸 깨달았죠. 〈레이더스〉 2편은 절대 즉흥적으로 찍지 않겠지만, 〈이티〉처럼 본질적으로 사람과 관계에 천착하는 사적인 영화에는 즉흥성을 발휘할 수 있을 거예요. 캐릭터들에서 출발해 그들이 카메라가 어디로 갈지 제안하도록 하는 것이, 카메라를 시멘트 바닥에 고정한 뒤 작은 스케치들이 제안한다는 이유로 배우에게 어디에 앉고, 또 일어나서 움직이라고 지시하는 것보다 훨씬 나았어요. 혹시라도 내가 〈뻐꾸기 둥지 위로 날아간 새〉 같은 영화를 만들게 된다면, 4천 장의 스케치를 그리지 않으리라는 건 확실해요. 리허설과 캐릭터 묘사를 통해 영화에 시각적으로 반응할 테죠.

로열　　　아이들과 작업하는 걸 즐기시나요?

스필버그　아이들과 함께 일하는 걸 정말 좋아해요.

로열　　　영화작업이 끝난 뒤에도 그들이 어떻게 살아가는지 알아보시
　　　　　나요? 〈미지와의 조우〉의 케리 거피는 현재 뭘 하고 있나요?

스필버그　일상 이야기도 하고 사진도 받아요. 이야기해본 지는 몇 년
　　　　　됐지만, 그가 계속 일하고 있으며 건장하고 친절한 사람으로
　　　　　자라고 있다는 걸 알죠.

로열　　　〈폴터가이스트〉의 헤더 오로크는 라나 터너 방식길거리 캐스팅을
　　　　　의미으로 발굴하셨나요?

스필버그　네, 그랬어요. 다만 슈왑스Schwab's pharmacy, 할리우드 선셋 대로에 위
　　　　　치한 약국 겸 레스토랑으로 대표적인 길거리 캐스팅 장소가 아니라 MGM 구
　　　　　내식당에서였죠. 〈폴터가이스트〉를 위해 모든 어머니들의 로
　　　　　망인, 기쁨으로 가득 넘치는 네 살 아이를 캐스팅하길 원했
　　　　　어요. 점심을 먹던 중 건너편을 보니 꼬마 헤더가 앉아 있었
　　　　　어요. 그 소녀를 계속 쳐다봤죠. 식사를 마친 후 그쪽 테이블
　　　　　로 걸어가서 물어봤어요. "이 아이의 자랑스러운 어머니 혹
　　　　　은 매니저가 누구십니까?" 그러자 어머니와 매니저, 둘 다 손
　　　　　을 들더군요. 그래서 헤더를 옆으로 살짝 불러 이야기를 나눴
　　　　　고, 다음 날 계약을 성사했던 걸로 기억해요. 정말 놀라운 아

〈이티〉의 한 장면

이예요. 〈폴터가이스트〉는 여섯 명의 가족 구성원 중 두 아이에게 집중해요. 〈폴터가이스트〉에서 헤더와 다른 몇 명의 아이들과 작업한 뒤, 고작 5주 만에 곧장 〈이티〉를 감독하며 방음 스튜디오에서 또 다른 세 명의 아이들, 그러니까 사실상 다 합치면 11명의 아이들과 작업에 임하다 보니 굉장한 여름을 보냈어요. 나는 아버지가 못 돼본 사람이에요. 내 아이가 없죠. 그 여름에 아이를 갖고 싶다는 마음이 생겼어요. 〈이티〉와 〈폴터가이스트〉 촬영에 들어가기 전 캐슬린 케네디(제작자)에게, 이번 여름에 내가 아버지가 되기에 적합한지 최종적으로 알게 될 거라고 말했어요. 결론은 둘 중 하나로 나타날 예정이었죠. 아빠가 되거나, W. C. 필즈미국 코미디 배우. 아이들을 경멸하는 역을 자주 맡았다처럼 돼버리는 것 말예요.

로열   당연히 이제 수많은 어머니와 매니저들이 구내식당에서 감독님 옆에 줄지어 나타나리라는 걸 아시겠죠.

스필버그   맞아요. 구내식당을 가지 말아야겠어요. 〈이티〉에도 이미 훌륭한 아이를 확보했어요. 헨리 토머스라는 소년인데 〈래기디맨〉에서 시시 스페이섹의 큰아들 역할을 하는 걸 보고 찾아냈죠.

로열   과소평가된 영화였죠.

스필버그   나도 그렇게 생각해요. 헨리 토머스가 내 앞에서 대사를 읽었고 그런 다음 나는 캐스팅 디렉터 마이크 펜턴과 함께 그 자리에서 즉흥적으로 연기해보라고 했어요. 그 즉흥 연기가 얼마나 진심 어리고 정직하던지, 즉시 그에게 역할을 맡겼죠. 카메라를 끄기 전에 비디오테이프에 녹음된 "얘야, 합격이다"라고 말하는 내 목소리를 들을 수 있을 겁니다. 난 그 아홉 살 아이에게 완전히 홀렸죠. 이후 그가 아홉 살 아이가 아니라 그저 배우 그 자체라는 사실을 알게 됐어요. 그는 자신의 행동을 계산하고 느끼면서도 완전히 섬세한 방식으로 표출하는, 매우 통제력이 강하고 체계적인 연기자예요. 그의 연기는, 매 쇼트마다 150퍼센트를 보여주는 듯한 대부분의 아동 배우와는 달리, 매우 절제됐어요. 헨리는 단지 빵 조각을 하나씩 흘리듯 연기하지만, 당신을 멋진 방향으로, 그야말로 매우 엄청난 카타르시스로 이끌어요. '일평생 한 번 정도 만날 수 있는' 아이죠.

로열 〈미지와의 조우〉를 찍기 전 UFO를 목격한 많은 사람들과 이야기를 나눴던 것과 유사하게, 이 영화를 만들기 전에도 폴터가이스트 현상을 체험한 사람들과 이야기를 해보셨나요?

스필버그 아뇨, 그렇지 않아요. 사람들은 내가 그랬다고 생각하죠. UFO에 대해서도 역시 많은 사람들과 이야기하지는 않았어요. UFO 경험을 한 내 친구들과 이야기를 나눴죠. 조지 루카스가 경험이 있어요. '스타워즈'의 제작자 게리 커츠도 그렇고요. UFO를 경험했다고 해서 반드시 그들이 이 지구에서 멀리 떨어진 우주선을 봤다고 확신한다는 뜻은 아니에요. 정체불명의, 상당히 경이롭게 등장한 뭔가를 봤다는 걸 의미하죠.

로열 공상 과학과 과학적 추측을 어떻게 구별하시죠?

스필버그 아주 좋은 질문입니다. 늘 과학적 추측이 초자연을 다룬다고 생각해왔어요. 명칭 자체가 어느 정도 시사하는 바죠. 우리는 그 자연 요소들이 존재한다는 사실을 알지만, 그것들이 어떻게 존재하는지 혹은 그들의 존재를 어떻게 측정할지가 불확실할 뿐이에요. 그러나 그 요소들은 우리의 매일, 깨어 있는 일상 속에 존재해요. 공상 과학은 당연히 무한할 뿐이에요. 사람들이 상상할 수 있는 한계까지 가는 거죠. 지금까지는 그 한계가 어디인지 발견되지 않았고요.

로열 영화 속에서 첨단 기술을 자주 사용한다고 비판받으신 적도 있지만, 감독님의 영웅은 보통 레이저 총이 아니라 풍부한 지략으로 적의 의표를 찌릅니다.

성공하는 영화는 모두
인간적 차원에서 성공한다고 생각해요.
자기 이야기에 나오는 사람들을 좋아해야만 하죠.

스필버그 아시겠지만, 내게 최우선은 인간성이에요. 인간성이 없다면 아무도 내 영화를 좋아하지 않을 겁니다. 성공하는 영화는 모두 인간적 차원에서 성공한다고 생각해요. 자기 이야기에 나오는 사람들을 좋아해야만 하죠. 매우 중요한 문제예요. 만약 그 사람들을 좋아하지 않으면 아무리 기술적으로 영화가 월등하다고 해도 성공하지 못해요.

로열   앞으로 만들 영화들의 경우 인더스트리얼 라이트 앤드 매직조지 루카스 소유의 특수효과 전문 스튜디오, 이하 ILM과의 협업을 강화할 예정이세요?

스필버그   다시 특수효과 영화를 만든다면 그럴 거예요. 〈레이더스〉 2편에서는 확실히 특수효과를 사용하게 될 거예요. 특수효과의 사용은 자연적으로 창출해낼 수 없는 뭔가를 얻기 위해 돌아가는 또 하나의 길일뿐이죠. 특수효과는 신과의 직접적인 담판을 대신해줘요. 홍해를 가르거나 하늘에 환상적인 조명 쇼를 만들거나, 아니면 우주를 떠다니는 과거의 영혼들을 보여달라고 요청하는 것의 대안이에요. 하나의 우회로죠. 신과의 거래가 이뤄지지 않으니, 특수효과가 필요한 거예요. 뭔가 일종의 '특별한 배치'를 만들어낸 것 같아 보일 때가 특수효과가 가장 성공한 때라 생각해요. 최악의 특수효과는 관객이 "저 대단한 효과 좀 봐"라고 말하도록 하는 종류예요. 최고의 특수효과는 관객으로 하여금 진정으로 불신을 멈춘 채, 바로 눈앞에서 펼쳐지는 경이로움을 지켜보도록 해요. 마치 〈아담의 갈빗대Adam's Rib〉에서 스펜서 트레이시가 캐서린 헵번의 볼기를 때릴 때처럼요. 그 시퀀스를 보면서 아무도 "정말 그를 때렸어? 정말 아프게 한 거야 아니면 주먹을 살짝 뺐어?"
라는 말은 안 해요. 이야기에 완전히 몰입하면 아무도 그렇게
생각하지 않아요. 특수효과도 마찬가지예요.

로열   여전히 첫 테이크를 인화하시나요?

스필버그 카메라가 세트장 벽을 들이받거나 필름이 망가지거나 승무
원들이 탄 채로 배가 침몰하지 않는 한, 내 첫 테이크를 인화
해요.

로열   보통 그 첫 테이크로 가나요?

스필버그 꼭 그렇지는 않아요. 그러나 어색함이 그 안에 들어 있기 때
문에 첫 테이크를 즉시 인화해서 보는 건 언제나 즐거워요.
종종 리허설을 거친 번드르르함보다 서투른 순간들을 선호해
요. 배우들이 처음이라 저지르는 걸로 보이는 실수들을 좀 좋
아하거든요.

종종 리허설을 거친 번드르르함보다
서투른 순간들을 선호해요.

로열   〈슈가랜드 특급〉은 그런 측면에서 매우 자연스러웠어요.

스필버그 매우 자연스러웠죠. 초기 테이크들을 많이 인화했어요. 또한

배우들이 이미 해당 장면을 여러 번 찍은 상태에서 추가로 찍는 후반 테이크들도 좋아해요. 갑자기 뭔가를 현장에서 더해 그들이 본모습을 드러내도록 하죠. 그러곤 그들이 확신을 갖기 위해 경쟁하고 그 장면의 중심을 잡기 위해 서두르는 모습을 지켜봅니다. 그런 탐색의 시간 동안 카메라 앞에서는 매우 흥미로운 일들이 벌어질 수 있어요. 가능한 한 우연적인 요소들을 포함시켜요. 특히 〈이티〉에서처럼 아이들과 작업할 때에는 더욱 그렇죠. 영화의 대부분이 우연으로 이뤄져요. 헨리 토머스의 연기는 확실히 우연이 아니지만, 오직 배우들이 자연스럽고 신선한 상태를 유지할 수 있도록, 몇몇에게 속임수를 쓰죠.

로열   일부 감독들이 그러는 것처럼 비겁한 속임수는 아니겠죠…….

스필버그   네, 비겁한 속임수는 절대로 아이들에게 사용하지 않아요. 오직 성인들에게만 해당돼요. 〈레이더스〉에서 캐런 앨런이 진심 어린 비명을 지른다는 생각이 안 들어서 머리 위로 뱀을 떨어뜨렸어요. 〈미지와의 조우〉의 케리 거피에게는 훨씬 친절했죠. 커다란 선물 상자를 열어 장난감 차를 꺼내게 해, 집으로 접근하는 UFO에 대한 반응을 이끌어냈어요. 그 아이는 상자가 열린 뒤·장난감을 받은 것에 반응했죠. 그런 건 단지 내가 어떤 기분인가에 따라 좌우돼요. 내 장난기가 발동하면 조심해야 해요. 진지한 분위기라면 걱정 안 해도 되고요.

로열   1974년에 감독님께서, 영화에 대한 기여도 가운데 80퍼센트
      는 배우 선정이 차지한다고 말씀하셨어요. 여전히 그렇게 생
      각하세요?

스필버그 네, 그러나 비율은 다르다고 생각해요. 진심으로 캐스팅이 최
      소 영화의 절반은 차지한다고 믿습니다. 지금보다 젊었을 때
      에는 과장하는 경향이 있었어요. 삼십 대 중반에 들어서면서
      내 말에 더 신중해지기 시작했죠. 어쨌든 정말로 캐스팅에 의
      해 반은 먹고 들어간다고 믿어요. 〈크레이머 대 크레이머〉에
      서 더스틴 호프먼과 저스틴 헨리가 아닌 누군가가 그 배역
      을 맡는다고 상상해보세요. 불가능하죠. 분명 그 역할을 연기
      할 수 있는 다른 사람들이 있지만, 당시 더스틴의 시기가 도
      래했었다고 생각해요. 그리고 바로 그 영화의 시기가 도래했
      고, 운명이 그 둘의 만남을 만들어냈죠. 줄리 크리스티와 오
      마 샤리프를 빼고 〈닥터 지바고〉를 상상할 수 있겠어요? 아
      니면 〈아라비아의 로렌스〉를 피터 오툴이 아닌 그 누가 연기
      하는 거는요? 수많은 차선책들 중 하나라도 택했다면 〈아라
      비아의 로렌스〉가 성공적인 영화가 되었을 거라 믿지 않습니
      다. 많은 사람들이 해리슨 포드를 제외하고는 인디아나 존스
      를 연기할 수 없을 거라고 느껴요. 캐스팅은 정말 중요해요.
      배우뿐 아니라 스태프 캐스팅도 마찬가지고요.

로열   계속 함께 일하고 싶은 사람들이 있는 걸로 보이는데요.

스필버그 　완벽하게 유대감을 가져온 사람은 존 윌리엄스가 유일해요. 존의 음악 없이 장편영화를 만든 적이 없죠. 그럼에도 불구하고, 때로는 바꾸는 것이 건강하겠다는 생각을 해요. 조 앨브스와 세 편의 영화를 한 뒤, 더 이상 그와 함께 일할 수 없다는 걸 알았어요. 재능 있는 신인, 젊고 경험 없는 새로운 사람들을 찾아보기 시작했죠. 〈레이더스〉로 아카데미 미술상을 막 수상한 노먼 레이놀즈에 대해 경험이 없다고 할 수는 없지만, 그럼에도 〈레이더스〉는 노먼 자신의 사실상 첫 영화예요. 그가 〈스타워즈 에피소드 5—제국의 역습〉〈스타워즈 에피소드 4—새로운 희망〉〈럭키 레이디〉에서 존 배리의 조수로 일한 건 맞지만, 생각해보면 〈레이더스〉가 실질적으로는 첫 영화예요. 〈이티〉에서는 제임스 비셸이라는 완전히 새로운 미술감독을 기용했어요. 그에게는 첫 장편영화였죠. 그리고 제임스 스펜서를 〈폴터가이스트〉에서 고용했죠. 마찬가지로 그의 첫 장편이었어요. 실상 〈슈가랜드 특급〉이 조 앨브스의 첫 장편이었고요. 사람들에게 첫 기회를 주는 걸 좋아해요. 예전에 내게도 첫 기회가 주어졌기 때문에 그것이 얼마나 귀중한지 알아요. 사람들은 이제 막 시작하는 첫 번째, 두 번째, 세 번째, 네 번째 작업에 최선의 노력을 쏟아붓죠. 그들은 모든 에너지와 열망을 자신의 일에, 따라서 당연히 당신의 영화에 쏟아넣습니다. 그런 이유로 열정적인 신인들의 기용이 매우 값지다 생각해요.

로열 　배우들은요?

스필버그 리처드 드레이퍼스와 나는 아주 잘 맞는다고 생각해요. 함께 멋지게 작업하는 데다, 일하는 시간이 즐겁기 때문에 그와 다시 영화를 만들고 싶어요. 리처드와 일할 때는 고된 작업이라기보다 휴가에 가까워요.

로열 진이 빠지는 촬영장에서 그런 것들이 사기를 북돋는 하나의 방식일 거라 추측합니다.

스필버그 네, 친구들과 작업하면 그렇게 돼요. 세트장에서 가족과 친구 들을 만들어내는 거죠. 비록 대부분 내가 가장 먼저 화를 내거나 좀 밀어붙이는 사람이긴 하지만요. 감독 일을 할 때는 종종 눈에 보이는 게 없어지고, 오직 일만 바라보고, 때로는 내가 가진 비전에 보탬이 되려고 노력하는 많은 인간들이 존재한다는 걸 잊어버리기 때문이에요. 가끔 그런 걸 잘 보지 못하게 돼요. 그러나 대개는 아주 훌륭한 가족을 이루죠. 리처드 드레이퍼스 같은 사람과 일하는 걸 훨씬 선호해요. 무슨 말이냐 하면, 그가 다른 감독의 주연이 될 수 있겠지만, 그렇다고 내 영화의 주연을 맡는 책임을 면할 수는 없다는 거예요. 우리는 서로를 너무 잘 알아요. 그리고 비슷한 유머 감각을 공유하죠.

로열 과자를 굽는 동안 캐스팅을 하는 감독님의 독특한 방식에 대해 말씀해주세요.

스필버그 딱 한 번 그렇게 했어요. 어떤 상황이었는지 설명하죠. 내 다섯 번째 영화로 〈레이더스〉를 찍을 무렵이에요. 많은 TV물과 네 편의 극영화를 찍는 동안 국내 전역에서 수차례 캐스팅에 참여하다 보니, 배우들에게 자신이 실제 어떤 사람인지 보여줄 수 있는 제대로 된 기회가 없다는 걸 깨달았어요. 그들이 사무실에 들어오면 우리는 그들이 포트폴리오를 열어서 가로세로 20×25센티미터 사진 몇 장을 보여주는 데 십오 분을 줘요. 그들이 말하는 동안 우리는 보통 이력서를 읽다 보니 시선이 거의 마주치지 않죠. 그런 후 배우는 몇 분 안에 영원히 각인될 만한 인상, 영화 속의 배역을 따다줄 그런 인상을 남겨야 해요. 정말 형편없는 방식이라 생각하지만, 이게 수십 년간의 평균적인 캐스팅이었죠. 그러던 중 나는 최선의 캐스팅 방법이 사람들을 편안하게 만들어주는 것임을 알게 됐어요. 그들을 편안하게 해주는 방법으로, 테이블에 밀가루 한 봉지를 준비해서 달걀과 치댄 뒤, 반죽을 주무르고 겉에 설탕을 칠하는 것보다 더 나은 걸 고안할 순 없을 거예요. 그 즉시 포트폴리오는 잊어버리거든요. 십오 분이 아니라 오 분 만에 내 선택이 옳은지 알 수 있었어요. 배우들은 모두 느긋하게, 긴장을 푼 채 즐기곤 했죠.

로열 여러 번 그렇게 하셨어요? 과자를 많이 구우셨나요?

스필버그 줄리아 차일드의 요리책을 두 번 읽었죠. 캐스팅이 이뤄지는 14주가 넘는 기간 동안, 일주일에 5일, 거의 매일을 구웠어요.

종종 하루에 두 차례, 한 번은 아침에 다른 한 번은 오후에 과
자를 굽는 캐스팅을 했죠.

종종 하루에 두 차례,
한 번은 아침에 다른 한 번은 오후에
과자를 굽는 캐스팅을 했죠.

로열   그럼 그걸 누가 다 먹었나요?

스필버그   직원들이요. 루카스 회사에는 직원이 100명이 있어요. 사무실
          단지 내에 있는 부엌에서 음식 냄새를 맡고는 갑자기 점심 도
          시락을 가져와 오전 11시에 점심을 먹곤 했어요. 더 이상 참
          을 수가 없었던 거죠. 여하튼 재미있었고, 다시 시도해보려고
          해요. 아쉽게도 〈레이더스〉 캐스팅을 진행했던 사무실을 못
          쓰게 돼서, 다시 부엌 딸린 공간을 찾아내야 해요. 내 유니버
          설 사무실에서 휴대용 가스 열판이나 버너로 참치 치즈 샌드
          위치를 만들고 싶진 않거든요. 중앙에 음식 준비 공간, 찬장,
          전자레인지가 필요해요…… 아, 전자레인지는 말고, 전자레
          인지로는 어떤 것도 요리하지 마세요. 가스레인지로 하세요.

로열   폴터가이스트 현상을 믿으세요?

스필버그   네, 믿어요. 전적으로요. 폴터가이스트와 UFO를 믿죠. 내 모
          든 영화의 내용들을 믿어왔어요. 심지어 〈죠스〉도요. 바다에

8미터 길이에 가까운 상어들이 존재한다고 정말 믿어요. 실제 잡힌 것 중 가장 큰 상어는 6.4미터예요. 내가 만약 15미터의 여성에 대한 영화를 만들게 된다면, 그것 또한 믿을 거고요.

로열   〈1941〉 이후 감독님이 만드신 모든 영화들이 일정보다 앞당 겨서, 처음보다 적은 예산으로 완성된 것으로 보이는데, 맞나 요?

스필버그   사실상 그건 어느 정도 내가 새롭게 노력한 거예요. 〈죠스〉는 정당하게 예산을 초과하고 일정을 초과했어요. 〈1941〉은 그 보다 불규칙적이고 함부로 예산과 일정을 초과했고, 그건 모 두 내 잘못이었어요. 〈미지와의 조우〉는 반 정도 합리적으로 일정을 초과했지만, 그 영화에 믿음을 갖고 있었어요. 영화를 최대한 잘 만들기 위해, 누가 투자를 하든, 어떤 일이라도 했 을 거예요. 하지만 그 후 〈레이더스〉부터, 〈폴터가이스트〉와 〈이티〉를 포함한 모든 영화는 일정보다 일찍, 적은 예산으로 만들었어요. 그 영화들을 통해 알게 된 건 영화들을 책임감 있게 완성하기 위해 감내해야 했던 타협들이 실은 처음 갖고 있던 생각들보다 나았다는 거예요. 그렇다고 그게 규칙이 된 다는 건 아니고, 나중에 또 마음이 변할지도 몰라요. 하지만 비용 절감을 위해 타협했을 때, 고안해낸 두 번째 아이디어가 훨씬 신선하고 낫다는 걸 알게 됐어요.

로열   스튜디오 시스템이 더 이상 존재하지 않게 돼서 형편이 나아졌나요, 아니면 더 궁색해졌나요?

스필버그 스튜디오 시스템은 막 인정받기 시작한 예술형식의 배양처라
는 필요를 충족했어요. 시나리오작가, 영화감독, 제작자, 스
타, 작곡가 및 온갖 종류의 미술 및 수공 작업을 하는 사람들
을 길러내는 부화장으로서 매우 중요했죠. 그 후, 수공예를
하는 사람들과 창작자들의 몸이 작은 놀이방에 맞지 않게 되
면서 그들은 더 독립적이길 원하게 됐죠. 그들은 잭 워너_{워너}
_{브라더스의 공동 설립자}나 해리 콘_{컬럼비아 픽처스 코퍼레이션의 공동 설립자}
이 자기들을 대신해 결정을 내리는 게 아니라, 그들 스스로
결정하고 싶어 했어요. 한동안은 그런 방식이 아주, 아주 건
강했다고 생각합니다. 그렇지만 〈욕망이라는 이름의 전차〉나
〈워터프론트〉 같은 영화들이 1920년대에서 1940년대 말까지
존재한 스튜디오 시스템 안에서 만들어질 수 있었을 것이라
곤 생각하지 않아요. 그러나 같은 이유로 오늘날 그 시스템이
조금 그리워요. 재능 있고 창의적인 사람들 중 일부가 체계적
이지 못하다는 이유 때문이죠. 그들은 탁월한 재능과 상상력,
엄청난 창작열을 갖고 있지만, 모래장에 뛰어들 기회를 줄 시
스템에 속해 있지 않아요. 어떤 사람들은, 주변에서 더 좋은
영화를 효율적으로 만들 수 있게끔 도와주는 기술을 제공받
을 뿐만 아니라, 정해진 규율 속에서 조언을 받을 때 작업의
효율이 올라가요. 조지 루카스가 캘리포니아 북부에서 어느
정도 그런 일을 하고 있죠. 프랜시스 포드 코폴라가 여기 할
리우드에서 아메리칸 조이트로프_{코폴라의 제작사}를 통해 하는 일

도 마찬가지예요. 훌륭한 생각이라고 봐요. 그러면서도, 모두 클럽의 회원이 되길 바라되 아무도 종신회원이 되고 싶어 하지는 않아요. 아시겠지만 나는 처음에 기회를 얻기 위해 뭐든 하려고 했기 때문에 유니버설 스튜디오와 7년 계약을 했죠. 그러나 자유를 맛보고, 영화를 만드는 것과 함께 여러 다른 직책을 맡는 경험을 하고 나자, 더 이상 단일한 야구 팀을 위해 투구하는 게 즐겁지 않았어요. 내 회사가 갖고 싶었죠. 그럼에도 난 스튜디오 시스템에서 곧잘 일해요…… 그 덕에 시작할 수 있었어요.

로열   유니버설과의 계약 기간 중에 TV물을 많이 찍으셨어요. 그 경험이 영화감독으로서 체계적으로 일하는 데 도움이 되었나요?

스필버그   네, 텔레비전은 매우 혼란스러운 환경 속에서 어떻게 프로가 될 수 있는지 가르쳐줬어요. 영화 만들기란 부자연스러운 행위예요. 정말로, 만약 신께서 인간이 영화 만드는 걸 의도하셨다면 토머스 에디슨이 그보다 1천 년 전에 태어났겠죠. 그건 대개 자연에 반하고, 인간의 행동에 반하며, 머피의 법칙과 피터의 원리에 자주 지배당해요. 만약 1968년의 나에게 선택권이 있었다면 장편영화로 시작했을 테지만, 아무도 일을 주려 하지 않았어요. 반면 텔레비전 감독으로서는 조만간 일이 있을 예정이었죠. '심야의 화랑'과 '형사 콜롬보'를 찍기 시작했고 작은 명성이나마 쌓아갔어요. 그런 다음 몇 개의

TV영화가 성공한 뒤 장편 극영화로 진출했어요. 그리고 텔레비전이 숙제하는 법을 가르쳐줬다는 걸 깨달았죠. TV는 아이디어를 간추려서 쓰는 법을 가르쳐줬고, 당일 아침에 쇼트 리스트 짜는 법을 가르쳐줬어요. TV같이 잘 통솔되는 분야에서 시작한 걸 정말 기쁘게 생각해요. 진정으로 아서 펜, 존 프랭컨하이머, 시드니 루멧 등, 생방송으로 시작한 감독들을 존경해요. 내 세대는 결코 경험해보지 못한 거죠. '이벤트'라는 단어가 바로 그것을 위해 만들어졌기 때문에, 생방송의 귀환을 바랍니다.

로열　영화 시사 후 재편집을 하신 적이 있으세요?

스필버그　재편집은 올바른 표현이 아니에요. 영화가 완전히 실패해서, 다시 처음부터 매 프레임을 작업해야 한다는 걸 가리키니까요. 네, 영화를 시사하고 수정한 적이 있어요. 어떤 부분들을 병치해본 뒤, 일정 순간들을 생략하거나 심지어 연장하기도 했어요. 나는 연극 연출가들이 리허설을 사용하는 방식으로 시사를 활용합니다. 그들은 반응에 귀 기울이죠. 그리고 변화를 줘요. 웃음이 크게 터지고 적절한 대화들이 오가면 그 웃음을 유지해요. 그런 방향으로 시사회를 활용합니다. 차이점이라면, 연극은 영화보다 훨씬 시간 여유가 많다는 거죠. 영화의 경우 시사 단계에 이르면, 개봉 전 모든 걸 완료하기까지 남는 시간이 십중팔구 약 3주뿐이거든요. 〈미지와의 조우〉와 〈죠스〉 모두 시사가 정말 도움이 됐어요. 게다가 둘 다 매우 성공적이었죠. 모든 스튜디오 관계자들이 "와, 손대지 마세요. 훌륭해요"라고 말하는 그런 종류의 시사였어요. 댈러스에서 이 보기 드문 〈죠스〉 시사가 이뤄진 후, 그럼에도 여전히 영화 2막에서 충분한 반응을 얻었다는 느낌이 들지 않아서, 배에 구멍을 내 거기로 솟아오르는 머리를 구상했어요. 친구의 수영장에서 촬영했어요. 그 장면이 결국 크게 비명을 지르게 만드는, 영화의 포인트가 됐죠. 그 지점에서 폭발적인 기습이 필요하다고 느꼈어요. 상황이 지나치게 설명적이라고 생각했거든요. 시사를 통해 약점이 노출돼서, 그 간극을 메울 수 있었어요. 〈미지와의 조우〉에 대해서는 아주 중요한 결정을 내려야 했어요. 「별에게 소원을When You Wish Upon a Star」영화 〈피노키오〉의 주제곡이라는 월트 디즈니의 노래를 지미니 크리켓〈피노키오〉 속 귀뚜라미 캐릭터의 이름의 목소리로 영화 마지막에 사용할지 아닐지의 문제였어요. 판단할 수 있는 유일한 방법은 이틀 밤에 걸쳐 두 개의 서로 다른 시사, 하룻밤은 노래를 넣은 버전, 다른 날 밤에는 노래가 없는 버전으로 시사회를 갖는 것이었어요. 그런 다음 아주 주의 깊게 평을 분석했어요. 영화관을 나서는 사람들을 인터뷰한 뒤, 관객들이 리처드 드레이퍼스가 모험에 승선할 때 함께 다른 세계로 이동하길 원한다는 판단을 내렸어요. 하지만 그들은 이 영화가 판타지라는 말을 듣고 싶지 않았죠. 디즈니 노래는 뭔가 진정성에 대한 착각을 불러일으키고 판타지와 동화를 나타내는 것 같았어요. 그리고 나는 〈미지와의 조우〉가 마치 하나의 꿈처럼 끝나길 원치 않았어요.

로열   최근, 자신의 아이디어를 유명 감독들이 훔쳤다고 주장하는 사람들이 여러 건 소송을 제기했습니다. 이런 상황이 감독님에게 전달되는 자료들을 읽는 걸 주저하게 만드나요?

스필버그   그런 사람들은, 당신이 한 번도 들어본 적 없고, 그들이 보낸 자료를 읽어본 적도 없고, 대개 당신을 고발하기 위해 바퀴벌레처럼 나무에서 기어 나오는, 모르는 사람들이에요. 그러나 소송이 걱정되면 그 자료들을 읽지 말아야 하겠죠. 아시다시피, 어떤 영화가 매주 수백만 달러를 벌어들이게 된 후에야 비로소 그런 사람들로부터 소식이 와요. 〈천국의 문〉이나 〈1941〉이 개봉된 후 나무에서 기어 나와 당신이 그들의 아이디어를 훔쳤다고 주장하는 사람들은 드물어요. 영화가 크게 성공할 때에만 벌어지는 일이죠. 그런 것에 겁먹은 적은 없어요. 단지, 특히 최근 몇 년 동안, 나의 소재와 나의 아이디어를 사용하도록 매우 유의했죠. 누군가의 소설을 각색하거나 아마도 40년간 떠돌고 있는 듯한 단편 이야기의 판권을 매입하는 것보다, 어딘지 모를 곳에서부터 이야기를 지어내는 게 더 만족스러워요. 나는 내 아이디어로부터 나만의 영화를 만드는 걸 훨씬 선호해요. 많은 사람들이 독창적인 아이디어를 갖고 있죠. 아이디어란 일종의 민들레 홀씨 같은 거라 믿어요. 그러니까, 공기 중으로 날아간 뒤 하나의 우주에 수분될 수 있다는 거죠. 그러나 아이디어를 취해서 뭔가로 발전시키는 법을 아는 사람은 소수에 불과하며, 그중 몇몇, 더 낮은 비율의 창조적 개인들만이 발전된 이야기로 영화화할 수 있어요. 누구라도 언제든지 공기 중으로 날아가 그저 손을 뻗어 움켜쥘 수 있는 게 아이디어예요. 그런 연유로 동시에 세 편의 갱스터 영화가 개봉되는 걸 종종 목격하는 거죠. 공기 중에는 바이러스가 떠다녀요. 누구나 감염될 수 있지만 단지 여섯 명 정도에게서만 진행될 것이며, 그중 소수만이 그로부터 영화를 얻어낼 수 있고, 아마 그중 한 편만 결과를 낼 수 있을지 몰라요. 이건 지속적으로 일어나는 상황이죠.

아이디어란 일종의 민들레 홀씨 같은 거라 믿어요.
그러니까, 공기 중으로 날아간 뒤
하나의 우주에 수분될 수 있다는 거죠.

로열   감독님 영화에 대해서라면 많은 분석이 이뤄졌어요. 사람들이 감독님 의도가 무엇인지 명확하게 정의하려고 하던가요?

스필버그   글쎄요, 사람들이 "야, 이건 누구 같아" 혹은 "봐, 이건 실존주의적이야"라고 말하며 특정한 상징적 참조 대상을 예로 들거나 다른 경험이나 영화 들과의 유사성을 비교할 때 늘 놀라곤 해요. 때로는 기분 좋은 놀람이죠. 자신의 직관만이 아니라 다른 사람의 지각을 통해 영화를 본다는 건 항상 멋져요. 나는 누구라도 팝콘에 들어간 버터에 대한 이야기를 넘어서 사고한다면 다 좋아해요. 진심으로요.

로열   팝콘 얘기가 나왔으니, 영화관에 가서 감독님 영화에 대한 다른 사람들의 반응이 어떤지 지켜보는 걸 즐기세요?

스필버그   아뇨, 절대로 아니에요.

로열   왜죠?

스필버그   왜냐하면 영화를 일단 완성한 이상, 끝난 거니까요. 더 이상
내 것이 아니죠. 실제 영화 개봉은 거의 실망에 가까워요. 나
는 〈레이더스〉를 수차례 봤고 영화가 스크린을 강타했을 무
렵에는 지쳐 있었어요. 사람들이 막 〈레이더스〉를 다 보고
모자를 공중으로 던지며 환호할 때, 나는 영화 촬영으로 인
해 진이 빠져 있었어요. 〈레이더스〉가 영화관에서 개봉한 지
44주가 지나 시네라마 돔Cinerama Dome에서 상영되기 전까지
관객과 함께 영화를 본 적이 없었어요. 그때 처음으로 대중과
함께 영화를 봤는데 마지막으로 본 지 거의 1년이 지난 시점
이었죠. 영화를 어느 정도 객관적으로 볼 수 있었고 오락으로
서 즐길 수 있었어요. 그러나 여전히 '왜 저걸 저런 식으로 했
지? 왜 이렇게 하지 않았을까? 이런, 왜 내가 저런 매독성 백
반증이 보이는 낙타들을 썼을까?'라고 생각하게 되더군요.

로열   보통 감독님은 스스로의 작업에 대해 비판적이신가요?

스필버그   매우 비판적이에요. '저 시퀀스에 시간을 더 들였어야 했는
데. 맙소사, 저건 테이크2잖아, 테이크2가 정말 싫었는데 왜

테이크4를 안 썼지?' 대략 이런 식이에요. 어느 정도까지는 내가 만든 영화들을 볼 수 있지만, 그 지점을 넘기면 나의 선택, 놓쳐버린 기회, 1년 전의 기억 속에서보다 현재 내 마음속에 훨씬 생생해 보이는 더 나은 쇼트들에 대해 지나치게 몰두해요. 따라서 내가 만든 영화에 들어앉아 그것을 주시하는 건 큰 정신적 충격을 줘요. 존 윌리엄스가 자기가 만든 음악을 거듭해서 지휘할 수 있다는 데 경탄을 금치 못해요. 나는 그렇게 못 해요. 영화 한 편에 기꺼이 내 인생의 2~3년을 바치겠어요. 그러나 그 다음에는 움직여서 새로운 무언갈 시도하길 원해요.

로열   〈죠스〉가 공전의 대성공을 거둔 후 감독님에게 즉각적으로 미친 여파는 긍정적이었나요, 부정적이었나요?

스필버그   이상하게도 처음에는 아주 부정적인 영향을 미쳤어요. 나는 그 성공이 요행이라 생각했어요. 그때까지 미국과 캐나다에서 어떤 영화도 1억 달러를 벌어들인 적이 없었어요. 이 영화가 전 세계에서 최종적으로 4억 달러를 벌어들이기까지, 모든 사람들이 그것을 카니발의 괴물마냥 여겼어요. 그들은 상어에게 다리를 달아줘서 여기 육지까지 오게 해, 결국 팩맨 Pac-Men처럼 나라를 집어삼키게 한 건 그 여름의 무더위가 틀림없다고 말했죠. 그래서 나도 그 영화를 일종의 괴물로 보기 시작했고, 사람들이 그런 일이 다시는 일어나지 않을 거라 말할 때 동의하기 시작했어요. 그들은 내가 한 작업보다, 타이밍과 절기가 〈죠스〉의 성공을 탄생시키는 데 훨씬 기여했다고 말하고 있었죠. 내 위신이 선 건 〈스타워즈 에피소드 4—새로운 희망〉이 1억 달러 이상 벌어들인 두 번째 영화가 되면서였어요. 조지 루카스를 포함한 모두의 정당함이 두 배로 입증된 건 〈레이더스〉가 1억 달러 이상 벌어들였을 때였죠. 하지만 처음에는 그런 생각을 어느 정도 저지당했다고 봐요. 나중에야 우리가 초강력 영화를 만들었고, 왠지 모르겠으나 전 세계인들의 심금을 울렸다는 사실을 깨달았죠.

로열   배우들과 리허설을 많이 하는 걸 좋아하세요?

스필버그   경우에 따라 달라요. 리허설은 오직 장면이 그걸 필요로 할 때에만 해요. 사실 시각적인 면이 덜하고 연기의 비중이 훨씬 큰 프로젝트에 참여한 적이 없어요. 내 모든 영화에서 배우들의 연기는 훌륭했지만, 영화들이 그 안의 사람들보다 컸어요. 그리고 종종 특정 장면에서 사람들은 〈미지와의 조우〉에 나오는, 모함이라는 대성당의 오르간을 보조하는 제2 클라리넷 역할을 해야 했죠. 그러나 동시에 규모가 매우 큰 영화에서는 주기적인 리허설이 도움이 된다는 걸 깨달았어요. 〈미지와의 조우〉에서는 드레이퍼스를 비롯해 다른 배우 몇 명과 리허설을 했어요. 〈죠스〉에서는 로버트 쇼, 리처드 드레이퍼스, 로이 샤이더와 리허설을 했죠. 이런 영화들의 경우 리허설을 한다는 상상은 보통 안 하죠. 그러나 그들은 우리 집에 찾아와 "그건 6미터 길이의 상어야" 같은 대사, 드레이퍼스는 "영차!"

라는 대사를 연습했죠. 무슨 말이냐면, 우리가 방에 모여앉아 세 시간 동안 "영차!"를 연습하는 모습을 상상할 수 있다는 거예요. 그러나 사실 〈죠스〉의 모든 대화는 즉흥적으로 이뤄졌어요. 내가 써서 내게 책임이 있는 각본에 100퍼센트 만족하지 못했기 때문이었어요. 구조는 매우 마음에 들었지만 일부 캐릭터와 대화는 마음에 들지 않았죠. 그래서 매일 우리 집에서 그 세 명의 특출한 배우들과 앉아, 장면을 연기할 방법을 찾아낼 때까지 즉흥적으로 연기하고 리허설을 했어요. 녹음된 대사를 즉시 각본 형식으로 옮겨 적고 다음 날 아침 인쇄해서 나눠주면, 그 장면을 당일에, 시간이 조금 지난 뒤 촬영하곤 했어요.

〈이티〉의 경우 절대 리허설을 하지 않았어요. 아이들과 리허설을 하는 것보다 더 빠르게 자연스러움을 죽이는 건 없으니까요. 아이들은 자연스러운데, 그 에너지를 잃고 싶지 않았거든요.

로열   어렸을 때 다들 감독님을 괴상하거나 아니면 뭔가 남다른 아이로 보셨나요?

스필버그   철학 전공과 동일한 방식으로 괴상하다고 여겨진 적은 없다고 생각해요. 그러나 가짜 콧수염, 턱수염을 붙이고 군복을 입은(때로는 괴물 복장을 한), 어른처럼 차려입은 12, 13세 아이들과 함께 주말에 영화를 만들고 있는 걸 본 이웃들은 나를 남다르다고 여겼어요. 십중팔구 내 친구 중 여럿은 나랑 놀지 말라는(열두 살에 8밀리로 영화를 만드는 누군가와 알고 지내는 게 좋을 건 없다는) 경고를 받았을 거라 생각해요. 비록 일부 이웃들은 내 취미에 반대했지만, 다른 사람들은 대단하다고 생각했어요. 그런 점에서 즐겁게 성장기를 보냈어요. 유년기에 대해 불평할 순 없을 거예요.

로열   부모님께서 TV세트를 담요로 덮어뒀다는 게 사실인가요?

스필버그   네, 그랬죠. 열 살 때인데 텔레비전 보는 게 금지였어요. 부모님은 밤에 베이비시터가 있을 때면, 내가 몰래 그곳으로 들어가 TV를 켜고 심야 영화들을 본다는 걸 알고 있으셨어요. 그래서 화면 위로 담요를 덮은 뒤 그 위에 식물과 물건들을 정확한 위치에 배치하셨죠. 가끔은 아버지가 머리카락을 특정한 위치에 붙여놓고, 내가 RCA 19인치 화면 위에 덮인 먼지 방지용 헝겊을 걷어낸 뒤 〈신혼여행자〉나 '수사망Dragnet'을 슬쩍 훔쳐봤는지 확인하려 하셨죠.

로열   그 도전에 응하셨나요?

스필버그   네, 늘 머리카락을 찾아내서 그 위치를 정확하게 기억한 뒤 부모님들이 귀가하시기 전에 원상 복귀시켰죠.

로열   아버지께서 감독님이 컴퓨터 기술자가 되지 않으셨다는 것에 많이 실망하셨나요?

스필버그 글쎄, 모르겠어요. 답하기 힘드네요. 내 생각에 아버지는 내가 당신의 뒤를 따라 전자 및 컴퓨터에 관련된 일을 하길 원하셨는데, 보시다시피 어쨌든 나는 '팩맨' '소행성' '미사일사령부'가 됨으로써 전자 및 컴퓨터에 개입하고 있어요. 궁극적으로는 비디오 업체들을 위해 소프트웨어를 디자인하길 원해요.

로열 작업해보고 싶은 다른 미디어 분야로는 어떤 게 있으세요?

스필버그 무대 작업을 해보고 싶어요…… 브로드웨이 뮤지컬 같은 거요. 생방송도 정말 하고 싶어요. 그리고 방금 말한 것처럼 소프트웨어를 개발하고 싶은데, 그렇게 할 생각입니다. 그리고 궁극적으로 영화예술cinema을 재창조할 수 있는 새로운, 더 경제적인 방식들을 찾아내고 싶어요. 시각예술 및 미디어와 관련된 모든 걸 해보고 싶지만, 시간이 어찌나 넘쳐나는지요. 영화 한 편 만드는 데 들어가는 시간 속에 모든 에너지와 열정을 짜내는 건 매우 힘들어요. 영화를 만들어본 사람이라면 누구라도 알듯이, 영화 한 편 만드는 건 그 자체로 불가능에 가까워요. 마치 전쟁터에 나가는 것 같다는 내 말이 과장이 아니에요. 그곳에서는 포위당해요. 당신의 위치가 공격당하죠. 세트장에서 단 하루라도 완전무결하게 문제가 없었던 적이 없었어요. 절대 그런 일은 발생하지 않았죠.

영화 한 편 만드는 건
그 자체로 불가능에 가까워요.

로열   다른 일들을 할 수 있으려면 감독 일을 줄여야 한다고 생각하
       세요?

스필버그 아마도 어느 시점에 이르러 다른 일들을 할 수 있으려면, 특
       히 연극과 비디오 프로그램 분야를 탐험하길 원한다면, 감
       독 일을 줄여야 하겠지만, 그 또한 내 커리어에서 스스로 발
       전하는 데 기여하리라 확신해요. 그리고 다시 영화로 돌아올
       거예요.

로열   뮤지컬을 해보고 싶으신가요?

스필버그 뮤지컬을 언급하다니, 재미있네요. 현재 하나 계획 중이거든
       요. 퀸시 존스와 함께 개발 중이에요. 그렇지만 비밀을 엄수
       해야 해요. 내 아이디어들이 완전히 (대개는 시네마스코프와 입
       체음에 의해) 실현될 때까지는, 그에 대해 사실상 논의하지 않
       아요. 퀸시의 열렬한 팬이에요. 그가 가장 잘하는 것과 내가
       잘하는 걸 조합해서 '위험한' 영화를 만들, 완벽한 기회가 되
       리라 생각해요.

로열   영화를 시작하실 무렵, 다른 감독들의 세트에 몰래 들어가신
       적이 있나요?

스필버그   네.

로열   그리고 그대로 쫓겨나셨나요?

스필버그   내 세트장에서 구경꾼들을 내쳐야 했던 것과 마찬가지로 몇 번 그랬죠. 내 세트장은 대개 보안이 아주 엄격해요. 보통은 관찰자들을 초청해서 구경하라고는 안 하죠. 십 대 때 〈찢어진 커튼〉 세트장에서 쫓겨난 경험이 있어요. 그런 뒤 〈죠스〉가 개봉한 다음, 히치콕의 또 다른 영화 〈가족 음모〉에서도 쫓겨났죠. 따라서 두 편의 히치콕 영화에서 내쫓긴 셈이에요. 유감스럽게도 히치콕을 만난 적이 없어요. 두 번째로 그의 세트장에서 쫓겨날 당시, 상황은 아주 으스스했죠. 세트장으로 걸어 들어갔고 히치콕은 내게 등을 돌린 채 앉아 촬영 현장을 주시하고 있었어요. 그런데 갑자기 그가 뒤쪽 시야에 침입자를 감지한 것 같았어요. 나를 봤을 수가 없는데, 연출부 한 명 쪽으로 몸을 기울이더니 뭔가를 속삭였어요. 조금 지나자 조감독이 내 쪽으로 와서 말하더군요. "선생님, 여긴 입장이 제한된 세트입니다." 그는 나를 호위해서 세트 밖으로 데려갔는데, 사실 정말 스릴이 넘쳤어요. 그게 히치콕에게 가장 가까이 접근했던 때예요. 그의 뒤통수에 눈이 달려 있다는 걸 알게 됐죠.

로열   감독님은 언젠가 스스로를, 개방적이면서도 사적이지 않은 영화를 만드는 매우 고립된 사람이라고 묘사하셨습니다.

스필버그　아마도 내가 어느 정도 차단돼 있다고 느꼈을 시점에 말했던 것 같네요. 한창 제작 중일 때 나는 일종의 고립 상태에 놓여요. 실제 세계를 재사용하는 데에는 개방적이지만요. 실제 세계는 영화감독을 통과해야만 영화로 들어가, 실제처럼 느껴지거든요. 그러나 같은 이유 때문에 개인적인 삶을 걸어 잠근 채 모든 걸 영화 세계에 쏟아요. 영화를 만드는 동안에는 그 영화와 바람을 피우는 것과 같죠. 시간이 지나면서, 영화를 만들며 동시에 삶을 살아가는 법을 어느 정도 배웠다고 생각해요. 영화를 만들 때에는 내가 요구하는 바가 많다고 생각해요. 일종의 이성장군이 되는 거죠. 그런 다음 촬영이 끝나면 친절해져요. 뒤풀이 자리에서 스태프들이 "왜 세트장에서는 이렇지 않으세요?"라고 하더군요. 일하는 동안 내가 생각할 수 있는 게 오직 결과, 그리고 그 결과를 얻어낼 방법뿐인 경우가 종종 있어요. 영화를 만드는 동안 진정으로 즐긴다는 건 내게 아주 힘든 일이에요. 나는 지나치게 일편단심이랍니다. 그러나 내가 발산하는 그 어떤 고도의 압력이라도 나로서는 무의식적인 거예요. 사람들로부터 최선의 것을 끌어내기 위해 마찰을 일부러 구상하는 건 아니에요. 천성적으로 쉽게 만족하지 못하는 거죠. 누군가의 일을 내가 더 잘할 수 있다는 생각이 들면 가끔 내가 그 일을 시도해요. 그러면 자동적으로 사람들이 자기가 맡은 일을 더 열심히 하게 돼요. 항상 매 영화마다 나 자신에게서 최선의 것을 끌어내기 위해 노력하기 때문에, 누군가와 작업할 때도 그들로부터 최고의 역량을 끌어내려 하죠. 그래서 요구하는 바가 아주 많아지는데,

그런 요구는 충돌을 일으키거나, 창조적인 마음의 유대 같은 걸 불러내거나 둘 중 하나예요. 영화 만들기란 힘든 작업이에요. 창조성은 때로 오직 편집에서 실현되거나, 더 나중에, 당신이 원했던 바로 그 지점에서 관객이 웃음을 터뜨리거나 혹은 그들이 그럴지 모른다고 생각했던 지점에서 울음을 터뜨릴 때 실현돼요. 그게 보상이죠. 그리고 바로 그때 당신은 말하게 돼요. "와, 우리 모두 상당히 좋은 일을 해냈구나." 그때까지는 그저 지극히 힘든 작업일 뿐이에요. 나는 편집할 때와 스토리보드를 쓸 때 유쾌한 기분을 느껴요. 스토리보드와 편집 사이 과정은 악몽이고요. 편집할 때 다른 압박이 없으면 10시나 11시에 들어가, 새벽 2, 3시까지 작업해요. 편집 기사로서 영화 다섯 편을 함께한 마이클 칸은 이색적인 시간대에 작업하길 즐기죠. 〈레이더스〉로 그가 편집상을 수상한 건 그의 기술 덕분이기도 하지만 개인적인 헌신 때문이기도 해요. 어떤 영화의 편집에서보다도, 〈레이더스〉를 마이클과 편집할 때 아마 가장 즐거웠다고 생각해요. 정말 멋진 시간을 함께 나눴어요. 특히 그런 종류의 영화에 적용되는 속도 제한을 막 초과하기 직전까지 영화를 바짝 밀어붙일 때가 즐거웠죠. 그리고 속도 면에서 영화가 원래 계획을 초과하면, 그때는 멈추고 말했죠. "오케이, 끝." 그런 다음 조지에게 보여주면 그가 몇 가지를 조정했고, 우리는 그것을 파라마운트에 보여준 뒤 영화를 개봉했죠.

로열   어떻게 술과 담배, 마약을 안 하고 버틸 수 있으셨나요?

스필버그   영화가 내 죄예요. 내 중대한 죄는 영화 만들기죠. 과도한 음주를 하거나 마약을 하는 사람들은 자신의 삶과 일에 대해 그다지 행복하지 않다고 봐요. 그러나 나는 항상 영화를 만들면서 진정 행복했고, 그것이 필요한 모든 자극을 채워줬어요. 좋은 사회적 삶과 가정에서의 삶 또한 필요해요. 가정에서의 삶은 영화 만드는 삶만큼이나 중요하죠. 이걸 유념하니 대체로 아주 정상적으로 살 수 있더군요.

로열   폴 슈레이더가 최근 영화산업이 죽어간다고 말했습니다. 감독님은 그에 대해 동의하지 않으시는······

스필버그   네, 전혀 그렇게 생각하지 않아요. 번창하고 있다고 봐요. 케이블방송, 위성방송, 장편 극영화, TV물 등이 존재해요. 지금 당장은 영화산업이 안착되지 않았죠. 그러나 이런 모든 게 번창할 것이며, 모든 이들에게 좋은 결과가 될 거예요.

로열   미래에는 집 안에 틀어박혀 있는 시간이 더 많아질 것으로 보세요?

스필버그   잘 들어보세요. 세상은 실내로 들어가고 있고, 그건 우리 모두가 직면해야 할 사실이에요. 집이 제공해주는 안전과 보호를 향해 세상이 후퇴하고 있기 때문에, 텔레비전 방송이 고해상도와 음향 등에서 크게 발전하는 걸 목격하게 될 거예요. 화면 크기도 그렇고요. 단지 자연스러운 수순이에요. 세상은 안으로 향하고 있어요. 그러나 그들의 시간을 가치 있게 만들어준다면, 사람들은 밖으로 나올 거예요. 모든 부담은 우리가 안게 된 셈이에요.

세상은 안으로 향하고 있어요.
그러나 그들의 시간을 가치 있게 만들어준다면,
사람들은 밖으로 나올 거예요.

로열　만반의 준비가 되신 걸로 보이네요. 집과 사무실에 비디오게임을 몇 개나 갖고 있으세요?

스필버그　집에 네 개가 있어요. 사무실에 여섯 개가 있고, 여기 스튜디오에는 네 개가 있어요. 총 15개 정도예요. 그중 네 개만 내가 구입했고 나머지는 빌린 제품들이에요. 지겨워지면 돌려주고 새로운 게임을 빌려요.

로열　다른 장치들도 갖고 있으세요?

스필버그　보편적인 것들, 남자아이라면 집에 갖고 있을 법한 그런 것만 갖고 있어요. 사무실에서의 일을 업데이트하기 위한, 모뎀이 달린 여러 대의 가정용 컴퓨터예요. 여담이지만, 여기 있는 내 장비들을 샌러펠에 있는 조지의 것과 연결해서 컴퓨터들을 결합하고 있어요. 그래서 〈레이더스〉 2편 같은 프로젝트를 작업할 때, 컴퓨터를 통해 신속히 제안서와 아이디어들을 교환할 수 있었죠.

로열   특별한 책상도 갖고 있으시다고 하던데요?

스필버그   네, 갖고 있어요. 지금은 구식이 됐지만, 5년 전 처음 그 책상을 갖게 됐을 때에는 정말 재미있었어요. 그 책상에 서류 절단기, 카세트테이프 녹음기, 전화, 그리고 누가 내 앞문과 뒷문에 찾아왔는지 감시할 수 있는 TV세트가 들어 있었어요. 그 외에 연필깎이, 야간용 전등, 라디오…… 많은 것들이 있었죠.

로열   작업 스케줄을 얼마나 미리 계획해두시나요?

스필버그   사실 내 삶은 그다지 세세하게 계획되지 않아요. 개발 중인 프로젝트들이 많지만, 그런 것들을 계획이라고 부르지는 않죠. 개발 단계에 있었던 많은 것들이 종종 시나리오작가에게로 되돌려 보내지거나, 영화화되지 않거나, 혹은 다른 스튜디오에서 다른 사람들에 의해 완성되기 때문이죠. 따라서 개발 중인 것들은 실제 제작에 들어가기 전까지는 셈에 넣지 않아요. 현재 시공간적 여유를 내기 위해 많은 제안들을 거절하고 있어서, 내가 시간을 할애 중이라고 알고 있는 유일한 프로젝트는 〈레이더스〉 2편이에요.

로열   촬영은 언제 시작되나요?

스필버그   1983년 5월에 시작할 거예요. 1983년 1월 준비에 들어가고 1984년 여름에 개봉 예정이에요.

로열   완벽하게 스토리보드를 기반으로 하실 건가요?

스필버그   아, 네, 〈레이더스〉에서 그랬던 것처럼요. 또한 조지가 자본, 예산, 일정 면에서 내게 대단한 영향을 미쳐요. 그는 뛰어난 제작자로, 창의적인 타협, 즉 스크린상으로 1천 5백만 달러의 결과를 성취하기 위해 굳이 3천만 달러를 지출하지 않아도 되는 법에 대해 많은 걸 가르쳐줬어요. 조지는 아주 작은 걸로 손쉽게 일해요. 나는 그것들을 작은 '팩맨'식 우회라고 부르죠. 그는 〈레이더스〉를 만들 당시 내게 아주 훌륭했을 뿐 아니라, 〈청춘 낙서〉와 '스타워즈'에선 그 자신에게도 매우 훌륭했어요. 그러므로 그는 자신을 위한 최고의 제작자이며, 그와 작업하는 다른 누구에게라도 아주 훌륭한 제작자예요.

로열   〈레이더스〉는 몇 편까지 나올 계획인가요?

스필버그   4편이요.

로열   감독님께서 다 만드실 건가요?

스필버그   아뇨. 바로 다음의 2편은 제가 할 것 같고, 3편도 그럴 수 있어요. 하지만 상황에 달려 있어요. 2편을 만들 때 1편에서만큼 재미가 있으면 3편도 내가 할지 모르죠. 아니면 조지가 맡을 수도 있어요. 함께 기다리면서 상황을 살피는 수밖에요.

로열   만드신 영화 중 개인적으로 가장 만족하신 영화가 있다면요?

스필버그   〈이티〉를 만들면서 가장 즐거운 체험을 하고 최상의 결과를 도출했다고 분명하게 말할 수 있어요. 영화로 진정한 기쁨을 느꼈고, 시간을 되돌려 뭔가 수정하고 싶지 않은 상황에 가장 근접했죠.

로열   새로 도전할 거리를 찾는 데 어려움을 느끼세요?

스필버그   내가 만드는 각각의 영화 모두 새로운 도전이에요. 크게 성공하는 영화들도 있을 것이며, 그렇지 못한 영화들도 있을 테죠. 영화감독이라면 누구에게나 일어나는 일일 뿐이며, 대중에게 작업한 걸 내놓으면 그들은 갈채를 보내거나 하품을 해요. 그 모든 과정 속에서 내가 바라는 단 한 가지는, 뭔가 새로운 걸 시작하고 그걸 끝까지 해내려는 열망과 사랑을 잃지 않는 겁니다. 오직 그걸 희망해요. 한동안 활동해온 영화감독들이 위축되는 주된 이유가 그런 걸로 보여요. 초기 다섯 내지 여섯 편의 영화를 만들어내는 그 모든 에너지를 제공했던 불꽃이 얼마나 흥분되는 것인지 잊어버리는 경향이 있고, 지쳐가는 걸로 보여요. 존 포드는 자신의 도구를 지속적으로 조율했기 때문에 결코 그러지 않았죠. 그는 항상 일을 했고 때로는 1년에 세 편을 만들기도 했어요. 많은 감독들이 스튜디오와의 계약 체제의 일부였고 건설노동자들이 아파트를 짓는 방식으로 영화들을 만들었어요. 그들에게 그것은 (비록 매우 의욕을 불러일으키는 창조적인 것임에도 불구하고) 일이었으며, 그들은 단지 열심히 살고 오래 살았어요. 그런데 오늘날에는 영화가 영화감독 개인에게 훨씬 큰 의미를 지니기 때문에, 심지어 1천만 달러 혹은 1천 2백만 달러 영화에도 너무나 많은 것이 걸려 있기 때문에(왜냐하면 영화를 팔기 위해, 프린트를 하고 광고 마케팅 비용을 지불하기 위해 여전히 7백만 내지 1천만 달러가 들어가기에) 각 영화는 생사가 걸린 투쟁의 장이 돼요. 나는 어느 정도 1930~40년대 감독들의 '일하는 기계' 같은 옛날식 태도를 좋아해요. 매 영화가 하나의 일, 또 개인적인 헌신 그리고 사랑, 어쩌면 바람에 더 가까웠을 때, 한정된 시간과 예산 범위 내에서 할 수 있는 최선을 다했어요.

내가 바라는 단 한 가지는,
뭔가 새로운 걸 시작하고 그걸 끝까지 해내려는
열망과 사랑을 잃지 않는 겁니다.

로열   위기 상황에서도 맡은 일을 잘 해내시나요?

스필버그   물론입니다. 창의력의 스위치를 켜려는 단지 그 이유만으로, 스스로에게 문제를 부과하기도 해요. 심각한 문제들을 만들어내지는 않지만, 많이 걱정하는 편이에요. 작은 일에 진땀을 빼는 경향이 있죠. 작은 일들을 하나의 재앙으로 보고 대책을 세운다면, 그보다 거대하고 확실한 위기 상황에 대처할 수 있을 거예요. 그 같은 상황에서 내 머리가 더 잘 돌아간다고 생각해요. 예를 들어보죠. 〈레이더스〉의 한 장면에서 해리슨이 삼 분 동안 검객과 결투를 벌여야 했어요. 촬영 기한은 이틀이었는데, 해리슨은 튀니지 관광의 후유증이 심했죠. 나는 그에게 총을 뽑아 검객을 쏘라고 지시했어요. 이 해결책은 완전히 영감에 따른 타협안이었던 것 같아요. 나는 세상의 모든 돈과 시간과 나의 다음 움직임을 주시하는 모든 눈초리들이 있을 때보다는, 스스로 꼼짝 못 하는 상황일 때 더 일을 잘한다고 생각해요. 초점이 나한테 맞춰지지 않을 때 훨씬 일을 잘해요.

〈이티〉 촬영장에서의 스필버그

25개의 배지, 25개의 모험

스티븐 스필버그의 눈부신 커리어는, 그가 역사상 최고의 흥행 기록을 세운 영화 열 편 중 네 편인 〈죠스〉 〈레이더스〉 〈인디아나 존스〉 〈이티〉의 감독이라는 사실을 포함한다. 제작에 참여한 영화까지 포함한다면, 역사상 최고 흥행을 기록한 스무 편 중 일곱 편이 그의 영화다. 1982년 그는 〈이티〉를 감독했으며, 이 영화는 최종적으로 극장 개봉으로만 전 세계에서 7억 2천만 달러를 벌어들였고 1천 4백만 개 이상의 가정용 비디오테이프를 해외에 판매함으로써 가장 성공한 영화로 기록되었다. 이 인터뷰에서 스필버그는 〈이티〉 이후 만든 영화들, 특히 최근 개봉한 〈영혼은 그대 곁에〉(홀리 헌터, 리처드 드레이퍼스, 존 굿맨 출연)에 대해 이야기한다.

로열 〈영혼은 그대 곁에〉로 들어가기 전에, 지난 인터뷰 이후 지금까지 만드신 영화 중 몇 편에 대해 간단히 언급하고 싶습니다.

수전 로열, 〈아메리칸 프리미어〉 1989~90년 12/1월 호에서.

스필버그   좋아요.

로열   〈컬러 퍼플〉부터 시작하죠. 오프라 윈프리가 연기를 할 수 있으리라는 걸 어떻게 아셨나요?

스필버그   정말로 알 방법은 없었지만, 그가 뭐든 시도하려는 극단의 의지를 갖고 있다는 건 알았어요. 첫 미팅 때 그는 원작과 시나리오에 대한 열정…… 그리고 신참으로서의 굉장히 많은 열정을 보여줬어요. 아무것도 두려워하지 않았어요. 눈 하나 깜박하지 않았죠.

신디케이트어떤 극을 위한 여러 프로그램을 방송국이나 케이블에 직접 제공하는 마케팅 방식에 들어가기 전, 그의 초기 토크쇼 녹화 테이프를 봤어요. 그 테이프에 이미 그런 대담무쌍함이 들어 있었죠. 오프라를 만났을 시점에 그는 정확히, 소피를 연기할 인물이었어요. 지금은 더 마르고 그림처럼 아름다워서 오히려 소피의 신체적 이미지가 아니기 때문에, 그를 캐스팅하지 않을 것이 분명해요. 미팅에서 그는 매우 용감했어요. "이 인물을 잘 알고 진심으로 이 배역을 원해요. 그와 동일한 경험을 했어요." 배역을 원한다고 말하는 모든 배우가 내 영화의 배역을 얻는 건 아니에요. 누구나 다 그렇게 말하니까요. 그저 오프라는 우리가 맨 처음 만났을 때 그가 그 캐릭터임을 납득하게 했죠. 그리고 테스트를 했는데, 훌륭했어요. 그를 캐스팅했고, 그는 멋졌어요. 수년간 좋은 친구로도 남았어요. 기분 좋은 일이죠.

로열	예전에 한 번 진 시스켈잡지 〈시카고 트리뷴〉에 글을 쓰던 미국의 평론가이자 기자에게 〈컬러 퍼플〉을 위해 두 영화를 모델로 삼았다고 말씀하셨어요. 감정적인 톤과 모양새를 위해 참조한 〈분노의 포도〉존 포드의 1940년 영화와, 여러 사람들의 이야기를 성공적으로 조율하기 위해 참조한 〈우리 생애 최고의 해〉윌리엄 와일러의 1946년 영화였죠. 연출을 하면서 종종 옛날 영화나 그 영화들의 느낌을 참조하시나요?
스필버그	예를 들어 〈시민 케인〉이나 〈위대한 앰버슨가〉에서 그레그 톨런드가 사용한 조명에 대해 내 촬영감독에게 이야기할 수 있겠네요. "와, 사람들을 지나서 천장까지 보이도록 촬영한 저 로 앵글low angle이 정말 마음에 드는군"이라고요. 내 영화의 기술 스태프들에게 이런 종류의 참조들을 예로 많이 들어요. 컬러 이미지에 대해 설명할 때 종종 흑백 영상을 언급하기도 했죠. 어떤 장면에서 컬러 대비를 원하면, 대비가 예술의 형식이었던 위대한 흑백영화들을 참조할 거예요.
로열	〈컬러 퍼플〉의 출산 장면을 찍고 있을 때 감독님 아들이 태어났다면서요?
스필버그	네, 셸리가 올리비아를 낳고 있을 때였죠. 침대에서 고무 아기를 막 끌어당기고 있을 때(그 작은 고무 아기가 살아 있는 것처럼 보이도록 흔들어야 했죠) 전화가 왔고, 조연출 중 한 명이 뛰어들어와 말했어요. "감독님 아기가 나오고 있어요. 진짜

아기가 나오고 있다고요." 내 삶의 멋진 순간이었죠.

로열 　〈컬러 퍼플〉 이전에 어떤 사람들은 감독님이 '어른스러운' 영화를 만들지 못한다고 비판했고, 〈컬러 퍼플〉 이후에도 여전히 비판들이 있습니다…….

지금 당장의 내가 아닌 그 누군가인 척을 하고 싶진 않아요.
한 편의 영화는 당시에 그 감독이
어떤 사람이었는지에 대한 일종의 지시일 따름이죠.

스필버그 　아직 많은 시간이 남아 있다고 느낍니다. 타인들이 나의 인생, 혹은 최소한 내 차기작의 소재를 결정하도록 놔둘 수는 없어요. 내게는 시간이 많고, 어른스러운 영화는 그것을 만들 수 있을 만큼 충분히 어른이 됐을 때 만들 거예요. 내가 어른스러운 영화를 만든다면 그건 내가 어른이 됐기 때문일 겁니다. 지금 당장의 내가 아닌 그 누군가인 척을 하고 싶진 않아요. 한 편의 영화는 당시에 그 감독이 어떤 사람이었는지에 대한 일종의 지시일 따름이죠. 내가 언젠가 영화를 만들었는데 사람들이 "맙소사, 얼마나 어른스럽고 성숙하고 절제된 작품인가"라고 말한다면, 그런 칭찬들을 돌이켜보며 "이런, 모욕적이군. 내 안의 아이는 어디로 갔지?"라고 말할지 몰라요. 단지 시간을 갖고, 해야 한다고 생각하는 것이 아니라 내가 흥미를 느끼는 것에 토대를 둔 차기작을 스스로 계속 결정해가리라 생각해요.

로열　　마지막으로 감독님을 인터뷰했을 때, 감독 일을 줄이고 제작 일을 더 하고 싶다고 말씀하셨어요. 그때 이후 제작자로서 많은 활동을 하셨는데요, 이젠 감독 일을 더 많이 하고 싶으신가요?

스필버그　　아, 네, 그 방향으로 다시 돌아가는 중입니다. 분명하게 감독 일을 더 많이 하고 있어요.

로열　　제작자로서의 경험은 어땠나요?

스필버그　　제작 일을 하면서 약간 좌절감을 느꼈어요. 제작자는 주로 프로젝트 대행과 캐스팅 정도만 하기 때문이에요. 더 중요하게는 감독을 캐스팅해요. 그러나 일단 감독이 결정되고 나면, 감독이 결정권자가 됩니다. 그리고 그가 만약 아주 실력 있는 감독이라면, 대부분 외골수에 자기만의 아이디어를 갖고 있다는 걸 말하고 싶어요. 나만큼 협조적인 감독들을 많이 보지 못했어요. 영화들에 대해 나나 다른 제작자들이 개입할 여지는 많지 않아요. 제작한 영화 중 일부가 정말 훌륭하게 만들어졌음에도 불구하고 내게는 어느 정도의 좌절감을 안겼다는 걸 알게 됐고, 진심으로 감독 역할로 돌아가길 원하게 됐죠. 나는 뛰어난 제작자들을 찬미합니다. 그러나 실력 있고 창의적인 제작자들은 감독을 통해 자신의 아이디어를 실현하지 못한다는 사실에 순전히 절망한 나머지, 종종 감독으로 선회해요. 자신의 아이디어를 실제로 스크린에 직접 올려놓을 수 있는 유일한 방법이죠.

로열   감독님 영화의 제작자로서 조지 루카스를 선호한다고 자주
        말씀하셨어요.

스필버그 진정으로 가장 좋아하는 제작자는 캐슬린 케네디예요. 캐슬
        린과 나는 매우 건강한 협력 관계예요. 조지나 캐슬린이 제작
        자인 경우, 우리 중 누구도 자존심을 내세우지 않아요. 오로
        지 가능한 한 최고의 영화 만들기에 착수하죠. 캐슬린은 좋은
        취향을 가진 데다 합리적이에요. 그리고 영화작업에 뭐가 필
        요한지 알고 있어요. 아주 좋은 자문이죠.

로열   프랭크 마셜은 무슨 일을 하나요?

스필버그 프랭크도 우리 회사의 제작자예요. 프랭크는 우선적으로 사
        전제작과 후반작업을 담당해요. 캐슬린은 주로(최소한 내 영화
        에서는) 본 촬영을 담당하고요. 그러나 그들은 하나의 팀으로
        작업합니다. 경우에 따라서는 서로 교체가 가능하고요. 때로
        는 프랭크가 제작 일을 하고 캐슬린이 사전제작을 맡아요. 그
        야말로 어떤 상황인가에 달려 있죠. 우리 셋은 일종의 특공대
        이며, 실제로 우리 셋만으로 1년에 다섯 편의 영화를 만들어
        내는 방법을 찾아냈어요. 구체적으로 어떻게 하는지는 모르
        겠지만, 그렇게 해내요. 그러나 하루하루의 노고인 실제 작업
        은 캐슬린이 대표로 있는 앰블린 엔터테인먼트의 지도부 캐

슬린 자신과 프랭크가 해치워요. 따라서 캐슬린이 거의 모든 업무를 짊어지는 셈이죠. 그는 내가 감독 일을 더 많이 하도록 자유롭게 풀어주기 위해 그렇게 했어요.

로열   어떻게 〈아라비아의 로렌스〉 복원 작업에 참여하게 되셨나요?

스필버그   나는 〈아라비아의 로렌스〉에서 영감을 받아 영화감독이 되었다고 생각해요. 내 기억 속의 어떤 영화보다도 내 운명을 결정한 바로 그 영화였어요. 그래서 늘 숭배하며 귀하게 여겼고, 데이비드 린의 오리지널 버전을 복원할 수 있는 기회가 생겼을 때, 스코세이지와 나는 컬럼비아와 함께 복원 작업의 후원자로 나섰죠.

로열   그 후 데이비드 린과의 우정이 계속 이어지는 중인가요?

스필버그   그는 당신이 당신의 친구가 되어주기를 바라게 되는 위대한 선생과 같아요. 데이비드는 내가 수업을 들어본 최고의 교수죠.

로열   그가 〈어메이징 스토리〉를 찍는 데 6개월을 달라고 했다는 이야기는 뭔가요?

스필버그   농담이었어요. 〈어메이징 스토리〉를 감독하던 당시에 그를 촬영장에 초대해서 "한 편 하시겠어요?"라고 물었더니, 그가 답하더군요. "글쎄, 친애하는 스필버그 군, 감독한테 며칠을 주나?" 그래서 내가 "6~8일이요"라고 했죠. 그랬더니 그가 "오, 이런. 6이나 8 뒤에 0을 하나 붙여준다면 생각해보겠네"라고 했던 거예요.

로열　　〈태양의 제국〉으로 넘어가보겠습니다. 감독님께서 "이번만은 관객에 대한 생각으로 매 순간 사고하고 숨 쉬는 대신, 감독으로서 스스로 만족하기 위해 필요한 게 뭔지에 대해 사고하리라 다짐했어요"라는 말씀을 하셨다고 해요. 그러셨나요?

스필버그　　네, 그랬어요.

로열　　부연 설명해주시겠어요?

스필버그　　〈태양의 제국〉 제작이 그다지 상업성 있는 프로젝트가 아니라는 걸 알았어요. 관객에 대한 광범위한 호소력을 갖지 못할 터였죠. 그러나 그건 열세 살밖에 안 된 용감한 생존자에 대한 이야기였어요. 나는 소설 속의 그 아이에게 많이 동일시됐죠. 어차피 투자한 돈을 회수하지 못할 거니까 많은 돈을 지출해야 할 영화가 아니라고 제작자로서 스스로에게 끊임없이 잔소리를 해댔음에도 불구하고, 이 영화를 만들어야만 한다는 걸 알았어요. 어떤 일들은 상업적 이익과 상관없이 해야만 하는 거죠.

로열   그러니까, 가끔씩 그렇게 하실 수 있는 건가요?

봐봐, 난 상업적으로 실패할 권리가 있어.

스필버그   스스로에게 말했어요. "봐봐, 난 상업적으로 실패할 권리가
         있어." 그리고 이건 날 위해 정말 만들고 싶은 영화이자 이로
         인해 워너 브라더스에 영원히 갚지 못할 빚을 질 거라 생각했
         어요. 1941~45년 중국을 배경으로 제2차 세계대전을 재구성
         하는 일을 위해 그 많은 돈을 걸었으니까요. 끔찍한 위험 요
         인이었어요. 그러나 워너 브라더스는 (뭐라고 불러야 할지 모르
         겠는데) 내 사적인 대작을 만드는 걸 거의 방치했어요. 여하튼
         내게 그것은, 최소한 지금까지는, 감독으로서 가장 만족스러
         운 경험에서 상위권을 차지하고 있어요.

로열   1940년대에 끌리시는 걸로 보이는데요.

스필버그   그 시대가 천진했고 어느 정도 순수했기 때문에 좋아해요. 그
         리고 그 시대는 20세기의 성장통을 대변했죠. 더불어 영화 속
         이야기로 사용하기에 매우 비옥한 시대예요.

로열   그 시대는 〈레이더스〉와 그 속편들의 배경이 되기도 했어요.
         〈레이더스〉가 개봉될 시점에는 그 시리즈에 조금 싫증이 나
         셨죠…….

싫증이 났다기보다, 단지 이미 한 번 해봤던 거였죠. 조지 루카스에게 만약 첫 편이 성공하면 두 편을 더 만들겠다고 약속했어요. 계약서를 쓴 건 아니고 단지 일종의 우정 어린 악수였죠. 그러나 조지는 가장 가까운 친구 중 한 명이기에 나는 그걸 약속으로 여겼어요. 1편이 성공하고 나서, 2편을 하기로 계약서에 서명했죠. 그리고 2편이 성공했을 때 조지와의 약속을 완수해 3편을 찍었어요. 비록 3편의 경우에는 만족하기까지 네 편의 시나리오를 개발해야 했지만 말이죠. 그저 전진함으로써 내 의무를 다하려는 마음은 없었어요. 그 모험담을 매우 독특하고 스릴 있는 피날레로 장식하기 위해 모든 노력을 기울이고자 했죠.

내가 조지와의 약속을 깨도록 만들었을 유일한 상황은 모든 사람들의 태도가 "빨리 해치웁시다. 어찌됐든 돈을 벌 테니까요. 그냥 안전하게 가고, 관객들이 원한다고 생각되는 걸 정확하게 제공하시죠"였을 경우예요. 위험을 감수하고 싶었고, 애초부터 부자 간의 이야기를 만들고 싶었어요. 시나리오 세 편 남짓을 개발한 뒤 세 번째 시나리오를 막 버리려 할 무렵 말했어요. "이봐, 내가 감독을 맡겠지만 부자 간의 이야기여야만 할 거야." 그러자 조지가 말했어요. "글쎄, 나는 성배에 관한 거였으면 좋겠는데." 그리고 내가 말했어요. "그래, 하지만 아버지와 아들에 관한 거였으면 좋겠어. 인디아나 존스의 아버지를 끌어들이고 싶어. 아버지를 찾는 여정이길 바라." 조지가 말했어요. "그래, 나는 성배를 찾는 여정이길 바라." 우리 둘은 서로 쳐다본 뒤 말했죠. "둘 다 하는 게 어때?" 그래서 내 아이디어와 조지의 아이디어를 조합했고, 금상첨화로 숀 코너리를 캐스팅했어요. 그와 작업하는 건 멋져요. 굉장한 사람이에요.

로열   어린 인디아나 존스는 감독님처럼 보이스카우트였어요. 최근 보이스카우트로부터 특별상을 수상하지 않으셨나요?

스필버그   웨스트버지니아의 알링턴에 있는 미국 잼버리의 보이스카우트 국가자문위원회로부터 받은 이글Eagle 특별상이었어요. 내게는 1989년도의 하이라이트이자…… 그해를 통틀어 최고의 추억이었죠.

로열   서투른 보이스카우트로서의 일화에 대해 이야기하신 적이 있다고 알고 있는데요.

스필버그   상당히 서툴렀던 것 같아요. 요리할 줄 몰랐고 매듭도 그다지 잘 못 만들었던 데다, 여름캠프 도중 약 500명의 보이스카우트 앞에서 도끼 가는 시범을 보이다가 손가락을 베었죠. 하지만 스카우트 활동에서 많은 걸 배웠어요. 그게 아니었다면 인생에서 그렇게 일찍, 정말 많은 기본적인 인간적 가치와 미국의 가치들을 배우지 못했을 겁니다.

로열   최근 영화 공로 배지를 만드셨어요. 보이스카우트가 그 배지를 획득하려면 어떻게 하면 되죠?

스필버그　정말로 축산업 배지를 획득하는 것보다 어렵지 않아요. 젖소에게서 우유를 짜는 대신 슈퍼 8밀리나 비디오테이프로 영화를 만들면 돼요. 희망컨대 그것이 내게 미친 영향을 몇몇 보이스카우트들도 받았으면 좋겠어요. 당신의 잠재적 재능을 발견할 수 있게끔 아주 많은 가능성들을 열어줄 테죠. 배지를 주는 건 아주 일찍 어린아이들을 장려하는 의미가 있어요. 어떻게 목표를 향해 가야 할지 가르쳐주죠. 그리고 공로 배지 프로그램이 너무나 폭넓게 다양한 주제들을 포함하는 만큼, 배지가 아니었으면 노출되지 못했을 분야들에 아이들을 노출시켜요. 스카우트 활동의 모든 건 모험과 관련돼요. 당신이 25개의 공로 배지를 획득했다면, 그 의미는, 그러지 않았다면 당신이 삶에서 전혀 경험하지 못했을 25개의 모험을 했다는 거예요.

로열　〈백 투 더 퓨처〉로 넘어가겠습니다. 2편과 3편을 연이어 촬영함으로써 예산이 많이 절감됐나요?

스필버그　돈을 절약할 수 있을 거라 생각했지만, 결과는 아니었어요. 그러나 덕분에 몇 가지 얻은 게 있었어요. 마이클 폭스는 2편과 3편 사이의 5년 동안 나이를 먹지 않게 되겠죠. 누가 알겠어요, 조만간 마이클이 깨어난 후 자기 나이로 보이기 시작할지 모르죠. 마이클이 그처럼 동안인 건 아주 큰 행운이지만, 5년 후에는 누가 장담하겠어요? 따라서 마이클과 나머지 배우들이 진한 분장 없이도 같은 나이로 남게 된다는 게 하나의 이점이었어요. 또 하나는 로버트 저메키스를 잃었을지 모른다는 것과 관련돼요. 2편과 3편을 동시에 만들지 않았다면 그가 3편을 감독했을 거라 생각하지 않아요. 로버트는 움직이고 있어요. 5년 전의 나와 같은 지점에 있죠. 스스로를 시험하고 한계를 초월하길 원하며, 어떤 걸 자신이 잘할 수 있는지 보고 싶어 해요. 자신이 〈빽 투 더 퓨처〉를 상당히 잘 만든다는 걸 알아요. 그래서 이제 미지의 영역을 시험하길 원하죠. 영화감독으로서 뻗어나가고 성숙해가길 원하기에, 시간이 더 지났다면 그를 〈빽 투 더 퓨처 3〉의 감독으로 영입하지 못했을 거라 생각해요.

로열　　 그럼 3편이 오는 6월 개봉인가요?

스필버그　 네.

로열　　 개봉이 가정용 비디오테이프 출시에는 어떤 영향을 끼칠까요?

스필버그　 아직 어떤 식으로 진행할지 결정하지 못했어요. 아마 3편을 개봉한 후 2편 비디오를 출시할 수 있겠죠. 아직 확실하지 않아요. 거의 논의한 게 없어요.

로열　　 사람들이 1편을 안 봤더라도 〈빽 투 더 퓨처 2〉를 이해하던가요?

스필버그   그렇지는 않아요. 그러나 2편을 보는 사람들의 대부분은 이미 1편을 봤어요. 더불어 우리는 속편이 개봉되기 4일 전, NBC를 통해 〈빽 투 더 퓨처〉를 보여줬어요. 〈빽 투 더 퓨처〉에 대해 전혀 들어본 적 없는 사람들을 위한 입문서 같은 거였죠. 1편을 이미 본 사람들에게는 비프가 누구이며 맥플라이 가의 사람들이 누구이며 로레인 베인스가 누구인지를 떠올리게 하는 재교육 코스였고, NBC 채널에서 아주 높은 평가를 받은 두 시간이었죠. 방영된 영화를 수백만 명이 봤고, 그런 다음 2편을 보기 위해 영화관에 간 사람들은 1편과 2편이 어떻게 관련되는지 이해했어요.

로열   장면들을 모두 새로 찍으셨나요, 아니면 어느 정도 1편의 푸티지를 사용하셨나요?

스필버그   1편에서 조지 맥플라이를 연기한 크리스핀 글로버의 한두 개 푸티지를 가져다 썼어요. 그리고 한두 개는 1편에서 사용되지 않고 방치됐던 앵글들을 꺼내서 속편에 넣은 거예요. 하지만 거의 모든 게 새롭게 재창조됐죠.

로열   차기 개봉작에는 서부극 모티프가 들어 있어요.

스필버그   네, 〈빽 투 더 퓨처 2〉의 끝에 다가오는 흥밋거리를 약간 덧붙였어요. 모험담은 다시 시작되죠. 우리의 계획은 2편에서 관객에게 딜레마에 대한 매우 만족스러운 결론을 제공하면서도, 최종 편에 가서야 해결될 새로운 딜레마를 만들어내는 거였어요. 그리고 그 딜레마가 해결되는 걸 보기 위해 5년을 기다리고 싶어 하는 사람은 아무도 없죠.

로열 〈레이더스〉 3편을 작업하시느라 〈레인 맨〉의 감독을 못하셨어요. 원래 〈빅〉도 감독하기로 하셨었나요?

나는 이미 내 기회를 가졌고
또 다른 파티가 필요하지 않았어요.
그래서 들어갈 때만큼이나 빠르게 거기에서 빠져나왔죠.

스필버그 〈빅〉은 결국 톰 행크스가 맡게 된 배역에 해리슨 포드를 가정하며 한두 달 재미삼아 생각해본 거였어요. 하지만 내 누이가 시나리오를 썼고, 그가 그만하면 내 그늘에 충분히 오래 가려져 있었다는 생각이 들었어요. 돌이켜보면 내 삶의 상당 부분 누이는 그늘에 가려져 있었는데, 그 시나리오는 그와 게리 로스가 (내 도움 없이) 쓴 대단한 작품이었어요. 나는 단순히 가능한 감독 중 하나로 언급됐을 뿐이에요. 내가 감독을 맡을 경우 사람들이 애니앤스필버그의 애칭를 신뢰하지 않으리라는 사실을 고려했어요. 그래서 재빨리 제임스 L. 브룩스영화 〈빅〉의 제작자에게, 본질적으로 내가 애니의 대성공을 훔친 셈이 될 것이고 단지 그러고 싶지 않기 때문에 참여하지 않겠다고 말했어요. 그건 애니가 성공할 기회였어요. 그의 정식 데뷔 파티였죠. 나는 이미 내 기회를 가졌고 또 다른 파티가 필요하지 않았어요. 그래서 들어갈 때만큼이나 빠르게 거기에서 빠져나왔죠.

〈레인 맨〉의 경우 더스틴과 톰 크루즈와 로널드 바스와 함께 시나리오를 개발하는 데 거의 반년을 들였어요. 1월 12일을 기한으로 두고 지속적으로 시나리오를 발전시키고 있었는데, 그 기한이 지나면 〈인디아나 존스〉 3편 촬영에 돌입해야 했고 그러지 못하면 1989년 메모리얼데이에 맞춰 개봉할 수가 없었기 때문이죠. 1월 12일을 넘길 게 확실해지고, 이대로라면 〈인디아나 존스〉 3편에서 물러나야 하리라는 걸 깨달았을 때, 조지와의 약속이 〈레인 맨〉을 만드는 것보다 더 중요했어요. 더스틴과 톰과 함께 작업하길 원했기에 너무나도 안타까웠지만, 그 영화에서 하차했죠.

로열   그때까지 메모하신 모든 걸 배리 레빈슨〈레인 맨〉의 감독에게 넘기신 걸로 알고 있습니다.

스필버그   네, 배리 앞에서 일종의 보고를 했고 내가 메모한 것 등 모든 걸 줬어요. 배리는 자신의 길을 갔고 자기 영화를 만들었지만, 나와 함께 내가 건네준 노트에 대해 이야기하며 보낸 시간들을 고마워했어요. 나라면 노트에 적혀 있는 대로 영화를 만들었을 테지만, 배리는 내가 아니고, 자신만의 방식으로 영화를 만들었어요.

로열   마틴 브레스트와 시드니 폴락도 다른 길을 갔어요두 영화감독 모두 배리 레빈슨 이전 〈레인 맨〉의 감독을 시도했으나 중도에 그만두게 되었다.

스필버그   그들 모두 그 영화를 만드는 자신만의 방식이 있었지만, 배리의 방식이 최고였다고 드러났죠.

로열   여전히 더스틴 호프먼과 작업하고 싶어 하시는 걸 알고 있어요.

스필버그   현재 함께 다섯 개 프로젝트를 개발 중이에요.

로열   그리고 메릴 스트리프도요.

스필버그   네. 메릴은 뭐든 다 할 수 있다는 생각이 들어요. 그는 국보가 됐어요. 더스틴 호프먼, 로버트 드니로, 그리고 그런 다른 몇 명도 국보급이 됐고, 그들과 정말 작업하고 싶어요.

로열   이제 〈영혼은 그대 곁에〉에 관해 이야기해보죠. 리메이크 작품이라고 보세요?

스필버그   리메이크라 부르지 않겠어요. 결코 그런 시각으로 바라본 적이 없어요. 그 영화는 1943년 빅터 플레밍의 〈조라는 이름의 사나이〉에서 크게 영감을 얻었죠. 그러나 리메이크라고 할 수는 없어요. 새로운 이야기를 위한 토대로 사용한 거죠.

로열   완전히 독창적인 아이디어로부터 영화를 찍는 것이 희곡이나 책을 각색해서 영화를 만드는 것과 어떻게 비교될 수 있을까요?

스필버그   소설을 원작으로 영화를 만들 때에는 단어들이 이미지들을 떠올리게 하지만, 이미 만들어진 영화를 토대로 영화를 만들 때에는 이미지들이 영화상에 존재해요. 〈조라는 이름의 사나이〉의 이야기 버전을 만들고 싶다고 결정했을 때, 나는 그 영화를 많이 보지 않기로 했어요. 창작 아이디어의 경우에는 외부에 선입견이 존재하지 않아요. 반면 원재료가 책이나 이미 만들어진 영화로부터 비롯될 때에는, 모든 사람이 이미 자기만의 해석을 갖고 있어요. 소설, 영화 혹은 희곡을 토대로 뭔가를 만들 때에는 항상 조금 더 위험을 감수해야 해요. 독창적인 원재료가 이미 재현된 상태이기에 다른 누군가의 작업에 비교당하게 되니까요.

로열   얼마나 오랜 시간, 이 영화를 만들고 싶어 하셨나요?

스필버그   첫 시나리오가 1980년에 나왔으니 약 9년이네요.

로열   〈아리조나 유괴 사건〉은 제가 매우 좋아하는 영화 중 하나예요. 그 영화를 보신 뒤 홀리 헌터와 존 굿맨을 고려하신 건가요, 아니면……

스필버그   기묘한 점을 알려드릴까요? 〈아리조나 유괴 사건〉에서의 홀리 헌터와 존 굿맨의 연기는 마음에 들었지만, 나는 그들이 그 영화에 함께 출연했다는 걸 까맣게 잊고 있었죠. 홀리를 캐스팅한 상태에서 존 굿맨을 캐스팅했어요. 나중에서야 둘이 같은 촬영장을 공유했다는 걸 깨닫게 됐어요. 아주 흥미로운 점이었죠.

로열   둘 다 아주 자연스러운, 매우 진실된 배우들입니다.

스필버그   네, 드레이퍼스도 그렇죠. 이 영화를 화려한 여왕 같은 배우들이나 1990년대 스타덤의 아이콘들과 함께 만들고 싶지 않았어요. 우리가 공감할 만한 현실적인 사람들을 원했어요. 우리가 "와, 내가 저 여자처럼 하는데" 혹은 "사람들이 내가 리처드 드레이퍼스와 닮았다고 생각하나봐. 웃는 모습이 닮았대" 같이 이야기할 수 있도록 말이죠. 혹은 "존 굿맨 같은 절친이 있어"처럼요. 누구나 인생에 존 굿맨 같은 절친이 있거나 있어야 하죠.

로열   최근 홀리 헌터에 대해 캐릭터의 건축가라고 하시며 다른 어떤 배우보다도 그에게서 많은 걸 배웠다고 말씀하신 것으로 알고 있습니다.

스필버그   네, 사실이에요. 그는 건축가예요. 기반에서부터 출발하며, 자신의 캐릭터를 위한 계획을 짜죠. 캐릭터의 인생 스토리와 가장 진정한 욕구, 호불호를 비롯해 그의 말소리가 어떻게 들리는지, 그에게서 풍겨나올 것 같은 향기의 종류 등을 여러 다른 분위기로 표현하는 걸 포함해요. 홀리는 마치 누군가가 밑바닥에서부터 다시 집을 짓는 것처럼 자신의 캐릭터를 구상하고 건축해가요. 그리고 감독이자 협력자(감독으로서 나는 협력자라고 느껴요)로서 나는 홀리의 집으로 뛰어오르기 위해 약간 더 빠르게 달려야 했어요. 그 집은 내가 도착했을 무렵에는 이미 움직이고 있었고 공사가 진행 중이었죠. 그는 자신이 맡은 배역인 도린다에 대해 아이디어가 많았어요. 굉장한 아이디어들이었어요. 뛰어난 건축가예요.

로열   이 영화는 〈죠스〉와 〈미지와의 조우〉 이래 리처드 드레이퍼스와 함께하신 세 번째 영화이며, 두 분은 아주 좋은 친구시죠. 친한 친구를 감독으로서 지도하는 건 어려운 일인가요?

스필버그   아뇨. 릭을 잘 알게 될수록 솔직히 말하는 게 더 수월해졌어요. 이를테면 홀리보다 리처드와는 말이 덜 필요하죠. 그리고 만약 홀리와 다시 작업하게 된다면(그렇게 되리라고 확신해요) 말로 하는 소통이 훨씬 줄어들 거예요. 리처드와 두 번 작업했기 때문에 말로 하는 소통이 줄었다는 걸 발견했어요. 수년간 서로를 잘 알고 지냈고, 내가 살짝 몸짓만 해도(거의 지휘봉을 움직이는 지휘자처럼), 손을 들거나 내리기만 해도, 리처드는 내가 무슨 말을 하고 있는지 정확하게 알았죠. 내가 그에게 다가가면 그는 "어땠어?"라고 말하곤 했어요. 나는 단지 그를 쳐다본 뒤 고개를 숙이고 저었어요. 그러면 그는 "음, 그렇게 나쁘다는 건가?"라고 말했고, 내가 고개를 끄덕이는 시늉을 하면, 그가 "한 번 더"라고 말했죠. 농담 삼아, 장난으로 그랬다는 말입니다. 홀리는 내가 잘 모르는 배우였어요. 비록 촬영이 끝날 무렵에는 그를 아주 잘 알게 됐고 함께 농담도 많이 했지만요. 나는 일의 상당 부분을 진지하게 여기고 싶지 않아요. 배우들이 연기에 들어가기 전에 그들의 귀에다 대고 신의 언어를 속삭인 뒤 그들이 기적을 행하리라 기대하는 게 옳다고 생각하지 않아요. 감독의 일과 배우의 연기란 단순히 소통 문제라 생각해요. 그리고 소통은 여러 형식을 띨 수 있어요. 때로는 그냥 배우들에게 테이크를 한 번 더 가자고 요청해서 별도의 지시 없이 어떤 일이 발생하는지 보고 싶은 욕구이기도 해요. 또 다른 경우에는 많은 논의와 많은 리허설과 많은 실험이죠. 그러면 마치 희곡을 연출하는 것 같아져요. 히치콕은 자기 배우들에게 어떤 말도 하지 않은 채 테이크를 여럿 찍곤 했어요. 그는 배우들이 방금 연기한 것이 맘에 드는지 아닌지 절대 내비치지 않았어요. 배우들이 같은 걸 반복, 또 반복하도록 했어요. 배우들은 완전히 겁에 질린 창의성으로 히치콕의 기분에 맞추려 노력하기 시작했죠. 그 결과 영화에서 최고의 장면들은, 히치콕의 마음에 들려는 시도에서 나온 그 창의적인 순간들에서 나왔어요.

나는 일의 상당 부분을
진지하게 여기고 싶지 않아요.

로열   리처드 드레이퍼스와 홀리 헌터 간의 호흡을 스펜서 트레이
시와 캐서린 헵번의 호흡에 비교하셨는데요.

스필버그   그저 그들이 이 영화 하나만이 아니라 전반적으로 영화에서
연인처럼 보인다는 걸 좋게 표현하기 위해서였어요스펜서 트레
이시와 캐서린 헵번은 총 아홉 편의 영화를 함께했으며, 실제로도 연인이었다. 둘
이 다른 영화들을 함께해도 자연스러울 거예요. 한 팀이죠.
그들이 함께 연기를 시작하기 전까지 나는 둘이 얼마나 좋은
팀인지 깨닫지 못했어요. 뭐랄까 서로에게 안성맞춤이에요.
그들은 코미디를 할 수 있고 드라마를 할 수 있어요. 〈영혼은
그대 곁에〉에서처럼 러브 스토리도 할 수 있어요. 서로에게
아주 적합한 이 두 사람을 발견한 건 행운이었어요. 그들은,
둘 다, 함께 연기할 때 우위를 점하려고 해요. 관계를 흥미롭
게 만드는 게 바로 그런 거죠. 나가떨어져 죽은 척하는 관계
가 아니에요. 둘의 관계는 진짜 대담하고 짓궂은 그런 관계예
요. 서로 신경을 많이 건드리죠. 카메라 앞에서건 아니건 말
이에요.

로열   또한 오드리 헵번을 영화로 다시 불러내는 데 성공하셨습니다.

스필버그   나는 전적으로, 그가 다양한 이유로(주로 유니세프 활동으로 바
쁘고 세계를 돌아다니기 때문에) 거절할 거라 예상했어요. 그의
시간이 귀중하다는 걸 잘 알고 있는데, 그가 시나리오를 마음
에 들어 한 거예요. 그는 시간을 냈고, 그건 그가 우리 중 누

〈영혼은 그대 곁에〉 촬영장에서의 오드리 헵번

구에게라도 해줄 수 있었을 가장 큰 칭찬이었죠.

로열   반드시 남자 배우가 햅을 연기하지 않아도 된다는 생각은 어
       떻게 떠올리셨어요?

그런데 왜 신은 항상 남성으로 인식되는 거지?
라는 생각이 계속 들었어요.
신을 남성으로 이해하는 데에
진정으로 동의한 적이 없었죠.

스필버그   햅은 실제 신이 아니야, 그런데 왜 신은 항상 남성으로 인식
         되는 거지? 라는 생각이 계속 들었어요. 신을 남성으로 이해
         하는 데에 진정으로 동의한 적이 없었죠. 남자들이 성경을 썼
         고 그래서 신은 항상 남자였다고 추정해요. 더불어, 오드리
         가 자연의 모성적 측면에 더 가까웠어요. 그가 신의 특사, 대
         자연 혹은 신 그 자체 중 어떤 걸로 해석되든, 그건 그저 옳아
         보였어요. 영화에 그를 캐스팅하기로 결정했을 때 그에 대해
         두 번 다시 고민하지 않았어요. 그는 피트에게 동정심을 갖고
         있고, 리처드가 연기하는 캐릭터 피트는 외골수에다 성질이
         더러운 사내라 많은 동정심을 필요로 하죠. 그는 우선순위들
         을 정리하기 위해 가능한 한 모든 도움을 필요로 해요. 나는
         햅을 그의 양심이라 말하겠어요. 그는 도처에 있는 사람들의
         양심과도 같아요…… 리처드 드레이퍼스의 캐릭터가 죽기 전
         에 말해야 할 필요가 있는 것들을 말할 수 있게끔 해주는 온

갓 응원이죠.

로열   이 영화가 브래드 존슨에게는 첫 메이저 영화인가요?

스필버그   모든 걸 통틀어 그의 첫 영화였다고 생각해요. 자동차 광고는
        몇 편 찍었을지 모르지만요.

로열   감독님과 처음 만난 자리에서 그가 커피를 쏟은 걸로 알고 있
        습니다. 감독님 앞에서 캐릭터를 시도한 건가요, 아니면 실제
        로 덜렁대는 사람이었나요?

스필버그   그를 처음 봤을 때 정말 얼간이 같았어요. 순전히 불안에 기
        인한 건지, 아니면 아마 그가 단지 뭐든 쏟는 걸 좋아해서인
        지는 모르겠지만, 내 환심을 사려 했던 것만은 확실해요. 두
        세 번 테스트한 뒤 배역을 맡겼는데, 그 덜렁거림이 일조했
        다고 생각해요. 원래 그런 캐릭터가 아니었는데, 얼간이 같은
        점을 좀 가미해보라고 말했죠. 그러나 그가 저지른 모든 우스
        꽝스러운 바보짓들에도 불구하고, 그가 로데오 기수이자 파
        일럿이라는 사실을 언급해야만 하겠어요. 그의 선반에는 로
        데오 트로피들이 가득하며, 그는 신속한 사고와 정확한 기술
        이 요구되는 일들을 해냈어요. 그래서 나는 그가 예쁜 여자를
        만나 좌절감을 느낀 나머지 커피를 전신에 쏟을 때를 대비해
        자신의 덜렁댐을 비축해둔다고 생각해요.

로열   그가 연기하는 캐릭터는……

스필버그   홀리가 실제 세계로 돌아오기 위한 일종의 디딤돌이에요. 홀리의 인생에 그가 최종적인 답은 아니겠지만, 확실히 그가 마음의 자유를 얻고 인생을 지속해나가는 걸 돕죠.

로열   몬타나의 어떤 점에 끌려 그곳에서 촬영을 하셨나요?

스필버그   산림화재요. 아시겠지만, 몬타나는 옐로스톤 국립공원 화재 현장 바로 옆에 있었어요. 그런데 산림화재를 촬영할 때, 우리는 어떤 새로운 화재도 일으키고 싶지 않았어요. 이미 수백만 제곱미터를 쓸어버린 옐로스톤 화재 지역들에 다시 불을 붙였죠.

로열   어떻게 하셨나요?

스필버그   특수효과 팀이 들어가서 이미 타버린 나무들을 준비했어요. 일단 나무들이 다시 불타오르면, 녹색이 아니라는 걸 식별할 수가 없어요. 불길 때문에 온통 주홍색, 노란색이 되니까요. 그래서 이미 거뭇해진 나무들에 다시 불을 지폈음에도, 일단 불길에 휩싸이자 차이를 알 수 없었죠. 더불어 실제 옐로스톤 화재 현장도 어느 정도 촬영했어요. 리처드와 존 굿맨이 화재 현장을 굽어보며 비행하는 많은 장면에서, 아래에 불타고 있는 건 실제 옐로스톤이었어요. 2년 반도 더 전에 스태프들을 보내 이 영화를 준비하게 했죠. 산림관리국에서 우리가 비행기를 타고 그곳에 들어가 실제 옐로스톤 화재 현장 일부를 촬영할 수 있게 허가해줬어요.

로열   워싱턴에서도 촬영하셨다고요?

스필버그   네, 에프라타와 모세 레이크에서, 영화 속 소방관들이 2차 대전 때 사용된 폭격기에서부터 화학 지연제를 화염 위로 떨어뜨리는 법을 배우는 실습장을 촬영했어요.

로열   이 영화의 촬영감독은 〈심연The Abyss〉을 찍은 미카엘 살로몬이었죠.

스필버그   네, 제임스 캐머런이 내게 전화를 걸어 말했어요. "이제 미국에 온 지 1년밖에 안 된 새로운 촬영감독이 있는데 나보다 영어를 더 잘하고 내가 아는 누구보다도 유머 감각이 좋고, 덴마크 출신 치고 특별한 미국식 유머를 구사하더라고요." 그리고 덧붙였죠. "내 영화에서 일을 참 잘 해냈어요." 그래서 미카엘이 실제로 우리 집으로 영화를 가져왔어요. 우리는 앉아서 〈심연〉을 이십오 분 동안 봤고, 그것을 근거로 미카엘에게 〈영혼은 그대 곁에〉의 촬영을 맡겼죠. 그는 또한 멋진 사람이기도 해요. 앞으로 많은 영화에서 그와 함께 일할 겁니다.

로열   영화에 어빙 벌린의 노래 「올웨이즈」를 사용하지 못한 것이 너무 아쉽습니다. 그가 뭐라고 얘기하던가요…… 노래에 대해 미리 계획을 짜둔 게 있다고 했나요?

스필버그 네, 94세인데 "미래에 그걸 사용할 계획이 있다고" 하시더군요. 흥미로웠죠. 미래를 위한 계획을 세우고 있었으니까요. 그를 만나지 못했던 게 유감이에요. 그리고 내 영화에서 한 번도 그의 노래를 사용할 수 없었던 것도 유감이에요. 그러나 내가 시도를 하지 않았기 때문은 아니에요.

로열 좀 더 나이 들었을 때 어떤 모습이 되길 원하세요?

스필버그 나이 드는 건 좋지만 분노하거나 억울해하고 싶지는 않아요. 그리고 나이가 들어서도 영화는 찍고 싶지만, 강의 일주를 하고 싶지는 않아요.

로열 〈영혼은 그대 곁에〉를 만드시기까지 어째서 9년이나 걸렸나요?

스필버그 내가 가진 용기의 한계점이 문제였어요. 〈영혼은 그대 곁에〉를 1981년에 만들 수도 있었을 거예요. 1983년, 1985년, 1987년에도 만들 수 있었을 거예요. 단지 그것을 책임질 만반의 준비를 할 용기가 나지 않았어요. 그건 내가 항상 사랑한 이야기였어요. 동일한 장르 내에서 창작 시나리오로 더 나은 걸 생각해낼 수가 없어서, 1943년에 만들어진 오래된 이야기에 기댔어요. 그러나 성공적으로 현대화할 수 없었어요. 과거로 돌아가 2차 대전 이야기를 만들고 싶지는 않았어요. 동시대 이야기를 만들고 싶었죠. 시대극을 만들면 사람들이 "저건 그냥 과거에 사람들이 생각했던 거야. 현대에는 그런 식으로 느끼지 않지"라고 말할까봐 두려웠어요. 요컨대 이야기가 현 세대에 적용될 수 있길 원했어요. 그리고 그것을 1989년에 맞추는 데 오랜 시간이 걸렸죠.

〈영혼은 그대 곁에〉는 사후의 사랑을 다루지만 우울하진 않아요. 근본적으로 영화가 말하고자 하는 바는, 진정한 사랑이란 죽음을 뛰어넘으며 좋은 방식으로든 나쁜 방식으로든 당신을 계속 따라다닐 수 있다는 거예요. 이 영화는 사랑하는 유일한 사람에게 모든 중요한 걸 말할 기회가 있었지만 그걸 말하려 했을 때는 너무 늦어버린 한 남자에 관한 이야기입니다. 그리고 그가 죽은 지금 그의 임무는(말하자면 임무인데, 그는 자신의 임무가 뭔지 모르죠), 귀환해 살아 있는 인간이었을 때 결코 말하지 못했던 모든 것들을 말하는 거예요. 이때 게임의 규칙은 캐릭터 중 누구도 리처드를 보거나 듣지 못하는데 반해, 왜인지 모르겠지만, 그는 그들의 가슴에 닿을 수 있다는 거예요. 게다가 또 왜인지 모르겠지만 그는 그들을 이해시킬 수 있죠. 이 영화는 진정으로 영감에 대해 말하고 있어요. 만약 당신이 이야기를 쓰는 중인데 "세상에, 이건 대단한 이야기야"라고 생각한다면, 당신의 글이 정교하고 간결하고 경제적이라면, 영감을 받았다는 걸 느끼게 돼요. 혹은 어떤 장면을 연출 중인데 스스로 "야, 아주 승승장구로군. 영감이 떠올라"라고 말하게 돼죠. 과연 누가 나에게 영감을 불어넣고 있는 걸까요? 그러니까, 빅터 플레밍이 무덤에서 귀환해 〈영혼은 그대 곁에〉를 위해 내 뒤를 밀어준 걸까요? 아니면, 〈이티〉를 만들 무렵 빅터 플레밍이 내 귀에 속삭였던 걸까요? 나는 그를 볼 수도, 들을 수도, 그를 느끼거나 냄새를 맡을 수도 없었지만, 진정으로 영감을 느낀 날들이 존재했어요. 우리 모두는 영감을 받는 날들이 있죠. 그렇다고 우리 스스로를 폄하하자는 의미가 아니에요. 우리는 스스로를 위해 많은 걸 하니까요. 그러나 가능할까요? 과연 우리를 괴롭히기 위해서가 아니라 돕기 위해서 가끔씩 귀환하는, 우리의 과거로부터 온, 심지어 우리에게 낯선 사람들이 존재할 수 있을까요? 〈영혼은 그대 곁에〉는 바로 이런 질문에서 탄생했어요.

우리 모두는 영감을 받는 날들이 있죠.
그렇다고 우리 스스로를 폄하하자는 의미가 아니에요.

로열　　감독님의 향후 영화들에 대해 이야기해보죠. 〈쉰들러 리스트〉를 만드실 건가요?

스필버그　　〈쉰들러 리스트〉는 내 제작사가 유니버설과 함께 제작할 게 확실합니다. 그러나 현재로선 연출하고 있지 않아요. 계속 부담스러운 소재였죠. 홀로코스트 이야기는 위험한 소재예요. 그리고 '전쟁과 추억' 혹은 '홀로코스트' 같은 TV물과는 달리, 홀로코스트를 다루는 장편 극영화는 현미경으로 분석될 것이며, 탈무드부터 테드 코펠〈나이트라인〉의 앵커로 알려진 코펠은 독일의 유대인 집안에서 태어나 나치즘을 피해 미국으로 왔다에 이르기까지 모두에 의해 철저하게 검토될 거예요. 그것은 정확해야만 하고 공정해야만 하며, '조금이라도' 오락 같다는 인상을 줘서는 안 돼요. 그런데 영화를 만들 때면 스스로 부과한 규칙 중 하나 혹은 모두를 저버리지 않기가 매우 어려워요. 그래서 수년 동안이 프로젝트의 시동이 꺼져 있었던 거예요. 아주 섬세한 균형의 문제인데, 아직 우리가 그것에 성공했는지 확신하지 못해요. 그래서 여전히 개발 중에 있는 겁니다.

로열　　'피터 팬'은 확실하게 안 하시고, 〈이티〉 후속편도 안 하시는 것 맞죠?

스필버그　네, 안 하는 게 확실해요.

로열　　그러면 차기작은 어떤 영화인가요?

스필버그　모르겠어요. '모르겠어요'라고 불리는 시나리오를 개발해야 할 것 같네요. 매번 내게 물을 때마다 하는 대답이다 보니.

로열　　불안정한 느낌에 대해 농담으로 언젠가 유니버설이 감독님의 사무실을 박탈하려 하지 않을까 두렵다고 말씀하셨죠.

스필버그　유니버설이 내 사무실을 회수할까봐 걱정하는 게 아니에요.

유니버설이 매각돼서 내 사무실이 없어지는 걸 걱정하는 겁니다.

로열   네, 이상한 시대입니다. 오래된 MGM 스튜디오에 '로리마르 제작사'라고 붙어 있는 걸 보는 게 영 익숙하지가 않아요.

스필버그   더 이상한 건 로리마르에 갔는데 '컬럼비아 영화사'라고 붙어 있는 거죠. 그러나 나에게 그곳은 늘 MGM 스튜디오로 남을 겁니다. 우리 영화산업의 역사상 가장 위대한 영화들이 모인 박물관이라 생각해요. 그 스튜디오에는 사람을 홀리는 뭔가가 있어요. 그곳에 발을 내디딜 때마다 일종의 팽배한 창조성으로부터 위안을 많이 받는데, 급수탑에 'MGM' 표시가 아닌 그 어떤 것이 붙어 있는 걸 보다니 슬플 따름이에요. 그러나 시간은 모든 건축물의 얼굴을 변화시켜요. 늘 그렇죠.

로열   지금 영화산업이 특별히 불안정한 시기라 생각하세요?

스필버그   그게 역설적이에요. 영화 만드는 게 뭔지 전혀 모르는 회사들이 영화 제작사들을 사들이고 있다는 점에서 불안정해 보이죠. 그러나 여전히 영화들이 만들어지고 있고, 영화 역사상 그 어느 때보다도 더 성공적인 영화들이에요. 대단히 풍요로운 때이면서도 기업적인 측면에서는 대단히 불안정한 시기이기도 해요. 따라서 내일 당신의 급수탑을 누가 장식하게 될지 절대 알 수 없는 거죠. 영화감독들이 완벽한 영화를 끈질

기게 추구하고, 누가 수표에 사인하는지 잊으려 노력하는 한 (영화와 그 외 절차 및 모두의 월급을 지불할 돈이 존재하는 한), 누가 스튜디오를 인수하는지는 문제되지 않을 거예요. 영화에 대한 지식이 전무한 기업들이 창작에 개입하려 하지 않는 한에서는요. 나는 소니가 개입할 거라 생각하지 않아요. 소니는 존 피터스와 피터 거버에게서, 혹시라도 그들이 갖고 있었을 법한 창작의 욕구를 완전히 박탈해갔다고 생각해요. 그들이 향후 컬럼비아를 발전시키고 1930~40년대만큼이나 성공적으로 만들면서 굉장한 일을 해낼 거라고 봐요. 진심으로 그들이 성공하고 초대박을 칠 거라 생각해요. 모든 짓궂은 우스갯소리들이 동네를 한 바퀴 돈 뒤, 그들이 워너에서 나와 컬럼비아에 자리를 잡으면 잘 해낼 거라 봅니다.

로열   일본인들의 영화 사업 투자에 대해 어떻게 생각하세요?

스필버그   우리가 일본인들을 질투할 수는 있지만 그들이 훌륭한 자동차와 VCR 및 TV세트같이 대단한 엔터테인먼트 도구를 생산한다는 건 인정해야 합니다. 일본은 전 세계에서 유일하게 고해상도 텔레비전 분야에 진지하게 뛰어들고 있는 나라예요. 종국에 우리는 그 분야에서도 그들과 경쟁해야 할 겁니다. 그 분야는 이 나라를 장악할 것이며, 10년 후 사람들은 HDTV를 요구하고 있을 테니까요. 따라서 일본인들에 대해 불평하기보다, 훨씬 철저히 그들과 경쟁할 필요가 있다고 생각해요.

로열 〈이티〉를 홈 비디오로 봐서는 안 된다고 생각하신 때가 있었죠. 물론, 지금은 역사상 가장 성공적인 비디오가 됐습니다. 홈 비디오로 영화를 출시하는 게 힘드셨나요?

스필버그 꼭 그랬던 건 아니에요. 〈이티〉가 가정용 비디오테이프로 나오는 걸 절대 상상할 수 없을 거라고 언젠가 말했죠. 그러나 지난 6~7년간 "〈이티〉는 언제 비디오카세트로 나와요?"라고 부모와 어린이들에게 두들겨 맞다시피 공격당했어요. 길거리에서 나를 알아본 사람 다섯 명 중 한 명이 그렇게 물었어요. 결국 나는 매우 강력하고 대중적인 요구를 부인할 수 없었던 거예요. 그래서 출시된 거죠.

로열 〈이티〉가 출시된 후 가정용 비디오 시장이 너무나 커졌어요.

스필버그 네, 시장이 확대됐고, 그보다 중요한 건 이제 훨씬 많은 비디오 플레이어가 존재한다는 사실이죠. 〈이티〉를 출시하기로 한 시기에는 이미 플레이어들이 나와 있었기 때문에 영화를 음미하는 게 가능했어요. 1982년보다 겨우 1년 지나 1983년 말에 출시했다면 모든 노력이 수포로 돌아갔을 거예요. 카세트테이프 가격은 개당 1백 달러로 책정됐을 테고, 당시 비디오 플레이어 수는 5백만 개 미만 정도였는데, 내 생각에 그 수는 〈이티〉의 비디오카세트 출시를 정당화할 만큼 충분하지 않았어요. 수익 면에서 이야기하는 게 아니에요. 단지 수요를 충족할 만큼 플레이어 수가 충분하지 않았다는 거예요. 지금은 충분히 있어요. 시장은 계속 성장할 겁니다. 판매량이 가장 큰 시장이에요. 또 케이블 시장이 미친 듯이 커지고 있어요. 결국에는 너무나 많은 선택이 가능해질 겁니다.

로열   레이저디스크는 어떤가요?

스필버그   품질이 대략 40퍼센트 정도 나아요. 집에 레이저디스크가 있는데 정말 마음에 들어요. 누군가가 레이저디스크로 영화를 갖고 있다고 말한다면, 나는 비디오카세트가 아닌 레이저디스크를 고를 거예요. 음향도 더 나아요. 사람들이 우리 영화를 볼 때 최첨단 장비를 사용할 수 있길 바라요. 우리는 우리의 영화들이 멋지게 보이고 들리도록 노예처럼 작업했거든요. 변변치 않은 하드웨어로 그 영화들을 재생하는 건 애석하기 짝이 없죠.

로열   감독님이 뮤직비디오를 높이 평가하지 않는다고 어디선가 읽었어요.

스필버그   뮤직비디오를 아주 좋아해요. 단지 만들고 싶지 않을 뿐이죠. 내가 그 분야에서 잘할 수 있을 거라 생각하지 않아요. 나는 뮤직비디오의 열렬한 지지자예요. 비디오의 성격이 장편 극영화에 슬그머니 영향을 미치기 시작하는 걸 보고 싶지 않을 뿐이에요.

로열   왜냐하면 이야기가 들어 있지 않아서죠.

스필버그   네, 이야기가 들어 있지 않아요. 그것은 우리에게 영상의 파
            편들을 제공하며 오감을 공격하고 우리가 이미저리를 인식
            하는 방식을 바꾸죠. 음악이 함께 있으면 괜찮다고 생각해요.
            그러나 나는 백십오 분간 이야기를 시도하는 비디오 기술을
            보고 있길 원하진 않아요. 그 카메라 뒤에 스탠리 큐브릭이
            있지 않는 한 말이죠. 어떤 신기술이 도래하더라도, 그중 어
            떤 것도 좋은 이야기를 대신할 수는 없기에 종종 기술이 사라
            져버려요. 그리고 당신이 어디에 카메라를 설치하든, 얼마나
            자주 스크린을 분할하든, 혹은 당신이 슬로모션으로 찍든 아
            니면 천천히 촬영해서 벤 터핀미국의 코미디 배우처럼 빠르게 움
            직이게 하든, 강렬한 이야기를 갖고 있는 한 그 모든 건 아무
            의미가 없어요. 강렬한 이야기가 있다면, 자동적으로 카메라
            뒤의 감성은 정상 속도로 평범하게 감돌며 그저 이야기를 (깔
            끔하게, 품위 있게, 공감하며) 스크린에 올려놓게 돼요.

어떤 신기술이 도래하더라도,
그중 어떤 것도 좋은 이야기를 대신할 수는 없기에
종종 기술이 사라져버려요.

로열   〈트레이시 울먼 쇼〉에 출연하신 건 어떻게 된 거예요?

스필버그   어느 날 전화가 와서, 내가 출연하는 대본을 작성했는데 직접

나올 의향이 있는지 아니면 최소한 대본을 읽고 고려해볼 수 있는지 물어보더군요. 호기심이 발동해서 대본을 읽었고, 트레이시가 내 스피커 박스에 대고 말하며 우리 집에 들어오려고 애쓰는 구 분의 짧은 분량이 마음에 들었어요. 정말로 내 어깨를 으쓱하게 만들었고, 유쾌하다 생각해 충동적으로 하겠다고 했죠. 물론 오 분 후 후회했지만요. 카메라 앞에서 그다지 능숙하지 않거든요.

로열　　　그래서 어떻게 하셨어요?

스필버그　　잘 해냈어요. 테드 베셀은 좋은 감독이었고 내 긴장을 풀어줬어요. 그리고 제임스 L. 브룩스가 거기 있었는데 힘이 됐어요. 제리 벨슨도 또한 힘이 됐고요. 트레이시가 가장 힘이 됐는데, 그는 내 눈에 불안이 서려 있는 걸 보고 적절한 말을 해줬고, 나는 문득 "이런, 이게 바로 좋은 감독이 하는 일…… 그저 배우의 긴장을 풀어주고 그가 최선을 다할 수 있게 하는 건가?"라는 깨달음을 얻었죠. 그리고 그게 모두가 나를 위해 한 일이었어요.

로열　　　〈프렌티〉프레드 셰퓌시의 1985년 영화에서 트레이시를 처음 보셨나요?

스필버그　　아, 〈프렌티〉에 나온 그는 훌륭했어요. 그러나 그전에 이미 폴 매카트니의 비디오에서 봤어요. 제임스 L. 브룩스가 그를 중심으로 한 쇼를 만들어내기 전에, 나는 온 동네에 그의 이름을 외치며 그가 출연할 만한 무언가를 위해 노력하고 있었죠.

로열 감독님은 스스로 일을 미룬다는 점을 인정하셨어요. 일을 오래 끈다면서 어떻게 그렇게 많은 걸 성취하시는 건가요?

스필버그 글쎄, 이렇게 생각해봅시다. 내가 일을 질질 끌지 않았다면 얼마나 더 많은 성취를 할 수 있었을지 상상해보는 걸로요.

우리가 잊지 않도록

400명의 엑스트라가 비스듬히 내리는 눈 속에 꽁꽁 얼어붙은 채 서 있다. 투박한 낡은 부츠를 신고, 머리 스카프, 낡은 모자를 쓴 채, 혹은 긴 수염 등을 붙이고 있으며, 푸른색 다윗의별이 그려진 하얀 완장을 팔에 두르고 있다. 그들은 눈덩이가 동유럽의 경사진 지붕 꼭대기에서부터 미끄러져 떨어지는 동안, 발을 동동 구르며, 오래되고도 멋진 메르세데스 벤츠의 컨버터블에 탑승한 나치 장교가 광장을 지나가길 기다리고 있다.

"모든 배우들에게 차가 지나갈 때 모자를 벗으라고 말하게." 스티븐 스필버그가 말한다. 계절에 맞게 고무를 덧댄 하이킹 부츠를 신고 귀덮개가 달린 모자를 쓰고 있다.

여기는 폴란드의 크라쿠프 시내, 옛날 유대인 게토의 심장부다. 수증기와 연기로 자욱하다. 이곳에서 스필버그는, 적어도 1100명의 유대인을 (현지 나치 엘리트와 술을 마시고 여자들과 어울려 다니며) 죽음의 수용소에서 구해낸 독일 사업가 쉰들러에 관한 실화를 바탕으로 쓴 토머스 케

존 H. 리처드슨John H. Richardson, 〈프리미어Premiere〉 1994년 1월 호에서.

닐리의 원작을 토대로, 〈쉰들러 리스트〉를 5주째 촬영하고 있다. 지난 50년간 바뀐 것은 거의 없다. 건물 대부분은 나치들이 죽음의 수용소를 가득 채우기 위해 게토를 비워냈을 때 그대로다. 아우슈비츠는 편리하게도 사십오 분 거리에 위치해 있(었)다. 제작사 소속 폴란드 가이드에 따르면, 너무나 많은 사람들이 그곳에서 죽은 나머지, 오늘날까지 근처 연못의 제방이 인간의 재로 검게 그을려 있다고 한다.

"좋아요, 시작합시다. 스탠바이!"

스필버그는 메르세데스의 뒷자리에 앉아 카메라를 통해 보고 있다. 한 스태프가 메가폰으로 엑스트라들에게 그의 지시 사항을 통역한다. 목 뒤쪽에서 나오는 듯한 거친 폴란드어로 소리 지르는 그는 마치 실제로 사람들을 죽음으로 향하도록 명령하는 것처럼 들린다.

"카메라 레디…… 큐!"

"액션!" 스필버그가 외친다. 차가 출발하면, 엑스트라들은 흩어진다. 쇼트와 쇼트 사이 막간에, 넋 놓고 구경하던 소규모 무리에서 회색 머리의 여인이 떨어져 나와 스필버그에게 접근한다. 그에게 광장에서 나치들을 보는 것이 충격이라고 말한다.

"끔찍해요, 끔찍해요, 다시 그걸 보게 되다니."

그의 이름은 로르나, 죽음의 수용소로 향하는 순례 행렬에서 살아남았다. 스필버그는 누구에게나 그러듯이 아주 직설적인 말투다. "크라쿠프에서 게토에 갇히셨어요?"라고 묻는다.

"청산 작업이 이뤄질 때까지요." 그가 대답한다.

"그곳에서 일을 했나요?"

"우리는 물때 벗기는 작업을 했어요." 그가 말한다.

스필버그는 그 같은 경우가 많이 있다고 말한다. "사람들은 천에 붙은 별과 완장과 의복을 보면 창백해져요." 그런 반응에서 그는 확실한 만족감을 얻는다. 그는 말한다. "중요한 게 바로 그거죠. 기억할 수 있는 기회를 만드는 것. 유명한 대사도 있잖아요. '우리가 잊지 않도록Lest we forget'."

그런 다음 곧바로 그는 제1 조감독 세르지오 미미카를 향해 말한다. "세르지오, 세르지오, 뭘 기다리고 있는 거지? 해가 나오고 있잖아. 리버스 쇼트앞 장면과 180도 반대인 앵글에서 촬영한 쇼트를 같은 날씨에 맞춰 찍어야 한다고."

중요한 게 바로 그거죠.
기억할 수 있는 기회를 만드는 것.

〈쉰들러 리스트〉는 거대 프로덕션이다. 대사 있는 배역 126명, 엑스트라 3만 명, 로케이션 35군데에 지어진 세트 148개, 스태프 210명에 더해 공사를 담당하는 30명까지. 영화가 끝나려면 아직 2개월의 촬영이 더 남아 있다. 스필버그는 〈쥬라기 공원〉 촬영장에서 거의 곧바로 여기 세트장으로 왔다. 그에게 오스카르 쉰들러의 이야기는 자진해서 하는 봉사의 개념이자, 자신이 계승한 유대인으로서의 유산과 흑백영화의 유산에 대한 헌사이며, 역사상 가장 성공한 영화감독으로 자신을 만들어준 상업적 재능으로부터 스스로를 해방하려는 투쟁이다. 그는 그것을 스타 배우 없이 흑백으로, 비교적 소규모 예산인 2천 2백만 달러로 촬영 중이며, 근래 보기 드물게 기운이 넘친 채, 하루의 매 순간과 절대적으로 사랑에 빠진 것처럼 보인다.

배우들과 스태프들도 마찬가지로 헌신적이다. 이 세트에는 성스럽다시피 한 엄숙함이 흐른다. 폴란드에 남아 있는 유대인의 수가 충분하지 않아서, 많은 배우가 이스라엘인이며, 그들 자신이 홀로코스트 생존자거나 생존자의 자손들이다. 제작자 브랑코 러스틱과 유대인 전통 자문가 월지미에르즈 스테인은 둘 다 아우슈비츠를 경험했다. 카메라 조수 스티브 테이트처럼, 비유대인들도 마찬가지로 헌신적이다. 유대인 아내를 둔 그는 자기 영화를 제작하던 중에 스필버그가 〈쉰들러 리스트〉를 만들 준비가 됐다는 소식을 들었다. "그에게 무엇이든 하겠다고, 심지어 무상으로 일하겠다고 했어요. 그럼으로써 다른 의로운 비유대인들을 독려할 수 있길 바랐죠. 그들 중 한 명이 언젠가 내 아이들을 구해줄지도 모르죠."

촬영 시작 전에 팀은 아우슈비츠에 모여 스테인이 이끄는 추도식을 가졌다. 스필버그는 회상한다. "그는 간신히 추도식을 끝냈어요. 목소리에서는 거의 지속적인 비브라토, 눈물로 목이 메는 듯한 떨림이 느껴졌죠. 결코 들어보지 못한 소리, 너무나 고통에 찬 소리였어요. 그가 이곳에 올 때마다 그런 식으로 반응했을 거라 생각했는데, 알고 보니 49년 만에 처음 온 거였어요."

배우 리엄 니슨이 아우슈비츠에서의 첫 장면을 찍었다. 쉰들러를 연기하며, 수용소로 끌려간 자신의 공장노동자들을 구하기 위해 그곳으로 급히 달려갔다. 그는 나중에 말한다. "망할 놈의 음산한 장소더군요. 일요일에 브로드웨이에서 〈안나 크리스티〉 공연을 마친 후 수요일 아침 그곳 카메라 앞에 섰어요. 매섭게 추웠죠. 영화 촬영장에서 벌어지는 그 모든 서커스 한복판에 서 있었는데, 아무것도 뇌리에 들어오지 않았어요. 그러자 브랑코가 물었어요. '뭘 생각하고 있죠?' 그래서 답했어요. '브랑코, 오늘이 내 첫 촬영일이잖아요.' 그는 소매를 걷어 올린 후 팔의 유대인 문신을 보여주더군요."

스필버그는 말한다. "오른쪽에는 막사들이 많이 허물어졌지만 굴뚝은 아직 존재해요. 굴뚝의 숲이에요. 하나의 도시였어요. 산업이었죠, 죽음의 산업. 혼이 깃든 인간 도살장이었고, 그걸 여전히 느낄 수 있어요. 그곳에서 촬영한 며칠간 모두가 극도로 불안해했죠."

그런 다음 그는 다시 주의를 돌려 세트를 향해 말한다. "세르지오, 내가 보고 싶은 걸 설명하겠네. 사람들에게 담배를 주고, 차가 지나가면 담배를 등 뒤로 숨기라고 해."

촬영에 들어가자 스필버그는 말한다. 끊임없이 말한다. 크라쿠프에서 5주를 보낸 여파일지 모른다. 증언이 분위기를 압도해서일지도 모른다. 그는 말을 하는 게 과민한 에너지를 태워 없애는 걸 도와준다고 말한다. 그의 대화 중 많은 부분이 역사 해설이라 할 만한 것들이다. 그는 상당한 홀로코스트 전문가가 됐다. 다른 때에는 그보다 사적이다. 애리조나에서 유대인으로 어린 시절을 보낸 건 힘들었다고 그는 말한다. "아이들이 자습 시간에 동전들을 던졌어요. 아주 조용한 방에서 내게 동전을 던졌죠."

그는 유년기의 얼마 동안 정통 유대교도로 길러졌다. "나는 모두가 비유대인인 동네에서 우리 집만 캘커타의 지하 감옥 같아 보이지 않게끔, 집 앞에 크리스마스 전등을 달고 싶어 했어요. 우리 이웃들은 크리스마스 장식을 제일 잘 꾸민 집에 주는 상을 타고는 했죠. 나는 아버지께 매달렸어요. '아빠, 우리도 전등을 좀 달아요.' 그러면 아버지는 말했죠. '안 돼, 우리는 유대인이야.' 다시 물었어요. '현관의 하얀 등을 꺼내고 붉은 등을 끼우는 건 어때요?' 그러면 아버지는 '안 돼!'라고 했고 나는 '그럼 노란 현관 등은요?'라고 묻고 아버지는 '안 돼!'라고 하셨죠."

스필버그와 유니버설은 11년 전 원작『쉰들러의 방주schindler's ark』가 출간된 후 얼마 지나지 않아 판권을 구입했다. 그는 말한다. "엔터테인먼트를 선사하려는 내 불타는 욕망으로 인해 계속 그 작업을 미뤘어요." 한때 그는 마틴 스코세이지에게 얼렁뚱땅 그 영화를 넘긴 적이 있었는데, 마음을 고쳐먹고 다시 가져오느라 결국 〈케이프 피어〉와 맞바꿔야 했다. 문제 중 하나는, 쉰들러가 나치 정당 회원에서, 유대인들의 생존을 위해 공장에 일거리를 만들어낸 영웅(일례로 그는 나치에게 오직 아주 작은 손만이 폭탄 내부를 닦을 수 있다고 함으로써 어린아이들을 구해냈다)으로 변화하는 과정을 점진적으로 극화하는 것이었다. 여러 시나리오작가들이 각본 작업을 하다가, 스티븐 자일리안이 제멋대로 뻗어나가는 서사를 길들여 스태프들이 반농담조로 '버디 무비buddy movie'라 부르는 것으로 축소해, 벤 킹즐리가 연기하는 유대인 지식인 이츠하크 스턴과 쉰들러의 우정에 초점을 맞췄다. 스턴은 쉰들러를 기리고자, 아몬 괴트라는 매력적인 나치 살인자와 싸운다. 킹즐리는 말한다. "완벽한 드라마의 틀이죠. 스턴은 선한 천사, 괴트는 악의 천사, 쉰들러는 중간에 있어요."

각본이 성숙해져감에 따라 스필버그도 덩달아 성숙해졌다. 아버지가 된 것이 그를 단련하는 데 도움이 됐다. 그는 말한다. "예전보다 지금의 나는 훨씬 더 정치적이에요. 10년 전 〈이티〉 관련 인터뷰에서는 자랑스럽게 내가 일종의 정치적 무신론자이며 비틀즈를 뒤늦게, 6년이 지나서야 알게 됐고, 베트남전은 내 이해 범위 밖이라고 말했던 적이 있죠."

스필버그는 또한 '스스로의 성공에 유혹되어' 최근 몇 년간 조금 엇나갔던 걸 깨달았다. "내 작품을 선보인 건 늘, 유년 시절을 기억하고 자식들과 영화를 즐길 수 있는 성인 관객 앞에서였어요. 하지만 직접 아이들과 마주하기 시작해보니, 내 신발 끈에 걸려 넘어지더군요. 그러고 나자,

영화를 만들 때에는 일을 의식적으로만 할 수 없다는 걸 깨달았어요."

〈쉰들러 리스트〉는 스필버그가 지금까지 만든 그 어떤 것과도 다르다. 〈죠스〉의 '영화적movie' 영화 세계와 동떨어진 만큼이나 그렇다. 심지어 〈태양의 제국〉조차 소년의 눈으로 보는 세계다 보니, 스필버그의 말마따나 훨씬 더 '시각적 향연'에 가까웠다. 〈쉰들러 리스트〉를 올바르게 만들기 위해서는 극단적으로 다른 팔레트를 시도해야 한다는 걸 그는 알고 있었다. "기교와 때깔 면에서 내게 어느 정도 명성을 안겨준 상업적인 기술들에 기대기에는 이야기의 진실성이 너무도 중요했어요"라고 그는 말한다.

이를 위해 어느 정도 투쟁이 필요했다. 감정적 투쟁이 종종 그렇듯, 그 투쟁은 새로운 기술로 귀결됐다. "연장 통에 있던 모든 도구들을 버렸어요. 그중 하나는 크레인이었어요. 또 하나는 컬러 영화였고요. 도구들을 제한함으로써 이야기가 영화의 힘이 되도록 했어요. 이 영화에는 호화로운 게 전혀 없어요……" 그는 잠시 멈췄다가, 말한다. "너무 따분하지는 않길 바라요."

장면의 생생함을 유지하기 위해 스필버그는 빠르게(때로는 하루에 35~40개의 쇼트를), 그리고 후하게 촬영 중이다. 첫 5주 동안 찍은 커버리지 쇼트의 수가 그의 최근 작품 다섯 편을 다 합친 것보다도 많다고 한다. 그것을 신속히 편집한 몽타주에 사용할 계획이다. 그는 말한다. "영화를 촬영하는 방식을 더 많이 찾아내기 위해 촬영 속도를 이용하고 있어요." 그는 또한 불안정한 핸드헬드 쇼트를 많이 택함으로써, 다큐멘터리, 시네마베리테cinéma vérité, 영화적 진실을 강조하는 사실주의적 경향. 1950~70년대에 등장한 기록 다큐멘터리를 칭하기도 한다의 느낌을 시도하고 있다. 그는 핸드헬드가 최종 결과물의 30퍼센트를 차지하게 될 것으로 기대한다. 그럼으로써 '마감 칠에서 왁스 코팅을 제거하는 데' 도움이 되리라는 것이다.

여러 배우가 사실상 계약금을 받지 않고 쉰들러를 연기하겠다는 의지를 피력했지만, 스필버그는 스타 배우의 기용을 피했다고 한다(이 프로젝트와 관련해 가장 자주 언급되는 이름은, 영화계 소문에 따르면 멜 깁슨, 해리슨 포드, 케빈 코스트너다). "실제 인물, 가능한 한도 내에서 실제와 가장 가까운 인물을 찾고 있었어요. 리엄은 테스트에서 정말 굉장했죠. 그가 무명 배우는 아니지만 스타도 아니라는 게 마음에 들어요. 그는 캐릭터에 자신의 경험을 그리 많이 투입하지 않을 거예요."

흥미롭게도 쉰들러는 이제까지 스필버그의 주인공 대부분과는 다르다. 그 주인공들은 일반적으로 인식되는 것보다 훨씬 어둡다. 〈미지와의 조우〉에서 맹렬히 으깬 감자 산을 만드는 로이 네리부터 이티에게 정신없이 장난감들을 보여주는 엘리어트에 이르기까지, 불안한 에너지로 불타올랐다. 그와 대조적으로 쉰들러는 스필버그의 말마따나 너무나 '자기 세계의 주인'인 나머지, 심지어 인디아나 존스조차 불안해 보이게 한다. "오스카르 쉰들러로서 리엄 니슨은 내가 작업해본 가장 낭만적인 캐릭터예요. 그는 크라쿠프 도시 전체와 연애하고, 나치들과 연애하고, 정치인, 경찰서장, 여자들과 낭만을 나누죠. 그는 위대한 유혹자였어요."

영화는 이전 타임 워너 회장 스티브 J. 로스에게 헌정될 예정이다. 그는 1992년 사망하기까지 스필버그에게 아버지 같은 사람이었다. "내가 아는 그 누구보다도 스티브 로스는 내게 쉰들러에 대한 많은 통찰을 제공했어요." 그는 말한다. "오늘날 쉰들러가 살아 있다면 타임 워너를 경영하고 있을 겁니다. 영화 촬영에 들어가기 전, 내가 가진 스티브의 모든 홈 무비들을 리엄에게 보냈어요. 그리고 말했죠. "그의 걸음걸이를 연구하고, 태도를 연구하고, 그를 정말 잘 알아두게나. 그게 바로 이 남자쉰들러를 지칭의 모습이거든."

스필버그는 그의 가장 어두운 영화에 그의 가장 밝은 캐릭터를 넣었다. 그가 쉰들러에 대해 자주, 애정을 가득 담아 이야기하며 그 캐릭터에게서 커다란 기쁨을 발견한다는 건 놀랍지 않다. "경이로운 사실은 오스카르가 그 테러리스트와 꼬박 3년을 (함께 술을 마시고 함께 여자들과 어울려 다니고 함께 돈을 벌며) 지내면서, 단 한 번도 그에게 정체가 발각되지 않았다는 거죠."

괴트를 연기하는 레이프 파인스가 고개를 끄덕인다. "쉰들러에 대한 다큐멘터리 한 편이 있는데, 그에 대해 설명해줄지도 모르는 게 들어 있어요. 그는 자기 안의 돼지를 어느 정도 끄집어낼 수 있었어요. 그가 사용한 흥미로운 표현이 있어요. '나는 항상 다른 누군가의 슈바인독일어로 돼지를 의미과 접촉할 수 있었다'."

스필버그는 꿀꿀거리며 일종의 웃음소리를 낸다. "돼지들이 송로버섯 6백만 개를 먹어 치웠죠."

영화를 만들 때에는 일을 의식적으로만
할 수 없다는 걸 깨달았어요.

수백 명의 엑스트라가 소품 트럭에서 급하게 가방을 움켜쥐고 모세의 돌판 중 하나의 모양을 한 문 앞에 일렬로 선다. 유대인들이 게토로 들어가는 중이다. 말들이 가구가 높이 쌓여 있는, 목재 바퀴가 달린 마차들을 끌고 있다. 기관총을 든 나치들이 거리에 줄지어 선다. 마치 하얀 빗자루가 쏟아내리듯 계속해서 눈이 심하게 퍼붓고, 말들이 김을 내뿜고, 모두의 입김이 날아오른다.

너무 추워서 모든 근육이 수축되고 기운이 빠르게 소진된다. 그러나 스필버그는 결코 앉는 법이 없다. 군중 속을 헤치며 엑스트라들의 위치를 정한다. "바로 여기에서 그들을 멈추게 하세요"라고 한 배우에게 말한다. 뒤쪽에, 길게 자란 성긴 수염이 있는 나이 든 남자를 발견하곤 그를 앞으로 배치한다. 줄의 맨 앞에 다다랐을 때 가방을 어떻게 할지, 배우 두 명이 알고 싶어 한다. "연습하지 마세요. 실제는 계획할 수 없는 거예요."

다음 쇼트는 할 일을 배정받기 위해 일렬로 선 유대인 군중을 찍는다. 스필버그는 테이블에 앉아 있는 나치들의 유니폼에 눈이 닿지 않게끔 아이들에게 그들 위로 우산을 받쳐 들라고 지시한다. 그런 다음 아이들을 쇼트의 일부로 넣기로 결정한다. 전경에 있는 아이가 너무 귀여워서 스필버그는 그보다 평범한 아이로 대체한다. 그는 말한다. "나는 영화 속 우산을 정말 좋아해요. 〈해외 특파원〉 기억하세요? 그 영화에서는 모든 게 독창적이었어요. 특히 우산들을 모두 보여주는 하이 앵글high angle이 그랬죠. 저격범이 도망칠 때 그가 어느 방향으로 달려가고 있는지 알 수 있는 건 오직 우산들이 연이어 거칠게 밀쳐지기 때문이죠. 기억나세요?"

스필버그는 달리 쇼트카메라 이동용 수레인 달리dolly 위에 카메라를 싣고 움직이면서 촬영한 쇼트를 고려한다. 턱을 끌어당긴 채 바닥을 응시한다. 그의 야구 모자가, 마치 휴식을 위해 멈춘 새처럼, 코 위로 비스듬히 내려가 있다. 그는 말한다. "달리를 사용하면 그야말로 할리우드 쇼트가 될 거예요. 평범한 '무비' 영화 속의 진정한 무비 쇼트 말이에요. 이런 영화에서는 늘 팬카메라가 고정된 채 수평으로 움직이는 방식이 선택되죠."

스필버그는 일관되게 절제력을 보인다. 이를테면 괴트의 악마적 매력을 희석하기 위해 많은 장면에서 파인스가 '흐릿하고 술에 취한 눈'으로 연기하게 했다. "그가 홀로코스트 장르의 한니발 렉터영화 〈양들의 침묵〉 속 살인자의 이름가 되는 걸 원하지 않기 때문"이라고 말한다.

이 장면은 안무를 짜는 게 어렵다. 수백 명의 엑스트라가 테이블로 다가가고 말들은 한쪽에서 줄을 끊어내려 하고, 나치들은 작업 지시서에 도장을 찍고 있으며, 이 모든 것이 대사의 타이밍과 맞아야 한다. 두 번, 세 번 테이크를 찍고 나자, 스필버그는 짜증을 내기 시작한다…… 는 건 정확한 표현은 아닐 테고, 완강해진다.

그는 말한다. "거기 대체 무슨 일이야? 사람들이 밀려들고 있잖아. 이 장면의 핵심은 그들이 배치받기 위해 잠시 멈춰야 한다는 걸세. 저건 현실적이지 않아. 저들은 현실적이어야만 해."

그는 장면 속에 더 많은 군중을 담기 위해 초점거리가 더 긴(그러나 지나치게 길진 않은) 렌즈로 가기로 결정한다. 그는 말한다. "약간 더 가까이 가면 대사가 들리는 걸 정당화할 수 있어요. 그리고 그들이 걷기 시작하면 달리에 정당성이 부여되죠." 마음을 바꾼 뒤 그는 달리 트랙을 지시한다.

연습하지 마세요.
실제는 계획할 수 없는 거예요.

제작자 브랑코 러스틱은 유쾌한 남자로, 건장한 몸집에 회색 머리를 하고 있다. 그는 가족 모두를 수용소에서 잃었다고 차분하게 말한다. "어머니를 제외한 모두요. 우리는 전쟁이 끝난 뒤 만났어요."

폴란드에서의 영화작업에 대해 말할 때에도 여전히 미소를 띠고 있다. "이 말은 해야겠어요. 이곳이 나는 편치 않아요. 그들은 우리의 돈이 필요하기 때문에 매우 예의 바르죠. 그러나 그들을 신뢰하지 않아요. 전쟁 중에 그들은 극히 반유대주의적이었어요. 600년을 반유대주의자로 살았어요. 그들이 변할 이유가 없잖아요?"

그렇다면 비록 선량했다고는 해도, 왜 독일인에 대한 영화를 만드는 것일까?

"독일의 뮌헨, 함부르크, 프랑크푸르트에서 1백만 명이 촛불을 든 그런 시위에 대해 들어봤어요?" 그의 질문은 신나치주의를 표방한 스킨헤드족에 반대하는 최근의 집회를 가리킨다. "그들은 절대 다시 그런 일이 일어나서는 안 된다고 말해요. 나는 쉰들러가 50년 전에 촛불을 든 독일인 중 한 명이라고 생각해요. 다만 그는 혼자였던 거죠."

오후 5시경 스필버그가 상자에 걸터앉는다. 점심때를 제외하면 하루를 통틀어 처음 앉는 셈이다. 이 세트장에는 감독을 위한 의자가 없고, 마찬가지로 배우 의자나 제작자 의자도 없다.

몇 분의 자유 시간이 주어지자, 스필버그는 즉석 강연을 펼친다. "흑백은 컬러가 분산하는 방식으로 흐트러뜨리지 않습니다. 종종 장면이 우울해 보이게끔 조명을 써도 아름답다는 인상을 주죠. 왜냐하면 창문을 통해 들어오는 부드러운 빛을 사용하면(흐린 날이 바로 그렇게 보이죠), 청색조로 인화하더라도 여전히 머천트 아이보리^{전쟁 이전의 낭만적인 영국을 그린 영화들을 주로 만드는 영국의 제작사}식의 아름다움이 존재하기 때문이에요. 흑백의 아름다움은 그것의 솔직함 속에 있어요. 용서하는 법이 없죠. 흑백은 질감의 문제이지, 분위기의 문제가 아니에요. 아침에 일어났을 때 뾰루지가 났으면, 컬러보다 흑백에서 훨씬 티가 날 거예요. 따라서 이런 게토 속에 있을 때, 흑백은 각각의 벽, 벽돌, 주택 전면의 깨진 석고 들을 세세하게 보여주죠. 원작을 읽자마자 이 영화를 언젠가 흑백으로 만들게 되리라는 사실을 알았어요."

스튜디오 측은 이에 대해 어떤 반응이었을까? 스필버그는 유니버설 회장 톰 폴록의 가벼운 반대 정도만을 겪었다고 말한다. "그가 말하더군요. '이보게, 이 영화는 극장 개봉으로는 십중팔구 돈을 벌지 못할 걸세. 최소한 컬러로라도 찍으면 비디오테이프를 출시하고 텔레비전 방송국에 방영권을 판매할 수 있을 테지.' 그의 간청이 이해는 됐지만, 그렇게 했다면 아마 잘못된 선택으로 남았을 거예요."

이제 모두 너무 춥고 지친 나머지 배우들이 대사를 계속 날린다. 결국 테이크19까지 찍는다. 마침내 진이 빠진 스태프 중 몇몇이 묻는다. "끝났나요? 집에 가도 될까요?" 그러자 스필버그가 재빨리 둘러본다. "지금 그 말 누가 한 거지? 아니, 안 끝났소! 누가 그런 말을 한 거요?"

한 쇼트가 끝나자마자 스필버그와 주요 스태프들이 다음 쇼트를 찍기 위해 광장을 가로지르며 재촉한다. 이번 장소는 작은 약국이라서 스필버그와 배우들 그리고 촬영감독만 들어갈 수 있다. 스필버그는 현장을 탐색하더니 말한다. "저 항아리를 치우게. 파란색. 너무 가냘프군."

스필버그가 말한다. "여러분, 해가 넘어가고 있어요. 선글라스를 꼈을 때 보이지가 않아요……."

"카메라…… 액션."

그런 다음, 그들은 다른 어두운 건물의 또 다른 작은 방으로 이동한다. 이번에는 킹즐리가 이력에 관한 문서를 위조한다. 스필버그는 말한다. "당시 그들은 기술학교 졸업장을 위조하곤 했어요. 독일인들에게 전혀 소용이 없을 교향곡 지휘자를 데려다가, 쓸모 있고 귀한 금속공으로 만들었죠."

기다리는 동안 스필버그는 오데사우크라이나의 주요 유대인 거주 지역 출신 유대인이었던 할아버지에 관해 이야기한다. 그에 따르면, 유년 시절 할아버지는 학교에 다닐 수 없었다. "학교 창문 너머로 수업을 듣는 건 허락됐어요. 할아버지는 가을, 겨울, 그리고 봄에 눈이 몰아치는 가운데 창문 바깥에 앉아 수업을 들었으니, 거의 학교를 다니신 셈이죠."

그는 잠시 멈추고 미국에서 할아버지가 매일 아침 가죽 성구함을 잡아매고 히브리어로 기도하시던 모습을 상기한다. 그는 말한다. "나는 유대인이라는 게 너무나 창피했어요. 그런데 지금은 자부심으로 가득해요. 언제 그런 전환이 일어났는지 모르겠어요."

킹즐리가 도착해 리허설이 시작된다. "학위증에 커피를 약간 쏟은 뒤 공기 중에 털어보세요"라고 스필버그가 지시한다. 스태프 한 명이 끼어들더니, 실제 위조자들은 학위증이 낡아 보이도록 차를 부었다고 말한다. 그러나 스필버그는 카메라상에선 커피가 더 나아 보인다고 말한다. 킹즐리는 진지하다 못해 거의 심각하며, 사냥감을 추적하는 고양이만큼 집중한다.

"종이 모서리들을 물어뜯어보게." 스필버그가 제안한다.

킹즐리는 서류에 흘리기 전에 커피를 한 모금 홀짝인다. 매번 그는 작은 몸짓을 추가한다. 둘은 단지 어두운 방 안에서 일어나는 몸짓이 아니라 거의 실체가 있는 무엇처럼, 한 조각 한 조각 무언가를 만들고 있다.

심각한 와중에도 킹즐리는 익살꾼이다. 의상 담당자가 그의 재킷에 붙은 실을 하나 떼어내자 그는 가장된 엄숙함으로 반응한다. "캐릭터를 구현하는 내 나름의 방식이죠"라고 말한다.

의상 담당자가 실을 바닥에 떨어뜨린다. "캐릭터를 구현하는 내 나름의 방식이죠." 그가 받아친다.

이제 그들은 인공조명으로 촬영하고 있고, 여전히 하루 촬영분 마감에 쫓기고 있다. 스필버그는 허공에 대고 꽉 움켜쥐는 동작을 하지만, 아무도 답하지 않는다. "컷" 하고 말하며 그가 미미카에게로 몸을 돌린다. "내가 이렇게 하면 무슨 의미지?"

"파리를 잡고 있으셨나요?"

"5주째 이 동작을 하고 있네. 큐 사인이잖아."

"방 안에 파리가 있어요." 미미카가 말한다.

스필버그는 미미카의 농담을 받아들인다. "아직도 그 멍청한 파리 놈을 못 잡았군."

흑백의 아름다움은 그것의 솔직함 속에 있어요.
용서하는 법이 없죠.

다음 날 스필버그는 처음으로 진짜 화를 낸다. 대대적인 '작전 Aktion'(게토의 다락과 장롱에 숨어 있던 마지막 한 명까지 다 없애버린 대량 학살)의 일부를 촬영하려고 하는데 나치 유니폼이 꼴 보기 싫은 것이다. 실제로는 대대적인 유혈 사태가 있었고(하루에 4천 명이 죽임을 당했다) 나치들은 두껍고 피를 막아내는 은회색 코트를 차려입고 왔다. 스필버그가 원하는 건 다스 베이더'스타워즈' 속 검은 갑옷을 입은 캐릭터 정도의 효과다. 문제는 지금 배우들이 입고 있는 코트가 칙칙한 완두콩 수프 색이라는 것이다.

의상 담당 여성이 말한다. "솔직히 말씀드릴게요. 저도 마음에 들지 않아요."

스필버그가 말한다. "정말 솔직하게 말하겠네. 이 의상들이 진심으로

싫군."

담당자는 예산이 없었다고 설명하려 해본다.

스필버그가 말을 끊는다. "미리 내게 와서, 내가 원하는 걸 얻기 위해 약간 더 많은 돈을 지출할 선택권을 주는 게 당신 책임일세." 그가 말한다. "이건 내가 원하는 것도 심지어 그에 근접한 것도 아니야. 진짜 형편 없으니 이제 어떻게 해야 할지 모르겠군. 왜냐하면 모든 걸 완전히 위협적이고 무서운 '특공대Einsatzgruppe' 남자들을 전제로 계획했거든. 그런데 지금은 강제 노동 수용소를 돌아다니는 하사관들과 전혀 달라 보이지 않아. 그래서, 제길, 어떻게 해야 할지 모르겠어."

그는 넌더리를 내며 잠시 멈춘다. "갭GAP, 미국의 대표적인 캐주얼웨어 브랜드에서 나온 비옷처럼 보이는군."

누군가 여자를 옹호하려 시도한다. "아주 어두운 조명 아래에서는……"

스필버그가 말한다. "그게 문제가 아니야. 광택이 중요해. 이것들은 반짝이지 않고, 두껍지도 않아. 모든 자료 조사를 다 해놨는데 말이지."

스티브 테이트가 몇몇 장교들이 전에 입었던 코트, 스필버그가 원하는 두께에 가까운 회색 롱 코트를 제안한다. 감독은 그 장교용 코트를 사용하는 데 동의한다. 이제 그는 상심하기 시작한다. "성질을 내고 말았군. 이 영화에서 화를 낸 건 처음인데."

미미카가 기술적인 문제를 들고 끼어들지만, 스필버그는 여전히 화를 낸 것에 속상해한다. "최소한 24시간은 소리 지르지 않겠어." 그는 단언한다.

이스라엘 배우 조나단 사갈이 폴데크 프페페르베르크를 연기한다. 베벌리힐스의 수하물 가게에서 토머스 케닐리에게 쉰들러의 이야기를 해줌으로써 그가 소설을 쓰는 데 영감을 준 남자 말이다. 많은 젊은 이스라엘인들처럼, 그 또한 홀로코스트에 대해 대충일지라도 충분히 맛봤다. 그에 따르면, 그는 금속 튜브를 주둥이에 꽂아 오리를 살찌우는 방식으로 나치의 잔혹한 행태를 배웠다. 그는 병에 걸리지 않고 건강을 유지하는 게 중요하다고 말한다. 대부분의 다른 사람들과는 달리 그는 아직 아우슈비츠 투어를 하지 않았다. 그럼에도 불구하고…… 한 장면에서 그는 걸어가며 반유대주의자들과 일전을 벌여야 했다. 그는 말한다. "그들은 '유대인들을 죽여라!'라고 소리 지르고 있었어요. 엑스트라라는 걸 알지만 그들은 현지인, 붉은 뺨을 가진 아리안 혈통이고, 침을 뱉으며 눈덩이와 진흙을 던지고 있었죠. 한 아이가 내게 눈덩이를 던졌는데, 영화일 뿐임에도 불구하고 진심으로 아이를 잡아다 목을 조르고 싶었어요."

"매일이 정말 힘들어요"라고 세트를 방문한 스필버그의 아내이자 배우 케이트 캡쇼가 말한다. "너무 많은 쇼트들이 폭력적이에요, 감정적으로 폭력적이죠. 그이는 며칠간 감독 자리를 지키기 위해 진정 싸웠다고 생각해요. 특별히 샤워 장면에서 그랬죠. 우리가 잘 알다시피, 소독을 위해서라지만 실은, 가스실로 걸어 들어가는 샤워 장면 말이에요. 인물들과 그걸 연기하는 배우들의 공포…… 벌거벗었다는 사실과 관련된 뭔가가 사람들의 마음에 박혔어요."

스필버그는 캡쇼와 더불어 다섯 아이들과 아이들의 친구 셋을 데려왔다. 캡쇼가 말한다. "이유가 있어서 모두 여기 왔어요. 사람들이 묻더군요. '왜 3개월 반이나 가 있는 거야?' 진심으로 이 영화에 이유가 있어요. 이건 〈레이더스〉류가 아니에요. 연대의 그물망이 그보다 강력해야 하죠."

예기치 않은 눈이 내려 일정이 틀어진다. 스필버그는 화가 나면 독특하게 불만을 사무적인, 거의 감정을 드러내지 않는 방식으로 표현한다. 그가 내뱉는 말들은 가슴을 찌를 수도 있지만, 감정적인 가시가 전혀 없어서 무례해 보이지 않는다. 그는 러스틱을 데리고 가서 조용하지만 완강한 목소리로 말한다. "이 눈이 모든 사람들을 엉망으로 만들었어요." 이어서 말한다. "당신들은 우리가 미리 일주일을 다 계획해놨을 때에는 멋지지만, 하룻밤 안에 일을 수정해야 하면 모두 무너져 내려요. 우리가 가진 것이라곤 잘못된 유니폼, 잘못된 의상, 촬영 오 분 전까지 전혀 테스트를 하지 않은 데다 작동도 안 되는 기관총이에요. 이런 일이 재발하지 않길 바랍니다. 더 이상 어떤 순서로 영화를 찍어야 하는지를 알기 위해 당신들에게 의존하지 않겠어요. 비가 내리면, 새벽 2시에 나를 불러주세요. 나를 깨워서 파트너로 삼아주세요. 내가 영화의 감독이니까요. 다시는 이런 일이 일어나지 않아야 해요. 이상입니다."

스필버그는 장소를 이동하며 '작전'의 쇼트들을 잡아챈다. 그는 한 게토 건물의 아치 모양 입구 아래, 바닥에 누워 잠들어 있는 유대인들의 광경을 마련했다. 아침 햇살을 받으며, 수염을 기른 노인 셋이 기도하고 있다. 그는 육체들을 바로잡으며 '진정으로 위대한 동유럽 유대인들의 얼굴'을 찬미하고 잔혹한 행태에 대해 이야기한다. "SS 기갑사단에는 많은 명사수들이 있었는데, 단지 재미로 돈을 걸고 아기들을 산 채로 창문 밖으로 던진 뒤 스키트사격클레이사격의 일종에서처럼 총을 쐈어요. 영화에서 그걸 보여주지는 않을 겁니다. 심지어 인형을 사용하더라도 못 찍을 거예요."

빛이 빠른 속도로 사라짐에 따라, 스필버그는 서둘러 또 다른 낡은 건물로 향한다. 나치들이 천장에 청진기를 대서 숨어 있는 유대인들을 찾아내려 하는(숨 쉬는 소리가 들리면 그들은 발사한다) 장면을 촬영하기 위해서다. 스필버그가 말한다. "두 어깨에 올라탄 두 남자로 시작하려 합니다. 우선 그들의 얼굴 위로 다리들만 보여요. 무슨 일이 벌어지고 있는지 모르죠. 카메라가 위로 이동하면 남자가 천장에 청진기를 대고 엿듣는 게 보여요. 그 남자의 손에 일종의 펜이나…… 분필 하나가 들려 있으면 어떨까 하는데요?" 신속하게 구성이 결정된다. 개성적인 아름다움을 담고 있다. 한 남자가 사다리 위에 올라가 있고 다른 두 남자가 그 아래에 서 있는데, 레이스 커튼을 통과해 빛나는 거리의 불빛이 만들어내는 그림자와 역광에서 어두운 피라미드의 틀이 생겨난다. 유대인들을 살해하기 직전 나치들을 보여주는 화려한 구성이라는 건 신경 쓰지 말자. 스필버그가 말한다. "와, 멋진데. 무섭군, 무서워."

그날 촬영의 마감 시간이 빠르게 다가오자 나치들이 기관총을 발사한다. 특수효과 담당자가 약 5×10센티미터 목재 밖으로 삐져나온 못들을 전기식 클램프로 고정하고, 천장에서 폭죽을 터뜨린다. 밖에 있는 다른 한 명은 피를 펌프질해서 배관을 통해 천장으로 흘려보낸다. 거대한 폭발음이 들린 후, 석고 조각들이 아래로 흩날린다. 방 안이 연기로 자욱하다. 천장은 탄흔으로 가득하다. 나치들이 총을 겨눈 채 기다린다.

그런데 피는 왜 안 터지지?

그들은 기다린다.

피가 얼어붙었다는 사실이 알려지고, 스필버그는 그 쇼트를 다음 날 끝내기로 결정한다. 피를 녹인다 하더라도 십중팔구 너무 빈약하게 흘러내릴 것이라 말한다. 침울해진 특수효과 담당자가 반복해서 혼잣말을 한다. "네가 망쳤어, 네가 망쳤어, 네가 망쳤어."

매일 밤 배우들은 호텔 바에서 모인다. 가끔은 크라쿠프의 밤 명소를 찾아 흩어지기도 한다. 오늘 밤 11시, 벤 킹즐리가 강제수용소 생존자로부터 키스를 받는다. 그 생존자가 실수로 그의 와인 잔을 엎자, 품위 있게 말한다. "와인을 온몸에 쏟을지라도 키스는 키스인 거죠." '나치들'도 이곳에 있다. 거대한 시멘트 호텔의 로비에서 유대인과 나치가 화해하는 건 어떤 면에서 마법과도 같다. 마치 카메라 뒤에서 벌어지는 일에 관한 프랑수아 트뤼포의 멋진 영화 〈아메리카의 밤〉과 마찬가지로. 배우들의 테이블에는 맥주, 생수, 와인이 쌓여 있다. 대화가 로비를 표류한다. "이분 정말 멋지지 않아요?" "달걀과 관련 있을 거예요. 뭔가 달걀과 관련 있는 게 확실해요!" 니슨이 그를 보기 위해 폴란드에 온 배우 나타샤 리처드슨과 함께 앉아 있다. 담배 연기가 뭉게구름처럼 피어오른 가운데 풍요로운 웃음이 서로 맞물리며 떠다닌다. 킹즐리는 말한다. "우리는 저녁때 나가서 떠들썩한 음악을 들으며 먹고 마시고 서로를 포옹해요. 지옥에서의 하루가 끝나고 나면 삶을 귀하게 여기게 되고 특히 사랑하는 사람들을 굉장히 귀하게 여기게 되기 때문이죠."

극장에서 불빛이 꺼지고 영화가 점점 뚜렷해질 때,
마법이 일어나죠.

새벽 2시에 떠오른 생각. 오늘 스필버그는 상상할 수 있는 한 가장 아름다운 나치 장면들 몇 개를 찍었고, 마침내 피가 흐를 때 아름답게 떨어져 내릴 게 확실하다. 핸드헬드로 찍든 즉석에서 찍든, 혹은 흔들리는 카메라로 찍든, 스필버그 자신도 어쩔 수 없다. 그는 홀로코스트가 아름다워 보이게 되는 걸 걱정하기에는 영화를 너무 사랑한다. 어떤 면에서 그는 그런 생각들을 하기에는 지나치게 순수하다. 그는 주장한다. "매번 영화를 보러 갈 때마다 마법이라고 느껴요. 어떤 내용을 다루든지요." "〈쇼아〉홀로코스트를 다룬 긴 다큐멘터리영화를 여덟 시간 보든, 〈고스트버스터즈〉신나는 오락용 영화를 보든, 극장에서 불빛이 꺼지고 영화가 점점 뚜렷해질 때, 마법이 일어나죠."

그러나 스필버그가 이후 깨닫게 된 것처럼, 지나친 마법은 문제가 될 수 있다. 효과를 위해 분투하는 것은, 궁극적으로 내용이 아닌 효과에 주의를 돌리게 만든다. 〈쇼아〉 같은 영화는 매력적이지 않은 디테일의 축적으로 효과를 창출한다. '마법'이라는 단어는 이 영화의 진실 추적에 대한 모독으로 보이기까지 한다. 스필버그는 그의 추후 커리어에서 중대한 문제로 드러날 수도 있는 것과 여전히 투쟁 중이다. 바로 달리를 사용하느냐 사용하지 않느냐의 문제다.

그에 대한 답은 단순한 양자택일이 아니다. 왜냐하면, 결국 마법이 스필버그를 쉰들러로 끌어당기기 때문이다. 한 명은 영웅, 다른 한 명은 단지 예술가이긴 하지만, 둘을 하나로 합치는 것 또한 마법이다. 스필버그와 그의 스태프들이 아우슈비츠수용소에서 작업한 이틀을 예로 들어보자. 그들은 단지 한 장면, 그 긴 검은 기차가 수많은 영혼들을 확실한 죽음으로 실어 나르는 신을 촬영하기 위해 그곳에 있었다. 하지만 세계 유대인의회가 죽음의 수용소 현장에서 촬영하려는 그들의 계획에 반대했다. 그러나 스필버그는 그 장면이 필요했기 때문에(쉰들러가 그들을 구하기 위해 나타났기 때문에) 받아들일 수 없었다. 어떤 꿍꿍이도 없이 쉰들러는, 이유는 모르겠지만, 악몽을 사라지게 했다. 그리고 그보다 덜한 방식이긴 하나, 스필버그도 마찬가지 일을 해냈다. 그는 의회와 타협해 아우슈비츠수용소의 문 바로 바깥에 작지만 완벽하게 죽음의 수용소를 구현한 세트를 세우는 걸 허가받았다. 그는 실제 캠프 안에 기차를 설치한 뒤 문을 통과해 가짜 수용소 안으로 들어오게 했다. 따라서 여러 번, 그 토록 끔찍한 결과를 초래한 기차가 이번에도 그저 도착하는 듯 보이겠 지만, 영화의 마법으로 이번에는 아우슈비츠로부터 나오게 된 것이다.

침대에서 일어나 곤경 속으로

　몇 달 전 라스베이거스에서 개최된 소비자 가전 쇼에서, 스티븐 스필버그는 아직 몸에 헐거운 맏형의 옷을 입은 것처럼 보였다. 바지는 물론 연어색 스웨터도 헐렁했다. (그의 17세 양녀 제시카가 막 입학한 학교인) '브라운대학교Brown University'이라고 쓰여 있는 야구 모자를 쓰고 있었고, 턱수염의 회색 줄무늬는 있을 법하지 않은 것으로 보였다. 그는 말쑥한 MCAMusic Corporation of America 회장 루 와서먼과, 그 회사 사장 시드 샤인버그를 거느리고 있었다. 그리고 그들 주변에는 더 작은 별들, 대개 파나소닉일본의 가전업체로 전자기술 및 솔루션을 제공하고 있다의 임원들이 반짝이고 있었다. 파나소닉은 MCA와 마찬가지로 거대 (일본) 재벌 마쓰시타가 소유하고 있다. 라스베이거스 컨벤션 센터의 동굴은 시끄럽게 떠드는 비디오게임, 입체음향, 와이드스크린 텔레비전, 공포심을 불러일으키는 모션 시뮬레이터들로 채워져 있었고, 스필버그는 마치 패튼 장군2차 대전 중 북아프리카, 시칠리아, 프랑스, 독일에서의 전투를 지휘한 미국의 육군 대장처럼 뒷짐을 진 채 그 사이를 성큼성큼 걸었다. 그에게 그곳은 정복지였다. 눈길을 돌리

스티븐 시프Stephen Schiff, 1994년 3월 21일 자 〈뉴요커New Yorker〉에서.

는 곳마다 〈쥬라기 공원〉〈레이더스〉〈이티〉〈미지와의 조우〉, 심지어 〈죠스〉까지, 스필버그 영화들의 다양한 변주 천지였다. 걸어 다니는 그를 보자, 기술 전문가들이 그를 구글에 검색하고, 스냅사진을 찍고, 캠코더를 들이밀고, 그의 손에 작은 제어판과 조이스틱을 들이댔다. "감독님, 이거 한번 해보세요!" "감독님, 정말 마음에 드실 거예요. 굉장한 영화가 될 거라고요!" 와서먼과 샤인버그, 할리우드의 최고 권력자 둘이 마치 가신들처럼 뒤에서 따라 걸으며 그의 필요에 부응하고, 그가 재미있어 할 만한 반짝이고 번드르르한 것들이 그의 시선을 이끌고 있었다. 그리고 스필버그가 롬 용량이나 분分당 인터랙션같이 흥미진진한 뭔가에 대한 질문을 내뱉는 족족, 새로운 신하가 답을 들고 그의 옆에 나타났다. 그가 멀리 떨어진 메마른 행성 속 탈주 트럭의 광폭한 여정을 따라가는 비디오게임을 시작했을 때, 나는 여드름이 난 젊은 기술 전문가가 속삭이는 걸 들었다. "봐봐, 신이야." 그의 동료가 목을 길게 빼고 스필버그를 언뜻 바라봤다. "와, 네 말이 맞네." 그의 말이다. "신이네."

기술 전문가들의 신이 군림하는 영토에는 한계가 존재한다. 그러나 텔레비전을 켜거나 영화를 보러 갔을 때, 비디오게임을 하거나 놀이공원 혹은 쇼핑몰에 들어갔을 때, 거기에는 온통 스필버그의 비전이 존재한다. 기적을 기다리며 위를 바라보는 얼굴들, 다른 세계에서 온 듯한 하얀 역광, 상어의 주제음악, 짓궂지만 황금 같은 심장을 가진 교외의 아이들, 자기들끼리 꼼지락거리고 뛰노는 장난감들, 인디아나 존스의 정글과 사막과 모자들처럼, 온통 모방되고 복제되고 재활용되는 그의 비전이. 스필버그는 역대 박스오피스 흥행작 열 편 중 네 편을 만든, 역사상 최고의 상업적 성공을 거둔 영화감독으로 명성이 자자하다. 그에 비해 엔터테인먼트산업이 만들어내는 비전들에 스필버그의 비전이

끼친 엄청난 영향력은 덜 알려져 있다. 좋든 싫든 스필버그의 그래픽 어휘들은 우리의 어휘들을 온통 뒤덮었다. 자동차 제조사들이 우리를 유혹하고자 할 때, 영화감독들이 우리를 무섭게 만들고자 할 때, 정치 후보자들이 우리를 설득하고자 할 때, 그들이 사용하는 시각언어는 종종 스필버그의 방식을 따른다. 그 언어는, 파편화가 매우 심하게 진행된 이 사회에서 공통으로 인지되는 몇 안 되는 언어 중 하나다. 스필버그의 전원시처럼 '희망이라 불리는 장소'에 불이 켜질 때, 우리는 모두 그 이미지에 반응한다. 탄산음료 캔이 스필버그의 우주선으로 도착할 때 우리는 그 캔의 의미를 이해한다. 가까이 다가오는 농구 스타가 스필버그의 공룡처럼 지구를 흔들 때 우리는 그 농담을 이해한다. 스필버그가 세상을 바라보는 방식이, 매일 우리에게로 다시 세상이 전달되는 방식이 되었다.

그럼에도 불구하고 예언자들은 고국에서 존경받지 못하기 마련이며, 보복을 일삼고 타인의 불행에 쾌감을 느끼는 걸로 유명한 할리우드에서 스티븐 스필버그를 둘러싼 숭고한 빛은 작년 초부터 사라지기 시작했다. 영화계 사람들이 그가 가진 부와 명석한 비즈니스 방식, 태평한 태도 때문에 그를 싫어한다는 말이 돌았다. 역사상 가장 흥행에 성공한 영화로 기록된 몽환적인 〈이티〉에 대한 기억은 이미 10년 전의 것이고, 스필버그는 이후 여러 번 미끄럼을 탔다. 실패작으로 꼽힌 건, 성인을 위한 영화 세계를 처음으로 급습한 그의 설득력 없는 〈컬러 퍼플〉과 성인들을 재차 겨냥한 두 개의 실패작, 즉 〈태양의 제국〉과 걷잡을 수 없이 과도하게 부풀려진 〈영혼은 그대 곁에〉, 그리고 일부에서 재미로 보기에는 과도하게 가학적이라는 평을 받은 〈인디아나 존스〉, 또 재미로 보기에는 과도하게 미적지근하다는 평을 일부 받은 〈인디아나 존스—최후의 성전〉, 마지막으로 그가 만든 어떤 영화보다도 많은 비용이 투입됐지만, 스필버그를 포함해서 거의 누구도 썩 좋아하지 않은, 느러터진 피터 팬 모험극 〈후크〉가 있다. 1980년대 그의 영화들은 종종 단지 설교투가 더 강해진, 스필버그 영화들의 모방처럼 보였다. 1993년 여름, 역사상 최대 수입을 벌어들인 영화의 자리를 〈이티〉 대신 차지한 공룡 영화 〈쥬라기 공원〉의 개봉 이후에도, 스필버그는 여전히 그의 자비심 적은 동시대인들로부터, 그들이 늘 그를 떨쳐내던 방식 바로 그대로, 경시되었다. 그 방식이란 그를 스필버그식 영화(바꿔 말하면 소년들을 대상으로 하는 책들의 판타지, 불빛 쇼, 놀이공원 기구)를 넘어서는 그 어떤 것도 성취할 수 없는 운명에 처한 십 대 학자로 간주하는 것이었다. 그의 기술적 재능과 예술적 성숙 사이의 간극이 거의 코미디 수준이었기 때문에, 비록 그가 당신보다 부유하고 강하고 유명해도, 당신은 그런 영화감독을 두고 의기양양할 수 있었다. 그의 한계는 명백했다.

그러나 그건 홀로코스트에 관한 그의 걸작, 절제와 지성과 비범한 감성을 보여주는 작품이자 금세기 최대의 악을 소재로 만들어진 최고의 영화 〈쉰들러 리스트〉가 개봉되기 전의 일이다. 〈쉰들러 리스트〉는, 크라쿠프에 있는 자기 소유의 공장에 유대인들을 고용하는 것으로 시작해 유대인 1100명을 죽음의 수용소로부터 구해낸 나치 사업가 오스카르 쉰들러에 관한 토머스 케닐리의 훌륭한 책을 각색한 것이다. 취향의 유행이나 정치에 의해 쉽게 밀려나지 않을 종류의 영화다. 그것은 문화사에 자리를 잡은 뒤 그곳에 남을 것이다. 그리고 스필버그에게 그 영화는 거대한 바르미츠바유대교에서의 성인식, 통과의례의 효과를 지녔다. 핼 왕자가 헨리 5세가 됐고, 황태자가 왕으로 등극했다.

최근 스필버그는 내게 말했다. "그걸 만들 만큼 성장해야 했어요. 진정으로 〈쉰들러 리스트〉를 만들 태세를 갖추기까지 수년이 걸렸어요. 내 선반에는 정치적 성격을 띠고 온통 '사회적 공로'로 채워진(심지어 맨 위에 '정치적으로 올바른'이라는 도장까지 찍힌) 많은 프로젝트들이 있었어요. 그 영화들을 만들지 않은 이유는 스스로에게 '그건 대중이 너에게 허용할 만한 게 아니야. 대중이 너에게서 받아들일 만한 건 스릴, 오싹함, 스펙터클, 그리고 경외와 경탄 같은 것들이야'라고 말하며 내 안의 그런 부분을 검열하고 있었기 때문이에요. 아시다시피 몇몇 사람들이 〈태양의 제국〉과 〈컬러 퍼플〉에 대해 말했듯이, '아, 신발 치수가 안 맞네. 게다가 스타일이 잘못됐어. 도대체 뭘 만든 거지? 누구와 닮고 싶은 거야? 누가 되려고 노력하는 거지? 우디 앨런? 아니면 데이비드 린? 마틴 스코세이지가 되려는 건가? 도대체 자기가 누구라고 생각하는 걸까?'라고 사람들이 말할까봐 두려웠어요. 그런 비판들에 귀를 기울였어요. 그런 건 당신의 귀까지 들어오기 마련이니까요. 모두 크고 명확한 목소리로, 내가 잘못된 캐스팅이라는 메시지를 보냈다는 걸 확실히 느꼈어요. 내가 영원한 아이라는 거였죠. 그리고 난 그들이 만들어놓은 침대, 아니 나 스스로 만든 그 침대에서 거의 잠들 뻔했어요. 내가 깨어나서 뭔가 다른 걸 하려고 했을 때, 많은 이들이 나를 다시 침대로 돌아가게 만들려고 했어요. '자네 방으로 가게. 그리고 젊은이, 내 아이들이 좋아할 뭔가를 가져오기 전까지는 나오지 말게'."

나 스스로 만든 그 침대에서 거의 잠들 뻔했어요.
내가 깨어나서 뭔가 다른 걸 하려고 했을 때,
많은 이들이 나를 다시 침대로 돌아가게 만들려고 했어요.

그럼에도, 역설적이게도 스필버그의 성년은 그 어디에서보다도 더 열광적으로 할리우드에서 축하받았다. 그토록 오랜 세월을, 자신이 줄 수 있는 최고의 포상인 아카데미상을 이웃의 부유한 꼬마에게 주기를 거부했던, 냉소적이고 질투심 많은 할리우드로부터.

최근 그곳에서 조금이라도 시간을 보낸 사람이라면, 영화산업의 저명한 선수들이 자기 영화에 대해 무시하듯 무관심을 드러내는 게 유행으로 자리 잡은 걸 발견했을 테다. "그건 단지 영화일 뿐이에요. 암을 위한 치료제가 아니죠"라는 공식이 인기를 얻었는데, 심지어 그 영화에 정확히 암 치료에 딱 들어맞는 예산이 책정됐을 때도 그랬다. 따라서 분위기는 〈쉰들러 리스트〉에 적합했다. 그건 아주 위대한 영화였을 뿐 아니라, 그 자체로도 가치 있는 명분으로 보였다. 그럴 만한 영화들이 이전에도 존재한 게 사실임에도, 〈쉰들러 리스트〉의 영향력은 거의 그 모든 영화들을 능가했다. 왜냐하면 영화산업에 종사하는 그토록 많은 사람들에게 그 영화는 불가해한 현상으로 보였기 때문이다. 할리우드는 재능은 이해하지만, 천재는 도저히 이해하지 못한다. 겉으로 보이는 외양은 이해하지만, 실체는 결코 이해하지 못한다. 스필버그의 천재성이 더더욱 당황스러운 건, 그가 표면상으로 어떤 티도 내지 않기 때문이다. 외양에 그토록 강박적인 동네에서, 스필버그는 바보 같은 옷을 입고 바보 같은 예술을 수집하고(그는 노먼 록웰미국의 삽화가이자 화가. 주로 잡지나 신문에서 중산층의 삶을 그렸다의 그림 25점을 소유하고 있다) 눈을 휘둥그레 뜬 채 바보 같은 대화를 하고, 지나칠 정도로 가식 없는, 개인적인 스타일을 고수한다. 이 서투른 신동(홀로코스트 생존자의 자식도 아니고, 이전에 그 분야 문학에 몰두했던 것도 아니고, 하물며 딱히 유대인스럽지도 않은)이 그의 잘 알려진 요란한 빛을 가장 어둡고 어려운 주제에 비춘 뒤 걸작을 들고 돌아온 것은 거의 터무니없는 일이었다. 결국 할리우드는 그것을 묵살할 수 없었고 그것에 분개할 수도 없었고, 심지어 그것을 가까스로 소화할까 말까 했다. 사람들은 거대한 경외심 속으로 후퇴하며 맹렬하게 식식댔는데, 그들이 종종 기금 모금 행사와 시상식에서 보여주는 태도와도 같았다.

월트 디즈니 스튜디오를 운영하는 제프리 캐천버그가 내게 말했다. "〈쉰들러 리스트〉는 결국 한 편의 영화 이상으로 훨씬 더 중요해질 것이라 생각해요. 지구상의 인간들이 생각하고 행동하는 방식에 영향을 미칠 겁니다. 어떤 한순간에 어두운 면을 상기하게 할 것이고, 그 작은 초록색 괴물이 어딘가에 도사리고 있을 때마다 이 영화가 늘 그것을 다시 짓눌러버릴 거예요. 이 영화에 지나치게 과도한 짐을 부과하고 싶지는 않지만, 지구상에 평화를, 사람들에게 선의를 가져다줄 거라 생각해요. 충분히 많은, 올바른 사람들이 이 영화를 볼 것이기 때문에, 실제로 세상의 방향을 정해줄 거예요. 스티븐은 국보급이에요. 그를 올려다보느라 내 목이 다 부러질 지경이죠."

〈쉰들러 리스트〉가 정말로 산타클로스와 이의 요정tooth fairy과 다그 함마르셸드스웨덴 출신의 유엔사무총장으로, 베이징법칙, 유엔평화유지군 최초의 이집트 파견 등 역대 사무총장 가운데 가장 훌륭한 인물로 평가받는다가 하나로 합쳐진 그 무엇인지는 모르겠지만, 많은 스필버그의 친구들은 그가 이 영화를 만들면서 변화했거나, 아니면 차라리 이 영화가 1985년 계절이 바뀌기 시작한 이래로 그가 성취한 가장 최근의, 최대의 진전이라 생각한다. 그 무렵 그는 첫 아이 맥스(이 아이의 어머니가 스필버그의 첫 아내이자 배우 에이미 어빙이다)를 가진 뒤, 배우 케이트 캡쇼와의 두 번째 결혼을 통해 성숙해졌다. 최근 스필버그는 더 외향적이고 더 사교적이고 더 친밀해졌다. "그이를 알고 지낸 이래 지금처럼 친구가 많았던 적이 없었어요." 캡쇼가 말한다. "진정한 친구들이 생겼어요. 이전에는 그런 적이 없었는데 말이죠." 요즘 그는 대체로 비슷한 성격의 저명한 쇼 비즈니스 인사들과 어울려 지낸다. 이들은 모두 아이 같은 남자들로, 대부분 보스 기질이 있고, 가정적이고, 비교적 평범한 아내와 함께 자식들을 키우고 있다. 로빈 윌리엄스, 더스틴 호프먼, 톰 행크스, 로버트 저메키스, 제프리 캐천버그, 마틴 숏 등, 이들 '어른아이'들은 한때 할리우드를 지배했던 이들과는 매우 다른(위험하지 않고 마약쟁이가 아니며 섹시하거나 야성적이지 않은), 유순한 귀족 계층을 형성한다. 그들의 얼굴에는 소년 시절이 새겨져 있다. 그들은 동네를 누비고 다니면서 짓궂은 짓을 하는 데 젊음을 보낸 남자들이 아니다. 나약한 남자들, 어머니 주변 혹은 혼자 모래밭이나 자기 방에서 놀며, 언젠가 외부를 정복하게 될 내면세계를 발전시키는 데 나날을 보낸 괴짜들이었다.

"스티븐에 대해 말하자면, 그는 여전히 중학교에서 시청각 활동을 담당하는 학생 같아요." 톰 행크스가 말한다. "아시겠지만, 영화 프로젝터들을 가져와서 배치하는 그런 모든 일을 할 줄 아는 아이요. 나도 그랬어요. 우리는 밖에서 만나 소위 '남자'들끼리 어울리는 시간에 패러세일링 같은 걸 하지 않아요. 스피어피싱 같은 유의 놀이를 하지 않습니다. 우리는 단지 많은 것들에 대해 이야기하며 아이들이 나오길 기다려요. 금요일에 함께 주변을 걷고 있었는데, 어린 소녀가 그에게 다가오더니 '꼭 감독님께 말해야만 했어요'라고 하면서 〈쉰들러 리스트〉에 대해 이야기했어요. 사십오 초 만에 이 소녀는 감정이 느슨해져서 '할머니가 그런 이야기들을 해주시곤 했어요'라고 말하며, 영화를 자기 할머니와 연결했어요. 그러자 스티븐은 전력을 다해서 소녀를 안심시켰어요. 손을 소녀의 어깨에 얹고 말했죠. '내가 이 영화를 만든 건 너처럼 사람들이 깨달음을……' 매우 적절하면서도 그다지 기민하지는 못했어요. 그런 다음 소녀는 정신을 가다듬고 떠났어요. 이어서 우리는 거리를 따라 걸었고, 이번엔 스티븐의 감정이 느슨해졌어요. 정신을 가다듬기까지 시간이 좀 걸렸죠. 그 소녀가, 자신이 본 스티븐의 영화가 가진 힘을 받아들일 준비가 안 돼 있었던 것과 마찬가지로, 스티븐도 자신이 한 일의 감정적 힘을 받아들일 준비가 미처 돼 있지 않았기 때문이었을 거라 추측해요."

그럼에도 현재 그는 어떤 일도 그다지 열심히 하고 있지 않다. 적어도 스필버그의 기준으로 보면 말이다. 사실상 MCA를 본사로 둔 그의 제작사 앰블린 엔터테인먼트는 장편영화 여러 편, 애니메이션 몇 편, TV물 몇 편을 제작 중이다. 그리고 스필버그 자신은 본업 외의 활동에 잠시 손을 대고 있다. 이를테면, 올랜도에 있는 유니버설 테마파크를 위한 기구를 디자인하거나, 캐천버그와 함께 잠수함 샌드위치를 파는 '다이브 Dive'라는 새로운 레스토랑 체인에 투자하고 있다. 그의 커리어에서 처음으로, 스필버그는 차기 연출작이 뭐가 될지 모르는 상태다. 사람들 중에는 워너 브라더스 회장 테리 세멜처럼, 스필버그가 (이번에 앰블린이 제작사로 나선) 로버트 제임스 월러의 베스트셀러 『매디슨 카운티의 다리』의 각색 영화를 연출할 것이라 믿는 이들도 있다. 그러나 세멜이 실망할지도 모르는 일이다.

나 자신에게 자유 시간을 제공할 수 있다고 생각해요.

스필버그는 말한다. "다음에 뭘 할지 모르겠어요. 그보다 중요한 건 내가 신경 쓰지 않는다는 거예요. 그래서 라스베이거스의 소비자 가전 쇼에 갈 수 있었던 거죠. 그러지 않았다면 차기작에 쫓겼을 것이고 그 쇼에 절대 가지 못했을 거예요. 나 자신에게 자유 시간을 제공할 수 있다고 생각해요. 지금 당장 영감을 주는 게 아무것도 없는 데다, 1994년 현재 나로 하여금 일하고 싶게 만드는 것이 전혀 없어요. 돈 버는 데에 별로 흥미가 없죠. 그것은 언제나 성공의 결과로 찾아왔지만, 내 목표는 아니었어요. 나는 그 결과를 사람들에게 제공하기까지 아주 힘겨운 시간을 보내왔어요. 돈을 목표로 영화를 만든 적은 결코 없어요. 영화 만들기의 육체적 즐거움 때문에 해왔죠. 세트에서 영화를 만드는 건 육체적 즐거움이에요. 상상에서부터 이미지를 끄집어내서 3차원의 실체로 만드는 일, 그건 마법이에요."

그 빠른 속도, 몇 개 단어들을 삼키면서 더듬고 뭉개는 스필버그의 말하기 방식은 소년 같은 인상을 더 확연하게 만든다. 마치 사춘기 직전의 흥분하기 쉬운 소년처럼 호르몬이 분비되고 생각들은 어찌나 빠르게 지나가는지, 입이 그것들을 표현하기 위한 충분한 언어를 모아두지 못한다. 동그란 아르마니 안경을 쓰고 가부장같이 수염을 기른 스필버그는 46세 남자의 얼굴을 하고 있다. 이제 그의 목에는 깊은 주름들이 자리 잡았고 반쯤 내려온 눈꺼풀 뒤로 엄숙함이 깃들어 있다. 그러나 동시에 그는 꿈틀거리며 활기가 넘친다. 손톱을 물어뜯고 엄지손가락을 마주대고 돌린다. 그의 온몸에서 에너지가 흘러나온다.

"아마 〈인디아나 존스〉의 2편과 3편을 만들었을 때가, 돈을 벌고 쉽게 본루에 들어오도록 동기를 부여받았던 두 번의 시기였을 거예요"라고 그는 말한다. "만약 〈쥬라기 공원〉의 속편을 만든다면 그건 쉬운 선택이 되겠죠. 나는 정말이지 내가 〈쥬라기 공원〉으로 〈죠스〉의 괜찮은 속편을 육지로 옮겨와 만들려고 했다는 사실을 말하는 게 부끄럽지 않아요. 이제 말할 수 있지만, 그건 몰염치한 일이죠. 요즘에는 오히려 가장 어려운 선택들을 하려고 해요. 〈쉰들러 리스트〉는 너무나도 큰 도전이었고, 너무나도 충족감을 줬으며, 너무나도 날 어지럽혔어요. 그게 좋은 방향으로 내 삶을 너무나 흔든 나머지, 로버트 올트먼 같은 사람들, 엘리아 카잔 같은 사람들, 심지어 프레스턴 스터지스같이 지독하게 독립적으로 영화를 만든 사람들처럼, 커리어 전체에 걸쳐 감독들 다수의 존재 기반이 된 기분을 약간 맛봤다고 생각해요. 문득 진정한 영화감독들이 무엇에 끌렸는지를 깨달았어요. 그들은 위험하기 때문에 그 주제에 끌리는 거죠. 〈쉰들러 리스트〉가 만약 오락을 제공하게 된다면 내가 실패한 셈이라 생각하면서 그 영화를 만들었어요. 나로선 사람들을 기쁘게 해주려 하지 않는 게 중요했어요. 늘 그래왔었거든요."

나로선 사람들을 기쁘게 해주려 하지 않는 게 중요했어요.
늘 그래왔었거든요.

물론 〈쉰들러 리스트〉의 거의 입에 담기 민망한 비밀은 즐거움을 제공한다는 점이다. 그 방면의 위대함은 영화가 신속하고 효과적으로 움직이고, 스토리텔링에 확신과 재능이 있고, 고통도 주지만 카타르시스도 준다는(요컨대 설교가 아니라 예술 작품이라는) 사실에 기인한다. 나는 스필버그에게, 과거 관객들을 즐겁게 하려던 성향이 스스로 즐거워지는 데 방해가 됐는지 묻는다. "네, 확실해요"라고 그는 답한다. "그것은 마치 자기에 대한 홍보를 믿는 것과 같았어요. 모두들 내 영화가 얼마나 좋은지가 아니라, 첫 주말 혹은 장기적으로 얼마나 많은 수익을 올리는지와 내 이름을 계속 동일시하려 했어요. 그 결과 내가 여전히 성공적이고 내 영화들이 돈을 벌어들이면 나는 스티븐 스필버그로 남을 수 있었죠. 내 이름을 유지하는 게 허락됐던 거예요. 항상 관객을 기쁘게 하려는, 내가 아닌 사람들을 기쁘게 하려는 욕구가 있었어요. 내 자존감을 해친다는 걸 전혀 생각하지 않았어요. 나는 자존감 너머에 있었죠. 굉장한 쇼를 작동시킨 뒤 기대고 앉아 관객의 참여를 즐기는 데 몰두했어요. 내 커리어의 상당 기간 나 스스로를 존 포드보다 P. T. 바넘^{미국 쇼 비즈니스의 선구자} 같다고 느꼈어요. 그리고 그게 창피하지 않았죠. 늘 미국 내 모든 극장의 좌석을 채우는 것이 궁극적인 입증이자 인증이라 생각했어요. 나 자신을 기쁘게 하는 일에 대한 생각은 최근에야 든 거예요.”

대화를 나누는 동안 스필버그는 내게 앰블린 내부를 보여준다. 할리우드에서 능가할 곳이 없는, 영화 만드는 천국이다. 1983년에 지어진 이곳은 아마도 스필버그의 힘을 보여주는 가장 가시적인 상징일 테다. 약 2300제곱미터의 면적에 사무실, 편집실, 회의실이 들어서 있고, 으리으리한 탁아 시설이 있고, 시사실(팝콘과 사탕 판매대를 갖춘), 대규모의 헬스장, 비디오게임장, 레스토랑 크기의 부엌, 그리고 ‘당신이 기다리는 동안 영화를_{Movies While You Wait}’이라 불리는, 영화감독들을 위한 별도의 건물이 있다. 산타페 마을 스타일에 실제로 구운 아도비 벽돌을 사용했음에도 불구하고, 복합단지 전체가 키치하고 비현실적인 영화 세트장(혹은 세상에서 가장 고급스러운 타코벨^{미국을 기반으로 한 세계적인 패스트푸드 체인}) 같아 보인다. 유니버설 부지 내의 외딴, 부자연스러울 정도로 조용한 골목(워너 브라더스와 가장 근접한 골목으로, 스필버그는 워너와 유니버설, 두 스튜디오와 주로 작업한다)에 자리 잡고 있으며, 그 오아시스 같은 분위기는 잔디, 야자수 및 작은 일본식 정원으로 배가된다. 정원에는 시냇물이 졸졸 흐르고 가짜로 보이는 바위들이 있으며, 심지어 일본산 비단잉어 한 무리도 있다. 스필버그는 좋아라 하며 잉어들을 비디오테이프로 찍는다. 그들의 굶주린 헐떡임을 푸치니G. Puccini 음악에 맞춤으로써 잉어들이 「나비부인」을 부르고 있는 것처럼 보이게 만든다. 이곳에는 2층 이상의 건물이 없다. 스필버그가 엘리베이터 공포증이 있기 때문이며(그 공포증이 뉴욕의 트럼프 타워 최상층에 아파트를 소유하는 걸 막지는 못했지만), 그의 사무실은 양지의 앞마당이 내려다보이는 곳에 자리 잡고 있다. 그곳을 거닐면서, 마치 멕시코의 한 리조트 호텔 수영장에서 나와 다시 방으로 돌아가는 중인 것처럼 느낀다. 비록 스필버그가 비즈니스 거래에서 강철처럼 굳건한 데다 간혹 사의를 표명하는 데 둔감하다고 알려져 있긴 하나, 앰블린의 거주민들은 행복한 캠핑족처럼 보인다.

스필버그는 말한다. "나는 인생 초반부터 사람들을 행복하게 해주길 바라기 시작했어요. 어린아이였을 때 인형극을 보여줬어요. 여덟 살 때 사람들이 내가 만든 인형극을 좋아해주길 바랐죠. 첫 영화는 열두 살 때 보이스카우트를 위해 만들었는데, 만약 당시 다른 종류의 영화를 만들었다면, 그 영화가 혹시라도 홈통에서 나와 뒤뜰에 작은 웅덩이를 만들어내는 빗방울에 대한 관찰이었다면, 만약 내가 그런 영화를 보이스카우트에서 보여주고 그들이 거기에 앉아 '와, 정말 아름답고 흥미롭다. 물속의 무늬들을 좀 봐. 흥미로운 카메라 각도 좀 봐'라고 말했더라면, 현재 다른 부류의 영화감독이 됐을지도 모르겠어요. 혹은 갈등을 겪는 두 사람이 차이를 해결하려 노력하는 이야기를 만들었더라면(열두 살에는 그렇게 하지 않았을 게 확실하지만), 그리고 같은 보이스카우트 중 한 명이 턱에 난 작은 솜털을 긁으면서 '와, 정말 깊이 있었어'라고 말했더라면, 나는 마틴 스코세이지가 됐을지도 몰라요. 그러나 보이스카우트들은 내가 만든 걸 보고 즐거워하며 박수를 치면서 웃었고, 남들을 그렇게 기쁘게 해주는 걸 다시 하고 싶었죠."

당연히 그는 지금 다시 사람들을 기쁘게 해주고 싶을지 모른다. 무엇보다도, 사실상 확정됐듯이, 그의 최신작이 아카데미 작품상과 감독상을 수상하게 된(그 만일의 일에 대해 입 밖으로 얘기를 꺼내기엔 그가 너무 미신을 믿지만, 그는 오랫동안 그걸 탐내왔다) 이 시점에서는 그렇다. 그리고 내 머릿속으로, 신작 연출에 대한 그의 망설임에는 두려움이 깃들어 있을지 모른다는 생각이 떠오른다. 〈쉰들러 리스트〉를 만들면서 스필버그는 그가 일상적으로 사용하는 장치들(복잡한 쇼트들을 한눈에 조망하기 위한 스토리보드, 크레인 및 줌렌즈)을 모두 내다 버렸고, 과잉과 지나친 강조라는 그의 성향에 역행했다. 그 영화는 영감에 따랐다. 마치 일종의 열기 속에서 연출된 것처럼 보이고 느껴지는데, 열기란 주문으로 얻어내기 어려운 법이다. 스필버그는 그가 어떻게 〈쉰들러 리스트〉를 만들었는지 잘 알지 못할 수 있다. 그것을 설계한 근육들이 어디에 존재하며 그것들을 다시 어떻게 찾아내는지 알지 못할 수도 있으며, 그로 인해 새로운 뭔가에 뛰어들기까지 매우 오랜 시간 망설이게 될 수도 있다. 자신의 새로운 올림포스산에서 굴러떨어지지 않으려면 어떤 영화를 만들 수 있을까? 분명 〈매디슨 카운티의 다리〉는 아닐 것이다.

스크린에서의 스필버그를 만들어낸 건 늘 기술적 정통과 재미의 독특한 조합이었다. 감독으로서, 그는 데이비드 린 같은 메이저 영화 창작자Major Motion Picture Maker 혹은 세실 B. 드밀 같은 스펙터클의 거장이 소유했던 묵직한 포군을 갖고 있었다. 즉, 드넓은 풍경과 거대한 규모의 군중을 다룰 줄 알았다. 복잡하게 짜인 안무들로 스크린을 채우는 법을 알았고, 카메라를 광활하게 탁 트인 공간 위로 날리고 친밀함과 장엄함을 동시에 전달할 줄 알았다. 히치콕 이래 그 누구도 시각적 스토리텔링, 이미지에 의한(대화나 설명에 의해서가 아니라) 서사 전달에 그만큼 뛰어나지 못했다. 그리고 오슨 웰스 이래 그 누구도 쇼트를 제시하는 법, 관람자의 눈을 전면에서 배면으로 옮기는 법, 정확하게 제때에 캐릭터와 사건들을 프레임 안 혹은 밖으로 실어 나르는 법, 드러나지 않게 정보를 추가하는 법을, 그만큼 심도 있게 이해하지 못했다. 그의 우아한 트래킹 쇼트들(예를 들어 〈레이더스〉의 어마어마한 고고학 발굴 현장이나 〈태양의 제국〉의 상하이에서 벌어지는 상류층 하우스 파티 쇼트들)을 보면서, 우리는 19세기 소설가가 길고도 장엄한 장 속에 가득 채워 넣을 법한 종류의 훑어보기와 디테일을 흡수하게 된다. 그럼에도, 관람자는 결코 장면 속에서 자신을 안내하는 캐릭터를 시야에서 놓치는 법이 없고, 결코 카메라가 부리는 재주를 의식하지 못하며, 결코 제때에 맞춰 적합한 대사가 나오도록 열리는 틈들을 알아채지 못하며, 결코 등을 기댄 채 플롯의 긴박한 압력을 놓치는 경우도 없다. 어떤 기술적 도전도 스필버그를 능가하지 못하는 걸로 보인다. 복잡하고 다루기 힘든 2차 대전 코미디 〈1941〉에서, 그가 공중전과 잠수함 공격 연출을 위해 모형을 활용할 때 보여준 능숙함은 해당 현역 기술 전문가들도 대부분 가능할 거라 상상하지 못했다. 그는 첫 장편 〈슈가랜드 특급〉에서 자동차 소대小隊가 서로 치근거리고 몸통을 흔들면서 춤추는 것처럼 보이도록 했다. 〈1941〉과 〈인디아나 존스〉에서는, 영화에서 유례를 찾아보기 힘든 가장 대담하고 활기찬 뮤지컬 노래 두 개를 선보였다. 그는 〈이티〉에서 영화사상 가장 설득력 있고 호감 가는 외계 생물체를 창조했으며, 〈쥬라기 공원〉에서는 집고양이만큼이나 생생한 공룡들을 제작했다.

그러나 아마 스티븐 스필버그의 팬들을 가장 매료한 건(그리고 그가

〈쉰들러 리스트〉를 만들었을 때 그들을 가장 놀라게 한 건) 그가 얼마나 대수롭지 않게 자신의 재능을 발휘했는가였을 것이다. 단순한 놀이를 위해 그처럼 많은 노하우를 펼친 사람이 이제껏 있었던가? 스필버그의 영화들은 재미있고 활발할수록 더 낫다. 긴 장면들은 기분 전환용으로 단숨에 만들어버린 즉흥적인 느낌을 주며, 관객의 마음에 들기 위한 그의 접근법은 우리를 열광하게 하는 것과 간질이는 것 사이에서 불안정하게 흔들린다. 1970년대 중반 스필버그가 나타났을 때, 그의 영화들은 위안 같은 걸 줬다. 베트남전, 워터게이트, 경기 불황 등으로 너무나 괴롭힘을 당해 맛이 간 문화계에서 자신의 탁월한 힘을 부드럽게 다루고, 사람들을 놀라게 해 의식을 잃게 하거나 뼛속까지 스릴을 맛보게 하는, 그러나 항상 자신의 비전을 우리에게 친숙한 브랜드명과 농담, 교외라는 든든한 기반에 토대를 두는 영화감독이 등장했던 것이다. 조지 루카스의 '스타워즈' 영화들이 특별한 세계를 상상해 그것을 일상의 캐릭터들로 채웠다면, 스필버그는 일상에서 시작한 뒤 그 속의 놀라움들을 드러냈다. 그것은 너그러운 행위로 느껴졌다. 스필버그 영화들을 특징짓는 것은 무엇보다도 너그러움이었다. 그는 천성적으로 자신의 관객들이 기대하는 바를 아는 듯 보였고, 항상 그 이상(더 많은 위험, 더 많은 스릴, 더 많은 경이, 더 많은 빛)을 내놓았다.

그는 또 다른 방면으로도 너그러웠다. 스필버그는 〈죠스〉의 로버트 쇼 캐릭터같이 맥주 캔을 찌그러뜨리는 허풍쟁이 마초 한 명당, 리처드 드레이퍼스같이 스티로폼 컵을 부숴버리는 호감 가는 열간이 한 명을 제공했다. 그의 영화들은 우리에게 이미 돋보인다고 말해줌으로써, 우리가 굳이 노력하지 않아도 되게 했다. 그런 의미에서 〈쉰들러 리스트〉 자체는 스필버그에게 중심이 되는 테마의 출발이라기보다, 그것의 깊어

짐이다. 쉰들러의 이야기는 라울 발렌베리스웨덴의 사업가이자 외교관. 2차 대전 당시 아우슈비츠수용소에서 유대인들을 구했다 같은 타고난 영웅의 이야기가 아니라 보통(심지어 비열한) 사람의 이야기이기 때문이다. 〈미지와의 조우〉에서 리처드 드레이퍼스가 변신을 위해 외계인들에게 '선택'된 것과 마찬가지로, 〈태양의 제국〉에서 크리스천 베일이 존 말코비치에게 선택되고 〈이티〉에 의해 어린 헨리 토머스가 선택된 것과 마찬가지로, 그렇게 오스카르 쉰들러는, 어떤 의미로는, 선택된 것이다. 더 뛰어나기에 더 양심적이거나 더 돋보이는 남자였다면 선택되지 않았을지 모른다. 영화에 따르면, 전쟁 이전 쉰들러는 아무짝에도 쓸모없는 그런 부류였으며, 종전 후의 그는 실패작이었다. 그럼에도, 적절한 상황 속에서 그는 구원자가 된다. 쉰들러를 선량한 사람으로(그리고 종국에는 특출한 사람으로) 만드는 건 오직 괴물 같은 악의 현전이다.

물론 스필버그는 그런 평범한 캐릭터들과 더 닮았다. 그와 하루 일과를 함께하다 보면 그가 정말 제국을 지휘하고 있는 것인지 분명하지 않다. 앰블린에는 약 45명의 직원이 있고 그중 아홉 명이 스필버그의 직속으로 일한다. TV 사업부(베테랑 텔레비전 간부 토니 토모폴로스가 운영한다), 캐릭터 상품 사업부, 런던과 로스앤젤레스의 워너 브라더스에 사무실을 둔 애니메이션부, 세 명의 개발 운영진과 그 아래 스태프들로 구성된 영화 사업부가 있다. 대체적으로 스필버그는 텔레비전과 캐릭터 상품부에는 개입하지 않지만, 애니메이션에는 깊이 관여한다. 애니메이션은 대부분의 TV 혹은 영화제작과는 달리, 단지 앰블린이라는 명칭만 들어가는 것이 아니라 그의 이름이 들어간다. "단지 이기심일 뿐이에요"라고 그는 말한다. "애니메이션으로부터는 진정한 즐거움을 얻지만, TV물을 만들거나 공룡 장난감을 바라보는 건 덜 즐겁거든요."

그사이에 영화 사업부 수장 자리는 작년 초 앰블린 사장 캐슬린 케네디가 떠난 이래 공석이었다(그는 종종 스필버그의 영화를 제작한 남편 프랭크 마셜과 함께 직접 제작사를 차리기 위해 떠났다). 5월에 시나리오작가이자 제작자 월터 파크스가 앰블린의 사장이 될 것이며, 그의 아내인 제작자 로리 맥도널드가 부사장을 맡을 예정이다.

스필버그는 말한다. "월터는 제작자이자 시나리오작가로서 극히 뛰어난 안목을 갖고 있어요. 나는 진정으로 앰블린이 더 작가를 중심으로 움직이길 원했어요. 내 생각에 우리가 제작한 영화 중 몇 편의 약점은 시나리오에 있었고, 그 이유는 부분적으로 최근 몇 년간 우리가 한 작가와 충분히 오랜 시간 일하지 않는 경향을 보였기 때문이에요. 한 작가의 기운이 꺾이면 그를 포기하고 다른 작가로 넘어갔죠."

"예를 들어볼게요. 〈쉰들러 리스트〉의 개발은 아주 많은 단계를 거쳤지만, 나는 항상 스티븐 자일리안과 함께였고, 심지어 우리 둘 다 〈쉰들러 리스트〉를 위한 최선은 내가 남쪽으로 가고 그가 북쪽으로 가는 거라 생각했을 때에도, 스티븐은 여전히 남아 있었어요. 나는 스티븐의 각본이 좋았지만 이야기의 종적인 면을 조금 덜어내고 싶었어요. 단지 오스카르 쉰들러에 국한된, 캐릭터 중심의 이야기라는 측면을 덜고, 더 횡적인 접근을 통해 홀로코스트를 전체 영화의 존재 이유로 취하길 바랐죠. 내가 정말 보고 싶었던 건 오스카르 쉰들러(독일의 관점)와 이츠하크 스턴(유대인의 관점)의 관계였어요. 더불어 실제 피해자들(드레스너 가, 누스바움 가, 로스너 가)의 이야기들을 더 많이 언급하고 싶었어요. 스티븐은 처음에는 반대했지만, 그 후 폴란드에 갔다가 돌아오는 비행기 편에서 함께 카타르시스에 이르렀어요. 우리는 거듭해서 각본을 한 장씩 살

폈고, 스티븐에게는 이윽고 또 다른 비전이 생겨났죠. 그러니까, 스티븐이 고집스럽게 변화에 저항하고 내가 다른 사람을 쓰겠다고 그를 위협했을 때조차, 우리는 부부 갈등의 모든 과정 같은 걸 거치고 있던 셈이에요. 우리는 함께 성공했어요. 내가 방향을 바꿔서 다른 사람에게로 갔다면 성공하지 못했을 거예요."

자일리안은 말한다. "스스로 쉰들러와 관련되지 않는 장면은 어떤 것도 없게 한다는 규칙을 세웠어요. 쉰들러가 반드시 장면에 들어가야 할 필요는 없지만, 그 장면이 그에게 뭔가 영향을 미쳐야 했어요. 그러나 지금 우리의 협업으로 탄생한 몇몇 장면의 경우, 그 규칙에 부합하지 않아요. 스필버그의 개입으로 가장 크게 변화한 건 게토에서의 청산 시퀀스예요. 내 원래 각본에서 2~3쪽을 차지했던 것이 최종적으로 약 30쪽을 차지하게 됐죠. 스필버그는 '지금까지 우리가 만난 모든 사람들을 이 시퀀스에 담길 원해요'라고 말했어요. 그래서 대대적으로 바꾼 게 그 장면이에요. 그 후 촬영이 가까워짐에 따라, 생존자 중 한 명이 스필버그에게 뭔가를 이야기하거나, 아니면 그가 특별히 반응하게 된 원작의 어떤 요소가 있으면, 그것이 포함됐어요. 그가 야기한 변화들이 좋았다고 생각해요. 핵심은 그가 뭔가를 읽을 때 시각적으로 본다는 거예요. 이를테면, 이 영화에 359개의 신이 있는데, 각 장면에는 각각의 시각적 아이디어가 필요해요. 〈위대한 승부〉라는 영화 한 편을 감독해본 극히 짧은 경험에서 내가 알게 된 건, 어느 지점을 지나면 아이디어가 고갈된다는 사실이에요. 그런데 그는 아니었어요. 정말로 그의 대단한 강점은 각본을 시각적으로 해석할 수 있다는 거예요.

지진이 발생하기 전주, 화창한 화요일이다. 스필버그와 나는 앰블린이 하비 코믹스Harvey Comics 시리즈를 각색한 〈꼬마 유령 캐스퍼〉의 말하자면 '치고받기' 회의에 참여하러 가는 중이다. 영화의 각본은 워너 브라더스의 베테랑 작가 셰리 스토너와 디애너 올리버가 썼지만, 스필버그는 그 각본을, 영화보다 시트콤 제작에 더 일상적으로 적용되는 절차인 원탁회의에 상정했다. 이번 회의에서 스토너와 올리버는 여덟 명의 다른 작가와 협업해 새 개그를 추가하고 오래된 것들에는 광을 내는 등 각본을 검토한다. 스필버그가 이 방법을 처음 시도한 건 앰블린이 제작한 〈고인돌 가족〉(감독 브라이언 레반트가 원탁회의 운영을 위해 소집됐다)에서였다. 그 결과 〈고인돌 가족〉의 영화 크레디트에 들어갈 각본 담당자의 이름을 누구로 하느냐를 둘러싼, 악몽 같은 논쟁이 야기됐었다. 그러나 우리가 회의실에 들어섰을 때, 분위기는 쾌활했다. 모인 사람들은 사실상 한마음으로 "우린 즐거움과 기쁨과 태양의 계절을 누렸네"로드 맥컨의 「태양의 계절Seasons in the Sun」 후렴구 중 일부를 부르고 있었다. 스필버그가 충격받은 척 한다. "내가 오 분 등 돌린 새에 뮤지컬로 바뀐 건가?"라고 그가 말한다.

이번 사안은 유령이 잠자고 있는 중년 남자의 입으로 들어가는 장면이다. 남자가 깨어나 거울을 보고 자기 얼굴이 눈앞에서 다른 얼굴들로 변신하는 것을 본다. 그러나 그 장면들이 점점 알쏭달쏭해지자, 회의 책상에서 멀리 떨어져 앉아 있던 스필버그가 긴급히 호출한다. "이보게들, 잘된 부분은 유지해야 하네! 기억하라고, 이미 네 번의 수정을 거친 각본이라는 걸."

누군가 외친다. "그럼 잘된 부분은 뭐였는데요?"

스필버그가 활짝 웃으며 머리를 절레절레 흔든다. 그러곤 내게로 몸을 돌려 말한다. "내가 원하는 방식은, 저들이 모든 걸 알아서 만든 뒤 나한테 읽어보라고 가져다주면, 내가 조언할 사항들을 갖고 들어오는 거예요. 내 의견은 대체로 논리적이에요. 그에 관해서라면 좀 꼼꼼하죠. 판타지를 만들 때에는 일반적인 논리를 근거로 해야만 하기 때문이에요. 우리 애들은 영화를 볼 때 말이 되기만 하면 뭐라도 믿어요. 그러나 혼란스러우면 바로 영화에서 빠져나와버리죠. 내가 일곱 살 때 시리즈물을 보면서 열받았던 건, 14주 차에 자동차가 낭떠러지로 떨어져 폭발한 뒤 15주 차에 그 전주에는 없던 쇼트가 보인다는 거였어요. 자동차가 낭떠러지로 굴러떨어져 폭발하기 전에 주인공이 차에서 뛰쳐나오는 장면이었어요. 그런 사기에 열이 받았죠. 15주 차에 진실을 이야기한 뒤 그다음 주에는 거짓말을 하는 셈이거든요."

"약혼하는 것과 비슷하죠." 엿듣던 작가 한 명이 덧붙인다.

"스티븐, 뭐 좀 물어봐도 돼요?" 셰리 스토너다. "자, 우리는 유령이 들어간 후에 그가 깨어나 거울을 보는 걸로 했어요."

"그렇군." 스필버그가 말한다. "그리고 그가 보는 건 멜 깁슨, 혹은 칠 초간 자기 얼굴을 사용하는 걸 허락할 영화 스타의 얼굴이겠지. 일 초당 10억 달러를 받고서." 모두가 웃는다. "그러면 그가 '잘생겼군'이라고 말할 거야. 다들 들어보게나. 지금 여러분은 유령이 남자의 귀를 통해 들어가도록 설정했어. 입으로 들어가야 해. 남자가 코를 골도록 하고 유령이 입을 통해 들어가도록 해야만 하지. 귀는 좋지 않아. 입이 훨씬 낫지."

"좋아요," 스토너가 말한다. "그러면 남자가 멜 깁슨으로 변한 뒤, 이를테면 괴물 얼굴 같은 걸로 다시 변하는 걸 원하는 건 맞죠? 그리고 그가 비명을 지르고?"

"아니지, 아니지." 스필버그가 말한다. "그가 괴물 얼굴을 포함한 서로 다른 세 얼굴을 보는 게 훨씬 더 재미있지. 그 얼굴들을 단지 쳐다볼 뿐, 거의 말이 없는 거야. 그러다가 자기 얼굴을 보는 거지. 그리고 바로 그때 비명을 질러. 그렇게 해야 재미있지."

"그럼 최상의 괴물 얼굴은 뭔가요?" 스토너가 묻는다.

"나는 마이크 딧카가 다음 얼굴이라 생각했어요." 다른 작가가 말한다.

"글쎄, 남자가 멜 깁슨에서 마이크 딧카로 넘어갈 수도 있겠지"라고 스필버그가 말한다. "문제는 내 아내가 그마저도 잘생겼다고 생각한다는 걸세."

다른 작가가 말한다. "로드니 데인저필드요."

"멜 깁슨에서 로드니 데인저필드로 넘어가는 건 흥미롭지." 스필버그가 말한다. "그런 다음 괴물, 즉 늑대 인간 같은 누군가로 넘어가는 거야. 그 뒤 자기 얼굴을 보고 비명을 지르는 거지. 전반적으로 그런 포물선을 그리는 걸세."

"제리 루이스는 어때요?" 디애너 올리버가 말한다. "제리 루이스가 로드니 데인저필드보다 훨씬 많이 무서워요."

큐 신호를 받기라도 한 듯, 10명의 작가가 모두 사팔눈을 하고 "레이디!"를 반복적으로 외치면서 제리 루이스 흉내를 낸다.

"자, 자 다들 진정!" 브라이언 레반트가 외친다. "집중합시다."

사태가 진정되자 레니 립스라는 조금 나이 든 작가가 내 쪽으로 몸을 돌려 말한다. "우리가 이런 식으로 했더라면 〈쉰들러 리스트〉는 훨씬 더 재밌어졌을 테죠."

스필버그에게 아이디어들이 어디에서 나오는지 물으면 그는 모른다고 주장한다. "그 이미지들은 내 머리 어디에서도 나오지 않아요"라고 말한다. "내 추측으로는 그냥 우연히 발생해요. 설명이 불가능해요. 내가 하는 일을 스스로 많이 통제한다고 말한다면 모두를 기만하는 셈이 될 겁니다. 기본적으로 내게는 없죠. 분석적인 방식으로, 진정으로 내 삶에 대해 이야기하고 내 삶을 다루는 경험이 내게는 많이 없어요. 단지 살아 내고 있는 것 같아요. 진정한 예술가라면, 아침 식사 동안 정면으로 맞 설 수 없는, 그런 자기 내면의 어떤 부분에서부터 작업을 해요. 내 경우 는 아침 식사 때 시리얼 상자에 쓰여 있는 걸 읽어요. 윗면, 옆면, 앞면, 뒷면, 그리고 바닥까지, 어렸을 때 했던 것처럼요."

그는 자신이 텔레비전을 너무 많이 보고("질 낮은 TV영화들을 폭식해요" 라고 그는 말한다) 비디오게임에 대한 채워지지 않는 열정을 갖고 있다 는 걸 인정한다. 가끔은 모뎀을 통해 샌프란시스코에 사는 로빈 윌리엄 스와 게임을 하기도 한다. 혼자서 할 때도 있다. 그는 아이들이 자러 간 뒤, 혹은 주말, 때로는 영화 세트장에서도 게임을 한다.

"그가 즐기는 손장난들이 있죠." 더스틴 호프먼이 말한다. "〈후크〉를 찍을 당시, 조명을 설치하던 중 아무도 못 들어오게 한 뒤 카메라 달리 에 앉아 '게임 보이즈'인가 하는 게임을 했어요. 그런 다음 한동안 로스 앤젤레스 국제공항 비행 편을 모조리 알아보더군요. 그러니까 달리에 앉아서 조종사들의 이야기를 듣고 있었던 거예요. 게다가 '게임 보이'를 하면서 말예요.

진정으로 내 삶에 대해 이야기하고
내 삶을 다루는 경험이 내게는 많이 없어요.
단지 살아내고 있는 것 같아요.

지금 그는 〈쉰들러 리스트〉의 범상치 않은 흑백 촬영을 담당한 폴란드 출신 촬영감독 야누시 카민스키와 점심 식사 중이다. 카민스키는 기대와는 달리 음울한 예술가가 아니다. 굉장한 보조개를 가진 동그란 얼굴의 기발한 34세 인물로, 거의 아침 시간 전부를 스필버그의 사무실 밖에서 "내가 그 홀리 헌터를 만나게 될지도 몰라. 정말 마음에 들어. 멋진 여자야" 같은 말을 하면서 어슬렁거렸다. 그러나 지금 우리는 유니버설 시티워크 몰의 한 식당에서 생선을 먹고 있으며, 그와 스필버그는 폴란드에서 〈쉰들러 리스트〉를 찍던 당시를 회상하고 있다. 스필버그가 갑자기 주제를 바꾼다. "야누시, 자네가 뭘 시도해야 하는지 아나?" 그가 말한다. "내가 지난밤에 해봤는데, 굉장했어. 랩 한 장을 가져다가 손전등 위를 덮고 구기는 거야. 나는 애들을 위해 손으로 그림자놀이를 하곤 하지. 애들과 함께 침대에 누워서, 참, 우리 집 천장은 하얀색이라네, 다리 사이에 손전등을 놓고 그 쇼를 하면 내 손이 천장에 거대한 그림자를 그리지. 변호사들을 공격하는 티렉스T-rex 공룡들을 비롯해서 뭐든 다 한다네. 아이들은 정말로 즐거워하지. 그런데 어젯밤에 손전등을 아래로 내렸는데 마침 옆에 우연히 셀로판지처럼 투명한 하누카Hanukkah, 11월 또는 12월에 있는 유대교 축제 포장지가 있었어. 벽에 투영된 무늬를 봤지. 훌륭하다는 생각이 들어서, 셀로판지를 가져와 손전등 위에 붙인 뒤 벽에 무늬들을 만들기 시작했네. 굉장했어. 마치 방에 파도가 넘실대는 것 같았지. 자네가 그걸 사용하는지는 모르겠지만, 아무튼 놀랍더군!"

얼마나 놀라운지 우리가 이해할 수 있을까? 아마 아닐 테다. 심지어 거의 스필버그만큼 소년스러움이 가득한 카민스키조차 미소 아래 당황한 표정을 짓고 있다. 그러나 그건 늘, 처음부터, 스필버그의 문제였다. 바로 동시다발적인 긴급함과 자기가 보는 게 뭔지 전달할 수 없는 불가능성이다. 그가 인터뷰어에게 자신을 설명하는 독특하게 반복적인 방식, 문장들을 말하고 다시 말하고 되돌아가서 또 말하고, 상황을 애써 상세히 설명함으로써 모든 것이 완벽하게 명확해지도록 하는 방식에서 그걸 느낄 수 있다. 그의 영화들 또한 무엇보다 감정이입을 기반으로 한다. 그의 고유한 이야기 전달 장치들은 우리에게 요점을 이해하라고 우긴다. 그 장치들이란 천둥치는 듯한 존 윌리엄스의 음악, 관객에게 공포 또는 경이를 느끼라고 신호를 주는 그 유명한 리액션 쇼트배우의 얼굴에 드러난 반응을 포착한 쇼트, 스필버그가 우리 눈에 비춤으로써 강제로 주의를 끌고 사물들을 숨기거나 드러내거나 혹은 경외감으로 둘러싸는 눈부신 빛 등을 말한다. 주인공의 등장을 선포할 때는, 출입구에 선 주인공을 역광으로 그 실루엣이 잡히도록 짜는 프레임과, 경건하게 그를 올려다보거나 심지어 그를 환영하기 위해 달려가는 카메라를 사용한다. 최상의 경우 그건 너그러움으로 이해된다. 최악의 경우에는 지독한 과잉이라는 인상을 준다. 〈쉰들러 리스트〉를 제외하면 스필버그의 영화들은 '좀 더 more'의 힘을 토대로 한다.

그는 스태프들에게 혹독하며 심지어 인정사정없기까지 하다. 그리고 유사한 이유로, 스태프들이 그가 전달했다고 생각하는 바를 생산해내지 못할 때 짜증을 낸다. "감독님 생각이 너무 앞서는 적이 자주 있다 보니, 누구에게든 자기가 시도하려는 걸 설명하면서 시간 낭비하기를 원하지 않아요." 1983년부터 작년까지 앰블린을 운영한 캐슬린 케네디가 말한다. "그는 주변에 그저 수행하고 질문하지 않는(오직 실행할 뿐 모든 세세한 내용까지 이해하려 노력하지 않는) 사람들이 필요해요. 왜냐하면 그는 신속하거든요. 〈레이더스〉의 거대한 비행기 시퀀스 중 인물들이 날개 밑에서 주먹다짐하는 장면을 촬영할 때, 인디아나 존스가 날개로 달려

갈 때부터 비행기가 폭발하기까지 걸리는 시간은 약 120컷 분량이에요. 컷들은 오직 한 방향으로 함께 갈 수밖에 없어요. 그런데 그는 이미 머릿속으로 각각의 쇼트들을 어떻게 찍어야 하는지 정확하게 알고 있었어요. 그에게는 그 모든 게 '보여'요. 그래서 안달이 나는 거예요. 일단 보이면, 본 것을 잃어버리고 싶지 않기 때문이죠."

알려진 바에 따르면, 그는 또한 대단히 엄한 사업가이자, 맹렬하고 약삭빠르고 강박적으로 비밀스러운 협상가이며, 심히 너그럽지 않다. 스필버그가 오랫동안 미국의 가장 부유한, 실제로 엔터테인먼트 사업에서 최고 부자 중 하나인(〈포브스〉는 지난 2년간 그의 소득을 7천 2백만 달러로 추정한다) 영화감독이긴 했어도, 심지어 〈빅〉의 공동 각본가이자 공동 제작자이며 앰블린에서 여러 프로젝트를 준비 중인 그의 여동생 앤 스필버그조차 "오빠는 매우 엄격하게 비용을 깎는 협상가예요. 그런 종류의 거래를 함께하기가 힘겨운 사람이죠. 다른 곳, 더 나은 처우를 받으리라 알고 있는 곳으로 가서 내 몫을 챙기려는 유혹을 느끼는 순간들이 있어요"라고 말한다.

스필버그는 여전히 협상의 귀재이긴 하나, 타임 워너의 고故 스티브 로스 회장과 가깝게 지내면서 주머니가 열리기 시작했다. 스필버그는 말한다. "스티브를 만난 후부터 나는 구두쇠에서 자선가로 변했어요. 그를 알게 된 덕분이고, 그가 내게 방향을 보여줬기 때문이에요. 나는 단지 내 돈을 절대 쓰지 않는 사람이었죠. 나한테 중요한 명분들에도 전혀 돈을 쓰지 않았어요. 그런데 스티브를 만났을 때, 그가 자신이 하는 자선사업으로부터 느끼는 기쁨을 볼 수 있었어요. 완전한 기쁨이었죠. 사적이면서 익명으로 행하는 기부였어요. 그래서 나는 거의 모든 걸 익명으로 해요. 몇몇 건물이 내 소유로 되어 있는데, 그것들이 어느 정도 기금 모금을 해주죠. 그러나 자선의 80퍼센트는 익명으로 해요. 거기에서 아주 많은 기쁨을 얻죠. 스티브 로스가 나로 하여금 마음을 열게 한 일들 중 하나예요."

스필버그에 따르면 로스는 그에게 아버지 같은 존재였는데, 스필버그에게 아버지라는 명칭은 상당한 정서적 무게를 지닌다. 이는 집과 가정, 특히 아버지에 대한 갈망으로 가득한 그의 영화들에서 감지된다. 세상을 떠난 아버지(〈이티〉〈태양의 제국〉〈인디아나 존스—최후의 성전〉), 실패한 아버지(〈슈가랜드 특급〉〈후크〉, 그리고 〈쥬라기 공원〉의 할아버지), 낯설어지고 사악해지거나 알아보기 힘든 아버지(〈미지와의 조우〉〈인디아나 존스〉〈컬러 퍼플〉), 궁지를 벗어나기 위해 돌아오는 아버지(〈죠스〉〈쥬라기 공원〉〈후크〉)들이다. 심지어 〈쉰들러 리스트〉조차 가장의 이야기(수많은 '가족'을, 그것을 파괴할 수 있는 거대함으로부터 보호하기 위해 반드시 아버지가 되어야 하는 무책임한 어른아이인 쉰들러의 이야기)로 바라볼 수 있다. 스필버그의 영화들에서 부성은 신비주의적인 희미한 빛을 발한다.

그럼에도 그 자신은 아버지와의 관계가 평탄하지 못했다. 아널드 스필버그는 컴퓨터 선구자로, 일중독이었다. 스티븐의 어머니 레아는 과거에 콘서트 피아노 연주자였다. 결혼 생활은 그리 행복했던 적이 없었고 결국 1966년, 아들이 18세 되던 해 둘은 갈라섰다. "아버지는 2차 대전의 윤리를 갖고 있었죠." 스필버그는 말한다. "집에 베이컨을 가져오시면 어머니가 요리를 하고 우리는 그걸 먹었어요. 아버지께 뭔가를 들고 가면, 항상 분석적이셨어요. 나는 무슨 문제든지 훨씬 열정적으로 접근했기 때문에, 우리는 항상 격돌했어요. 나는 드라마를 갈망했죠."

스티븐 스필버그의 소년기는 너무 자주 회자된 나머지, 하나의 비주류 미국 신화로 자리매김했다. 그것은 승리한 샌님의 시대를 위한 도시

신화로, 어떻게 교외의 비유대인 학교에 다니는 가느다란 목의 유대인이 동네 깡패를 자기 영화에 출연시킴으로써 자기 편으로 만들었는지, 생물 시간에 개구리 해부를 하면서 얼마나 힘들어했는지(그리고 그것이 어떻게 〈이티〉의 고전적인 장면에 영감을 줬는지), 어떻게 얼빠진 어린 스필버그가 발달장애 소년이 자신을 이길 수 있게 일부러 경주에서 져줬는지, 어떻게 번지르르한 기독교도 백인 동급생들의 잔인함이 그를 예술의 품으로 이끌었는지를 이야기한다. 두 살 어린 여동생 앤은 당시를 약간 다르게 회상한다. "오빠는 자기가 기억하는 것보다 친구들이 더 많았어요." 그는 이야기한다. "몇몇 여자애들이 오빠를 동경했다는 걸 알아챘다고 생각하지 않아요. 내 친구 몇 명은 오빠에게 반했죠. 당시 사진을 보면 이렇게 말할 거예요. '그래, 샌님이군. 상고머리를 해서 귀가 보여. 몸은 말랐네.' 그러나 오빠는 진정으로 남다른 개성이 있었어요. 사람들에게 일을 시키는 재주가 있었죠. 자기가 하려는 모든 것을 마치 당신이 거기에 참여하길 희망한 것처럼 들리도록 만들었어요."

그런 재능은 스코츠데일에서 8밀리 영화들을 만들기 시작할 때부터 최소한 1969년까지 큰 도움이 되었다. 1969년에는 당시 유니버설의 텔레비전 사업부를 이끌던 시드 샤인버그가 스필버그의 조금 지나치게 감상적인 단편 〈앰블린〉을 본 뒤 그를 7년간 감독으로 고용하는 7년 계약을 맺었다. 파트너인 데이비드 브라운과 함께 스필버그에게 장편 극영화를 만들 첫 기회를 준 제작자 리처드 재넉도 그 같은 재능을 기억하고 있다. 그들이 함께 만든 영화는 〈슈가랜드 특급〉이었으며, 스필버그는 그것을 찍기 시작할 때 단지 24세에 불과했다. 재넉은 말한다. "나는 '그래, 편하게 마음먹자'고 생각하고 있었어요. 그 꼬마가 이 대규모 영화에 익숙해지도록 놔두자. 그런데 첫날 그곳에 갔을 때, 그는 막 첫 쇼트를 얻어낼 준비가 되어 있었어요. 그리고 그건 내가 살아오면서 본 것 중에서, 최고로, 기가 막힐 만큼 정교한 쇼트였어요. 까다로웠다는 의미예요. 카메라가 가다가 멈추고, 사람들이 들어왔다가 나가는 올인원all-in-one 쇼트들 말이에요. 그는 그것을 다루는 방식에 엄청난 자신감을 갖고 있었어요. 불량스러워 보이는 어리고 작은 꼬마가 주변의 많은 노련한 스태프들, 그리고 주인공 배우(골디 혼)를 다뤄야 하는데, 쉬운 것부터 시작하는 대신 온갖 종류의 아주 난해한 타이밍을 요하는, 매우 복잡한 방식을 선택한 거죠. 그리고 그 결과는 놀라울 정도로 좋았어요. 단지 기술적인 관점에서뿐 아니라 연기도 아주 훌륭했죠. 그 자리에서 즉시, 한 치의 의심 없이, 이 남자가 이미 그 나이에 당시 살아 있는 그 누구보다도(그들이 얼마나 많은 영화를 만들어봤든지 간에) 쇼트를 해결하는 메커니즘에 대해 훨씬 많은 걸 알고 있으리라는 점을 깨달았어요. 그는 마치 영화에 대한 지식을 갖고 태어난 것처럼 착수했죠. 그날 이후 그는 멈추지 않고 나를 놀라게 했어요."

〈슈가랜드 특급〉이 박스오피스 실패작이긴 했지만 재넉과 브라운은 즉시 다른 영화(〈죠스〉)의 감독으로 스필버그를 기용했다. 그 기획은 시작부터 불운했다. 촬영 셋째 날, 기계 상어가 침몰했다. 상어가 재작동할 수 있게 됐을 때 영화는 촬영 일정보다 100일 뒤처져 있었고 예산의 100퍼센트 이상을 초과한 상태였다. "난 공황 상태에 빠졌죠." 스필버그가 말한다. "두려움으로 정신이 나갔어요. 나를 해고하려는 시도들이 있긴 했지만, 다른 사람이 날 대체할까봐서가 아니라 모두의 기대를 저버릴까봐 두려웠어요. 나는 26세였고 당시 스스로를 사실상 베테랑처럼 느꼈음에도 불구하고, 다른 그 누구도 나에 대해 그렇게 생각하지 않았어요. 나는 그보다 어려 보였어요. 17세로 보였고 여드름이 있었는데, 그건 경력 많은 스태프들에게 신뢰감을 불어넣는 데 도움이 안 되었죠."

결국, 당연히 〈죠스〉는 아주 멋진 영화, 예측 불허의 발칙한 스릴러임이 입증됐고, 이후 발칙하지만 그보다는 예측 가능한 스릴러물의 풍조를 확립했으며, 당시로서 영화사상 최고의 수입을 올린 영화로 기록됐다. 스필버그는 3백만 달러를 벌었는데, 1975년 그를 상당한 부자로 (심지어 할리우드 부자로) 만들기에 충분한 금액이었다. 그러나 그는 동시에 모든 다른 것을 배제하는 영화 강박증이 있었다. 앞서 아버지가 그랬듯이 그에게는 삶이 없었다. 〈미지와의 조우〉의 공동 제작자인 줄리아 필립스의 회고록에는 비록 그가 빅토리아 프린시펄과 세라 마일스 같은 할리우드의 기 센 여자들과 데이트를 즐겼다고 나와 있지만, 스필버그 스스로는 "나는 잠시 멈춰서 여자들이 내게 관심이 있는지, 혹은 내가 초대받을 만한 파티가 있는지 알아보지 않았어요. 성공했거나 돈을 벌어들인 영화의 영광을 만끽할 시간을 가져본 적이 없었죠. 즐기기 위해 멈추지는 않았어요. 〈죠스〉가 극장 개봉을 할 때쯤, 이미 〈미지와의 조우〉 제작에 깊이 개입해 있었고, 〈미지와의 조우〉가 개봉했을 때에는 〈1941〉 제작에 깊이 들어가 있었어요. 그리고 〈1941〉이 끝나기 전에 〈레이더스〉 제작에 심각하게 빠져 있었죠. 그러니 자리에 앉아 스스로 등을 토닥이며 칭찬하거나 돈을 쓰거나 데이트를 하거나 유럽으로 휴가를 떠날 기회가 전혀 없었어요. 단지 그렇게 하지 않았고, 내가 그렇게 하지 않은 건 영화 만들기 자체가 결과 산출에 앞섰기 때문이에요. 만약 멈춘다면 다시 출발할 수 없을 것이며 탄력을 잃어버릴 거라 생각했어요."

탄력? 흥행작을 만들어내는 능력을 말하는 건가? 새로운 아이디어를 계속 떠올리는 것을 의미하나?

일단 멈추고 나면 성공을 즐기는 것에 대한 벌로,
일하는 데 대한 관심을 상실하게 될까봐 두려웠어요.

"아뇨, 일에 대한 관심의 탄력을 말해요. 일단 멈추고 나면 성공을 즐기는 것에 대한 벌로, 일하는 데 대한 관심을 상실하게 될까봐 두려웠어요. 바로 지금 그렇게 느끼는 것처럼요. 현재 내가 느끼는 걸 10년 전에 느꼈다면 아마 공포에 질렸을 거예요. 정말 공포에 질렸을 겁니다. 이 감정들을 어떻게 다뤄야 할지 몰랐을 거예요."

그러나 스필버그는 스스로 기억하는 것보다 더 활발한 사교 활동을 한 것으로 보인다. 1976년 그는 배우 프리실라 포인터와, 배우이자 감독인 줄스 어빙(링컨센터 레퍼토리극장의 창립자 중 한 명이다)의 딸 에이미 어빙을 만나 한눈에 반했다. 그와 어빙은 격정적이고 힘겨운 관계를 이어가다가, 그가 윌리 넬슨이 나오는 1980년 영화 〈허니서클 로즈〉를 만들었을 때쯤 헤어졌고, 1983년 스필버그가 〈인디아나 존스〉의 로케이션 탐방을 위해 인도로 갔을 때 극적으로 재결합했다. 그곳에서 〈비련의 검The Far Pavilions〉을 찍고 있던 어빙이 공항에 깜짝 등장한 것이다. 둘은 1985년 결혼했고 그해에 맥스가 태어났지만, 결혼 생활에는 거의 처음부터 폭풍우가 몰아쳤다.

"난 에이미를 아주 좋아해요." 스필버그의 오랜 친구 매슈 로빈스가 말한다. 그러나 덧붙인다. "스티븐이 그와 결혼하기로 했을 때는 걱정이 많이 됐어요. 허공에 불꽃이 튀는 듯한 긴장 때문에 그들과 함께하는 건 즐거운 일이 아니었죠. 둘은 이게 누구의 식탁인지, 누구의 커리어에 대해 이야기할 것인지, 혹은 그의 관심 분야(그의 친구들과 배우로서의 삶)에 그가 동의했는지 등에 대해서조차 서로 지지 않으려고 했죠. 그는 정말 불편해했어요. 스필버그 안의 아이는 완벽한 결혼, 결혼이라는 제도, 식탁 위의 노먼 록웰식 칠면조, 모두 고개 숙여 하는 기도 같은 것들의 가능성을 너무나 철저히 믿었어요. 그리고 에이미는 지독하게 똑똑하고 재능 있으며, 일종의 반짝이는 상품처럼 아름다웠지만, 확실히 신랄하고 선동적이고 경쟁적이었어요. 그에게 조금도 편안함을 주지 않았어요. 안락한 집으로 가는 게 전혀 아니었죠." 스필버그와 어빙은 여전히 좋은 친구 관계지만, 1989년 이혼했다(현재 어빙은 브라질 영화감독 브루노 바레토와 살고 있다). 어빙의 이혼 합의금은 신기록을 세웠다고 알려져 있다. 비록 그 자신은 그 금액이 1억 달러가량 된다는 소문을 부정하긴 했지만.

그의 기복 속에는 다른 여성들도 있었는데, 그중 한 명이 케이트 캡쇼였다. 스필버그는 1983년 그가 〈인디아나 존스〉의 오디션을 본 뒤 배역을 따냈을 때 그를 처음 만났다. 친구들의 말에 따르면 초기 관계는, 그의 입장에서는 주로 즐기는 것이었지만, 캡쇼는 처음부터 확고했다. "단지 그의 체취 때문이었다고 생각해요." 그가 말한다. "우리 가족과 동일한 냄새가 났어요. 친숙함의 냄새였죠. 은유가 아니라 정말 후각적으로 그랬다는 거예요. 어떤 여자에게 자신의 갓난아이에게서 나는 냄새를 맡도록 한 뒤 눈을 가리고 그 앞에 아기 20명을 데려다놓으면 자기 아기를 짚어낸다고 해요. 제가 바로 그렇게 느꼈어요. 눈을 가린 채 냄새를 맡고 '이 남자야'라고 말하는 것 같았죠."

캡쇼는 말할 때 자주 키득거리며, 소녀처럼 꺅 비명을 지른다. 머리칼은 때로는 적갈색, 때로는 금발이 되며, 눈은 날카롭고 연한 푸른색이다. 그에게서는 매력적이고 섹시한 요정 같은 분위기가 나지만, 그런 속임수의 이면에 강철 같은 의지가 느껴진다. 그는 세련되거나 유행에 미친 사람이 아니며 그런 척하지도 않는다. 오늘 그는 상하가 붙은 작업복을 레오타드 위에 걸쳐 입었고, 우리는 유모차에 들어앉은 스필버그 부부의 '소여'라는 금발 머리 막내 두 살배기와 함께, 스필버그가 살고 있는 신록이 푸르른 퍼시픽 팰리세이즈 동네를 걷고 있다. 그는 이곳의 집과 이스트햄프턴의 또 다른 집, 그리고 다섯 아이들(이전 결혼에서 각자 한 명씩, 둘 사이에서 두 명 그리고 입양한 한 명)을 책임지면서 스필버그를 확실히 엄하게 다루고 있다. 둘이 결혼한 지는 2년, 함께 산 지는 4년이 되었다. 스필버그를 정복하는 데에는 오랜 작전이 필요했다. 캡쇼는 심지어 감리교에서 유대교로 개종했으며, 이는 모두에게 그가 마지막 유혹으로 생각해낸 방법으로 여겨졌다. 스필버그와 캡쇼 둘 다 당연히 이면의 동기를 부정하는데, 캡쇼는 다음과 같이 말한다. "내가 개종했을 때 스티븐은 매우 반겼지만, 기쁨에 겨워 무릎을 꿇을 법도 했던 그의 집안 사람들은 모두 한마디도 하지 않았죠. 그런 건 그들에게 상관없다는 걸 내가 알아주길 너무나 원했거든요." 캡쇼의 말에 따르면 그는 오랫동안 유대교에 매력을 느껴왔다. 가족을 강조하는 점이 마음에 들었다고 한다. "지난밤 텔레비전에서 〈인디아나 존스〉를 보고 있었어요." 그가 말한다. "스티븐에게 몸을 돌려 말했죠. '이 영화 이후 내 커리어는 어떻게 됐죠?' 그러자 그는 말했어요. '당신은 커리어를 갖지 않을 것으로 간주됐어요. 나와 함께하기로 했죠.' 그리고 그건 사실이에요." 그는 잠시 나를 응시하더니 아마도 내 표정에서 놀라움을 읽은 것 같다. "아, 난 전적으로 그렇게 느껴요." 그가 말한다. "아주 큰 야망을 가져야만 하겠죠, 일류 여성들의 커리어는 우연히 생겨나는 게 아니거든요. 만약 우연이라면 지탱이 안 되죠. 나는 해야만 할 노력을 기울이지 않았어요. 내 초점은 스티븐과 대가족에게 맞춰졌어요."

그들의 세 살짜리 딸 사샤가 스필버그의 거실을 벌거벗은 채 뛰어다닌다. 플라스틱 원탁의 기사 헬멧을 쓰고 고무 검을 휘두르며 목청껏 비명을 지르면서. 아버지는 벽난로 옆에 서서 로빈 윌리엄스와 통화 중이다. "나는 신디케이트1993년 개발된 등거리 실시간 전술 및 전략게임만 하고 있네"라고 말하고 있다. "그리고 그게 훨씬 어려운 게임이야. 총알 일부에는 더 많은 그래픽디자인을 넣었더라고. 아직 높은 단계까지 가보진 못했지만 공중 엄호도 있다고 들었네. 병기국도 있고 공습도 있고. 우리는 두 나라만 해봤는데 두 번째 나라에서 완전히 궁지에 몰리고 말았지. 그러니까 아직 75개 나라가 남은 거야. 오늘 임무를 하나 맡고 싶다고? 좋지. 그렇게 하자고. 임무 하나를 수행하자고."

우리가 있는 집은 거대하고 하얀, 바람이 잘 통하는 지중해 스타일로, 야자수로 꾸며진 약 2만 2천 제곱미터 넓이의 정원에, 여러 개의 큰 별채들(시사실, 사무실, 게스트 하우스)이 함께 있다. 더글러스 페어뱅크스 주니어가 한때 이곳에서 살았고, 〈바람과 함께 사라지다〉를 만들던 당시 데이비드 O. 셀즈닉도 살았으며, 케리 그랜트도 바버라 허턴과 결혼했을 무렵 이곳에서 살았다. 스필버그는 그 집을 대폭 개조했지만, 원래 구조 중 일부가 남아 있다. 한쪽 거실 벽에 작은 모딜리아니 그림이 걸려 있고, 인접한 벽에는 크고 빛을 발하는 모네의 그림이 있다. 그 아래에는 테이블이 있는데, 그 집의 거의 모든 다른 가구와 마찬가지로 예술 공예 형식(대부분 구스타브 스티클리의 것이다)이며 위에는 세 개의 각본이 유리로 덮여 있다. 〈시민 케인〉 〈카사블랑카〉, 그리고 오슨 웰스의 라디오방송 〈우주 전쟁〉의 오리지널 각본들이다. 그 외 다른 모든 곳에는 노먼 록웰의 그림들이 보인다.

이곳에는 미스터리가 존재하는데, 특히 〈쉰들러 리스트〉를 헤아리는 걸 무척 힘겹게 만드는 미스터리다. 스크린상에서 벌어지는 것은 압도적이고 무시무시한 움직임으로, 악의 본성, 심지어 선의 본성까지도 통찰한다. 그런데 이곳에 그걸 만든 사람이 있다. 야구 모자를 쓴, 너무 자라버린 이 소년은 다정하고 행복한 아내와 사랑스러운 다섯 명의 아이와 살고 있으며, 그의 뒤로는, 예술가라면 반드시 겪어야 한다고 대중 신화에서 주장하는 고통보다 훨씬 더 가볍고 평범한 고통을 겪은 유년기가 자리한다. 여기에서 그는 비디오게임을 하는 중이다.

캐슬린 케네디가 내게 했던 이야기가 기억난다. "스티븐은 친밀감과 관련해 어려움을 겪고 있어요. 그는 어느 정도까지는 사람들과 가까워지지만, 그런 다음 나빠지기 시작해요. 자신의 감정을 전달하는 게 스티븐에게 늘 편한 일은 아니기 때문이라 생각해요. 스스로가 많은 사람들을 신뢰할 능력이 없기 때문에 그는 일정량의 사적인 고독을 만들어내요. 그러나 동시에, 실제 세계와 사람들을 다루기보다, 단지 혼자 있으면서 자신이 생활할 수 있는 창조적이고 활기가 빠진 세계에 가까워지고 싶어 하기 때문이라고 봐요. 가끔 그가 모든 걸 철수하고 자기에게 더 편한 장소로 들어가는 걸 목격해요. 그 장소로 가면, 다른 사람들 혹은 다른 압력이 전혀 존재하지 않아요. 거의 선禪과 흡사하죠. 그리고 그는 거기에서 비범한 것들을 갖고 나옵니다. 마치 스님처럼 그곳으로 가는 거예요. 그는 그게 무엇인지조차 모르죠."

그가 모르는 그 무엇은 아마도 일종의 모래밭일 것이며, 일단 들어가면, 그곳에서 모든 건 변할 수 있고 오직 게임의 법칙에만 종속된다. 스필버그는 본능적으로 그런 법칙을 알고 있으며 어떤 것에도 적용할 수 있다. 당신이 그에게 던지는 어떤 소재든, 그것이 크든 작든, 위대하든 평범하든(홀로코스트든 꼬마 유령 캐스퍼든), 그는 그걸 모래밭으로 가져가서 경이로워질 때까지 가지고 논다.

게임은 일종의 조작이고, 그런 점에서 스필버그는 드물게 능숙한 조작자다. 리처드 드레이퍼스는 〈죠스〉의 촬영이 끝나갈 무렵 그와 보낸 긴긴 밤에 대해 즐겨 이야기한다. 그날 밤을 스필버그 때문에 뜬눈으로 새웠는데, 스필버그는 영화의 모든 신을 하나씩 차례로 보면서 어떻게 다른 방식으로 찍을 수 있었을지, 이를테면 어떻게 그것이 예술영화, 상어가 다음번에는 어디에서 튀어나올지가 아니라 스필버그 고유의 연출 역량에 이목을 집중시킬 영화가 될 수 있었을지 설명했다. 스필버그의 재능은 다방면에 걸쳐 있으며 풍부하다. 그는 당신보다 당신의 이야기를 더 잘 풀어낼 수 있으며, 다른 방식으로 더욱 좋게 풀어낼 수 있다. 제작자로 일할 때 그는, 수분 중인 곤충처럼 프로젝트에서 프로젝트로 돌아다니며 가까이 있는 판타지에 코를 깊이 들이박은 뒤 다음 단계로 넘어간다.

나는 어딘가 곤경에 처해 있어요.
그리고 오랫동안 그로부터 나오지 말까 하는 중이에요.

그러나 당연히 캐스퍼와 홀로코스트 사이에는 차이가 있으며, 심지어 그의 다른 훌륭한 영화들(〈죠스〉〈미지와의 조우〉〈이티〉)과 〈쉰들러 리스트〉 간에도 차이가 있다. 소재에 차이가 있다고 말하는 것은 너무 쉽다. 그보다, 스필버그가 소재에 불어넣는 감정의 질에 차이가 있다. 〈쉰들러 리스트〉는 화가 나 있다. 그리고 우리가 느끼듯이, 그 분노는 다른 스필버그의 감정들과 동일하지 않다. 〈죠스〉의 공포, 〈미지와의 조우〉의 경이감, 심지어 〈이티〉의 사랑에 대한 열망, 이 모든 것들은 어떤 면에서 자신의 모래밭에서 놀고 있는 소년으로부터 연원한다. 그 감정들은 아름답게 조작되지만, 그래도 여전히 조작된다는 점에는 변함이 없다. 그러나 〈쉰들러 리스트〉의 분노는 그렇지 않다. 정당하게 얻어진 활력 넘치는 분노다. 심지어 스필버그 자신도 모르게 기습적으로 찾아온 것처럼 느껴진다.

이는 그를 어려운 상황에 처하게 한다. 왜냐하면, 그와 함께 걷고 그가 작업하는 걸 보고 그가 살아가는 방식을 관찰하다 보면, 그가 여전히 모래밭에 머물고 있으며 만약 그곳에서 다시 그를 일어서게 만들려면 매우 희귀한 뭔가가 필요하다는 걸 알게 되기 때문이다.

그 자신도 이를 안다. "나는 어딘가 곤경에 처해 있어요." 그는 말한다. "그리고 오랫동안 그로부터 나오지 말까 하는 중이에요."

또 다른 생명들의 세계

스티븐 스필버그가 디자이너 제품의 불용 군수품 바지와 밤색 셔츠를 입고 와이어 안경테의 칙칙한 안경을 쓴 채, 감독 의자에 널브러져 비디오 화면을 보고 있다. 그는 패서디나의 벨폰테인에 있는 이탈리아 르네상스 스타일의 인상적인 석재 건물들과, 아기예수수녀회Society of the Holy Child Jesus가 운영하는 가톨릭 소녀들을 위한 상류층 교육시설인 메이필드고등학교의 일부를 로케이션 촬영 중이다. 아기예수수녀회는 하루 5천 달러를 받고 이틀간의 제작 일정을 허락했다. 스필버그는 리처드 애튼버러가 연기하는 존 해먼드의 침실과 통하는 아주 진한 나무판으로 덮인 동굴 같은 방에서 촬영하고 있다. 리처드 애튼버러는 역사상 최고 흥행을 기록한 대작 〈쥬라기 공원〉의 속편 〈쥬라기 공원 2—잃어버린 세계〉의 카메오 출연을 위해 돌아왔다. 마땅히 있어야 할 사냥 사진 대신, 벽에는 공룡 사진들이 걸려 있다.

스필버그가 마지막으로 카메라 뒤에 섰던 때, 그러니까 〈쉰들러 리스트〉를 연출한 지 3년이 지났다. 영화는 그에게 아카데미상과, 그가 스튜

피터 비스킨드Peter Biskind, 〈프리미어〉 1997년 6월 호에서.

디오들에 벌어다준 수십 억 달러들이 (이유는 모르겠지만) 결코 선사하지 못했던 존경을 가져다주었다. 그렇다고 그가 게을렀던 것은 아니다. 〈쉰들러 리스트〉와 현재 사이에 그는 제프리 캐천버그, 데이비드 게펀과 힘을 합쳐 새로운 스튜디오 드림웍스 SKG를 출범시켰다. 그리고 그와 그의 아내 케이트 캡쇼는 얼마 전 몸무게 약 3.5킬로그램의 딸 데스트리를 얻었다. 둘 사이에 태어난 세 번째 아이다.

가냘프고 노쇠한, 하얗게 새고 얇게 엉킨 백발을 한 리처드 경, 혹은 세트장에서 친숙하게 부르는 애칭에 따르면 '디키'가 파자마와 빨간 테두리의 보라색 가운을 입고 있다. 목각 헤드가 달린 침대에 있는 그를 산더미 같은 베개들이 받쳐주고 있다. 가까이에는 링거주사가 산소통, 꽃다발들과 함께 있다. 애튼버러는 카오스chaos 전문가 이안 말콤 역을 다시 맡은 제프 골드블룸에게 회유하는 톤으로 말하고 있다. 골드블룸의 상태는 엉망이다. 기름에 전 검정 가죽 재킷은 한 사이즈 아래인 듯 꽉 끼고, 얼굴은 몹시도 면도가 급해보이며, 마치 지난 4년을, 버스터미널들을 전전하며 딱딱한 나무 벤치에서 잤던 것처럼 보인다. 그가 길 저편에서 당신 쪽으로 걸어오는 것을 본다면, 당신은 길을 건너 반대편으로 갈 것이다.

그들은 감독이라면 누구에게나 악몽인 긴 해설 장면(각본의 다섯 장 반을 차지하는)을, 영화 초반 〈쥐라기 공원 2—잃어버린 세계〉의 전제를 설명하기 위한 필요악으로 찍는 중이다. 1편에서 공룡들을 리신lysine, 아미노산의 일종이 결핍되도록 사육함으로써 그들이 주사를 맞지 않으면 오래 생존할 수 없다고 보장받았는데도 불구하고, 왜 코스타리카에서 멀리 떨어진 섬 근처에 여전히 공룡들이 배회하는지에 대한 내용이다.

각본가 데이비드 켑이 대화에서 발생할 수 있는 미세한 결함들을 수정하기 위해 서성이고 있다. 그는 길고 얇은 갈색 머리카락에 뿔테 안경을 쓰고 톱사이더캐주얼 구두 브랜드명를 신고 있다. 만약 각본가 그리고 이제는 영화감독으로서의 커리어(〈트리거 이펙트〉)가 혹시라도 시들해지면, 존 그리섬의 소설을 각색한 방대한 영화들 속에서 풍족해하며 잘 살아갈 수 있을 것이다. 때때로 그는 낮은 목소리로 비꼬는 듯한 방백을 투덜거리며 내뱉고, 그걸 들을 수 있는 사람들은 미소 짓는다. 그는 〈쥬라기 공원〉 이래 당국자들이 이슬라 누블라 섬에서의 불행한 사건들을 덮었고, 말콤을 제외한 모두가 침묵을 지켜왔다고 설명한다. 그러나 당연히 아무도 말콤의 이야기를 믿는 사람은 없고, 따라서 그의 커리어는 엉망이 되었다. 쿱은 말한다. "그는 길모퉁이에서 외계인과의 조우에 관한 비디오를 파는 남자예요."

이어서 쿱은 공룡들의 생산지이자, 허리케인에 의해 생산 공장이 파괴된 뒤에는 공룡들이 마구 날뛰게 된 두 번째 섬 이슬라 소르나의 'B 구역'(첫 편에서는 왠지 모르지만 방치되었다)이 존재한다고 설명한다. 해먼드는 알리스 하워드가 연기하는 피터 러들로, 즉 그의 조카에 의해 인젠InGen사에서 축출되었다. 악당들은 남아 있는 공룡들을 포획해 착취하려는 의도를 갖고 있으며, 마음을 바꾼 해먼드는 인류의 이익을 위해 공룡들을 연구 목적으로 보호하길 바란다.

하와이에서 몇 장면 찍는 걸 제외한다면 촬영의 마지막 주다. 크리스마스가 임박했고, 기술 스태프와 배우들은 기대감에 들떠 있다. 〈쥬라기 공원 2—잃어버린 세계〉가 벨폰테인 캠퍼스에서 촬영한 첫 영화가 아님에도, 저런, 메이필드 여고생들은 촬영에 침착하게 대처하는 것처럼 보이지 않는다. 오히려 그들은 복도에 모여 프랑스식 유리문에 그들의 작은 코를 들이박고, 〈인디펜던스 데이〉 덕분에 어느 정도 스타가 된 골드블럼을 직접 본 흥분으로 작게 꺅꺅거리면서 무질서에 기여하고 있다.

그러는 동안 애튼버러가 연기하는 해먼드는 골드블럼이 연기하는 불친절하고 빈정대는 말콤에게 이슬라 소르나 섬으로 감으로써 자기를 도와달라고 설득하는 중이다. 말콤은 또 다른 랩터raptor를 보느니 뜨거운 바늘들이 눈알을 찌르는 편이 낫다는 입장이다. 스필버그의 설명에 따르면 여기서 핵심은 말콤이 '존, 당신이 어떻게 내게 그곳으로 돌아가라는 부탁을 꺼낼 수 있죠?'에서 '돌아가겠어요'로 말을 바꾸도록 하는 것이다. 애튼버러는 보푸라기 실인지 비듬인지를 가운에서 가볍게 털어낸 뒤 말한다. "이제 이 잃어버린 세계가 발견되어 침략당하는 건 오직 시간문제일세……." 골드블럼은 비웃으며 말한다. "4년 만에 어떻게 자본주의자에서 박물학자로 변할 수 있었죠?"

이 장면은 스필버그에게 걱정거리다. 〈쥬라기 공원〉의 도입부에서도 많은 설명(유전공학, 고생물학, 카오스 이론)이 제시됐었다. "그러나 그때는 흥미진진했죠"라고 그는 얼굴을 찌푸리며 말한다. "사람들은 고생물학에 대해 잘 모르며 유전공학에 대해 거의 아무것도 모르기 때문에 당시의 그 모든 설명은 마음을 사로잡았어요. 뭔가를 배울 수 있었죠. 나는 심지어 그 일부를 어린 시절 학교 다닐 때 본 프랭크 백스터 영화 중 하나(〈우리의 미스터 선Our Mr. Sun〉이나 〈마음으로의 관문Gateway to the Mind〉일 거예요)처럼 애니메이션으로 처리했어요."

"그러나 이미 사람들이 할리우드 버전으로 공룡들이 인간에 의해 어떻게 창조되는지 교육받은 상태에서, 그 악몽의 거리로 돌아가리라고 상상조차 하지 않을 영화 캐릭터들이 왜 다시 돌아가기로 결정하는지를 정당화하는 건 훨씬 힘겨운 도전이에요. 그 두 번째 섬, 즉 제프 골드블럼 같은 사람의 귀환을 정당화하는 것은, 아주 많은 입담, 순화해 말한다 해도 입담과 입담 또 입담이 필요하다는 거예요. 〈콰이강의 다리〉에서 일본군 포로수용소로부터 탈출하는 참혹한 시련을 겪은 윌리엄 홀든이, 잭 호킨스로부터 다시 그곳으로 침투하는 엘리트 특공대를 지휘해 달라는 부탁을 받는 것과 다르지 않아요. 내가 평소 이야기꾼으로서 하던 것보다 훨씬 많은 공사를 해야 하는 거죠."

스필버그는 오렌지색 스니커즈 주변에 피로가 웅크린 상태로 일어나, 〈쉰들러 리스트〉를 찍었던 촬영감독 야누시 카민스키를 조명에 관한 조용한 토론으로 끌어들인다. 그는 더 많은 걸 원하고, 카민스키는 덜어내길 원한다. 감독은 자신에 관한 이야기를 한다. "한번은 TV물을 찍는데 창문 조명을 어찌나 밝게 비췄던지, 창문 앞에 앉아서 삼 분 동안 대화를 해야 했던 랠프 벨러미가 허리 위로는 안보이더군. 하지만 유령 이야기여서 그대로 놔둔 적이 있지."

"이 영화는 유령 이야기가 아닌데요." 니트 베레모를 쓴 카민스키가 딱 잘라 말한다.

조명담당 스태프들이 전등을 두고 야단법석을 떠는 동안, 스필버그는 잠시 자기가 입은 바지를 살펴본다. 그는 말한다. "아내가 이 바지를 샀는데 구멍이 17개가 나 있어. 그래서 이 바지가 그렇게 비싼 걸까?"

조감독 크리스가 본다. "프레드 시걸캘리포니아 기반의 의류 브랜드의 디스트레스드 진오래 입은 듯 일부러 낡아 보이게 만든 청바지이에요."

"그럼 다른 사람이 이미 입었던 바지라는 뜻인가? 마치 페블 비치 위로 말이 끌고 다닌 것처럼 보이는군."

켑에 따르면 왜 말콤이 되돌아가기로 마음먹는지 설명하는 플롯 장치를 제안한 사람은 골드블럼이었다. 해먼드는 말콤에게, 자기가 학자인 세라 하딩(줄리앤 무어)에게 그곳으로 가서 공룡들을 관찰하도록 설득했다고 말한다. 그가 공교롭게도 말콤의 연인이다 보니, 말콤은 공포에 질린다. 골드블럼은 화가 나서 애튼버러에게 등을 돌린 뒤 문 쪽으로 성큼성큼 걸어가다, 잠시 멈추고 뒤돌아 강조하듯 손가락으로 허공을 찌르며 고함을 지른다. "내 애인을 혼자 그 섬으로 보냈다고요? 연구를 위한 원정이 아니라 구조 임무인데 말이죠!" 스필버그는 계속 같은 연기를 반복하게 한다. 골드블럼은 속삭이기도 하고, 소리 지르기도 하고, 허공에 손가락으로 잽을 날리기도 한다. 그의 손은 탁구 라켓처럼 크다. 거의 슬픔에 잠긴 스필버그는 아니라고 고개를 저으며 말한다. "손가락이 이 장면의 주인공이 되고 있군." 골드블럼이 손가락을 쓰지 않고 다시 한다.

스필버그가 기뻐한다. "멋지군! 컷. 인화하세요."

"스필버그의 특징 중 하나는 필름이 계속 돌아가도록, 끊지 않고 '테이크2'로 들어가는 거예요." 골드블럼이 설명한다. "그의 관점에 따르면, 배우들의 엔진이란 잔디 깎는 기계의 모터와 같아서, 매번 줄을 끌어당겨서 다시 시작하도록 만들어야만 하죠. 그래서 일단 그들이 시작했다면 계속하도록 놔두는 게 낫다는 겁니다."

그러나 시간은 늦어 저녁 8시인 탓에 스필버그의 모터가 힘을 잃고 있다. 그는 말한다. "자, 여러분, 계속합시다. 난 10시에 아기를 보러 가야 해요, 10시에서 자정까지. 그런 다음 자러 가야 해요."

〈쉰들러 리스트〉는 스필버그에게 일종의 분수령이었다. 단지 큰 규모의 진지한 소재와 씨름했기 때문이 아니라, 그것을 독창적인 방식으로 했기 때문이다. 물론 그는 〈쥬라기 공원〉 같은 영화에서 작동했던 서사 전략들을 홀로코스트에 활용했다고 공격받았다. 유대인들을 그들 자신의 비극 속 엑스트라로 격하했다는 공격, 수용소의 뼈만 남은 육체들과 겹겹이 쌓인 머리카락과 금니, 비누와 전등갓 등을 뒤적여서 가슴을 데워주는 해피 엔딩의 감동 스토리라는 바늘을 찾아냈다는 공격이었다. 그러나 그는 그 지점에 이르기까지, 세 시간이 넘는 영화의 마지막 십 분가량을 으스스하고 뇌리에서 떠나지 않을 일련의 이미지들로 채웠다. 단지 아우슈비츠에서 만든 '당신이 여기 있길 바라요' 유의 그림엽서에 나올 법한 홀로코스트가 아니라, 스필버그 자신이 '인디아나 존스' 시리즈에서 능숙하게 활용했던 할리우드의 나치 도상학 이미지 창고보다는 잔혹극에 훨씬 유사한, 기이한 고통의 스펙터클이었다. 〈태양의 제국〉이나 〈인디아나 존스〉의 가장 어두운 순간들을 제외하면, 그가 만든 다른 어떤 영화도 우리가 어떤 낌새를 알아채고 준비할 수 있게 해주지 않았다. 그 낌새란 새로운 스티븐 스필버그, 진정으로 자신의 팅커 벨 날개를 버리고 자신의 창작물에 요정 가루만큼이나 재를 뿌릴 의사가 있었던, 그런 스필버그였다.

따라서 스필버그가 〈쉰들러 리스트〉로 방향을 틀었다고 생각한 사람들에게, 그가 〈쥬라기 공원 2—잃어버린 세계〉를 연출한다는 소식은 꽤 놀라웠다. '인디아나 존스' 시리즈를 제외하면 그는 심지어 〈죠스〉에 관해서조차 후속편을 만드는 데 반대했었다. "그 영화는 물리적인 면에서 악몽이었어요. 게다가 나는 다시 물 있는 데로 가고 싶지 않았고요"라고 그는 말한다. "위에서 나를 끌어들이지 않는다면, 확실히 그럴 순 없었는데, 자발적으로 후속편을 만들려는 마음은 없었어요. 나는 그 영화의 맥아더 장군이 아니었죠. 그보다는 〈전사의 용기The Red Badge of Courage〉 존 휴스턴의 1951년 영화에 나오는 달리는 아이에 더 가까웠어요." 그러나 후에 스튜디오가 다른 감독을 고용해서 세 개의 우스꽝스러운 후속편으로 〈죠스〉를 망가뜨려놓았을 때, 그는 자신의 결정을 후회했다. 그의 오랜 제작자 캐슬린 케네디는 〈죠스〉의 후속편들에 관해 이렇게 말했다. "솔직히 말해서 열등했는데, 많은 이들이 아직도 스필버그가 후속편과 관련됐다고 생각해요. 따라서 품질을 보호하고 보장하려는 소유주의 창조적 관심이 존재하는 것이죠."

〈이티〉의 경우에는 이유가 달랐다. "〈이티〉는 내게 매우 개인적인 영화예요"라고 그는 말한다. "내 마음속에 전적으로 소중하게 간직한 영화였어요. 이제는 명백히 남용되고 있는 아이콘이지만, 당시에는 〈죠스〉와 달리, 나의 개인적인 첫 영화였어요. 전편보다 우월하지 못하게 될(우월할 가능성이 없는) 후속편으로 기억에 흠집을 낼 어떤 짓도 하고 싶지 않았어요. 그래서 후속편을 만들어달라는 모든 편지와 개인적인 요청들에도 불구하고, 거의 완벽한 작은 영화라 생각되는 그것을 건드리고 싶지 않았어요."

"〈쥬라기 공원〉에 대해서는 전혀 그렇게 느낀 적이 없어요. 그러나 한편으로는, 완벽한 영화라 생각하지 않았고, 내 마음에 별로 와닿지도 않았기에, 내게 명백히 권리가 있는 영화를 누군가가 나 대신 만드는 걸 방지함으로써 후속편을 온전하게 보호해야 할 필요가 있었어요. 내가 진정으로 잘 만든 영화라 여기는 목록에서 그건 심지어 상위 다섯 편에도 들지 못해요. 그러나 대중의 요구가 빗발쳤고(수없이 많은 편지들), 그래서 〈이티〉 후속편을 만들어달라는 요구를 거절한 그 수년간의 세월 끝에, '좋아요. 〈이티〉 속편을 안 만드시겠다는 거죠. 그것이 얼마나 감독님께 개인적으로 소중한지 이해해요. 하지만 〈쥬라기 공원〉의 속편을 안 만드는 이유는 뭐죠?'라고 말하는 아홉 살 아이를 더 이상 마주할 수가 없었어요. 거기에 댈 핑계가 없었죠. 또한 〈쉰들러 리스트〉 이후 심각한 영화를 만들고 싶지 않았어요. 3년의 공백기를 거친 후 돌아와서 수영장의 수심이 깊은 쪽으로 곧장 뛰어들고 싶지 않았죠. 얕은 쪽으로 발을 담가가며 물에 익숙해지길 원했어요. 뭔가 친숙한 걸 하고 싶었죠. 따라서 그런 모든 이유들이 모인 결과, 이 후속편을 하겠다고 말하게 된 거예요."

결국에 깨달은 사실은,
스스로를 진정으로 뛰어넘을 수는 없다는 거예요.

그러나 친숙한 소재로 되돌아가는 것에 단점이 없지는 않다. "후속편을 만들 때 가장 어려운 점 중 하나는, 전편을 능가할 것이라는 기대예요"라고 스필버그는 말한다. "내 모든 불안은 그거예요. 우리 팀은 '인디아나 존스' 시리즈를 하나 더 만들 때마다 바로 그 점을 걱정했어요. 그러나 결국에 깨달은 사실은, 스스로를 진정으로 뛰어넘을 수는 없다는 거예요. 단지 다른 이야기를 하는 것이고, 새로운 맥거핀MacGuffin이 바로 이전의 맥거핀만큼 설득력 있기를 바랄 뿐이죠."

후속 영화가 탄생하기 위해 절실히 요구되었던 동력은 마이클 크라이튼이 〈쥬라기 공원〉의 토대가 되었던 베스트셀러의 속편을 쓰기로 했을 때 얻어졌다. "마이클 크라이튼이 새 책의 근간은 완전히 잃어버린 세계, 완벽한 공룡의 생태계, 그리고 인간에 의한 실제 선사시대 땅의 침입라고 말했을 때, 매우 흥분됐어요." 감독은 이어서 말한다. "어린 시절 팝콘을 우적우적 씹어 먹던 관객으로서 나는 늘 그런 종류의 영화들을 사랑했죠. 〈킹콩〉 혹은 심지어 〈공룡!〉 같은 B급 영화들, 그리고 〈랜드 언노운〉이라는 제목의 조크 마호니 영화도요."

전편의 공동 각본가(크라이튼과 함께)로서 이름을 올렸고 이번에는 단독으로 이름을 올리게 된 쿱은 스필버그를 흥분시킬 만한 각본 작업에 착수했다. 쿱은 말한다. "스티븐을 위해 각본을 쓸 때의 문제점 중 하나는 그가 거대하고 기억에 남는 영화들을 너무 많이 만들었다는 거예요. 늘 '아, 저건 그냥 너무 〈인디아나 존스〉 같네'라고 말하게 되죠." 〈죠스〉는 '쥬라기 공원' '다이 하드' 시리즈, 〈스피드〉와 〈스피드 2〉, 심지어 〈인디펜던스 데이〉 같은 영화들을 보면서 계속 떠올리게 된다. 〈죠스〉는 단지 최초가 아니라 최고의 거대 액션 모험 스펙터클이었다. 〈죠스〉의 각본 작업이 비록 길고 혼란스럽긴 했어도, 그 각본은 생생한 개성이 부여된 세 남성 인물이 이끌어갔고, 상어에 맞서 더할 나위 없이 스스로를 잘 지탱해낸 저력 있는 세 배우(로버트 쇼, 리처드 드레이퍼스, 로이 샤이더)에 의해 살이 덧붙여졌다.

〈쥬라기 공원〉은 〈죠스〉의 시험대에서 비참하게 낙방했다. 아마도 1990년대 좋은 영화 만들기 스타일에 희생된 것일 수 있다. 그 스타일이란 날 선 캐릭터들을 부드럽게 다듬고, 현실감이 떨어지는 테러리스트나 컬럼비아 마약 왕을 제외하면 악당의 존재가 허락되지 않는 것으로, 〈쥬라기 공원〉에서도 악당은 제공되지 않았다. 크라이튼의 원작 소설 속 해먼드 캐릭터가 무자비하며 돈독이 오른 데 반해 영화에서는 그런 점이 완전히 사라져서, 이웃 아저씨 같은 애튼버러가 연기하는 해먼드는, 비록 손주들을 극단의 위험으로 몰아넣긴 했어도, 디즈니 만화의 스크루지 맥덕Scrooge McDuck같이 곧잘 화를 내곤 하지만 무해한 인물이 되어버렸다. 캐릭터들과 그들을 연기한 배우들은 그야말로 공룡들에게 압도당한 셈이다.

〈쥬라기 공원〉이나 〈쥬라기 공원 2—잃어버린 세계〉 같은 영화들이 제기하는 문제들은 〈죠스〉가 제기하는 것들의 대척지에 있다. 〈죠스〉에서는 효과가 원시적이었고, 대개의 경우 제대로 작동하지 못했다. 스필버그는 상어를 찍은 푸티지가 많지 않은 상태에서 작업해야 했고, 어쩔 수 없이 관객들이 상상에 의지하도록 했다. 그는 적을수록 좋다는, 아주 잘 먹힌 접근법을 택했다. 그의 유명한 말처럼, 〈죠스〉는 "일본의 토요일 조조 공포영화에서 히치콕 스릴러에 더 가까운" 영화가 되었다. 그런 접근법의 덕목은 그가 캐릭터에 집중할 수 있게 했다는 데 있다. 그러나 이제는 특수효과 기술이 너무도 진보한 나머지 모든 게 가능해져서, 캐릭터들은 스스로 자립해야만 하는 실정이다.

"〈쥬라기 공원〉을 쓰면서 캐릭터들과 관련된 디테일들을 많이 내다버렸어요"라고 켑은 말한다. "왜냐하면 그들이 개인적인 삶에 대해 이야기하는 것만큼 관심이 안 갈 때가 없었기 때문이에요. 제발 입 좀 다물고 언덕에 서서 공룡들을 볼 수 있게 해주길 원했죠. 후속편 제작을 널리 알렸을 때, 샌프란시스코 교외의 어딘가에 위치한 초등학교 학급으로부터 거대한 편지 꾸러미를 받았는데, 한 아이가 스테고사우르스와 이런 저런 것들을 추가해야 한다면서, '영화를 어떻게 만들든, 제발 섬과 아무 상관없는 길고 지루한 부분을 초입에 넣지 말아주세요'라고 썼죠. 다시 말해, 이런 영화들은 전제가 너무 흥미진진하기에 통상적인 고양이-쥐 놀이처럼 관객을 가지고 노는 건 먹히지 않는 거예요. 아이는 여덟 살에 불과하지만 옳은 말을 했어요. 그래서 나는 편지를 책상 위에 올려뒀어요. 내 묘비명에는 내 이름, 내가 살았던 기간과 더불어, '섬에 도착하기까지 너무 오래 걸렸다'라고 새겨질 겁니다."

크라이튼이 소설 『잃어버린 세계The Lost World』를 쓰고 있는 동안, 스필버그와 켑은 아이디어들을 다각도로 검토했다. 켑은 회상한다. "가장 먼저, 다음과 같이 말하면서 시작해요. '좋아, 이런 영화를 내가 보러간다면 어떤 장면을 넣어야만 한다고 요구할까? 어떤 것이 진정으로 멋질까?' 스티븐은 이미지에 의해 움직여요. 그는 전화를 걸어 말하겠죠. '쇼트를 위해 이런 아이디어를 갖고 있네.' 그건 심지어 한 쇼트가 아니라, 그 쇼트의 일부에 관한 거죠. '어떤가, 내 생각이? 우리 이야기의 일부가 되겠나?' 그러면 나는 생각하게 되겠죠. '자, 그런 게 어떤 식으로 영화의 무엇과 연결되지?' 그리고 이해하려고 하죠. 나는 진심으로 그런 감독들과 작업하는 걸 좋아해요. 그들은 대사나 다른 것들도 많이 맡기는 경향이 있거든요. 그들은 불꽃을 제공하죠."

어떤가, 내 생각이?
우리 이야기의 일부가 되겠나?

크라이튼의 소설 내용 중 상당 부분은 결국 버려졌다. "중간 부분에서는 서사와 관련된 것을 많이 찾을 수 없었어요"라고 스필버그는 설명한다. "하지만 그의 구성은 탁월했고, 확실히 우리에게 올바른 길을 보여줬어요." 스필버그는 또한 책의 중간에 나오는 대규모 세트 장면을 유지했다. 화가 난 렉스들이 이동식 실험실(고무를 입힌 탯줄로 연결된 두 개의 실제 트레일러)을 낭떠러지로 밀어버리는 장면이다.

샘 닐과 로라 던의 캐릭터 모두를 버리고, 더 자극적인 앙상블을 약속하는 뭔가로 대체했다. 소문에 따르면 3막에서도 깜짝쇼가 벌어진다는데, 렉스를 막아주는 정교하게 설계된 배를 통해 악당들이 공룡들을 본토로 수송한다는 것이다. 스필버그는 자세히 언급하길 원하지 않지만, 그가 촬영하고 있는 유니버설 부지의 방음 스튜디오에 흉하게 찌그러진 유니온76 뭉치미국 유니온 오일 컴퍼니 소유의 주유소를 상징하는, 숫자 76이 새겨진 주황색

구형물들이 있다는 것만 말해두고자 한다.

후속편의 '메시지' 또한 전편과는 차이가 있다. 〈쥬라기 공원〉에는 미친 과학자들이 위험을 무릅쓰고 신의 작품을 건드린다는 고전 공포영화의 윤리가 존재했다. 〈쥬라기 공원 2—잃어버린 세계〉에서의 과학자들은 생태적으로 올바르고 선한 사람들이며 공룡은 멸종위기에 처한 종이다. 프로덕션 디자이너 릭 카터가 말한다. "〈쥬라기 공원〉에서도 끔찍한 일들이 벌어지긴 했지만, 공포가 아주 깊숙이 느껴진 적은 없었다고 생각해요. 모든 것이 할리우드의 포장 효과를 봤기 때문인데, 테마파크가 어떻게 제시됐는지가 그 단적인 예죠. 반면, 이번에는 더 어두운 의도와, 처리해야만 할 더 어두운 문제들이 존재해요. 나는 이 영화가 〈쉰들러 리스트〉 이후의 〈쥬라기 공원〉이라 생각해요. 스필버그는 마틴 스코세이지가 아니고 프랜시스 코폴라가 아니었어요. 그는 진정으로 스스로를 그 수준의 예술가로 받아들인 적이 없었죠. 그러나 나는 이제 그가 예전의 스티븐 스필버그라 생각하지 않아요. 이 세계는 그야말로 잃어버린 것이며 영화 속 사람들은 그들의 신념을 보존하기 위해 매우 힘겹게 노력하지만, 그들이 맞서는 힘들은 너무 거대하고 강력하고 난해해요. 운좋게도 그들은 성공하지만, 유일한 성공의 방식은 최소한의 승리를 얻어내는 것뿐이죠."

스필버그는 덧붙인다. "첫 편은 정말로 기술의 실패와 자연의 승리에 대한 거였어요. 이번 영화는 스스로 통제력을 잃은 사람들의 실패와, 동물들을 보호하려는 도덕성의 실패에 훨씬 더 밀접한 이야기예요." 그는 잠시 멈추더니 소리 내어 웃는다. "나는 나 자신을 동물들을 추격하는 사냥꾼에 비유해요. 그들은 돈이라면 무엇이든 할 텐데, 우리도 그럴 겁니다."

〈쥬라기 공원〉 촬영장에서

〈쥬라기 공원 2—잃어버린 세계〉에는 두 마리의 티렉스, 부부 공룡이 나오는데, 그중 무게가 7톤 정도 나가는 한 마리가, 트랙 위를 달리는 낡은 2차 대전 곡사포의 포가처럼, 방음 스튜디오의 엄청나게 큰 달리에 비스듬히 기대어 있다. 모형, 인형 혹은 로봇 등으로 다양하게 불리는 이 구조물들은 놀라울 만큼 실제로 살아 있는 것 같은데, 렉스들의 경우 한 마리당 약 1백만 달러의 비용이 든다. 각 개체마다 컴퓨터가 지원되고 10명의 모형 조종가가 한 팀을 이뤄 배치된다. 렉스의 머리 하나만 해도 450킬로그램이며, 왼쪽 끝에서 오른쪽 끝까지 아치를 그리며 엄청난 펀치를 날리면 차 1대를 부숴버릴 수도 있다. 공룡들은 부피가 커서 극히 통제가 힘들다. 렉스 한 마리가 북쪽을 바라보다가 남쪽을 바라보도록 돌리려면 이틀이 걸리는 경우도 있다.

이 모형들은 스탠 윈스턴의 작품으로, 〈쥬라기 공원〉의 모형들도 같은 곳에서 공급받았다. 당시 영화를 둘러싸고 서로 다른 특수효과 전공들 사이에 상당한 유혈이 빚어졌다. 애초 의도는 윈스턴의 실물 크기 로봇들을 필 티페트(그는 다시 '스타워즈'로 되돌아갔다)의 고모션 기술(스톱모션보다 발전된 애니메이션 기법)과 함께 사용하는 것이었다. 당시 CGIComputer-Graphics Imaging는 겨우 유아기에 접어들었기에, 그 누구도 ILM의 능숙한 꼬맹이들이 컴퓨터상으로 공룡을 시뮬레이션해서, 걸음마를 배우는 아이를 제외한 누군가에게 진짜라고 설득할 수 있을 거라 생각하지 않았다. ILM의 특수효과 관리자 데니스 뮤런이 말한다. "컴퓨터가 플라스틱이 아닌 도마뱀 피부처럼 보이는 이미지를 만들어낼 수 있는지 보기 위해 4~5개월의 실험을 거쳤어요. 그런 다음 모션이 올바로 작동하도록 해야 했죠." ILM이 생산한 갈리미무스 무리는 스필버그로 하여금 CGI가 미래의 추세라는 걸 받아들이게 했다. 그는 윈스턴의 로봇들은 사용하기로 한 반면, 티페트 팀이 해온 상당한 규모의 작업은 폐기했다(〈쥬라기 공원〉의 경험법칙을 말하자면, 공룡을 클로즈업 혹은 다른 부분들을 가린 채 덤불 뒤에 서 있는 미디엄 쇼트로 보게 되면 그때는 로봇이다. 롱 쇼트로 걷거나 달리는 생명체의 전신을 보게 되면 CGI다).

선구적인 〈누가 로져 래빗을 모함했나〉 〈쥬라기 공원〉 그리고 가장 최근에는 〈화성 침공〉에서 작업한 특수효과 관리자 마이클 란티에리는 말한다. "많은 이들이 〈쥬라기 공원 2—잃어버린 세계〉를 완전히 CG로만 처리하자고 제안했어요. 이미 〈드래곤하트〉나 〈토이 스토리〉 같은 완전한 CG영화들이 만들어졌기 때문이에요. 그러나 우리는 둘을 혼합하는 게 객체들의 생명에 뭔가를 더해준다는 사실을 깨달았죠. 그 뭔가가 단지 기계적으로 혹은 디지털에 의해 얻어질 수 있다고 생각하지 않았어요." 여하튼 당분간 평화가 도래했고, 〈쥬라기 공원 2—잃어버린 세계〉는 윈스턴의 로봇공학과 ILM의 CGI 사이 편안한 혼합으로 귀결됐다.

〈쥬라기 공원 2—잃어버린 세계〉에는 여러 새로운 공룡들이 등장한다. 지옥에서 온 닭 같은 '콤피compy', 어리거나 다 자란 스테고사우루스, 파키케팔로사우루스(헤드 버터head butter로 알려져 있기도 하다), 그리고 죽은 파라사우롤로푸스까지. 슈퍼 랩터 같은 다른 선택들도 고려했지만 채택되지 않았다. "슈퍼 랩터는 지나치게 공포영화에서 나온 것 같았어요"라고 스필버그는 말한다. "외계 생명체를 만들고 싶지는 않았죠."

〈쥬라기 공원 2—잃어버린 세계〉의 공룡들을 전편에서보다 더 실제 동물처럼 보이도록 하기 위해 ILM의 애니메이터들은 '마린 월드 아프리카 USA'미국의 동물 테마파크를 방문해서 코끼리, 코뿔소 및 파충류들을 비디오로 촬영했다. "우리는 코끼리가 옆으로 지나갈 때 보이듯이, 동물의 근육과 살과 지방 덩어리가 실제로 움직이게 만들려고 노력했죠"라고 시각효과 제작자 네드 고먼이 말한다. "그리고 스티븐은 공룡들이 환경에 녹아들 수 있게 그 수준을 향상시켜달라고 요구했어요. 그래서 우리 공룡들이 초원을 달릴 때, 흙먼지를 일으키는 걸 볼 수 있어요."

〈쥬라기 공원〉을 프레임별로 살피게 되면 여러 속임수들이 눈에 띈다. 란티에리는 말한다. "어떤 경우, CG로 처리된 인물에서 양복을 입은 사람으로, 또 수압으로 움직이는 인형으로 편집된 걸 알아챌 수 있어요. 이 영화에서 우리는 프레임 내에서 직접 혼합하기도 했어요. 장면전환 없이 인형에서 CG로 넘어가죠. 관객은 기계 이미지도, 컴퓨터 이미지도 아닌, 그중 하나에서 시작해 이음새 없이 매끄럽게 다른 것으로 혼합되어 어떤 게 어떤 건지 식별할 수 없는 그런 것을 보게 되죠."

〈쥬라기 공원〉이래 CGI 기술이 향상되는 동안 윈스턴의 모형들도 발달했다. "우리는 로봇들이 행동하고 상호작용하고 인간을 만지도록 하는 측면에서 많은 발전을 이뤘고, 그건 전편에서는 할 수 없었을 일이에요"라고 란티에리는 말한다. "우리는 실제로 물건들을 부숴요. 전편에서도 아이들이 탄 채 구르다가 충돌하는 익스플로러를 제작하긴 했지만, 그 쇼트에 공룡은 없었어요. 〈쥬라기 공원 2—잃어버린 세계〉에서는 렉스가 차를 땅에서 들어 올려 앞 유리를 물어뜯고 산산조각 내는 쇼트를 만들었어요. 그건 영화에 현실성을 더해주며, 우리로 하여금 그렇게 하지 않으면 얻어내기 힘든, 정말 믿겨지지 않는 것들을 제외하고는, 지나치게 CG에 의존하지 않게끔 해주죠."

그러나 로봇공학의 진보는 상당한 비용을 수반한다. CGI 비용(심지어 ILM 같은 회사의 엄청난 간접비를 포함한)은 낮아지는 반면 윈스턴의 작업 비용은 올라가고 있다. 익명을 요구한 CGI 측 인사는 말한다. "세트장에서 (로봇들이) 문제없이 작동하도록 하려면 전보다 더 많은 인력은 물론,

오직 컴퓨터들을 유지하는 데만도 통째로 냉방이 되는 공간이 필요해요. 로봇들을 보며 '1, 2년 전보다 나아졌네'라고 말할 수 있겠죠. 하지만 로봇들은 여전히 걷지 못해요. 로봇공학이 정말 작동한다면, 커다란 기계가 고속도로로 가서 교통체증에 가로막힌 차들을 파괴하는 게 가능하겠죠. 그런 상황들을 볼 수 없는 건, 단지 그렇게 할 수 없기 때문이에요."

CGI가 싸다는 의미는 아니다. 스필버그는 말한다. "뭔가, 심지어 작고 복잡하지 않은 공룡 하나조차 컴퓨터상에 올리려면 25~50만 달러가 소요되며, 심지어 그 비용은 쇼트 하나를 만들기 전의 이야기예요. 공룡이 걷기만 해도 팔 초에 8만 달러가 들어요. 만약 공룡이 웅덩이에서 물을 튀기거나 흙덩이를 발로 차면 10만 달러고요. 그 쇼트의 배경에 네 마리 공룡이 추가된다면 15만 달러죠."

로봇공학은 여전히 CGI보다 뚜렷한 장점을 갖고 있다. 얄팍한 공기 대신 배우들이 상대할 수 있는 뭔가를 제공하며, 일단 모형을 하나 만들면 필름 비용만으로 원하는 만큼 다양한 각도에서 촬영이 가능하다. 반면, CGI는 새로운 각도를 원하는 경우 억 단위의 비용이 소요될 수 있는 새 쇼트를 찍어야 한다. "만지고 느낄 수 있다면 뭐라도 더 나아요"라고, 로봇들을 걷게 만들 자신감으로 충만한 윈스턴은 말한다. "로봇공학은 '그건 무시해요. 실제 화면에 쓰지 않을 거예요' 같은 게 아니에요. 촬영의 대상이 되는 뭔가를 제공하죠."

그러나 운명은 정해져 있다. 기술이 기계효과를 다루는 사람들을 물러나게 하지 않는다면 경제가 그렇게 할 것이다. 1960년대 해나-바베라 Hanna-Barbera가 디즈니 애니메이션의 황금기가 끝나는 데 일조한 식으로. 몇 년 뒤 그들은 퇴직해 플로리다에서 생활하는 실제 공룡이 될 것이다. 〈쥬라기 공원〉과 〈쥬라기 공원 2—잃어버린 세계〉는 아마도 로봇과 CGI 간 혼합 미디어 영역의 마지막 고전으로 기록될 것이다. 렉스를 가까이에서 살피고 거친 피부를 손가락으로 만지고 타피오카 푸딩만큼 부드러운 눈가의 섬세한 조직을 느껴보면, 이런 모형들에 투입되는 예술성에 놀라게 된다. 영화 촬영이 끝난 후 렉스들은 해체된다. 호스와 수압기는 재사용할 수 있지만, 3개월 정도가 지나면 그 훌륭한 스펀지-고무 피부는 그저 썩어 없어진다.

〈쥬라기 공원 2—잃어버린 세계〉의 수뇌부는 앰블린에 위치한 스필버그의 자택이다. 앰블린은 유니버설이 1980년대 초 자신들이 고용한 신동을 위해 약 3백 5십만 달러를 들여 지은 아도비 건물 단지로, 일부 추측에 따르면 부지런히 스필버그의 환심을 사려고 했던 워너 브라더스의 책임자 스티브 로스의 유혹에 대항하기 위한 노력이었다고 한다. 지금은 드림웍스의 임시 본부이기도 하다. 캐천버그와 월트 디즈니 스튜디오 사이, 그리고 게펀과 전 디즈니 이인자 마이클 오비츠 사이에는 어떤 사랑도 사라지지 않았다. 따라서 오비츠가 디즈니를 떠난다는 사실이 공표된 바로 그 12월의 오후에 드림웍스가 성대한 크리스마스 파티를 연다는 건 재미있는 현상이다. 프랑스인들이라면 "켈 코앵시당스!^{절묘}한 우연의 일치로군!"라고 말할 법하다.

디즈니의 제작부를 이끌던 시절, 캐천버그는 제작비용 절감에 헌신한 것으로 유명했고, 그 철학은 〈쥬라기 공원 2—잃어버린 세계〉의 감독에게 어느 정도 전염됐다. 스필버그는 자신이 사용할 수 있는 광범위한 효과들에도 불구하고, 어쩌면 신생 스튜디오의 공동 소유자가 갖는 시선으로 예산을 주의 깊게 살피면서, 그의 표현에 따르면 "〈쥬라기 공원 2—잃어버린 세계〉를 과도하게 만들려는" 충동에 저항했다. "유니버설은 〈쥬라기 공원〉의 후속편을 완성하는 명목으로 내게 1억 3천만 달러를 줬을 거예요"라고 그는 말한다. "내가 만들려는 영화들을 거부할 만한 사람들이 많지 않기 때문에, 책임감을 가져야만 하는 사람은 바로 나죠. 하고 싶었지만 할 수 없었던 것들이 많아요. 내가 내 영화의 악몽 같은, 최악의 제작자이기 때문이에요. 전편에는 CG쇼트가 59개였어요. 속편에서 나는 75개로 제한을 뒀는데, 작년에 제작한 〈트위스터〉에 350개의 컴포지트 옵티컬 쇼트컴포지트(영상 및 음향 송수신) 방식과 옵티컬(광학)을 활용한 CG를 사용한 쇼트가 들어간 것을 감안하면 좀 적은 수치죠. 우리는 속편을 일정보다 6일 앞서서, 7천 4백만 달러 미만으로 완성했어요."

스필버그는 비대한 예산이 할리우드를 망치고 있다고 생각한다. "현재 우리는 데프콘3 단계전투준비태세 발령 단계 중 하나로 군사개입 가능성이 있을 때 발령된다에 와 있다고 생각해요. 모두 이웃에서 뭘 만들고 있는지 관찰하고 있죠. 항상 일종의 최고 수위가 존재했는데, 매년 그 선이 서서히 올라가고 있어요. 마케팅 비용을 제외하고도 영화 한 편에 5천 5백만 달러가 소요될 날이 그리 멀지 않았어요. 단지 두 종류의 영화만 제작 가능한 지점에 다다르고 있어요. 여름 성수기의 텐트 안에서 볼 법한 영화나 크리스마스 흥행작 혹은 후속편들이 한 종류이고, 다른 한 편으로 그래머시Gramercy, 파인 라인Fine Line 혹은 미라맥스Miramax의 대담한 소규모 영화들이 있죠. 마치 인도에서처럼 상류층과 빈곤층이 존재하고 중간층은 부재하는 거예요. 지금 당장 할리우드의 중간계층은 궁지에 몰리고 있고, 7천만 달러 이상의 영화들 혹은 1천만 달러 미만의 영화들만 허용되고 있어요. 모두를 불운에 빠뜨릴 상황이에요."

우리 모두 조금씩 위험을 감수해야 한다고 봐요.
젊은 영화감독들이 영화에서 그들의 영혼을
우리에게 드러냄으로써 감수하는 그런 위험이요.

"유일한 출구는 모두가 이런 거대 예산을 공격하는 거죠. 충분히 부유한 데다 모두가 아는 배우들이 영화 한 편당 2천만 달러에서 2천 5백만 달러를 받는 걸 그만두고, 그들이 가진 재능, 퍼스트달러 포인트first-dollar point(모든 비용이 고려되기 전, 스튜디오의 매출 총액에서 배우가 가져가는 비율) 총액과 감독 및 그들이 전념했던 각본에 대한 신뢰에 희망을 걸어야 해요. 그들은 남들보다 더 큰 파이 조각으로 정해진 몫은 물론 더 많은 돈을 벌게 될 거예요. 감독들 또한 어마어마한 선행 투자금 수령을 멈춰야 해요. 톰 행크스와 내가 다다음 영화인 〈라이언 일병 구하기〉에서 시행하려고 하는 바죠. 그는 전혀 투자금을 받지 않을 거고 나도 그래요. 공정을 기하기 위해 말하자면, 나는 지난 수년간 월급을 받지 않았고(그저 늘 내 몫의 비율만 기대했죠), 따라서 그로 인해 더 가난해지지 않았다고 말할 권리가 있어요. 에이전트들은 말하겠죠. '좋아요, 우리 감독이 영화를 선행 투자금 없이 만들 겁니다. 하지만 완성된 영화가 마땅히 그가 받아야 할 월급을 벌어다주지 못하면, 당신은 부족한 만큼을 보장해줘야 해요.' 그러나 그건 속임수예요. 전체 공식을 그럴 듯하게 꾸미는 거죠. 우리 모두 조금씩 위험을 감수해야 한다고 봐요. 젊은 영화감독들이 영화에서 그들의 영혼을 우리에게 드러냄으로써 감수하는 그런 위험이요. 가끔 나는 궁금해지죠. '도대체 우리가 하고 있는 이 일은 뭐지? 우리는 돈 버는 일을 하는 건가, 아니면 우리의 재능으로 사람들에게 깊은 인상을 남기는 일을 하는 건가?' 실제로 젊은 배우가 갈망하는 배역이 있지만 다른 영화가 더 많은 돈을 제안했기 때문에 그 배역을 거절하는 걸 보면 우울해지죠."

스필버그는 〈쥬라기 공원 2—잃어버린 세계〉 촬영을 12월에 완료했다. 영화가 아직 후반작업 중이던 2월에, 그는 실화를 토대로 1830년대의 선상 노예 반란에 관한 역사 서사극 〈아미스타드〉 작업에 들어갔다. 6월에 그는 2차 대전을 배경으로 한 행크스와의 영화 〈라이언 일병 구하기〉에 곧장 착수할 것으로 보인다. 굳이 일할 필요가 없고 더 이상 입증해야 할 게 남아 있지 않은 사람치곤 힘든 일정이다. 〈아미스타드〉와 〈라이언 일병 구하기〉는 둘 다 드림웍스 작품으로(〈라이언 일병 구하기〉는 파라마운트와 공동 제작이다), 단지 그가 스튜디오를 일으켜 세워서 돌아가게끔 하는 자신의 역할에 충실한 것일지도 모른다. 케네디에 따르면 톰 행크스의 빡빡한 일정을 고려한 우연일 뿐이라고 한다. 스필버그는 말한다. "지난 16년의 기간 중 언제라도 은퇴할 수 있었을 거예요. 그러나 작업하길 원하는 프로젝트가 있으면 그것에 끌려요. 나는 이제 겨우 50세에, 은퇴할 준비도 되어 있지 않아요. 내 목표를 달성했다고 느껴지는 순간, 아마 그만둘 겁니다. 하지만 내 목표가 뭔지 모르겠어요. 게다가 타인들이 수여한 월계관에 기대어 있기에는 내가 일을 너무 좋아해요."

그는 두 공룡 영화와 〈쉰들러 리스트〉 사이에 어떤 연관성이 있다는 아이디어를 비웃는다. "〈쉰들러 리스트〉가 어떻게 나를 영화감독으로서 변화시켰는지, 〈쥬라기 공원 2—잃어버린 세계〉를 만들면서 얼마나 스스로 자책했는지 이야기해드리죠. 〈쥬라기 공원〉의 후속편을 한창 작업하던 중, 내가 진실로 만들기 원하는 영화의 종류에 관해 점점 더 나 자신에게 짜증이 났어요. 그리고 종종 스스로 브라운 박사의 드로리안〈빽 투 더 퓨처〉에 등장하는 자동차에 갇혀 4년 반의 시간을 거꾸로 갔고, 나에게 도전이 되는 어떤 것을 제공하는 대신 그저 관객을 위한 향연을 베푼다고 느껴졌어요. 난 어느새 이렇게 말하고 있었죠. '정말 이게 다란 말이야? 나로서는 만족스럽지 않군.'"

"만약 〈쥬라기 공원 2—잃어버린 세계〉가 3편을 정당화할 만큼 성공을 거둔다면 아마도 내가 제작자로 일하게 되겠지만, 감독을 맡을 일은 없을 거예요. 더불어 〈쉰들러 리스트〉를 만든 뒤 스스로에게 한 약속은, 어떤 영화를 만든 다음 또 닮은꼴을 만들지 않는다는 거였어요. 〈쉰들러 리스트〉는 〈쥬라기 공원〉만큼이나 족쇄가 될 수 있기 때문이죠. 따라서 내가 매우 흥미롭게 생각하는 역사 드라마를 선택했는데, 그뿐 아니라 러브 스토리도 하고 싶어요. 그리고 여전히 전통 뮤지컬을 연출하고 싶은 터무니없는 갈망을 품고 있죠. 아직 내가 해보지 못한 여러 가지 일들이 많아요."

현실 자체가 엉성하기 때문이죠

지난 반세기 동안 제2차 세계대전은 영화가 가장 선호한 소재 중 하나였으며, 순전히 규모의 측면에서 서부극의 맞수가 될 만한 장르를 낳았다. 헤아릴 수 없을 만큼 많은 영화들이 지구상의 전쟁터에서 싸운 할아버지들에 관해 만들어졌으며, 그 종류 또한 애국적인 액션 중심의 서사극(〈유황도의 모래〉〈정오의 출격Twelve O'Clock High〉〈대탈주〉), 혹독한 다큐멘터리(〈슬픔과 동정〉〈쇼아〉), 과장된 영웅(〈패튼 대전차 군단〉〈장군 맥아더〉)과 악당의 초상[〈히틀러〉(1962)]을 그린 전기영화, 로맨틱 드라마(〈지상에서 영원으로〉〈카사블랑카〉), 첩보 스릴러(〈파괴 공작원〉〈바늘구멍〉), 수정주의 풍자극(〈캐치 22〉), 코미디(〈미스터 로버츠〉), 심지어 뮤지컬(〈남태평양〉)에 이르기까지 전반에 걸쳐 있다.

'정의의 전쟁Good War'을 배경으로 한 믿기 어려울 정도로 많은 수의 영화를 생각하면, 그 기념비적 사건에 대한 신선한 관점을 위해서는 유일무이한 감수성을 지닌, 정말 탁월한 작가의 관심이 요구된다고 생각할 수 있다. 최근 잡지 〈타임〉에 의해 "20세기 최고 영향력 있는 영화감

스티븐 피젤로Stephen Pizzello, 〈아메리칸 시네마토그래퍼〉 1998년 8월 호에서.

독"으로 명명된 스티븐 스필버그가 때마침 그렇다. 그는 〈1941〉〈레이더스〉 삼부작, 〈태양의 제국〉은 물론, 이후 홀로코스트에 대한 대가다운 각색인 〈쉰들러 리스트〉로 전 세계 영화 관객들에게 큰 감동을 줌으로써 그 시대와의 친연성을 입증했다. 감독이자 스튜디오 거물인 그는, 피로 얼룩진 공격개시일 침략을 배경으로 하는 강렬하고 눈에 띄게 진정성 있는 서사극 〈라이언 일병 구하기〉를 들고 자신이 가장 선호하는 역사적 시기로 귀환했다.

할리우드는 그전에도 전쟁의 중심축이었던 노르망디상륙작전에 관한 영화를 내놓은 적이 있으며, 가장 눈에 띄는 예로는 1962년에 유명 배우들을 총망라해 시네마스코프로 화려하게 찍은 〈지상 최대의 작전〉이 있다. 이 영화는 촬영상(장 부르구앵, 월터 워티즈, 앙리 페르생, 피에르 르방)과 시각효과상(로버트 맥도널드, 자크 모몽) 두 부문에서 아카데미상을 수상했다. 그러나 스필버그의 광범위한 액션 규모와 서스펜스 메커니즘을 따라올 만한 영화감독은 거의 없었으며, 스필버그는 그의 오마하 해변 학살 연출이 전시의 참혹함을 묘사하는 데 있어 "〈쉰들러 리스트〉만큼이나 불굴의 것"이라 주장한다.

피젤로　영화의 배경으로 어째서 제2차 세계대전에 그렇게 끌리세요?

스필버그　나는 2차 대전이 지난 100년을 통틀어 가장 의미심장한 사건이라 생각해요. 베이비붐세대들과 심지어 X세대의 운명조차 그 결과와 연관됐으니까요. 더불어 항상 2차 대전에 관심이 있었어요. 열네 살쯤에 만들었던 내 초기작들은 육지와 하늘 모두를 배경으로 한 전쟁영화들이었죠. 지금까지 수년간 나는 촬영할 만한 마땅한 2차 대전 이야기를 찾아다녔고, 로버트 로댓이 〈라이언 일병 구하기〉를 썼을 때 마침내 그걸 발견했어요.

피젤로 　표면상으로 2차 대전은 선과 악 사이의 전통적인 싸움이지만, 이 영화는 그다지 명쾌하지 못한, 어딘가 철학적인 문제들을 제기합니다. 라이언 일병을 구하기 위해 출동하는 군인들은 갈등을 겪고, 자신들의 임무에 드러내놓고 비판적입니다.

스필버그 　역사적 관점에서 2차 대전은 극히 무미건조하거나 흑과 백처럼 둘로 나뉘는 것 같아 보여요. 그러나 전쟁의 내부, 전투의 속을 들여다보면, 기술적으로는 혼돈스럽고 사적으로는 매우 모순돼요. 역사의 관점에서 회고할 때에는 "아, 그래요. 2차 대전은 선과 악을 명백히 구분했어요"라고 말할 수 있어요. 그러나 전투의 내부에서는 문제가 결코 명백하지 않죠. 전쟁에서 싸우는 군인들에게는 매우 혼란스러울 수 있어요.

전투의 내부에서는 문제가 결코 명백하지 않죠.

피젤로 　감독님이 선호하시는 전쟁영화는 어떤 게 있나요? 특정 영화들이 〈라이언 일병 구하기〉의 시각적 혹은 극적인 측면의 접근에 영향을 끼쳤나요?

스필버그 　장편 극영화에 대해 말하자면, 내게 가장 영감을 준 2차 대전 영화로 윌리엄 웰먼의 〈배틀그라운드〉, 새뮤얼 풀러의 〈철모〉, 돈 시겔의 〈지옥의 영웅들〉을 들 수 있어요. 미학적으로 그 영화들에서 뭔가를 끄집어냈다고 할 수는 없지만, 애리조나에서 TV를 많이 보던 성장기의 내게 깊은 인상을 남겼죠. 2차 대전 영화들을 공부하진 않았지만, 내가 형성되어가는 과정의 일부였기에 매우 친숙해요.

사실, 〈라이언 일병 구하기〉에서는 내가 가장 좋아하는 2차 대전 영화들 거의 전부와 반대되는 접근을 시도했어요. 실제 전쟁 중에 만들어진 영화들은 그다지 사실주의를 표방하지 않았고, 승리와 자유의 제단에 스스로를 바치는 종류의 가치들을 격찬했어요. 많은 2차 대전 영화들의 주제가 그랬고, 그 이유는 전시 공채公債의 판매를 돕기 위함이기도 했죠. 그전의 영화들도 정말 좋아하지만, 나는 베트남전이 우리 세대로 하여금 전쟁을 미화하지 않고 진실을 말하게끔 부추겼다고 생각해요. 그런 연유로 이 특정한 이야기의 전개에서 훨씬 어려운 접근을 택했죠. 시각적 관점에서 나는 할리우드의 어떤 극영화보다도 다양한 2차 대전 다큐멘터리들(〈멤피스 벨레: 스토리 오브 어 플라잉 포트리스〉윌리엄 와일러의 1944년 작품, 〈우리가 싸우는 이유〉프랭크 캐프라의 1942~45년 작품, 존 포드의 미드웨이해전 관련 영화1942년 〈미드웨이 전투〉, 존 휴스턴의 나치 수용소로부터의 해방〈빛이 있으라〉)로부터 훨씬 더 많은 영향을 받았어요. 더불어 사진작가 로버트 카파의 다큐멘터리 작업과 오마하 해변 공격 당시 그가 찍은 여덟 장의 잔존하는 사진에서 크게 영감을 받았죠.

피젤로   감독님의 오른팔 야누시 카민스키가 말하기를, 서로 미학적 도전을 즐기며, 두 분의 관계가 때로는 우호적인 경쟁의 색채를 띤다고 하던데요. 동의하시나요?

스필버그   나는 우리의 관계를 경쟁의 관점에서 보지 않아요. 우리는 협력자이자 친구이며 서로에게 감정적으로 엄청난 의지가 되죠. 서로를 극히 존경하다 보니 우리 중 누구도 상대방의 기대를 저버리길 원치 않아요. 우리의 관계는 네 편의 영화를 함께 만드는 동안 발전해왔고, 곧 다섯 번째 영화 〈게이샤의 추억〉을 함께할 거예요. 야누시는 촬영장에서 얻은 첫 형제예요. 내 커리어에서 만난 그 어떤 협력자보다도 가깝게 여기죠.

피젤로   〈라이언 일병 구하기〉에서의 시각적 접근을 이전에 두 분이 함께 만든 영화들과 비교하신다면요? 이 영화를 새로운 출발점이라고 생각하시나요?

스필버그   영화 전체가 내가 이전에 만든 어떤 것과도 다른 스타일을 보여줘요. 매우 어렵고 거칠며, 아무리 좋게 봐도 예외적으로 엉성해요. 그러나 현실 자체가 엉성하기 때문이죠. 완벽한 달리 쇼트나 크레인 움직임이 아니에요. 우리는 영화에 공포와 혼돈을 부여하려 했어요. 모래와 피가 카메라 렌즈에 튀어도 "아, 맙소사, 쇼트를 망쳤어. 다시 찍어야겠군"이라 말하지 않았어요. 그저 그대로 영화에 활용했죠. 우리 카메라는 근처에서 폭발이나 총격이 일어났을 당시 종군 촬영기사의 카메라와 동일한 충격을 받았어요.

그러나 현실 자체가 엉성하기 때문이죠.

피젤로 〈라이언 일병 구하기〉의 약 90퍼센트가 핸드헬드로 촬영되었습니다. 그런 전략이 감독으로서의 역할에 어떻게 영향을 미쳤나요? 이미지 통제력에 영향을 주었나요?

스필버그 모든 걸 비디오모니터로 관찰하고 있었기 때문에 여전히 많은 통제력을 발휘했어요. 마음에 들지 않으면 늘 다시 찍을 수 있었죠. 또한 테이크들을 녹화해서, 상황이 잘 굴러가고 있는지 아닌지 알기 위해 언제든 돌려볼 수 있었어요. 〈쉰들러 리스트〉와 〈아미스타드〉의 경우에도 비디오의 도움을 받았지만, 중간에 돌려볼 수는 없었죠. 〈라이언 일병 구하기〉를 제작하는 동안 너무 많은 물리적 작업이 이뤄지다 보니, 부서마다 각자 맡은 바를 잘하고 있는지 확인하기 위해 돌려서 볼 필요가 있었어요. 이 영화의 경우, 나의 '순수주의' 방식에서 출발한 뒤 현대적 기술을 도입했죠.

피젤로 이 영화에서는 전혀 스토리보드를 사용하지 않았다고 알고 있습니다. 영화 속 고도의 전투 장면들을 감안하면, 조금 도전적인 상황이 되었으리라 짐작하는데요. 얼마나 즉흥적일 수 있으셨나요?

스필버그　아주 탄탄한 각본이 있었고, 배우들과 나는 확실히 그것을 청사진처럼 따랐어요. 그러나 전투 시퀀스에 대한 접근법을 말하자면, 모든 시퀀스들을 즉흥으로 촬영했어요. 전쟁터에서 종군 촬영기사가 했을 법한 방식이었죠. 전투 장면들을 위해 아주 훌륭한 자문가를 모셨어요. 전역한 해병대 대령 데일 다이였어요. 그는 베트남의 포화 속에 세 번의 임무를 수행했으며 여러 부상을 당했어요. 더불어 전투의 현실을 포착하기 위해, 데일처럼 자문 역할을 한 여러 2차 대전 퇴역 군인들에게 의지했죠.

정말로 도움이 된 한 가지는 모든 전투 장면을 연속촬영했다는 거예요. 이를테면, 오마하 해변 시퀀스를 찍을 때 히긴스 보트에서 시작해서 '사체 구덩이들'을 통과해 해변의 장애물과 '모래 자갈밭'으로 이동한 뒤, 마침내 비에르빌의 승부를 진행했죠.

피젤로　폭발, 발포 폭죽, 그리고 여타 위협 등, 전투 시퀀스에 내포된 위험 요인들을 어떻게 관리하셨나요?

스필버그　타격 안전 팀을 구성했고 안전 감독관들을 배치했으며, 불꽃 작업은 내가 영화계에서 본, 가장 뛰어났던 화약 전문가 몇몇이 감독했어요. 우리는 어디에 폭죽과 폭탄들이 숨겨져 있는지에 대한, 그들의 장황하지만 필수불가결한 설명의 노예였으며, 오직 스턴트맨들만 폭발물 근처에 배치되도록 했죠. 오마하 해변 탈환을 연출하는 데 아일랜드군에 소속된 약

750명의 도움을 받았고, 그들 역시 위험한 구역에서 멀리 떨어지도록 조치했어요.

피젤로　　공격개시일 장면들을 아일랜드의 해변 로케이션으로 촬영하셨습니다. 현장에서 어떤 이점과 문제점을 경험하셨나요?

스필버그　　우리가 사용한 해변이 실제 프랑스의 오마하 해변만큼 넓지 않아서 조금 실망했어요. 군인들이 자갈밭에 도달하기 전, 특정한 광각렌즈들을 사용해서 모래사장의 평면 길이를 확장하려 시도했어요. 지형을 표현할 때는 더 넓은 광각렌즈를, 액션의 압축을 위해서는 그보다 좁은 각도의 렌즈들을 사용했죠. 그럼에도 날씨에 관해서는 아주 운이 좋았어요. 공격 개시는 궂은 날씨에서 진행되었고, 그곳에서 싸운 많은 군인들이 해변에 도착하기도 전에 뱃멀미를 했어요. 오마하 해변 시퀀스(영화의 첫 이십오 분을 차지하는 장면이죠)를 촬영한 4주 동안 바다는 거칠었고 날씨는 안 좋았어요. 촬영 기간의 약 90퍼센트가 흐린 날씨였죠. 통상적으로는 맑은 날씨라면 연중 관광객들이 몰리는 시기였기 때문에 그건 기적이었어요. 큰 혜택을 받은 거죠.

피젤로　　대규모 액션과 캐릭터들의 인간적인 드라마 사이의 균형은 어떻게 맞추셨나요? 카메라는 기본적으로 영화 내내 군인들과 함께 있지만, 감독님께서는 서사적이고 전지적인 시점으로 전장을 촬영하고 싶은 유혹을 계속 느끼셨을 텐데요.

스필버그   그런 장면들을 몇 개 찍었지만 많지는 않아요. 시점에 정당성을 부여하기 위해 캐릭터가 더 위쪽에 위치하도록 함으로써 전지적시점 쇼트들을 찍을 동기를 만들어내려 했죠. 몇 번은 액션을 좀 더 보여주기 위한 목적으로 동기 없이 그렇게 찍었지만, 영화는 대부분 모래를 끌어안고 머리통이 날아가는 걸 피해보려는 '병사dogface'의 공포에 질린 시점에서 촬영되었어요.

피젤로   〈라이언 일병 구하기〉에 분위기를 온전히 입히기 위해 다양한 기술들(카메라 렌즈의 보호막 벗겨내기, 필름에 빛 비추기, ENR 필름을 현상할 때 산화은을 첨가하는 방법으로, 콘트라스트를 증가시켜 그림자가 어둡고 윤기가 흐르는 듯 보인다 기법을 적용하고 영화의 채도 낮추기 등)을 사용하셨습니다. 그런 전략들은 어떻게 생겨났나요?

스필버그   가능한 한 전쟁을 아주 가까이에서 사적으로 제시하기 위해, 평소 사용하는 기술의 매력을 제거해버렸어요. 우리가 얻어낸 이미지들은 여러 요소들(영화필름, 가공, 그리고 현대적인 카메라 렌즈로 통상 얻어지는 매끄러움의 파괴)을 조합한 결과예요. 렌즈 막을 벗겨내고 필름에 빛을 비추고 ENR을 사용하는 건 야누시의 아이디어였어요. 채도를 낮추는 건 내 결정이었고. 프랑스 침략 당시에 조지 스티븐스가 작업한 미 육군 통신대의 16밀리 컬러 푸티지를 보면서 그걸 기획했죠. 그 영화의 채도 감소에서 느껴지는 분위기가 굉장히 매력적이라 생각했어요. 코닥 엑타크롬Ektachrome 필름으로 찍었던 것 같아요.

피젤로　　감독님은 또한 통상적인 180도 셔터 대신 45도와 90도 셔터
　　　　　들을 사용하셨어요.

스필버그　늘 그랬던 건 아니고, 다양한 접근 방식을 택했죠. 상이한 현
　　　　　실들을 창조하기 위해 상이한 셔터들을 사용했고, 가끔은 셔
　　　　　터 각도의 변화에 맞춰 속도를 변화시켰죠. 사용한 모든 특수
　　　　　기술은 관객이 탁상공론식으로 전투를 바라보는 대신 직접
　　　　　전투 중에 있는 것처럼 느끼게 만들기 위한 거였어요.

피젤로　　〈라이언 일병 구하기〉를 와이드스크린이 아닌 1.85:1 형태로
　　　　　촬영하신 이유는 뭔가요?

스필버그　내게 와이드스크린은 시네마스코프와 마찬가지로 1950년
　　　　　대 할리우드의 발명품이에요. 나는 와이드스크린이 인공적
　　　　　인 가로세로 비율이라 생각해요. 반면 1.85:1을 사용하면, 시
　　　　　선을 좌우로 움직이는 만큼 위아래로 보기 때문에, 인간의
　　　　　눈이 실제로 보는 방식에 훨씬 근접해요. 만약 선택을 해야
　　　　　만 한다면, 차라리 위아래로 보겠어요. 가장 인간적인 시점은
　　　　　1.66:1에서 1.85:1 사이라고 생각해요. 극장에서 가장 번듯해
　　　　　보이는 형태는 2.35:1이죠. 최근 내가 만든 영화 다섯 편에서
　　　　　1.85:1을 선택한 건 더욱 실제처럼 보이기 위해서였어요.

피젤로　　이 영화의 테이크 수 대비 실제 촬영 컷은 약 4:1로 극히 낮
　　　　　았습니다. 그 주된 이유가 물리적인 면에서 세팅이 복잡해 몇

번밖에 찍을 수 없는 장면들이 많았기 때문인가요?

스필버그 사실 복잡한 세팅이 필요했던 몇몇 경우에 그보다 높은 촬영 비율을 보이기도 했어요. 그러나 영화의 평균을 내보니 약 4:1이었죠. 훌륭한 배우들과 놀라운 효과 팀, 그리고 엄청난 스턴트맨들이 있어서, 초반 서너 개 테이크 만에 정확하게 내가 구상한 결과물을 얻어낼 수 있었던 적이 빈번했죠. 원하는 걸 얻어낼 때까지 장면에서 물러나지 않았고, 그런 복잡한 세팅에서부터 원하는 걸 얻어낸 비율은 약 80퍼센트라고 말하고 싶어요.

피젤로 편집에서 특별히 도전이 된 게 있었나요?

스필버그 편집실의 마이클 칸(〈레이더스〉와 〈쉰들러 리스트〉로 아카데미상을 수상했다)은 그저 놀라울 따름이었죠. 그의 리듬은 세계 최고이며, 그는 관객들을 그들이 예상했던 바에서 이탈하게 해요. 당신이 한 장면의 지형도에서 조금 느리고 명백한 무언가를 예측할 때, 반대로 길을 잃을 수 있게 되는 거죠. 또 어떤 때에는 길을 잃은 것처럼 느끼다가 문득 당신이 어디에 있고 어떻게 곤경에서 벗어날 수 있는지 깨닫고요. 2차 대전 당시 적군은 연합군과 동일한 각본으로 작업하고 있지 않았어요. 양측이 각자 고유한 각본을 갖고 있었고, 항상 즉흥성을 발휘했어요. 나는 내 전쟁영화의 제작에 관해 실전에서 싸울 때만큼 즉흥적이려고 노력했죠. 우리 팀은 어떤 전보도 미리 치려고 하지 않았고, 전투 중인 미군들이 적군이 그들에게 뭔가 새로운 걸 던질 때 놀라는 딱 그만큼 관객들이 놀라길 바랐어요. 그런 효과의 일부는 능숙한 편집의 결실이라 생각해요.

당신이 한 장면의 지형도에서
조금 느리고 명백한 무언가를 예측할 때,
반대로 길을 잃을 수 있게 되는 거죠.

피젤로　오마하 해변 시퀀스 외에 〈라이언 일병 구하기〉에는 라멜 Ramelle이라 불리는 가상의 프랑스 마을을 배경으로 하는 클라이맥스 전투가 있습니다.

스필버그　지면에 계획을 세우는 데에만 수 주가 걸린, 아주 복잡한 시퀀스였어요. 스토리보드를 그리진 않았지만 모든 걸 종이 위에 적었어요. 데일 다이가 참여했는데, 그는 오마하 해변 장면들에서 본능적인 경험들을 관객에게 잔뜩 제공한 뒤 다시 그들을 실망시켜선 안 된다는 걸 떠올리게 함으로써, 정말 내가 정신을 똑바로 차리게 했죠. 우리는 영화에 걸맞은 결말을 만들어내야 했고, 이번에는 더 감정적이어야 했어요. 데일은 독일군이 사용했던 무기의 화력, 혹은 지상에서 포군의 규모가 만들어내는 결과가 어떨지를 내게 알려줌으로써(그건 대개 실제보다 과장된 할리우드식 평균에 따른 건 아니었죠) 큰 도움을 줬어요. 매번 내가 대규모의 불덩이나 폭발을 원할 때마다, 데일은 그 결과를 얻기 위해 어느 정도 발포하려 하는지 묻고 나선, 일관되게 "그 반만 하세요. 결코 그렇게 거대하지 않았어요"라고 말하곤 했어요. 그는 옆에 두기에 정말 좋은 사람이었어요. 그 자신이 베트남에서 익숙해졌던 상황에 현실을 맞출 만한 역량이 있었기 때문이죠. 우리와 이야기를 나눴거나 세트장에 참여한 2차 대전 베테랑들이 그들이 겪었던 걸 우리에게 말해줄 수 있었던 것과 마찬가지로요.

피젤로   현실 고증과 관련해서, 감독님이 사전제작 기간에 주요 배우들을 일주일간 신병훈련소의 생지옥을 겪게 했다고 널리 알려져 있어요. 왜 그런 결정을 내리게 되셨나요?

스필버그   데일 다이와 톰 행크스가 그렇게 하자고 했어요. 데일을 고용한 후, 그는 내게 〈포레스트 검프〉를 포함한 다른 영화들에서 그렇게 했다고 이야기하더군요. 베트남에서 벌어지는 검프의 몇 안 되는 짧은 장면들을 준비하기 위해 톰은 데일의 신병훈련소를 통과해야만 했어요. 돌이켜보면 잘했다는 생각이 들어요. 배우들이 투지로 가득 찼을 뿐 아니라 전쟁에서 승리할 수 있는 상태로 도착했거든요.

피젤로   감독님은 제작 과정을 매우 신속하게 작업하시는 걸로 알려져 있어요. 이 영화에서 그런 속도가 특별히 장점으로 작용했던가요? 촬영에 강렬함을 더해주었다든가요.

스필버그   전적으로 그래요. 우리는 빠르지만 주의 깊게 작업했고, 원래 일정보다 며칠 앞서서 영화 촬영을 끝냈죠. 전투는 빠르게 돌아가는 거라서, 진정으로 모든 배우들이 평정을 잃은 상태를 유지하길 원했어요. 오전의 두 번째 세팅을 위해 그들을 호출하기 전까지 그들이 트레일러에서 소설 75쪽을 읽고 있길 원하지 않았죠. 그들이 늘 전투 중인 것처럼 느껴질 정도로, 늘 화염 속에 있다고 느껴질 정도로, 늘 위험에 처해 있다고 느껴질 정도로 빠르게 작업하고 싶었어요. 배우들의 참여를 그 정도로 유지하기 위해 그들을 세트장에 붙잡아둬야 했고, 심지어는 평소보다 더 빠르게 영화를 촬영해야 했어요. 전쟁은 쉴 틈을 주지 않기에, 〈라이언 일병 구하기〉 제작 또한 배우들에게 쉴 틈을 주는 걸 원하지 않았죠.

영원할 청년의 모험들

키워드는 '열정'이다. 스필버그와 함께 작업하는 사람들, 혹은 처음으로 그와 작업하는 사람들이 보이는 공통점, 그것은 감독의 열정에 대한 감탄이다. 그런 감탄은 영화를 이미 40년 넘게 만들다 보니 어느새 영화 만들기의 과정에 대한 스필버그의 흥미가 시들해졌을지 모른다는, 즉 "그냥 세트장에서의 또 다른 하루죠" 같은 믿음에 기인하는 것일 테다.

삐-! 틀렸다!

물론, 스필버그에게는 영화 세트장이나 제작 회의를 최대한 멀리하고 싶었던 시절이 있다. 그러나 〈캐치 미 이프 유 캔〉에서 함께 일하는 동료들에 따르면, 이 영화를 만드는 동안 그런 일은 발생하지 않았다.

카키색과 밤색이 섞인 캐주얼한 바지와 얇은 밤색의 트위드 스포츠 재킷을 입은 스필버그는, 등을 꼿꼿이 세우고(어떤 어머니라도 자랑스러워할 만한 자세다) 〈캐치 미 이프 유 캔〉과 그의 열정을 자극하는 다른 어떤 것에 대해서든 이야기하려는 열정을 뿜어내며, 의자 끝에 걸터앉아 있다.

스티브 헤드Steve Head, 2002년 12월 17일 자 〈아이지엔IGN〉에서.

나는 질문들을 통해 대화를 여러 방향으로 이끌었다(그렇다. 나는 단지 전달자. 메모지와 녹음기를 소지한 사람에 불과하지만, 누군가 해야만 할 일이다). 스필버그 씨와의 원탁회의에서 우리의 논의는 스토리 개발, 프로덕션 디자인, 촬영, 진정성, 리어나도 디캐프리오, 프랭크 애버그네일, 톰 행크스, 속임수, 자동차, 그리고 〈대결〉 등을 유람했다.

헤드 〈캐치 미 이프 유 캔〉의 구상이 처음 나온 뒤로 12년이 지났네요…….

스필버그 네, 맞아요.

헤드 감독님이 개입하셨을 때가 3년 전인가요? 물론 다른 작가나 제작자들이 한때 이 프로젝트를 움직이기 위해 노력했었죠. 감독님 덕분에 일이 더 수월해졌나요?

스필버그 사실을 말하자면, 제프 네이선슨이라는 남자가 나타나서 마침내 프랭크 애버그네일의 삶과 그의 책을 토대로 한 최고의 각본을 쓴 거죠. 전적으로 작가의 공이에요. 제프가 없었다면 드림웍스 또한 영화를 만들지 않았을 거예요.

헤드 〈캐치 미 이프 유 캔〉의 각본은 몇 개나 만들어졌나요? 제프가 유일한 시나리오작가였나요?

스필버그 그가 〈캐치 미 이프 유 캔〉의 유일한 시나리오작가였어요. 유

일했죠. 당연하지만, 한참 전에 다른 트리트먼트들이 존재했
죠……

헤드 　그중 읽어보신 게 있나요? 그런 트리트먼트 중 감독님의 주
의를 끈 게 있었나요?

스필버그 　이 영화는 판권 구입이 완료되기 전까지는 내 레이더망에 들
어오지도 않았어요. 심지어 프로젝트의 역사조차 몰랐어요.
프로젝트가 겪은 그 믿지 못할 여정 말이죠. 나는 그때까지
프랭크가 실제로 그의 책을 네 번 사고 되팔았다는 걸 알지
못했어요. 그러니까 내 말은 그게 매우 프랭크다웠다는 거죠.
월터 파크스가 총책임을 맡은 각본으로 제작에 들어가기까지
그런 걸 전혀 알아채지 못했어요.

헤드 　윤리와 도덕성을 다룬 이야기라는 관점에서 이 영화와 〈마이
너리티 리포트〉 사이에 연관이 있다고 보세요?

스필버그 　그렇지는 않아요. 아니에요. 무슨 말이냐 하면, 내 영화 중 몇
편은 파탄 난 가정과 슬픈 과거로부터 도주 중인 사람들의 이
야기였지만, 내게 시금석이 된 그런 영화들을 제외하면, "이
런 종류의 가벼운 이야기를 통해서도 나 자신에 대해서 말할
수 있는 뭔가가 있어"라고 내가 말하게끔 한 그런 부분들이
존재했다는 겁니다.

이런 종류의 가벼운 이야기를 통해서도
나 자신에 대해서 말할 수 있는 뭔가가 있어.

헤드 〈캐치 미 이프 유 캔〉은 감독님이 지금 말씀하신 것들, 파탄
난 가정, 과거로부터의 도주 등의 결정체예요.

스필버그 정확히 그래요.

헤드 그런 부분들을 건드리는 영화들만 만드시나요?

스필버그 글쎄요, 최근에 그런 영화들을 여럿 만들었지만, 그것이 내
가 어떤 영화에 전념하는 이유는 아니에요. 영화 속에 내가
탐험을 끝내지 못한 주제가 있기 때문에 만드는 거죠. 〈캐치
미 이프 유 캔〉을 감독한 것은 이혼이라는 요소 때문이 아니
라, 무엇보다 프랭크 애버그네일이 내가 들어본 가장 놀라운
사기들을 치고 다녔기 때문이에요. 난 사기극의 열혈 팬이죠.
〈마지막 선택〉을 좋아해요. 진 해크먼이 나오는 〈허수아비〉
도 좋아했죠. 〈엘머 갠트리〉 역시 어느 정도 사기 영화라 생
각해요. 〈스팅〉과 〈내일을 향해 쏴라〉도 일종의 사기극이었
어요. 사람들은 이런 악당들 중 몇몇에게 틀림없이 공감할 거
예요.

헤드 프랭크가 친 사기들을 발전시켜 현대화한 버전이 극히 실현
가능한 현재의 상황에서, 이런 종류의 일을 미화할 가능성에

대해서는 어떤 의견이셨나요? 우려되셨나요? 사람들이 혹시 영화를 본 후 나쁜 마음을 먹게 될까요?

스필버그 　사람들이 나쁜 마음을 먹을 수 있을 거라 생각하지 않아요. 프랭크 애버그네일은 그 지경으로까지 사기를 친 유일한 사람이고, 게다가 37~38년 전이었죠. 그는 단지 16, 17, 18세 어린애였어요. 따라서 그런 것들을 염두에 두어야 해요.
특히 당시에는 보호장치들이 없었어요. 오늘날 그런 상황에서 우리가 보유한 전자 보호장치들이 당시에는 없었어요. 8년 전에 비하면 요즘에 부도수표를 남발하는 건 훨씬 어렵죠.
프랭크는 1960년대 중반의 순수 속에서 작업한 21세기 천재였어요. 당시 사람들은 지금보다 훨씬 더 사람을 믿었어요. 따라서 누군가가 이 영화를 보고 "앞으로 내가 할 일을 찾았군"이라고 말할 수 있으리라 생각하지 않아요.

헤드 　실화를 영화화할 때 시적 허용의 수준이 존재한다는 건 감독님에게 중요한가요?

스필버그 　네, 어떤 이야기들에서는 중요하다 생각해요. 이를테면 〈쉰들러 리스트〉의 경우 사실에 입각한 역사적 자료들이기 때문에 전혀 시적 허용을 택하지 않았어요. 〈라이언 일병 구하기〉에서는 확실히 시적 허용이 있었고요. 이번 영화의 경우 제프 네이선슨, 월터 파크스, 그리고 내가 취한 시적 허용은 단지 '무엇이 프랭크를 달리도록 했는가?'라는 동기 부여에 목적이 있었죠.

헤드　　　그런데 프랭크의 사기에 초점을 맞춘 부분들은 대부분 사실이에요.

스필버그　　영화의 모든 사기 행각들이 사실이며, 시적 허용은 디테일에만 적용됐어요. 예를 들면, 프랭크의 아버지(크리스토퍼 워컨이 연기한 프랭크 애버그네일 시니어)를 실제 프랭크의 삶에서보다 더 오랫동안 이야기 속에 남겨뒀죠. 실제로는 집에서 도망친 후 프랭크는 다시 아버지를 만나지 않았어요. 프랭크가 아버지로 하여금 자기를 자랑스러워하도록 만들고 그에게 팬 아메리칸 항공사 유니폼을 입은 모습을 보여주면서, 아버지의 마음에 들기 위해 지속적으로 노력하는 연결점을 계속 가져가길 원했어요.

그럼에도 불구하고 실제 프랭크는 영화를 보고, (특별히 의심이 많을 때 그러듯이) 각본을 읽은 뒤 말했죠. "아버지를 다시 안 보긴 했지만, 화려한 하루를 보내고 수많은 여자들을 만나고 떼돈을 번 뒤, 매일 밤 호텔방으로 홀로 돌아와 그저 어머니와 아버지를 생각하며 둘을 다시 합치게 하는 공상에 빠져 울었어요." 그는 "당신이 저 영화에 추가한 판타지가 타당한 이유예요"라고 말했죠.

그러나 영화의 상당 부분은 사실이에요. 아주 미세한 것만 제외하면요. 예를 들어 프랭크가 실제로 비행기에서 탈출했을 때 그는 737의 뒤로 몰래 나갔어요. 화장실을 통해서가 아니라요. 그건 내가 추가했죠. 그런 작은 것들에 손을 댔어요.

헤드   감독님은 이 영화가 실화에서 영감을 얻었다는 사실을 명확히 하고 싶으신 거죠.

스필버그   〈뷰티풀 마인드〉와 〈허리케인 카터〉에 대해 발생했던 일이 우리 영화에 일어나는 걸 원치 않았기에, 만방에 그걸 드러내려 아주 열심이었어요. 우리는 '실화를 토대로 함'이라는 말로 시작하죠. 어떤 것도 숨기려 하지 않아요.

헤드   그건 〈아미스타드〉 때 벌어진 일 때문이기도 한가요?

스필버그   〈아미스타드〉의 경우, 영화 자체보다 훨씬 홍보가 많이 된 소송이 문제였죠.

헤드   〈캐치 미 이프 유 캔〉에서 프랭크는 분명히 플레이보이의 인상을 줍니다…….

스필버그   그렇죠.

헤드   그리고 당연히, 정당하든 아니든, 관객들은 디캐프리오를 놀기 좋아하는 파티 보이로 인식하죠. 관객들이 이런 연상 작용을 한다는 점이 그를 캐스팅한 이유 중 하나인가요?

스필버그 글쎄요…… 레오리어나도 디캐프리오를 지칭가 놀기를 좋아하긴 해요. 이 영화를 통해 레오를 진정으로 잘 알게 됐어요. 그의 부모와 할머니도 알게 됐죠. 그들은 거의 매일 세트장에 나왔어요. 그만큼 레오는 가족적인 남자예요. 내가 타블로이드 신문 기사들을 정말 믿었기 때문에, 그런 뉴스거리들이 사실이라 믿었기 때문에 그에 대해 결코 알지 못했던 것들을 알게 됐죠.

그가 파티에 간 건 맞아요. 그는 젊은 청년이죠. 나도 그 나이 때에는 파티에 갔어요. 단지 그만큼 잘생기지 않아서 그처럼 모든 여자들을 유혹하지 못했을 뿐이죠. 하지만 레오가 참석했던 만큼이나 많은 파티에 갔음에도 불구하고, 아무도 내가 파티에 몰두하고 데이트하던 것에 대해 기사를 쓰진 않았죠.

헤드 디캐프리오는 어린 나이에, 무엇보다 〈타이타닉〉으로 인해, 세계적으로 스포트라이트를 받았어요.

스필버그 〈타이타닉〉이 그만큼 '타이타닉한titanic, '아주 거대한'이라는 뜻' 성공을 거두지 않았다면 레오 또한 그토록 많은 화젯거리가 되지는 않았을 거예요. 나는 〈타이타닉〉 때문에 사실상 레오가 영화 일을 못했다고 생각해요. 그는 이제 막 다시 태어났죠. 이제 영화를 많이 찍기 시작할 거예요. 〈타이타닉〉으로 인해 어디에도 갈 수 없었기 때문에 레오의 필모그래피에 공백이 생겼다고 생각해요. 지나치게 많은 소문과 빈정거림의 대상이었죠.

단지 파티 같은 것 때문에 레오가 배역에 적합하다고 생각한 건 아니에요. 레오의 눈에는 지극히 기민한 총명함이 깃들어 있었고, 외형적으로 그의 스타일은 너무나 훌륭했죠. 프랭크는 80퍼센트의 외관과 단지 20퍼센트의 상상에 근거해서 그 모든 일을 해냈어요. 모든 건 겉으로 어떻게 보이느냐에 달려 있었죠.

모든 건 겉으로 어떻게 보이느냐에 달려 있었죠.

헤드　　프랭크가 유니버설에 걸어 들어가 영화감독이 될 수 있었으리라 생각하세요?

스필버그　　감독이 된다고요?

헤드　　항공기 조종사가 된 것처럼요. 이번에는 유니버설 스튜디오로 걸어 들어가는 거죠.

스필버그　　지금 시대에 할 수 있는 일이죠. 그건 그가 오늘날 할 수 있는 일 중 하나예요. 경비실 앞으로 걸어가서 누구든 설득할 수 있을 거예요. 원하기도 했고요. 하지만 현재 그는 법과 규범의 편에서 FBI가 예전의 그와 같은 사람들을 잡는 걸 도와주고 있죠.

헤드　　감독님은 유니버설 부지로 걸어 들어가셨죠…….

리어나도 디캐프리오와 스필버그, 〈캐치 미 이프 유 캔〉 촬영장에서

스필버그   내 생애를 통틀어 딱 한 번의 사기였죠.

헤드   명백히 '프랭크 같은 짓'을 하셨어요.

스필버그   한 번, 열다섯 살인가 열여섯 살이었죠. 고등학생 때였어요.
        육촌들과 함께 캘리포니아에서 여름을 보내고 있었어요. 간
        절히 영화감독이 되길 바랐죠. 열두 살 때부터 8밀리 홈 비디
        오 영화들을 많이 찍고 있었는데, 이웃 아이들과 함께 소품
        드라마와 코미디들을 만든 거였죠.
        하루는 유니버설 부지에 들어가 보기로 결심했어요. 코트를
        입고 넥타이를 매고 말쑥하게 차려입었어요. 사실 그 전전날
        유니버설 투어를 하면서도 실제로 관광버스(그때만 해도 버스
        였어요)에서 뛰어내렸죠. 그리고 하루 종일 거기에서 시간을
        보냈어요. 척 실버스라는 친절한 남자를 만났고, 나는 내가
        애리조나에서 온 영화감독이라고 말했죠.
        그는 "얘야, 내일 다시 와. 통행증을 써줄 테니 네가 만든 8밀
        리 영화들 몇 편을 보여주렴"이라고 말했어요. 그래서 그를
        위한 작은 영화제를 개최했죠.
        그는 말했어요. "멋지구나. 네가 잘되길 바란다. 하지만 나는
        그저 서재 담당이라서 더 이상의 통행증을 써줄 수는 없어."
        그래서 사람들이 당시 어떻게 차려입는지 관찰한 뒤, 다음 날
        그들처럼 입고 서류 가방을 든 채 동일한 경비원 스코티 앞으
        로 걸어갔죠. 그는 그곳에서 일한 지 오래됐었죠. 제일 연장
        자인 걸 보고 알 수 있었어요. 손짓으로 나를 들여보냈어요.

여름방학 3개월 내내 매일 유니버설에 갔어요. 사무실을 하나 발견했고 카메라를 비롯해 영화 제목에 사용하는 플라스틱 철자들을 파는 작은 상점으로 가서 글자들을 얻었어요. 아무도 사용하지 않는 사무실을 찾아내 인명부에 내 이름과 사무실 번호를 붙였어요. 유리 명부를 열어서 그 위에 글자들을 붙였죠. 그리곤 내 작업에 돌입했어요. 하지만 어떤 결과도 내지 못했어요. 그곳의 전문가들을 보면서 편집과 더빙 작업에 대해 많은 걸 배웠지만, 내가 시도한 것으로부터는 어떤 건수도 얻어내지 못했죠.

헤드   그래도 영화계에 적응하실 수 있었죠.

스필버그   맞아요. 영화 비즈니스라는 게 어떤 건지를 알게 됐고, 심지어 그 같은 마약을 내 시스템 안으로 들여오길 원하는 마음이 더 커졌어요.

그 후 단편 〈앰블린〉을 만들었어요. 아이러니하게도 〈앰블린〉에 반응을 보인 유일한 사람, 내가 7년 계약서에 서명하길 원한 사람은 유니버설 텔레비전 제작국장이자 나중에 유니버설 사장이 된 시드 샤인버그였어요.

따라서 유니버설에서 야간 아르바이트를 하긴 했었고, 또 파라마운트에서 계약서를 제시했죠. 아이러니하게도(왜냐하면 그것이 정확히 내 운명이었다고는 생각하지 않기 때문인데), 이후 나는 결국 처음 내가 침입했던 그 장소로 돌아갔어요.

헤드　　　그리고 여전히 그곳에 계십니다.

스필버그　　여전히 그곳에 있어요. 그 모든 세월이 지난 후 여전히 유니
　　　　버설에서 일하고 있죠.

헤드　　　감독님의 위장술을 알아챈 사람이 있었나요?

스필버그　　서너 주 지난 뒤 경비원 한 명이 내게 질문했어요. "매일 당신
　　　　을 보는데, 매우 어려 보이네요. 이곳에서 무슨 일을 하죠? 당
　　　　신의 후원자는 누구인가요?"
　　　　나는 실제로 한 단어 "루 와서먼"을 언급했고 그는 더 이상
　　　　날 건드리지 않았죠.

헤드　　　〈캐치 미 이프 유 캔〉 촬영 중 가장 어려웠던 건 뭔가요?

스필버그　　가족과 관련된 모든 것들이요. 사기 행각들을 촬영하는 건 지
　　　　극히 재미있었어요. 우리는 웃으면서 정말 즐거워했죠. 하루
　　　　가 끝나갈 무렵에는 가족과 관련된 촬영들을 했어요. 모든 게
　　　　더 부드럽고 감정적이었죠.

헤드　　　감독님 영화들이 훌륭한 점 중 하나는 프로덕션 디자인입니
　　　　다. 저는 특별히 〈캐치 미 이프 유 캔〉의 디자인이 아름답다
　　　　고 생각했어요.

스필버그   프로덕션 디자이너 제닌 오프월의 작품이죠.

헤드   그리고 촬영감독은…… 야누시 카민스키예요. 렌즈에 거즈 같은 걸 덮었나요? 뭔가 빛나던데요.

스필버그   아뇨, 그는 얼굴을 비추고 눈을 보여줄 때 극히 부드러운 조명을 사용했어요. 내가 야누시에게 말했죠. "거의 9년간 우리는 그 모든 어둡고, 역광을 사용한, 명암 대비가 심한 영화들을 만들어왔네. 처음으로 사람들 얼굴에 빛을 한번 쏴보자고. 그들의 얼굴에 직접 말이야. 내가 그 시대를 기억하는 방식으로, 시대 전체가 꽃피도록 해보자고."
야누시는 전적으로 마음에 들어 했어요. 그는 말했죠. "우리 둘로선 엄청난 페이스pace 변화네요."
여러분이 본 그 부드러움은 렌즈가 아니라, 빛을 어떤 식으로 들이느냐의 문제였어요. 부드러운 빛을 장면에 끌어들였죠.

내가 그 시대를 기억하는 방식으로,
시대 전체가 꽃피도록 해보자고.

헤드   야누시와의 작업이 감독님을 자유롭게 하고 더욱 창의력을 발휘할 수 있게 했나요? 두 분 사이에만 통하는 일종의 공통 언어가 있나요?

스필버그   글쎄요, 내가 더 창의적 혹은 협조적이게 됐는지는 잘 모르겠어요. 세트장에서는 주로 모든 사람들과 아주 협조적이거든요. 나는 야누시가, 이전까지 내가 한 번도 경험하지 못했던 조명 스타일을 영화들에 부여했다고 생각해요. 심지어 나와 영화 세 편을 함께했고 내 생각에 이 동네에서 최고의 조명을 구사하는 촬영감독 앨런 다비오조차 그러지 못했죠. 야누시는 내 영화들에 더욱 대담하고 위험한 빛을 부여했어요. 카메라는 내가 세팅해요. 모든 블로킹촬영에 앞서 카메라 위치 및 배우 동선 계획 등을 짜는 것도 내가 하죠. 카메라 렌즈들도 내가 고릅니다. 내가 모든 걸 다 구성해요. 그러나 기본적으로 야누시는 조명을 총괄해요. 그리고 그는 빛을 사용하는 거장 화가죠. 그는 그의 기법을 통해 내 작품에 엄청나게 기여했어요.

헤드　　　그리고 당연히 시대의 문제가 있어요. 자동차들, 자동차의 색, 식탁 위의 램프까지요.

스필버그　　그건 모두 미술의 일이에요. 그런 일들은 미술에 관련돼요. 방이 하나 있고 많은 중립적인 색들이 존재하는데, 어딘가에 빨간 장미 한 다발을 놓습니다. 내 말은 그런 게 미술이며, 제닌 오프월이 극히 뛰어난 재능을 발휘하는 분야라는 거죠. 내 영화라고 내가 모든 걸 다 하진 않아요.

헤드　　　그럼에도 감독님이 "좋아요, 녹색 자동차가 필요해요"라고 말씀하시죠. 그러니까, 이런 식으로 프레임을 세팅하지 않으시나요?

스필버그 상황에 따라 달려 있어요. 나는 말 그대로, 카메라로 프레임을 구성하죠. 이야기의 강조점을 만들어내는 것이 아닌 한은 그래요.

한번은 〈대결〉을 만들 때인데, 내가 말했어요. "트럭에게 쫓기는 빨간 차가 필요해요. 빨간 차가 모든 와이드 쇼트들에서 부각될 거거든요. 회색 차를 쓰면 트럭과 섞여버릴 겁니다." 그러니까, 희생되는 차를 빨강으로 선택하는, 진짜 대결을 만들어내는 일에 대한 하나의 예가 있었던 거죠.

그러나 지금 이 영화의 경우에는, 실제로 프랭크가 캐딜락에 강박증을 갖고 있었어요. 따라서 프랭크가 몰던 것과 동일한 캐딜락을 구하는 게 중요했죠. 우리는 실제로 어떤 종류의 차였는지 알아냈어요. 드빌DeVille이었죠. 그리고 그 모든 돈을 벌어들이기 시작했을 때 그가 몰던 것과 동일한 컨버터블도 구했어요.

헤드 실화에 바탕을 두는 것으로 간주되는 영화에서, 실제로 그런 수준의 디테일에 신경 쓰는 게 얼마나 큰 차이를 가져오나요?

스필버그 중요하죠. 왜냐하면, 이 영화에는 그의 삶에 관한 디테일들이 약 70퍼센트, 그리고 극적 요소와 감정을 목적으로 한 사실의 확장이 30퍼센트 존재하거든요. 따라서 모든 결정은 프랭크가 우리에게 이야기하고(그가 영화에 들어가는 게 중요하다고 생각한 것들일 테죠) 우리가 실현하려고 노력한, 작은 정보 토막

들에 근거해 내려졌죠.

헤드   심지어 위조수표 제작 같은 것도요.

스필버그   그래요.

헤드   감독님 영화의 자료 조사 팀이 실제 장비를 추적해서 찾아냈죠.

스필버그   맞아요! 우리는 그 장비를 찾아냈어요.

헤드   미술 팀을 통해 장비를 제작하는 게 불가능했나요?

스필버그   가능했겠죠. 하지만 나는 프랭크 애버그네일이 해낸 그런 대
          범한 행동들을 구상하지는 못했겠죠. 그는 자신의 업무에 관
          해서라면 나보다 훨씬 더 나은 상상력을 발휘해요. 따라서 나
          는 이런 사기꾼 예술가에 대한 허구의 이야기를 만들어내려
          는 꿈조차 꾸지 못해요. 삶이 예술보다 상상력이 풍부하다는
          하나의 예죠.

삶이 예술보다 상상력이 풍부하다는 하나의 예죠.

헤드   〈마이너리티 리포트〉가 DVD로 출시된다고 합니다.

스필버그   네, 맞아요.

헤드 　 그리고 조금의 논쟁 이후, 〈이티〉를 DVD로 출시하는 놀라운 일을 하셨습니다.

스필버그 　 네, 그랬죠.

헤드 　 〈에이 아이〉는 DVD로서 아주 훌륭해요. 감독님이 능력을 발휘하시는 틈새시장으로 보이는데요. 어떻게 DVD가 영화 만들기를 변화시켰는지 말씀해주시겠어요? 현재 스튜디오 운영 방식과 감독님의 삶의 방식에 어떤 영향을 미쳤나요?

스필버그 　 글쎄요, DVD가 스튜디오나 내 삶에 그다지 심오한 영향을 미치지는 않아요……. 한때 우리는 VHS가정용 비디오 방식와 베타Beta, 비디오테이프 표준 형식 중 하나에 강박증을 가졌어요. 이제 우리는 DVD에 강박증을 갖는 거죠.
DVD의 가장 멋진 점은 음향과 영상의 품질이라 생각해요. 남는 여력을 더 투자해야 할, 이를테면 부동산이죠. 내가 맘에 드는 건, 아주 섬세한 장소에 조용히 보관된다는 거예요. 마치 숨겨져 있는 것과도 같죠. 심지어 때로는 집에서 못 찾아낼 때도 있어요. DVD의 특징 중에 가장 맘에 드는 건 엄청나게 작은 크기예요.

헤드 　 〈마이너리티 리포트〉 같은 것을 DVD로 출시하는 조건 등에 감독으로서 얼마나 많이 관여하세요?

스필버그   어떤 관여도 하지 않아요. 모두 폭스 담당이죠. 폭스가 배급을 맡았어요.

헤드   인터뷰에는 응하시지만, DVD 제작에는 직접 개입하지 않으시는 건가요?

스필버그   물론 나는 모든 영화들과 부가적인 영상 콘텐츠에 대한 결정권을 갖고 있어요. 그에 대한 모든 승인이 내게 달렸죠. 그러나 편집 때 삭제됐던 장면들을 추가하지는 않아요. 영화가 재생되는 동안 내레이션도 하지 않죠. 내 목소리를 듣지 않고 영화를 볼 수 있어야 한다고 생각해요.

헤드   〈틴틴: 유니콘호의 비밀〉(이하 〈틴틴〉)에 대해 소개해주시겠어요? 영화가 만들어지는 건가요?

스필버그   네, 만들어지는 중이에요.
에르제의 재산권(그의 아내였던 파니와 그의 남편 닉의 재산)과 관련해, 우리가 영화화하고자 하는 모든 원작 만화의 판권을 취득했어요. 나는 늘 '틴틴' 시리즈를 좋아했고, '틴틴'이……내 생각에 그것이 '인디아나 존스' 시리즈에 일부 영감을 줬어요. 〈인디아나 존스〉는 그렇지 않았지만, 시리즈를 만들고 있을 때 확실히 '틴틴'을 염두에 뒀죠. 수년 전에 원작 만화들을 읽었거든요. 이제 우리는 유행을 타지 않는 영원한 청년과 진정으로 위대한 모험을 떠날 기회를 갖게 됐어요. 그는

12~13세가 아니라, 아마도 16~17세로 설정될 거예요.

헤드　캐나다나 북미 외의 지역에서는 아무도 이 캐릭터를 알지 못해요.

스필버그　그렇죠. 하지만 원작 만화는 2억 부가 팔렸어요. 이 시리즈의 판매 부수가 전 세계적으로 2억 부였어요. 아메리카 대륙에서만 그만큼 알려지지 않았죠. 나는 이곳에서 우리가, 그 시리즈를 유명하게 만들 수 있길 바라요.

헤드　감독님이 연출하실 건가요?

스필버그　내가 감독을 맡지는 않아요. 유니버설을 파트너로 드림웍스에서 제작을 담당할 겁니다.

헤드　그런 다음에는 무얼 가장 하고 싶으신가요? 감독님이 가장 하고 싶으신 차기 프로젝트요…….

스필버그　모르겠어요.

헤드　〈인디아나 존스〉 4편일까요?

스필버그　한다면 지금부터 2년 후의 일이죠. 따라서, 나는 〈인디아나 존스〉 4편을 만들게 될 2년 후가 아니라 내년에 대해 구상하고 있어요. 아직 내게 딱 맞는 영화를 못 찾아서 여전히 검토 중이에요. 몇 가지는 손을 대고 있지만 아직 제대로 준비된 건 없어요.

헤드 마침내 한숨 돌리시는 건가요?

스필버그 거의 그렇죠. 1년을 쉬게 되더라도 여전히 할 일이 많아요. 아이가 일곱 명이어서 집에서 할 일이 많죠. 게다가 나는 여전히 월터 파크스, 로리 맥도널드와 공동으로 드림웍스를 운영해요. 그러니까 감독을 안 해도 여전히 일하고 있는 셈이죠.

감독은 자신의 공포를
이용해야만 해요

슈피겔   스필버그 감독님, 감독님보다 더 외계인의 이미지 형성에 일조한 사람은 없습니다. 〈미지와의 조우〉와 〈이티〉에서 감독님은 그들을 사랑스러운 피조물로 묘사하셨죠. 그리고 6월 29일 개봉하는 신작 〈우주 전쟁〉에서는 외계인들이 세상을 공격합니다. 이런 마음의 변화의 이유는 무엇인가요?

스필버그   아마도 내가 어떻게 변했는가 하면……

슈피겔   더 대담해지셨죠, 맞나요?

스필버그   네, 그런 면이 있어요. 나는 외계 문명과 우리 문명 간의 친선 대사 역을 해왔고, 평화로운 조우의 기반을 마련하기 위해 할 수 있는 모든 걸 했어요. 그리고 그건 날 지루하게 만들었어요. 나는 1950년대와 1960년대 SF영화들을 보면서 컸는데, 그

2005년 8월 17일 자 〈슈피겔Der Spiegel〉에서.

영화들에서는 비행접시들이 지구를 공격하고 사람들은 온 힘을 다해 외계인들에게 저항해야 했어요. 그래서 생각했죠. 은퇴하기 전에 외계로부터의 정말 지독한 침략을 연출해야만 한다고요.

그래서 생각했죠.
은퇴하기 전에 외계로부터의 정말 지독한 침략을
연출해야만 한다고요.

슈피겔 〈우주 전쟁〉은 H. G. 웰스가 1898년에 쓴, 미래를 그린 소설에서 제목을 가져왔습니다. 소설 말미에는 지구가 "더 이상 방어벽이 쳐진 안전하게 살 수 있는 장소가 아니"라고 되어 있죠. 이 문구는 9.11테러 이후 미국인들이 삶에 대해 갖는 느낌을 정확하게 묘사하고 있지 않나요?

크루즈 그건 전 세계적으로 퍼진, 삶에 대한 느낌의 묘사예요. 우리는 수많은 방식으로 아주 신속하게 소통할 수 있는 세상에 살고 있지만, 동시에 어느 때보다도 소통이 어려운 상황에 처해 있죠. 우리를 위협하는 적들이 세계 도처에 깔려 있는 마약, 문맹, 범죄 같은 것이라서, 사실 어느 때보다도 긴급하게 소통해야만 하는 때에 말이죠. 우리는 그런 것들에 맞서 함께 싸워야만 합니다. 이 영화는 그런 전투의 은유예요.

스필버그 우리는 사람들이 국경을 초월하고 자신들이 가진 모든 차이들을 넘어서, 인간이 아닌 적에 대항하기 위해 힘을 합치는 그런 영화를 만들고 싶었어요.

슈피겔   그러나 영화는 거의 전적으로 미국에서만 벌어집니다. 전 세계적인 재난을 묘사하는 게 맞나요?

스필버그 주관적인 관점에서 전 세계적 재난을 묘사하죠. 관객은 톰의 캐릭터, 즉 미국 항만 노동자의 관점에서 전쟁을 경험합니다. 그러나 지구 전체가 위협받는 데에는 의심의 여지가 없어요.

크루즈   물론 세계의 다른 지역에 사는 관객들은 다른 관점에서 영화를 보겠죠. 그들은 또 다른 세계관과 정치적 신념을 갖고 있을 테니까요. 그러나 〈우주 전쟁〉이 상영되는 어디에서든 두려움과 위협의 느낌은 분명하리라 생각해요.

슈피겔   어떤 지역에서는 관객들이, 영화에서 미국인들이 바닥에 드러눕는 걸 보고 심지어 박수를 칠지도 모른다는 게 두렵지 않으세요?

스필버그 그런 추측은 하고 싶지 않아요. 사람들이 자신의 이데올로기와 우리나라에 대한 혐오감 때문에 영화를 다르게 인식한다 해도 그게 우리 책임은 아니죠.

크루즈   영화감독으로서 우리의 작업은 바로 그런, 나라 전체에 대한 증오로 이끌어지는 관점의 편협화, 외국인을 혐오하는 유의 편집증에 맞서는 거예요. 우리가 관심을 두는 건 주로 개개인과 그들의 행동이에요. 예를 들어, 나는 사람들이 항상 '정부'에 대해 이야기할 것이 아니라 정부에 속한 사람들에 대해 이야기해야 한다고 생각해요. 항상 일반화하면 안 돼요. 그러나 누군가가 우리를 가슴 깊이 증오한다면 그들은 우리 영화에서 자신들이 보고 싶어 하는 걸 정확히 보게 될 거예요.

슈피겔   스필버그 감독님, 『우주 전쟁』을 영화로 만들려는 계획은 1990년대 초로 거슬러 올라갑니다. 9.11테러가 발생하지 않았어도 영화를 만드셨을까요?

스필버그   아마 아닐 겁니다. 웰스의 소설은 여러 번, 특히 항상 세계적인 위기가 닥쳤을 때 영화화됐죠. 이를테면 오슨 웰스가 그의 전설적인 라디오극 버전으로 수백만의 미국인들을 공포로 몰아넣었던 건 2차 대전이 막 발발한 때였고, 당시 주요 기사는 히틀러의 폴란드와 헝가리 침공에 대한 보고가 장악했어요. 1953년 첫 스크린 버전이 영화관에서 상영되었을 때, 미국인들은 소련으로부터의 핵 공격을 심히 두려워하고 있었죠. 그리고 우리의 버전 또한 미국인들이 가슴 깊이 취약함을 느끼는 시기에 나옵니다.

슈피겔   이 영화가 실제로 그런 취약함에 대한 감각을 더 고조하지 않을까요?

스필버그   아마도 그러겠죠. 그러나 다른 한편으로, 우리가 이미 느끼고 있는 것보다 더 깊이 취약함을 느끼는 모습을 상상하긴 힘들어요.

슈피겔   사람들이 실제 느끼는 공포를 단지 이용하는 것에 그치지 않고 사실상 그것을 배가하기까지 하는 게 영화감독으로서 정당한가요?

스필버그   무엇보다도 우선 감독은 자신의 공포를 이용해야만 해요. 〈죠스〉를 작업할 때 나는 내가 갖고 있는 물과 상어에 대한 공포와 마주해야 했어요. 그리고 나중에 그건 거듭해서 성공을 위한 훌륭한 비책을 제공했죠. 나를 공포에 떨게 한 건 대개 관객들에게도 충격을 줬거든요.

크루즈   지극히 사실이에요. 그 영화를 본 후 우리는 욕조 안에서조차 우리의 생명에 위협을 느꼈죠.

슈피겔   스필버그 감독님, 〈죠스〉로 수백만 명에게서 수영하는 즐거움을 앗아가셨습니다. 그에 대한 죄책감을 가진 적이 없으신가요?

스필버그   전혀요! 반대로 장난꾸러기처럼 기뻤죠. 대중의 반응으로 영화가 잘 작동했고 관객의 원초적 공포를 건드렸다는 걸 알았어요. 영화감독이 성취할 수 있는 가장 멋진 일이란 영화가 매우 근본적인 층위에서 작동하는 것이죠. 게다가, 나는 많은 사람들에게 수영하는 기쁨을 더해줬어요. 영화를 본 후 그들은 해변에서 누가 더 멀리 갈 수 있는지를 두고 소규모 대회까지 개최했거든요.

크루즈   심지어 우리 애들조차 다이빙 수업을 받으러 가면서 영화의 주제음악을 휘파람으로 불죠. 애들은 영화를 보지도 않았지만요!

슈피겔   할리우드의 가장 강렬한 감독과 가장 위대한 배우가 만나 역사상 최고로 정교한 영화 중 하나를 찍게 되면 모두가 박스오피스 흥행을 기대합니다. 그에 대한 압박감이 있으세요?

크루즈   전혀 없습니다.

스필버그   그런 상황에도 불구하고 우리는 곤히 잠들죠. 〈죠스〉 이래 나는 사람들의 기대가 주는 압박과 더불어 살아야 했어요. 그러나 내가 그것에 대항할 수 없었다면 〈쉰들러 리스트〉 같은 영화를 결코 만들지 못했을 겁니다. 내 관객들을 실망하게 만드는 게 너무 두려웠을 것이기 때문이죠. 나는 대중을 움직이는 거대한 규모의 대작에서 그보다 소규모의 사적이고 이국적인 프로젝트로 이동했다가, 다시 대작을 만드는 그런 과정을 밟았죠. 서로 다른 영화 세계들을 지속적으로 오가며 나 자신과 관객들에게 거듭해서 새롭게 도전하고 싶어요.

서로 다른 영화 세계들을 지속적으로 오가며
나 자신과 관객들에게 거듭해서 새롭게 도전하고 싶어요.

슈피겔　〈우주 전쟁〉이 현재까지 상업적으로 가장 성공한 〈타이타닉〉
보다 흥행이 덜 된다면 실망스럽지 않을까요?

스필버그　영광이겠죠.

크루즈　우리가 이 영화를 만든 건, 만들고 싶었기 때문이에요. 물론
제작비를 회수해야 하겠죠. 하지만 〈우주 전쟁〉이 최종적으
로 얼마나 성공할지에 대해 우리가 미칠 수 있는 영향력은 제
한적이에요. 영화산업 안에, 우리 둘의 이름을 곱해가며 그로
부터 박스오피스 이익을 계산할 수 있다고 생각하는 사람들
이 있을지도 모르죠. 그러나 그런 사람들에 대한 우리의 무신
경함이 지금보다 더 할 순 없을 거예요.

스필버그　내가 영화를 만드는 건 우선적으로 스스로를 위해서이며, 그
다음으로는 수학을 못하는 모든 이들을 위해서죠.

슈피겔　우리 팀이 로스앤젤레스 인근의 한 촬영 장소를 방문했는데,
기자들과 엑스트라들을 위한 배식 텐트 바로 옆에, 인력들이
완벽히 갖춰진 사이언톨로지 텐트를 발견하고 놀랐어요.

크루즈　뭐가 놀라웠던 거죠?

슈피겔   어째서 개인적 신념을 그렇게 극단적으로 공개하시는 건가
요?

크루즈   나는 표현의 자유를 믿어요. 세트장에 사이언톨로지 자원 활
동가들이 와서 영광이었어요. 영화 스태프들을 도와주고 있
었죠. 나는 영화를 찍을 때 함께 시간을 보내는 사람들을 돕
기 위해서라면 할 수 있는 뭐든 해요. 내게는 소통에 대한 믿
음이 있어요.

슈피겔   누군가가 일하는 장소에 종교 집단의 텐트가 있다는 건 여전
히 우리에게는 조금 이상해 보입니다. 스필버그 감독님, 그
텐트에 특별히 충격을 받으셨나요?

스필버그   내게는 안내 데스크처럼 보였어요. 누구도 그 텐트를 방문해
야 할 의무는 없었지만, 개방적인 마음으로 다른 사람의 신념
에 호기심을 가진 누구에게나 열려 있었죠.

크루즈   사이언톨로지 자원 활동가들은 병자나 부상자들을 돕기 위해
거기에 있었어요. 촬영장의 사람들은 고마워했어요. 나는 내
신념을 드러내서 말하는 걸 결코 꺼리지 않아요. 그러나 말하
는 것보다도 훨씬 더 많은 일을 하죠. 우리가 살고 있는 세상
은 사람들이 마약에서 평생 벗어나지 못하고 심지어 아이들
도 마약을 하며 인류를 대상으로 한 범죄들이 너무나 극단적
이어서 대부분의 사람들이 공포와 절망 속에 등을 돌려버리

는, 그런 곳이에요. 그런 게 내가 관심을 두는 것들이죠. 사람들이 무엇을 믿든 개의치 않아요. 그들의 국적을 개의치 않아요. 누군가 마약에서 벗어나길 원한다면 나는 그들을 도울 수 있어요. 누군가가 읽는 법을 배우고 싶다면 그들을 도울 수 있어요. 누군가가 더 이상 범죄자가 되는 걸 원하지 않는다면 나는 그들의 삶을 개선할 수 있는 도구를 제공할 수 있어요. 당신은 얼마나 많은 사람들이 사이언톨로지에 대해 알고 싶어 하는지 모를 겁니다.

슈피겔 　사이언톨로지의 새 추종자들을 선발하는 게 당신의 일이라고 보세요?

크루즈 　나는 조력자예요. 예를 들어, 나는 수백 명이 마약에서 벗어나는 걸 도왔어요. 사이언톨로지는 전 세계에서 유일하게 성공한 마약 재활 프로그램을 운영하고 있어요. 나르코논 Narconon이라 불리죠.

슈피겔 　그건 맞지 않는 말씀이에요. 그 프로그램은 공인된 해독 프로그램 목록에 언급된 적이 없어요. 유사 과학에 뿌리를 두고 있어 개별 전문가들이 경고하고 있죠.

크루즈 　내 말이 무슨 뜻인지 이해하지 못하는군요. 세계에서 유일하게 성공한 마약 재활 프로그램이 존재한다는 건 통계로 증명된 사실이에요. 더 이상 말하고 싶지 않아요.

슈피겔   정중하게 말씀드리는 거지만, 그에 대해서는 의혹이 생기네요. 제가 알기로는 스튜디오 경영진, 예를 들어 파라마운트의 경영진을 대상으로 사이언톨로지가 운영하는 할리우드의 '셀러브리티 센터' 투어를 조직하셨는데, 할리우드에서 사이언톨로지의 영향력을 확장하려는 건가요?

크루즈   나는 단지 사람들을 돕고 싶어요. 모두가 잘 지내길 바랍니다.

스필버그   내가 운영하는 쇼아재단에 대해서도 비슷한 질문들을 종종 받아요. 공립학교에서 재단이 홀로코스트 역사를 가르치도록 함으로써 관용-tolerance을 높일 수 있다는 내 깊은 신념을, 왜 그렇게 전파하려고 노력하는지, 그 이유를 물어요. 나는 관용 교육을 받지 않은 채 대학을 다니도록 허락해서는 안 된다고 믿습니다. 그것은 사회 분야 교육과정의 중요한 일부가 되어야만 해요.

슈피겔   스필버그 감독님, 지금 쇼아재단의 교육 활동을 사이언톨로지의 활동과 비교하시는 건가요?

스필버그   아뇨, 그렇지 않습니다. 톰은 당신에게 그가 믿는 바를 이야기했고, 이어서 나는 내가 믿는 바를 이야기한 거예요. 사이언톨로지와 쇼아재단 및 홀로코스트 간의 비교가 아니에요. 단지 할리우드에 속한 우리 중 몇몇은 그저 배우나 감독이길 넘어서 뭔가를 더 하기 시작했다는 사실을 제시하고 있었을 뿐이에요. 우리 중 일부는 매우 사적인 임무들을 수행하고 있어요. 톰의 경우에는 그의 종교이고, 내 경우에는 쇼아재단이죠. 재단에서 나는 순수한 증오의 치명적 위험에 대해 다른 사람들이 배울 수 있도록 노력하고 있어요.

나는 순수한 증오의 치명적 위험에 대해
다른 사람들이 배울 수 있도록 노력하고 있어요.

슈피겔   그 작업을 어떻게 시작하고 있나요?

스필버그   젊은이들에게 서로 죽이지 말라고 가르칠 수 있는 유일한 방법은, 그들에게 홀로코스트 생존자들의 보고를 보여줌으로써, 그들로부터 직접 인간에 대한 비인간성을 들을 수 있게 하는 거라 생각해요. 그들이 어떻게 증오의 대상이 되었으며 어떻게 집에서 강제 이주당했고, 어떻게 가족들이 전멸됐는지, 그리고 어떻게 기적적으로 그들 스스로 그 모든 걸 극복했는지를요.

크루즈   홀로코스트가 어떻게 시작되었나요? 사람들이 태어날 때부터 타인에게 너그럽지 못했던 건 아니에요. 태어날 때부터 광신자나 인종주의자인 것은 아니죠. 교육에 의해 그렇게 돼죠.

슈피겔   아시겠지만, 사이언톨로지는 독일에서 연방정부의 감시 아래 있습니다. 사이언톨로지는 종교로 간주되는 것이 아니라, 오히려 전체주의 경향의 착취적인 사이비종교 집단으로 간주되죠.

크루즈　그들의 감시는 더 이상 그리 엄격하지 않아요. 왜 그런지 아세요? 정보 당국이 결코 아무것도 찾아내지 못했기 때문이에요. 찾아낼 게 아무것도 없었기 때문이죠. 우리는 독일 법원에서 50건 이상 승소했어요. 독일에 있는 모든 사람들이 우리를 반대한다는 건 사실이 아니에요. 독일에 갈 때마다 상상도 못할 경험들을 해요. 항상 매우 너그럽고 특별한 사람들을 만나죠. 소수만이 증오를 원해요. 그건 어쩔 수 없죠.

슈피겔　증오와 비판적 시각을 갖는 것에는 차이가 있습니다.

크루즈　내가 보기에 그건 편협intolerance과 관련 있어요.

슈피겔　과거에, 일례로 〈미션 임파서블〉이 개봉했을 때, 독일 정치인들은 당신의 영화들에 대한 보이콧을 촉구했어요. 사이언톨로지에 대한 지지가 커리어에 악영향을 끼칠 수 있다는 점을 우려하시나요?

크루즈　전혀요. 나는 항상 매우 솔직했어요. 지난 20년간 사이언톨로지 신도였어요. 누군가가 너무나 편협한 나머지 사이언톨로지 신도를 영화에서 보고 싶어 하지 않는다면 그 사람은 극장에 가지 말아야 해요. 개의치 않아요. 이곳 미국에서 사이언톨로지는 종교입니다. 당신의 고국에서 일부 정치인들이 그에 동의하지 않는다 해도 나는 전혀 관심이 없어요.

슈피겔 〈우주 전쟁〉이 종교영화라고 생각하세요? H. G. 웰스는 박테리아를 만들어낸 것에 대해서조차 창조자의 지혜를 칭송했어요. 그의 이야기 속에서는 미생물들이 종국에 외계인들을 없애버리기 때문이죠. 1953년의 영화는 심지어 마지막 결전 장소를 교회 안으로 바꿨어요.

스필버그 나는 영화를 본 사람들이 개인적 신념을 더욱 공고히 하거나 그렇지 않거나, 둘 중 하나일 거라 생각해요. 그러나 우선 그들은 겁먹은 채 의자 밑으로 몸을 숨길 것이고, 그 뒤에 훌륭한 경험이었다고 말할 거예요. 우리 둘은 의식적으로 이 영화를 교회, 시너고그유대교 회당 혹은 모스크에서 끝내지 않기로 결정했어요.

크루즈 단지 그런 종류의 이야기가 아닌 거죠.

슈피겔 두 분 모두 인터뷰에 응해주셔서 매우 감사드립니다.

무기보다 큰 대화의 목소리로

"거기 지뢰밭이 있을 줄 알았어요." 스티븐 스필버그가 그의 신작 〈뮌헨〉을 둘러싼 논란의 폭풍을 묘사하며 말한다. 그는 반反이스라엘적인 것, 반팔레스타인적인 것, 그리고 어느 편도 아닌 것, 이 세 가지 방면에서 공격받았다. 그런 평론가들에 따르면 어느 쪽에도 속하지 않는다는 건 '도덕적 등가'의 죄에 해당한다.

그는 "이 도전을 순진하게 받아들인 건 아니에요"라고 영화에 대해 말한다. 영화는 1972년 뮌헨 올림픽에서 벌어진 이스라엘 육상선수 11명의 납치와 살인으로 시작해서, 이스라엘 총리 골다 메이어로부터 책임자들을 끝까지 색출해 암살하라는 임무를 부여받은 이스라엘 비밀 요원들을 따라간다.

"이 주제를 맡았을 때 친구들을 잃게 되리라는 걸 알았어요"라고 그는 어느 목요일 오후의 통화에서 내게 말했다. "새로운 친구들이 생겼지만서도요." 영화는 지난 금요일에 개봉했지만, 이미 시사회에서 그것을 본 (혹은 영화를 보지 않았지만 그 아이디어 자체에 반대한) 사람들로부터 맹렬

로저 이버트 컴퍼니Roger Ebert Company, 2005년 12월 25일 인터뷰.

한 논쟁을 불러일으켰다.

영화에서 에릭 바나가 연기하는 애브너라는 캐릭터는 암살단을 이끌면서 그가 하는 행위의 도덕성과 유용성에 의문을 품기 시작한다. 영화의 다른 인물들은 복수 전략을 굳건히 옹호한다. 스필버그는 그의 영화가 간단한 답을 제공하지 않는 건 의도적이라고 말한다.

"내 영화가 모든 암살이 악하거나 선하다고 딱 잘라 말한다면 사람들은 더 편안하게 느끼겠죠. 그러나 이 영화는 두 입장 중 어느 것도 취하지 않습니다. 그러길 거부하죠. 좌파든 우파든 전문가들은 영화가 어느 한쪽으로 확실하게 안착하길 원하겠죠. 이런 사안들에 대해 느끼는 바를 스스로 알아낸다는 건 관객들에게 무거운 짐이 되고요. 지난 50년을 통틀어 가장 복잡한 사안에 대해, 쉬운 답은 존재할 수 없죠."

스필버그는 이 영화가 그를 "이스라엘의 친구가 아니도록" 만들었다는 비난이 특별히 그를 강타했다고 한다.

"나는 당신이 상상할 수 있는 한 가장 진심으로 친親이스라엘적이에요. 이스라엘의 국가적 중요성과 그것이 존재해야 할 필요성에 대해 윤리적, 정치적으로 인식한 그날부터, 단지 이스라엘만이 아니라 세계의 나머지도 이스라엘의 존재를 필요로 한다고 믿어왔어요."

"그러나 어떤 말과 행동을 해도 결코 만족시킬 수 없는 특정한 층이 존재해요. 그들이 사물을 바라보는 프리즘은 너무도 심오하고 깊이 뿌리박혀 있는 데다 지극히 그들 고유의 신념 체계의 일부를 이루기에, 만약 당신이 그에 도전하면 당신은 그들이 믿는 모든 것에 도전하는 게 되죠. 그들은 이 영화가 이스라엘에 지나치게 비판적이라고 말해요. 한편 팔레스타인 사람들은 영화가 지나치게 친이스라엘적이고 그들의 고충을 토로할 만한 충분한 공간을 제공하지 않는다고 생각하죠."

"내가 말하고자 하는 바는, 만약 이 영화가 당신을 불편하게 하고 겁먹게 하고 화나게 한다면, 그걸 무시하는 게 좋은 생각은 아니라는 거예요. 아마 왜 스스로 그런 반응을 보이는지 생각할 필요가 있을 테죠."

만약 이 영화가 당신을 불편하게 하고
겁먹게 하고 화나게 한다면,
그걸 무시하는 게 좋은 생각은 아니라는 거예요.

현대사에서 가장 인기 있는 영화감독인 스필버그는 그의 박스오피스 블록버스터들과 더불어 진지하고 사려 깊은, 때로는 한정된 호소력을 가진 영화들을 규칙적으로 만들었다. 〈쥬라기 공원〉과 '인디아나 존스' 시리즈를 만든 감독이 〈쉰들러 리스트〉〈컬러 퍼플〉〈아미스타드〉, 그리고 이제는 〈뮌헨〉을 만든 감독과 동일인이라는 사실은 놀랍다.

"나를 비판하는 사람들 중 몇몇은, 공룡 영화나 만드는 할리우드의 자유주의자 스필버그가 그렇게 많은 똑똑한 이들을 당황하게 하는 이런 주제에 관해, 과연 어떻게 진지한 뭔가를 언급할 수 있을지 묻고 있어요. 그들은 기본적으로, '당신은 대대적이고 대중적인 방식으로 우리에게 반대하고 있고 우리는 당신이 입을 닫길 원해. 그리고 이 영화가 다시 필름 통으로 돌아가길 바라'라고 말하고 싶어 하죠. 그런 건 사람들로 하여금 귀를 막도록 하는 비도덕적 시도예요. 유대교적이지도 민주주의적이지도 않고, 모두에게 안 좋죠. 특히 민주주의 사회에서는요."

그런데 그가 도대체 무슨 말을 하고 있기에 사람들이 그처럼 불편해하는 것일까? 영화 자체를 주의 깊게 바라보면 그가 무슨 말을 하기 때문이라기보다, 감히 중동문제의 뚜껑을 열어 토론을 시도했다는 것 자체가 원인이라는 생각이 든다.

"내 영화는 팸플릿이길 거부해요." 스필버그는 말한다. "시나리오작가 토니 쿠슈너와 나는, 사람들이 영화가 제기하고 있다고 느끼는 문제들과 접촉할 수 있게 도와줄 만한 방식으로 영화를 조합함으로써, 본능적이고 감정적이며 지적인 경험으로 이끌기를 희망했어요. 쿠슈너는 부모님과 랍비와 그의 믿음으로부터 토론이 '최고의 선'이라는 것(탈무드에 나와요)을 배웠다고 말했죠."

이해는 동의를 요구하지 않아요.
이해는 행동하지 않는 것과 동일하지 않습니다.
이해란 상당히 근육을 쓰는 행위죠.

그러나 한쪽(혹은 다른 한쪽)의 올바름에 대해 논쟁의 여지 자체가 없다고 간주되는 상황에서, 그가 이스라엘과 팔레스타인의 주장을 동일시한다는 비판, 즉 '도덕적 등가'라는 사안은 어떻게 할 것인가?

"솔직히 어리석은 비판이라 생각해요. '도덕적 등가'를 내걸며 영화를 공격하는 이들은 외교 자체가 도덕적 등가의 연습이며 전쟁만이 유일한 답이라 말하는 부류와 부분적으로 일치해요. 그들은 테러리즘과 싸우는 유일한 방법이 테러리스트들에게 그들이 누구이며 어디에서 왔는지를 전혀 질문하지 않음으로써 그들을 비인간화하는 것이라 말하죠."

"나의 믿음은, 테러 행위 각각에 대해서는 강력히 대응해야 하지만, 더불어 그 원인들에 대해서도 주목해야만 한다는 거예요. 그런 이유로 우리에게 뇌가 있고 열정적으로 생각할 힘이 있는 거죠. 이해는 동의를 요구하지 않아요. 이해는 행동하지 않는 것과 동일하지 않습니다. 이해란 상당히 근육을 쓰는 행위죠. 내가 만약 이해를 지지하고 그 때문에 공격당하고 있다면, 그건 거의 칭찬으로 느껴집니다."

〈뮌헨〉에는 1972년 공격을 실행한 '검은 9월단Black September' 소속의 알리가 고향 팔레스타인에 대한 의견을 이야기하는 장면이 나온다. 또한 이스라엘 초기 정착민인 애브너의 어머니가 자신들의 고향을 옹호하는 장면도 있다. 또 다른 장면에서는 제프리 러시가 연기하는 이스라엘 스파이 대장이 애브너의 의혹에 강력하게 반응한다.

"고향을 둘러싼 이스라엘과 팔레스타인 양측의 모든 생각들이 암시하는 바는, 엄청나게 강력한 두 개의 열망이 서로 경쟁하고 있다는 거죠" 라고 스필버그는 말한다. "어느 의미에서는 두 개의 권리가 경쟁 중이에요. 그 상황을 단순화할 수는 없어요. 영화는 양측이 단순화를 포기하고 그저 그것을 다시 바라보기를 요청해요. 잡지 〈USA 투데이〉에 실린 글에서 로스앤젤레스의 랍비가 '맹목적 평화주의'라는 말로 나를 비판했더군요. 흥미로운 게, 내 안의 어디에도 혹은 〈뮌헨〉 어디에도 맹목적 평화주의라 할 만한 건 존재하지 않거든요. 나는 뮌헨에서 벌어진 테러리즘에 응수해야 할 정당한 이유가 있었다고 느껴요. 그런 연유로 영화 내내 뮌헨 암살의 이미지들을 계속해서 다시 보여주는 거죠."

"1972년 '검은 9월단'이 자신들의 존재를 전 세계에 알리기 위해 올림픽을 이용했을 때, 그들은 모든 규칙을 깬 셈이며, 앞서 언급한 갈등의 경계들을 파괴한 셈이에요. 이스라엘은 응수해야만 했죠. 그렇지 않으면 약하다고 인식됐을 테니까요. 골다 메이어의 대처에 동의해요. 우리가 고려해야 하는 건 뮌헨이 독일에 있다는 점이에요. 또다시 독일 땅에서 유대인들이 죽어간 거죠. 이스라엘에게 그건 국가적 트라우마였어요. 결국 애브너 캐릭터는 그런 대처가 옳았는지 의문을 갖게 되고요."

"때로 어떤 대응은 의도하지 않은 결과들을 초래할 수 있어요. 제프리 러시의 배역에프레임과 애브너의 어머니는 대응을 하죠. 그러나 사람들은 내 목소리의 대변자가 애브너라고 느껴요. 영화는 내게 답이 존재하지 않는다고 말해요. 나는 답을 가진 어느 누구도 알지 못해요. 그러나 대화의 목소리가 무기의 굉음보다 더 커야 할 필요가 있다는 것만은 알죠."

그러나 대화의 목소리가 무기의 굉음보다
더 커야 할 필요가 있다는 것만은 알죠.

22세에 첫 상업영화를 연출한 한때의 신동 스필버그는 이제 51세가 되었다.

"나이가 들어감에 따라 뭔가 좀 더 큰 의미가 있는 이야기들을 다뤄야만 할 책임감을 더 느끼게 되는 것 같아요. 내 영화들 대부분은 모든 걸 완결해요. 나는 관객들에게 최소한의 과제와 최대한의 즐거움을 주는 영화들을 만들려고 노력해요. 내 영화들 대부분은 그래왔어요. 그러나 나이가 들면서 그런 강력한 도구에 수반되는 책임감의 무게를 느끼게 돼요. 나는 확실히 대중의 수요에 따라 영화들을 만들었어요. 영화movie 만들기와 예술로서의 영화film 만들기에는 차이가 있죠. 두 가지를 모두 하길 원합니다."

그는 그의 영화가 이스라엘의 정책들에 질문을 제기한다는 이유로 그가 "이스라엘의 친구가 아니라는" 비난에 상처받았다고 거듭해서 말했다. "미국에 대한 비판을 담은 비슷한 유의 영화가 반미적이지 않은 것과 마찬가지로, 이 영화는 반이스라엘적이지 않아요"라고 그는 말했다.

"비판은 사랑의 한 형태예요. 나는 미국을 사랑하고, 미국의 행정에 대해 비판적이죠. 나는 이스라엘을 사랑하고, 질문을 던지는 거예요. 어떤 질문도 하지 않는 사람들은 국가의 진정한 친구가 아닐지도 몰라요."

중동문제에 해법은 없는 걸까요? 나는 물었다. 끝없는 테러와 복수의 순환이 이어질까요? 오랜 정적政敵 관계에 있는 이스라엘 우파의 아리엘 샤론과 좌파의 시몬 페레스가 각자의 정당에서 탈퇴해, 평화의 길을 추구한다고 말하는 신당에 합류한 놀라운 사실에 대해서는 어떻게 생각하시나요?

스필버그는 말한다. "내가 믿는 건 우리가 살아 있는 동안 이스라엘인들과 팔레스타인 사람들 사이에 평화가 도래하리라는 겁니다."

결코 간단해서는 안 되는 대답들

슈피겔   스필버그 감독님, 올림픽 암살 당시를 기억하시나요? 그 끔
찍한 소식을 들었을 때 어디에 있었는지 기억나세요?

스필버그   네, 뮌헨발 〈와이드 월드 오브 스포츠〉 생방송을 보고 있었는
데 갑자기 속보가 떴고, 저명한 스포츠 아나운서 짐 맥케이
는 세계정치와 관련된 그 혹독한 사실을 소개하는 역할을 떠
맡았죠. 이어지는 몇 시간 동안 TV에서 눈을 뗄 수 없었어요.
내 생각엔 그때 처음으로 '테러리스트'와 '테러리즘'이라는
말을 들었어요. 그때까진 그런 단어들이 내 사전에 없었죠.

슈피겔   그 후로 감독님께 뮌헨 관련 영화에 대한 아이디어들로 접근
한 사례들이 빈번했죠. 오랫동안 감독님은 그 소재에 흥미를
느낄 수 없으셨고 계속 미뤄졌어요. 왜죠?

2006년 1월 26일 자 〈슈피겔〉에서.

스필버그	여러 해 동안 거절한 이유는 각본들이 마음에 들지 않았고 또 너무 복잡한 문제라고 생각했기 때문이에요. 이 영화에 대해 내가 매우 소중하게 생각하는 모든 사람들, 심지어 부모님과 랍비와도 이야기를 나눴어요. 그들이 영화를 만들지 말라고 설득해주길 희망하면서요. 그러나 아무도 내 부탁을 들어주지 않았어요. 그래서 각본가 토니 쿠슈너와 내가 가능한 한 진지하고, 정치적인 선입견 없이, 타협하지 않으며, 이 프로젝트를 맡게 된 거예요.
슈피겔	후회하시나요?
스필버그	전혀요. 〈뮌헨〉을 용기 내어 만들었다는 점에 지금은 아주 기뻐요.
슈피겔	감독님이 발을 내딛는 곳이 정치적 지뢰밭이라는 걸 진정 인지하고 있었던 겁니까? 감독님은 팔레스타인 측의 테러리즘뿐만 아니라, 이스라엘 측의 모든 가혹한 대응 중에서도 보복 작전을 그리셨어요. 적들을 말살하면서 스스로의 도덕적 우월성에 의문을 갖게 되는 요원들을 보여줍니다. 〈쉰들러 리스트〉 이후 감독님을 거의 무한정 찬양했던 많은 유대인 친구들의 화를 돋우려 고의적으로(아니면 최소한 화를 돋우는 위험을 감수하는 걸 의식하면서) 이 일에 착수하셨나요?
스필버그	정말이지, 그 주제에 절대 순진하게 접근하지 않았어요. 나는

유대인 출신의 미국인으로서 이스라엘 대 팔레스타인의 갈등과 관련되는 민감한 문제들을 잘 알고 있어요.

슈피겔　감독님은 평단의 열렬한 박수를 받았지만, 더불어 맹비난의 대상이 되기도 하셨어요. 특정 감독이, 지금 감독님의 경우처럼, 영화 한 편으로 그렇게 개인적인 공격과 비방의 대상이 된 경우는 드물죠. 맹목적인 평화주의자, 심지어 이스라엘의 명분을 배신한 자라고 불리기도 했어요.

스필버그　다행히 그런 종류의 글을 쓰는 사람들은, 아주 큰 목소리를 내는 몇 안 되는 소수예요. 이곳 미국의 일부 우파 근본주의자들이 얼마나 편협하며 독단적인지를 보면 슬픈 감정이 들어요. 내가 소중하게 여기는 사람들의 경우에는 〈뮌헨〉을 아주 다르게 본다는 데에 신께 감사해요. 예를 들어, 자유로운 유대계 미국인들, 그뿐 아니라 이스라엘에 있는 당시 희생자들의 유족들 몇몇도 그렇죠. 그들은 영화의 메시지를 받아들였어요.

슈피겔　〈뮌헨〉에 대한 주된 비난은 정치적, 혹은 이 표현을 선호하신다면, 이념적인 것입니다. 팔레스타인 테러리스트들을 이스라엘 추격자들과 도덕적으로 동일시한다는 비판을 받고 있으신데요.

이해가 용서를 의미하지는 않죠.
이해하는 건 엄격하지 않은 것과 전혀 상관없어요.
우리가 취해야 할 용감하고도 매우 강력한 태도죠.

스필버그   그건 완전히 터무니없는 소리예요. 그런 비판자들은 마치 우리 모두가 도덕적 나침반을 잃은 것처럼 행동하고 있어요. 당연히 〈뮌헨〉에서처럼 사람들이 인질로 잡히고 살해되는 건 끔찍하고 비열한 범죄예요. 그러나 그에 대한 책임을 져야 하는 이들의 동기를 조사하고 그들 또한 가족이 있는 개인이며 자신만의 이야기를 갖고 있음을 보여준다고 해서 그들의 행위를 용서하는 건 아니에요. 살인의 배경을 이해하고 싶어 한다고 해서 살인을 용인하는 건 아니에요. 이해가 용서를 의미하지는 않죠. 이해하는 건 엄격하지 않은 것과 전혀 상관없어요. 우리가 취해야 할 용감하고도 매우 강력한 태도죠.

슈피겔   감독님의 적수들은 감독님이 테러를 '인도적인 것'으로 만든다고 하던데요.

스필버그   그 비판자들의 말은, 진정 테러리스트들은 인간이 아니라는 의미인가요? 나는 그들을 악마로 만들지 않으려 노력하는 거예요. 재차 말하지만, 그건 그들의 행위를 상대화하거나 그들에게 공감하는 것과는 절대 관련이 없어요. 그러나 우리가 테러의 이유와 근원들에 대해 묻지 않는다면, 그것은 희생자들의 기억을 더럽히는 거라고 굳건히 믿어요. 내 영화는 팸플릿이나 캐리커처, 혹은 1차원적인 관점으로 구상되지 않았어요. 나는 복잡한 문제들에 대해 단순한 답을 내놓길 거부합니다.

슈피겔 중동 상황이 너무 복잡한 나머지 심지어 거의 세 시간에 달하는 다층적인 영화조차 그것을 솔직하게 따질 수 없다는 것 또한 문제의 일부가 아닐까요?

스필버그 나는 내 영화를 통해 중동 평화안을 제안하는 게 아니에요. 하지만 그렇다고 해서 그것을 통째로, 그 위대한 단순화를 주장하는 자들에게 맡겨야 할 이유가 되나요? 지금 현재까지도 중동에 관련한 어떤 형태의 협상안도 일종의 배신이라고 간주하는 유대 극단주의자들과 팔레스타인 극단주의자들에게요? 그저 문제를 일으키지 않기 위해 입 다물고 있으라고요? 나는 강력한 매체인 영화를 활용해서 관객들로 하여금 그들이 대개 기껏해야 추상적인 의미에서 혹은 단지 편파적인 관점에서 알고 있는 주제에 매우 내밀히 마주하도록 하고 싶었어요.

슈피겔 영화는 캐나다 작가 조지 조너스가 1982년에 쓴 논쟁적인 책 『복수Vengeance』를 토대로 만들어졌죠…….

스필버그 그 책의 진정성을 믿어요. 원작에 확신이 없었다면 영화를 만들지 않았을 겁니다. 각본가 토니 쿠슈너와 함께, 조너스가 묘사하는 애브너라고 알려진 전직 요원을 만났어요. 그것도

한 번이 아니라 여러 차례 만났죠. 우리는 많은 시간을 함께 보냈어요. 나는 나의 영감과 나의 상식을 믿어요. 그 남자는 거짓말하지 않아요. 과장하지 않죠. 그가 말하는 모든 건 진실이에요.

슈피겔 그렇기는 하지만, 감독님은 애브너와 그의 팀이 암살을 계획하고 실행하는 과정에서 그들의 노력과 상상을 아주 세세하고 장황하게 보여주십니다. 이스라엘인들이 어떤 식으로 부수적인 피해를 가하지 않기 위해 노력하는지 보여주시죠. 그러나 더불어 청산 작업의 잔혹함도 보입니다. 보복자들에 대해 우리가 느껴야 하는 감정은 동정심인가요, 혐오감인가요?

스필버그 이스라엘의 보복 행위 하나하나 또한 적들에게 공포와 테러를 유발하기 위해 구상됐어요. 나는 그 일에 관여된 어떤 요원도 살인을 즐기거나 목표물의 침대 밑에 폭발물을 숨기면서 즐거워했다고 믿지 않아요. 처음에 그들은 모두 올바른 일을 하고 있다고 확신했죠. 그들 자신, 개인적인 발전, 그들의 영혼에 어떤 영향을 미칠지 상상조차 할 수 없었어요.

슈피겔 영화에서 암호명 애브너라 불리는 남자는 자신이 맡은 청산 임무에 대해 점차 의문을 품게 됩니다. 결국에는 이스라엘 정보국과 사이가 틀어지죠. 골다 메이어 총리가 "신의 노여움"이라는 말로 승인했음을 감안할 때, 감독님은 그 모든 일이 실수였다고 보시나요?

스필버그   나는 이스라엘 총리가 뮌헨의 괴물 같은 선동에 대응해야만 했다고 믿어요. 유대인들이 독일에서 살해당했고, 게다가 올림픽에서였죠. 총리는 그런 엄청난 역사적 결과와 무례한 위반을 감행한 '검은 9월단'의 행위를 처벌 없이 그대로 놔둘 수 없었어요. 뮌헨은 이스라엘의 국가적 트라우마였어요. 그래서 원론적으로 그가 올바른 일을 했다고 생각해요.

슈피겔   단지 원론적으로만요?

스필버그   보복 작전이란 억제력이 있고 테러를 예방하는 데 기여할지 몰라도, 의도하지 않은 결과들 또한 초래할 수 있습니다. 그것은 사람들을 변화하게 하고 비인간적으로 만들고 그들에게 짐을 지우고 그들을 윤리적 쇠퇴로 이끌 수 있어요. 모사드 Mossad, 이스라엘의 비밀정보기관 요원들조차 혈관에 얼음물이 흐르는 건 아니에요.

슈피겔   보복 작전이란, 이해는 가능하더라도 그것이 가져오는 단기적 만족에도 불구하고 해법은 아니라는 의미인가요?

스필버그   바로 그 뜻이에요. 폭력은 대개 폭력을 낳죠.

슈피겔   〈뮌헨〉에서 감독님은 골다 메이어로 하여금 모든 문명은 극단적인 경우에 "자신이 주장하는 가치들과 타협안을 협상해야" 할 필요성을 갖는다고 말하게 하셨어요. 이 문장은 영화에서 핵심적입니다.

스필버그   맞아요.

슈피겔   너무나도 계획적이고 또 근본적인 문장이다 보니 마치 봉화를 드는 것처럼 느껴지죠. 세계정치에서 반환점이 되는 또 다른 테러 행위를 예견하는 것 같아요. 긴 클로징 시퀀스에서 감독님은(그 당시에는 아직 멀쩡히 서 있는) 맨해튼의 쌍둥이 빌딩을 비추면서 뮌헨의 1972년 9월 5일과 뉴욕의 2001년 9월 11일 사이 연결고리를 암시하고 있어요.

스필버그   나는 그런 행위들이 가해자의 측면에서 비교될 수 있다고 생각하지 않습니다. 당시 팔레스타인 테러와 오늘날 알카에다 테러 사이에는 어떤 관련도 없어요. 이스라엘 대 팔레스타인의 갈등과 지하디즘jihadism, 이슬람 근본주의 무장투쟁 사상은 서로 어떤 관련도 없습니다.

슈피겔   그러나 여파 면에서는 1972년 이스라엘의 근본을 뒤흔든 테러 공격과 4년 반 전 미국의 토대를 뒤흔든 테러 공격 사이 명백한 유사점들이 존재합니다. 기본적인 질문들이 동일하게 제기되죠. '불의를 물리치고 시민들을 더 잘 보호하기 위해 민주주의는 얼마나 더 많은 자유를 희생해야 하는가?'라는 질문이에요.

스필버그   이 영화는 이미 미국에서 중동에 대한, 그리고 오늘날 조지 부시가 선언한 "테러와의 전쟁"에서 사용되는 방법들에 대한 토론을 불러일으켰어요.

슈피겔   부시는 자신의 표현을 통해 적은 악의 화신이며 적들은 인간이 아님을 반복적으로 강조하죠. 테러리스트들을 이렇게 비인간화하는 것이 가져오는 효과는……

스필버그   우리도 더 이상 그들을 인간으로 대할 필요가 없다는 거죠.

슈피겔   감독님은 부시 행정부를 자주 비판하셨습니다.

스필버그   이라크전쟁과 시민들의 자유에 가해지는 규제들을 비판해요. 나의 조국을 사랑하기에 비판하는 겁니다.

슈피겔   이스라엘에 대한 감독님의 입장을 말씀해주신다면요?

스필버그   내가 정치적으로 사고하고 나 자신의 도덕적 가치들을 발전시키기 시작한 유년기부터, 난 이스라엘의 열렬한 옹호자였어요. 유대인으로서 나는 우리 모두의 생존을 위해 이스라엘의 존재가 얼마나 중요한지 알고 있어요. 유대인이라는 게 자랑스럽기 때문에 전 세계에서 반유대주의와 반시오니즘이 성장하는 걸 우려하고 있어요. 이 영화에서 나는 미국의 대테러전쟁과 팔레스타인의 공격에 대한 이스라엘의 대응에 대해 질문을 제기합니다. 만약 필요한 상황이 도래한다면 나는 미국과 이스라엘을 위해 죽을 준비가 되어 있어요.

슈피겔   이스라엘 〈뮌헨〉 극장 개봉일은 독일에서와 동일합니다. 영화 소개를 위해 다음 주에 예루살렘에 가실 건가요?

스필버그   영화에 시동이 걸릴 때까지 기다렸다가 모든 희생자 유족들과 함께 영화를 보고 싶습니다. 개봉하자마자 그렇게 한다면 그저 박스오피스에서 최대한의 기록을 달성하기 위해 영화 홍보에 나섰다는 인상만 줄 거예요. 그건 피하고 싶어요.

슈피겔   영화의 첫 보복 살인 장면에서 희생자가 든 쇼핑백이 터집니다. 그리고 엎질러진 우유가 바닥에서 피와 섞이죠. 이 이미지는 관객에게 순수의 시대가 이제 영원히 종말을 고했다고 말하고 있는 건가요?

스필버그   사실 우유 모티프는 영화에서 여러 번 등장합니다. 우유는 삶을 의미해요. 삶과 죽음 간의 지속적인 충돌을 제시하고 싶었어요. 애브너의 임신한 아내와 그가 출산하는 아기를 자주 보여주는 것 또한 그런 이유 때문이에요. 생명을 부여하고 생명을 앗아가는 것, 내 영화에서 이 두 가지는 즉시 서로를 뒤따르죠.

슈피겔   〈뮌헨〉은 미국적인 영화인가요, 아니면 상대적으로 유럽적인 영화인가요?

스필버그   분명히 내가 만든 영화 중 가장 유럽적인 영화예요. 또한 〈뮌헨〉이 이곳 유럽에서 더 수월하게 받아들여질 것이며, 더욱 쉽게 더 잘 이해될 것이라 생각해요. 미국과 이스라엘의 모든 극단적인 비판자들에게 말해주고 싶어요. 만약 이 영화가 그토록 당신들을 불편하게 하고 화나게 하고 겁나게 한다면, 당장 멈추고 왜 당신들이 그런 반응을 보이는지 생각해보는 것도 그리 나쁜 아이디어는 아닐 거라고요.

슈피겔   직전 영화 〈우주 전쟁〉과 이번의 〈뮌헨〉은 둘 다 비교적 어두운 영화입니다. 이제 다시 그보다 가벼운 소재, 대규모 오락 영화의 차례가 오나요?

스필버그   얼마나 많은 사람들이 거리에서 내게 다가와 〈스타더스트 메모리스〉의 화성인들이 우디 앨런에게 하는 대사 "아시겠지만, 우리는 당신이 초기에 만든 더 재미있는 영화들이 좋아요"를 거의 격언처럼 반복하는지 믿지 못하실 거예요.

슈피겔   그럼 어떻게 하세요? 그들에게 희망을 주시나요?

스필버그   나는 내 아이들이 자라나는 세상을 관찰해요. 거기에서 어두움을 보게 되면 그에 대해 재미있는 영화를 만들 순 없어요. 나이가 들어가면서 영화 만들기 같은 강력한 도구에 수반되는 책임감을 느껴요. 이제는 정말 뭔가 의미 있는 이야기를 하고 싶어요. 다른 한편으로, 많은 관객에게 양질의 오락을 제공하는 것 또한 아주 좋아요. 나는 의지에 따라 종종 대중이 요구하는 영화들을 만들어왔어요. 영화 만들기와 예술로서의 영화 만들기 간에는 차이가 있어요. 그러나 둘 다 매력적이어서 모두 하고 싶습니다.

내 아이들이 자라나는 세상을 관찰해요.
거기에서 어두움을 보게 되면
그에 대해 재미있는 영화를 만들 순 없어요.

슈피겔　　향후 계획이 있으신가요?

스필버그　　아뇨. 그저 한동안 휴식을 취하고 싶어요. 최근에 일을 너무 많이 했어요. 이젠 집으로 돌아가 아이들에게 내 소개라도 해야만 하죠.

슈피겔　　스필버그 감독님, 인터뷰에 응해주셔서 감사드립니다.

현실이 뿜어내는
그 모든 파동들로부터

11월에 스티븐 스필버그는 차기작 〈인디아나 존스: 크리스탈 해골의 왕국〉의 편집을 잠시 멈추고 〈배니티 페어〉와의 독점 인터뷰에 응했다. 인터뷰는 스필버그의 제작사 앰블린 엔터테인먼트에서 진행됐다. 그곳은 로스앤젤레스의 유니버설 스튜디오 부지의 한구석에 자리 잡고 있다. 나는 차를 타고, 파업 중인 작가협회 회원들과 동굴 같은 방음 스튜디오를 지나친 후 안전 요원의 손짓에 따라 그늘진 주차장으로 들어섰다. 앰블린은 2층짜리 남서부 스타일의 건물 단지로, 대학 캠퍼스의 미니어처 느낌을 불러일으킨다. 오전 11시, 쾌적한 뜰에 뷔페가 준비되고 있었다.

인터뷰 대상이 되는 유명 인사들의 인격을 판단하기 위해 내가 애용하는 방법 중 하나는 그들의 조력자 및 아랫사람들의 행동을 관찰하는 것이다. 앰블린에서 일하는 젊은이들은 쾌활해 보이며, 사장을 특별히 무서워하는 것 같지는 않다. 스필버그는 2층에 위치한 식당 같은 강의실에서 나와 만났다. 한쪽 벽에는 오슨 웰스의 걸작 〈시민 케인〉에 나왔

짐 윈돌프Jim Windolf, 2008년 1월 2일 자 〈배니티 페어Vanity Fair〉에서.

던 그 유명한 로즈버드 썰매가 유리 보호 상자 속에 조립되어 있다. 다른 벽면들에는 노먼 록웰의 그림 진품이 세 점 걸려 있다.

스필버그는 흡사 최신작에 맞춰 의상을 선택한 듯, 가죽 재킷을 입고 방으로 들어왔다. 그는 인터뷰가 진행된 사십오 분 내내 재킷을 벗지 않았다. 지난밤 숙면을 취하기라도 한 것처럼 매우 친절했다. 바꿔 말하면, 내 앞에 앉은 사람은 뭔가 까칠하고 고뇌에 빠진 예술가가 아니었다.

스필버그가 방으로 들어왔을 때 나는 액자에 들어 있는 록웰의 〈삼중 자화상〉 스케치를 감상하고 있었기에, 첫 질문은 시간 여유가 있을 때 그가 스케치나 그림을 그리는지에 관한 것이 되었다.

스필버그　낙서 외에는 전혀 뭔가를 그려본 적이 없어요.

윈돌프　그럼 스토리보드를 그릴 때는 다른 사람이 작은 견본 같은 걸 건네게 되나요?

스필버그　아뇨, 내가 직접 해요. 작은 낙서 같은 그림들을 전문 스토리보드 작가들에게 넘기면 그들이 나를 멋지게 보이도록 해줍니다.

윈돌프　저는 감독님 영화들을 보면서 자랐고 지금은 그 영화들을 자식들에게 보여주고 있는데, 최근에는 함께 〈미지와의 조우〉와 〈이티〉를 봤습니다.

스필버그   아이들 나이가 어떻게 되죠?

윈돌프   열두 살, 아홉 살입니다.

스필버그   그런데 〈미지와의 조우〉를 봤다고요?

윈돌프   네, 충분히 준비가 됐다고 생각했어요.

스필버그   영화에 대해 어떻게 생각하던가요?

윈돌프   아주 좋아했어요.

스필버그   주인공의 개인적인 강박을 이해했나요?

윈돌프   네, 아주 좋아했어요. 그리고 으깬 감자가 가져온 반전을 정
          말 마음에 들어 했죠. 감독님은 어떻게 하시는지 궁금해지더
          군요. 어느 시점에 아이들에게 〈죠스〉를 보여주시나요?

스필버그   내 영화를 아이들에게 언제 보여줄지에 대한 특별한 계획은
          없어요. 아이들은 대개 〈인디아나 존스〉를 보게 해달라고 하
          는데, 그 영화는 어린아이들이 봐도 괜찮다고 생각해요. 그러
          나 그 후 아이들이 〈죠스〉, 심지어 〈라이언 일병 구하기〉와
          〈쉰들러 리스트〉를 보게 해달라고 했죠. 그런 요청을 받을 때
          아이들의 상대적인 성숙도를 잘 판단해야만 해요. 동일한 가

정에서도 아이들은 성장하는 정도가 다 다르거든요. 예를 들어(실명을 거론하진 않겠어요. 같은 가정에 속한 아이들은 한 아이가 다른 아이에 비해 특혜를 입는 것의 부당함에 대해 줄곧 항의하거든요), 아이들 중 한두 명은 평균적인 부모들로부터 그 이야기를 보는 걸 허락받는 다른 관객들보다 더 어린 나이에 〈쉰들러 리스트〉를 봤어요.

윈돌프　열 살보다 더 어렸나요?

스필버그　그보다 어리진 않았어요. 전혀 아니에요. 우리 집에서는 아무도 〈쉰들러 리스트〉를 열다섯 살 전에 보지 않았어요. 아무도요.

윈돌프　그 방식이 맞는 것 같습니다.

나는 내 아이들을 무리가 아니라
개인으로서 사랑해요.

스필버그　중요한 건 부모가 아이들을 알아야만 한다는 것, 그리고 그들을 개인으로서 이해해야 한다는 겁니다. 나는 내 아이들을 무리가 아니라 개인으로서 사랑해요. 실제로 내게는 한 무리의 아이들이 있어요. 일곱 명이거든요.

윈돌프　연령은 어떻게들 되나요?

스필버그   열 살에서 서른 살까지예요.

윈돌프   〈죠스〉 관람을 위한 기준 연령을 어떻게 잡으시나요?

스필버그   열 살 혹은 열한 살 아이들에게는 〈죠스〉를 보여주지 않았고 앞으로도 그럴 거예요. 내 기억에 소여에게는 열세 살 때 〈죠스〉를 보여줬어요. 그 나이가 되면 "아빠, 지난주에 바르미츠 바 의식을 치렀어요. 오늘 모든 사람들이 나보고 성인이 됐다고 말하던데 여전히 〈죠스〉를 못 보게 하실 건가요?"라는 논거를 활용하죠. 때로는 아이들이 내 의표를 찌른답니다. 그 영화는 PG 등급연령 제한은 없으나 보호자의 지도가 필요한 등급을 받았지만 그 당시에는 PG-13 등급보호자의 지도가 필요하며 특히 13세 미만 어린이에게 부적절할 수 있는 등급이 생기기 전이었어요. 요즘이라면 〈죠스〉는 명백히 PG-13 등급을 받겠죠.

윈돌프   유혈 장면들보다도 단지 위협, 그 위협의 느낌 때문이죠.

스필버그   네, 그래요. 바로 그거예요.

윈돌프   〈인디아나 존스〉는 PG-13 등급으로 맞춰진 걸로 아는데요.

스필버그   그 이면의 이야기를 해보죠. 같은 해에 나는 〈인디아나 존스〉와 〈그렘린〉 모두에 대해 개인적으로 비판을 받은 상황이었어요. 당시 잭 밸런티(미국영화협회MPA 회장)에게 전화해서, 너

무 많은 영화들이 불공평의 지옥에 **빠지기** 때문에, R 등급
_{17세 미만일 경우 보호자 동반 하에 관람 가능}과 PG 등급 중간에 해당하
는 등급이 필요하다고 제안했던 기억이 나요. 일부 아이들이
〈죠스〉에 노출되는 것도 부당하지만 또 어떤 영화들은 13, 14,
15세 아이들에게 관람이 허락돼야 함에도 제한되기 때문에
불공평하다는 거였죠. 나는 "당신이 측정 계산자를 어떻게 설
계하고 싶어 하느냐에 따라 PG-13 내지 PG-14로 부릅시다"
라고 제안했고 잭은 다시 전화를 걸어와 답했죠. "그 정도 온
도의 영화에는 PG-13이 적합한 연령대라고 결정했소." 그래
서 내가 그 등급의 탄생에 뭔가 관여했다는 데에 상당히 자부
심을 느껴왔답니다.

윈돌프 감독님은 어렸을 때 영화를 만드셨고, 감독님 영화를 아는 사
람들은 그 사실을 알고 있습니다. 감독님 아이들에게도 영화
용 카메라를 내주시나요? 아이들이 감독님이 십 대였을 때처
럼 그런 장비를 갖고 노나요?

스필버그 네, 항상 그렇죠. 우리 집 애들은 비디오카메라와 함께 컸어
요. 집에 카메라가 두 개 있어요. 내가 가족 영상을 찍을 때
꼭 사용하는 HD 카메라가 있고, 아이들에게 사용이 허락된
보조 카메라로 크기가 더 작은 캐논 HD 카메라가 있어요. 아
이들이 만드는 영화 테이프들을 보면 아주 다양하죠. 아이들
은 그 카메라만 사용할 수 있어요. 가족 영상용 카메라는 왠
지 아시겠지만…… 사용할 수 없죠.

윈돌프   조금 갖고 놀 수는 있나요?

스필버그   글쎄요, 그 카메라는 만질 수 없어요. 단지 내가 아이들이 가
          능한 한 많은 영상을 찍도록 하는 것은 영상에 나타나는 아이
          들의 역할놀이를 토대로 그들에 대해 더 많이 알 수 있기 때
          문이에요.

윈돌프   저도 아이들에게 카메라를 줬어요. 그랬더니 눈 더미를 쌓고
          온통 충돌 사고를 찍더군요.

스필버그   우리 애들은 역할놀이를 해요. 다양한 억양으로 말하고 다양
          한 의상을 입고 역할놀이를 하죠. 아이들이 완전히 즉흥적으
          로 만든 뭔가를 자랑스럽게 보여줄 때에는 정말 볼 만해요.
          아이들의 상상과 개성으로 인도해주는 멋진 창이에요. 부모들
          이 자식들을 더욱 잘 알게 해주는 매우 통찰력 있는 도구죠.

윈돌프   감독님 아이들은 편집이나 음향 추가 작업 같은 것도 해봤나
          요?

스필버그   아뇨, 우리 애들은 소프트웨어 장비를 사용하는 걸 좋아하지
          않아요. 거의 내가 8밀리로 찍었던 방식대로 해요. 카메라로
          보면서 편집하죠.

윈돌프   일단 영화에 착수하기로 하시면 그 한 해의 분위기나 경향을

결정하시는 셈입니다. '인디아나 존스' 시리즈와는 달리, 〈쉰들러 리스트〉 촬영을 위해 몇 개월간 폴란드로 가게 되는 걸 예측하기란 어려우리라 확신하는데요. 그것이 감독님의 가정이나 생각에 영향을 끼치나요?

스필버그   글쎄요, 우선 나는 내가 어떤 상황을 맞이하게 될지 몰라요. 제작에 관한 대부분의 추측은 보통 빗나가죠. 일례로 〈쉰들러 리스트〉의 경우에는 폴란드에서 어떤 일이 닥치더라도 수용하고, 그저 나와 대상 사이에 카메라를 놓고 내 고유의 미학적 거리를 만들어냄으로써 스스로를 보호할 수 있으리라 확신했어요. 그런데 촬영 첫날에 곧장 예측이 깨졌어요. 그런 안전망을 가질 수 없었고, 즉시 내 생애 중 감독으로서 가장 사적인 경험이 되리라는 걸 깨달았죠. 파괴적일 만큼 통찰력 있는 경험이었지만, 여전히 극복해내지 못한 무엇이기도 해요. 나에게 〈쉰들러 리스트〉의 제작 과정은 작업 경험 때문이 아니라 주제로 인해 매우 슬픈 기억으로 회고돼요. 제작과 관련해서는 모두가 서로를 의지했기 때문에 작업 경험은 거의 완벽했죠. 우리는 원처럼 연결됐어요. 상당한 치유 효과가 있었고, 많은 이들의 삶을 변화시켰어요. 많은 배우들, 많은 스태프들의 삶을 변화시켰죠. 물론 내 삶도 변화했고요. 하지만 그런 후에도 혹여나 근심 걱정 없이 '이 영화는 식은 죽 먹기군'이라 생각하며 시작할 경우, 바로 그런 태도를 취할 때 영화가 마치 탱크인 양 날 공격하죠. 그래서 나는 영화제작 경험이 어떻게 될지에 대한 예측을 멈추기 위해 최선을 다했어요. 왜냐하면 대개 내가 틀리기 때문이에요.

우리는 원처럼 연결됐어요.

원돌프 〈아미스타드〉 DVD로 엑스트라들을 보고 있자니, 역사를 재
연하는 경우 배우들과 모든 스태프들이 그 역사를 느끼는 게
불가피하다는 점을 상기하게 되더군요. 배우들은 실제 사슬
을 몸에 둘러야 했는데 힘든 경험이었을 테죠.

스필버그 네, 그리고 그 경험이 냉소적인 사람들을 지극히 유념하는 사
람들로 변화시킨다고 생각해요. 나는 내가 스크린에 올리는
걸 지지한 어떤 이미지라도, 심지어 역사적 이미지라도 이겨
낼 수 있을 거라 확신했지만, 때로는 그런 이미지들을 보는
게 힘겹고, 그것들이 바로 면전에서 재연되고 있을 때에는 특
히 바라보고 있기가 힘들어요. 아마 스크린에서는 그 이미지
들을 보는 게 좀 더 수월할지 모르죠. 또한 때로 역사 속의 극
히 고통스러운 시기를 재현한다는 건, 영화 만들기의 최전방
에 있는 사람들에게는 역사를 재현하는 게 아니라 기록하고
있다는 느낌을 주게 돼요. 나 자신을 속이려 하는 건 아니지
만(우리는 재현하고 있는 거라서 결코 100퍼센트 정확할 수는 없겠
죠), 그럼에도 그것은 대개 우리를 아주 강하게 쿵, 하고 내리
칠 만큼 충분히 정확하죠.

원돌프 〈쉰들러 리스트〉 〈라이언 일병 구하기〉 〈아미스타드〉 같은

무거운 영화들을 마친 지금, 감독님은 다시 '인디아나 존스'로 돌아오셨습니다. 그로부터 새로 붙은 근육들이 있으신가요? 아니면 '인디아나 존스'를 만들기 위해 그때의 태도로 돌아오신 건가요?

스필버그   '인디아나 존스'의 신작을 만드는 것은 마치 지난 18년간 타지 않았던 자전거를 다시 타는 것 같았어요. 보조 바퀴 없이 균형을 잡을 수 있었죠. 우리 모두가 촬영 시작 이삼일 만에 '인디아나 존스'로 돌아온 것을 보고 뭔가 놀라웠는데, 희소식이었어요. '인디아나 존스' 세 편을 만들던 1980년부터 1989년까지의 기간에 나눈 최고의 달콤한 기억들과 함께한, 진정한 재결합이었죠. 게다가 캐런 앨런과 해리슨이 그렇게 훌륭한 상태로 합류하다니! 나를 위해서라도 영화들을 다시 봤어요. 4편 연출에 들어가기 전에 전작들을 연이어 봤죠.

윈돌프   그럴 땐 어떤 식으로 보시나요?

스필버그   촬영감독과 함께 봐요. 이곳 시사실로 내려가서 하루에 한 편씩 봤죠.

윈돌프   야누시 카민스키요?

스필버그   네, 야누시요. 스크린상으로 영화들을 봤죠.

원돌프   그는 '인디아나 존스' 전작 세 편에 참여하진 않았죠.

스필버그   네, 그래요. 시리즈의 첫 세 편은 더글러스 슬로컴이 촬영했고, 그의 조명 스타일은 액션 모험 시리즈 장르를 규정했어요. 야누시에게 그 영화들을 보여줄 필요가 있었어요. 야누시가 영화를 현대적으로 만들어서 21세기로 우리를 데려가는 걸 원치 않았거든요. 나는 슬로컴의 성취와 다르지 않은 조명 스타일을 이번 영화가 보여주길 원했는데, 야누시와 나 둘 다 자존심을 버려야 했죠. 야누시는 자기가 아닌 다른 촬영감독의 모습에 근접해야만 했고, 나는 근 20년이 지난 후 내가 떠나왔다고 생각한 그 젊은 감독의 모습에 근접해야만 했어요.

원돌프   1990년대부터, 감독님의 영화들은 정말 달라 보입니다. 〈뮌헨〉은 보기에도 아름답고요…….

스필버그   영화들은 모두 달라요. 모두 다르죠. 난 '인디아나 존스' 이후로 영화를 만들 때마다 마치 다른 감독이 만든 것처럼 하려고 노력했어요. 일관된 형식을 그 형식에 꼭 적합하지 않을 수 있는 주제에 강요하는 걸 스스로 원치 않는다는 점을 강하게 의식하고 있기 때문이에요. 그래서 매번 새로운 주제를 다룰 때마다 시선을 재창조하려고 노력했어요. 하지만 누구나 고유의 방식이 있기 때문에 힘들죠. 어쩔 도리가 없어요. 그저 꽃가루처럼 당신에게서 떨어져 내리는 거죠. 내 말은, 당신이 꿀벌이면 꿀벌일 수밖에 없지만, 그럼에도 불구하고 나는 매번 선택을 할 때마다 조금이라도 독창적으로 해보려고 열심히 노력한다는 뜻이에요. 그리고 인디아나 존스를 21세기로 불러오는 이 과업을 완수하기 위해서는, 1980년대에 내가 발명에 일조했던 틀로 되돌아가야 했죠.

윈돌프 이야기가 1957년을 배경으로 하기에, 히치콕이 〈북북서로 진로를 돌려라〉에서 사용한 그 아름답게 빛나는 1950년대 테크니컬러Technicolor, 천연색 영화제작 방식를 택하려는 유혹을 감독님이 느끼지 않으셨을까 궁금했어요.

스필버그 우리는 전작 세 편의 눈부신 테크니컬러 방식으로 곧장 되돌아왔어요.

윈돌프 하지만 제게 '인디아나 존스' 시리즈는 거의 1930년대 방식의 진화로 느껴져요. 그 영화들에는 1930년대 영화들처럼, 따뜻하게 느껴지는 뭔가가 있어요. 그런데 히치콕은 1950년대에 날카로운 스타일을 구사했죠.

스필버그 네, 제 영화는 그런 유의 방식은 아니었어요. 〈뮌헨〉에서는 확실히 1970년대 초의 할리우드 스타일, 줌렌즈를 사용하는 시네마베리테 방식과, 1970년대 당시 영화 만드는 데 사용됐던 많은 도구들을 가져오려고 시도했어요. 그 시기 내가 가장 선호하는 영화 중 하나는 프레드 진네만이 만든 〈자칼의 날〉이죠. 하지만 헤어스타일, 의상, 자동차 말고는 '인디아나 존스'를 1950년대로 데려오는 걸 원치 않았어요. 이번 영화가 전작들과 매우 유사해 보이길 바랐어요.

원돌프 그 세 편은 옛날 시리즈물의 정신을 갖고 있고요.

스필버그 B급 영화, 1940~50년대를 관통한 서스펜스물들의 싸구려 느낌, 옛날 리퍼블릭 픽처스Republic Pictures, 1935~67년 운영된 미국의 영화제작 및 배급사의 시리즈들로부터 절대 벗어나고 싶지 않았어요.

원돌프 히치콕은 싸구려 감성을 가졌음에도 매우 세련된 영화를 만들어냈다는 게 재미있어요.

스필버그 네, 정말 그랬죠. 그러나 히치콕은 모든 걸 스토리보드에 옮겼고 모든 건 그가 순서대로 배치한 숫자들에 맞춰 실행되었죠. 그는 숫자를 가지고 그림을 그려요. 히치콕의 가장 뛰어난 작업은 사적으로, 스케치 담당자와 행해지기에, 나는 그가 창작력의 가장 많은 양을 기획에 쏟은 뒤, 제작에 돌입하면 전투 계획을 매우 충실하게 지킨다고 생각해요. 그의 영화들은 어쨌든 내게는 완벽한, 계획된 살인과도 같아요. 그리고 그는 사악하죠. 히치콕 영화들은 눈에 치명적인 번뜩임을 담고 있으며, 그것이 히치콕이 유산으로 남긴 꽃가루예요. 그러나 그의 영화들은 서로 매우 상이하기도 해요. 〈구명 보트〉는 〈북북서로 진로를 돌려라〉와 아주 다르죠. 〈북북서로 진로를 돌려라〉는 훨씬 할리우드 장르영화라고 할 수 있는 반면, 〈구명 보트〉는 무대에 올린 연극에 더 가깝죠.

원돌프 해리슨 포드가 좀 간과되던데요. '인디아나 존스' 시리즈는 출연진이 단체로 연기하는 '스타워즈'와는 다르죠. 그의 연기에서 비전문가들이 미처 보지 못하는 점이 있다면요?

스필버그 해리슨은 나와 동일한 문제점을 갖고 있었어요. 그는 너무도 다양한 작가들의 언어를 말했고, 지난 18년 동안 너무도 많은 장르에 출연했기 때문에, 우리는 둘 다, 과연 함께 다시 집으로 돌아가 원래의 우리가 될 수 있을지 궁금했어요. 내 말은, 우리 모두 나이를 더 먹었지만(확실히 둘 다 약간 더 나이 들어 보인다는 생각이 들어요), 해리슨은 닥터 존스의 신랄하고 간결한 정신을 되찾아야 했고, 액션 연기를 확실히 해내야만 했는데, 기대했던 것보다 훨씬 더 이 두 가지를 놀랍도록 잘해냈어요. 그저 너무나 훌륭하게, 힘들이지 않고 해냈죠. 단지 매번의 액션 스턴트가 끝나면 예전보다 약간, 단지 약간만 더 숨찼고, 그건 나도 그랬죠.

우리는 둘 다, 과연 함께 다시 집으로 돌아가
원래의 우리가 될 수 있을지 궁금했어요.

원돌프 인디아나 존스가 느끼는 정서적 폭은 어느 정도인가요? 절망을 느낄 수 있나요? 아니면 단지 그는 계속 전진하며 액션을 만들어내는 기계인가요?

스필버그 인디아나 존스는 결코 기계였던 적이 없어요. 내 생각에 우리
가 그 장르에 새롭게 추가한 것이 있다면(우리가 그 장르를 새
롭게 만든 건 아니에요. 그 장르가 우리보다 훨씬 오래 존재했죠),
그러니까 조지 루카스와 나, 그리고 애초에 〈레이더스〉의 작
가 로렌스 캐스단이 추가한 것 중 하나는, 우리의 주인공이
상처 입고 자신의 고통을 표현하고 분노를 밖으로 드러내고
실수를 하고, 때로는 스스로의 조롱거리가 되기를 허락하려
는 의지였어요. 그러니까, 인디아나 존스는 완벽한 영웅이 아
니며, 내 생각에 그의 단점들은 관객들로 하여금 약간만 연습
하고 약간만 용기를 낸다면 그들 또한 그와 똑같아질 수 있다
고 느끼도록 해요. 그는 터미네이터가 아니에요. 영화를 보러
가는 사람들로부터 별로 멀리 떨어져 있지 않아서, 꿈이나 열
망 같은 걸로는 그에게 접근할 수 없는 거죠.

윈돌프 그는 심지어 제임스 본드도 아니에요. 본드는 슈퍼히어로가
아니지만, 더 불가해한 존재죠.

스필버그 본드는 더 불가해하죠. 그 시리즈의 공에 대해 생각해요. 대
니얼 크레이그는 제임스 본드가 고통을 겪도록 허락했어요.
그건 훌륭했죠. 마틴 캠벨, 대니얼 크레이그, 그리고 최종 각
본을 완성한 폴 해기스가, 본드로 하여금 인디아나 존스가 경
험한 여정을 따르도록 한 건 훌륭했어요.

원돌프   〈뮌헨〉에서 그의 존재감은 대단했어요. 대니얼 크레이그는
        시한폭탄 같았죠. 언제 터지나 계속 기다렸지만 그는 결코 그
        러지 않았어요. 결코 흔들리지 않더군요.

스필버그 네, 그는 결코 흔들리지 않았죠.

원돌프   '인디아나 존스'의 여자들은 본드 걸들과는 다릅니다. 본드와
        본드 걸 사이보다 인디아나 존스와 캐런 앨런 사이의 관계가
        더 깊어요.

스필버그 제임스 본드가 건방지게 굴면 본드 걸은 제임스의 뺨을 갈길
        겁니다. 그러나 매리언 레이븐우드는 태세를 갖췄다가 인디
        아나 존스를 때려서 실신하게 만들겠죠. 그는 항상 여성이 주
        도하는 액션의 주인공으로서 거침없는 데다 성질이 장난 아
        니었어요. 영화들, 특히 1930년대 옛날 영화들을 보면서 크던
        시기에 그를 칭송했죠. 당시 여성들은 아이린 던이나 앤 셰리
        든, 바버라 스탠윅처럼 남성들에게 맞서서 자신의 입장을 고
        수했고 승리할 수 있었어요. 1930년대와 1940년대에 작가들
        은 여성을 위한 각본을 쓰는 법을 알았죠.

원돌프   〈인디아나 존스—최후의 성전〉의 앨리슨 두디는 본드 걸에
        더 가까웠어요.

스필버그 본드 걸에 더 가까웠지만 또한 배신자이기도 했죠. 그는 인디

아나 존스를 배신하면서도 본드 걸에 더 가깝죠. 그러나 케이트(《인디아나 존스》의 공동 주연이자 스필버그의 아내인 캡쇼를 지칭)는 그렇지 않아요. 케이트는 본드 걸과 완전히 달랐죠. 다른 방도가 없어지자 그는 인디아나 존스의 편에 서서 폭력배들을 때려눕혔죠.

윈돌프   '인디아나 존스' 시리즈를 비롯한 감독님의 영화들에서 액션 시퀀스는 항상 명확합니다. '저 사람에게 주먹을 날리는 저 사람은 누구지?'라는 의문이 드는 법이 없죠. 하지만 최근 액션 영화들을 보면 의도적으로 스크린상에서 혼돈의 느낌을 유발하기 위해 훨씬 혼란스럽게 만드는 경우가 있습니다. 감독님은 그걸 좋아하지 않으시는 걸로 보이는데요.

스필버그   네, 좋아하지 않아요. 난 지형을 추구해요. 관객들이 선한 자가 어떤 쪽에 속하고 악당은 또 어느 쪽인지를 알도록 하길 원할 뿐 아니라 그들이 스크린의 어디에 위치하는지도 알았으면 하죠. 그리고 내가 컷해서 전환하길 원치 않는 쇼트에서 관객들이 스스로 원하는 만큼의 속도로 편집할 수 있기를 바라요. 그것이 지금까지 '인디아나 존스' 영화 네 편 모두에서의 내 방식이었어요. 빠른 편집은 이를테면 '제이슨 본' 시리즈처럼, 어떤 영화들에서는 매우 효과적이지만, 지형을 희생하게 돼요. 그래도 〈본 얼티메이텀〉에서는 1.5초마다 장면이 편집될 때 관객들에게 엄청난 아드레날린이 솟아나기 때문에 괜찮아요. 거기에는 관객이 길을 잃지 않을 정도의 지형만 존재하죠. 특히 세 편 중 최고였다고 생각하는 그 마지막 편이 그렇죠. 그러나 같은 이유에서, '인디아나 존스'는 현대판 액션 모험 영화보다 조금 구식이에요. 그 장르를 재창조하지 않기 위해 많은 노력을 기울였고 내 노력이 성공했기를 바라요. 장르가 재창조됐다면 '인디아나 존스'가 아니었을 테니까요. 영화들이 다른 무엇보다 1930년대 할리우드 영화들을 토대로 한다는 점을 부정하게 될 방식으로 '인디아나 존스'를 재창조하길 원하지 않았어요.

원돌프　영화에 속도를 붙이기 위해 어떻게 하시나요? 일부는 이야기에 달렸나요?

스필버그　속도의 일부는 이야기에 달렸어요. 이야기죠. 빠른 엔진을 달면 빠른 편집이 필요하지 않아요. 이야기가 유연하게 전개되고 페이지가 아주 신속하게 넘어가거든요. 우선적으로는 급행 차로로 집필된 각본이 필요하며, 만약 그렇지 않으면 영화를 더 빠르게 움직이도록 편집실에서 당신이 할 수 있는 건 전무해요. 캐릭터를 위한 여유가 필요하고, 관계, 사적인 갈등을 위한 여유가 필요하고, 코미디를 위한 여유가 필요한데, 그 모든 건 무빙워크 위에서 이뤄져야만 해요.

원돌프　이번 작업에서 여러 각본을 거친 것으로 알고 있는데요.

스필버그　그랬어요.

윈돌프   프랭크 다라본트에 대한 이야기가 알려졌는데요. 감독님이
          그의 각본을 마음에 들어 하셨다는 게 사실인가요?

스필버그   아주 맘에 들었죠. 프랭크의 각본이 정말 아주 좋았어요.

윈돌프   배경이 1940년대였나요?

스필버그   1950년대를 배경으로 했죠.

윈돌프   현대판 나치가 인디아나 존스를 찾아오고요?

스필버그   네. 프랭크의 각본이 상당히 맘에 들었지만, 조지와 내 의견
          이 조금 달랐어요. 조지와 나는 의견을 맞추기로 늘 동의해왔
          어요. 우리의 온도를 재서, 내가 뭔가에 대해 진정으로 열정
          적이면 조지가 양보하고, 만약 조지가 뭔가에 대해 진정으로
          열정적이면 내가 그의 길을 따르죠. 이 경우에는 조지가 '인
          디아나 존스' 모험담에 관해 그 각본이 이 시점에 그가 말하
          고자 하는 이야기가 아니라는 점을 열정적으로 고집했어요.
          나는 훌륭한 각본이라 생각하고요.

윈돌프   또 다른 영화의 가능성이 남는 건가요?

스필버그   아, 모르죠. 생각조차 해보지 않았어요. 아직 편집실에 있거
          든요. 다음 편집에 관한 것 말고는 어떤 생각도 못하는 지경

이에요.

원돌프　　그러면 현재 어느 단계에 와 있는 건가요?

스필버그　2차 편집 중이에요. 부분들을 모은 영화 몸통을 구성했고 그 걸 봤다는 뜻이죠. 나는 보통 감독으로서 다섯 번을 편집해 요. 영화 전체를 다섯 번에 걸쳐 훑지 않은 적이 없는데, 많은 시간이 걸리죠.

원돌프　　절차가 어떻게 되나요? 다섯 번째 편집본을 조지 루카스에게 보내세요?

스필버그　다섯 번째 편집본을 작곡가 존 윌리엄스와 음향효과 팀에게 보내죠. 그들은 곧 편집본을 받게 될 거고, 존 윌리엄스는 음 악을 작곡하기 시작할 거예요.

원돌프　　편집을 즐기시나요?

스필버그　편집을 사랑해요. 영화 만들기에서 내가 가장 좋아하는 부분 중 하나예요.

원돌프　　원하는 것이 수중에 있고 촬영장에서 벌어진 일에 대해 후회 하지 않는 한에서 말씀이시죠.

스필버그 　네, 최고의 소식은 처음 내 영화를 봤는데 촬영장으로 돌아가 찍고 싶은, 즉 다시 촬영하고 싶은 게 하나도 없고, 추가하고 자 하는 게 하나도 없는 경우죠.

윈돌프 　조지 루카스를 처음 봤던 때를 기억하세요?

스필버그 　1967년에 만났어요. 당시 나는 캘리포니아주립대학교 롱비치 캠퍼스의 학생이었어요. 조지는 서던캘리포니아대학교를 다 니고 있었어요. 그는 〈THX 1138〉이라는 단편영화를 만들었 는데, 내 기억에 캘리포니아 내에서 만든 학생 영화들이 소개 되는 영화제가 있었어요. 캘리포니아대학교 로스앤젤레스캠 퍼스의 로이스 홀에서 영화제가 열렸던 걸로 기억해요. 나는 조지를 무대 뒤에서 만났어요. 그의 단편에 넋이 나갔고, 프 랜시스 코폴라가 우리 둘을 소개해줬죠.

윈돌프 　당시 학부생이셨어요?

스필버그 　학부 2학년이었어요. 롱비치캠퍼스에는 영화 프로그램이 없 었기 때문에 별도로 주말에 16밀리 영화들을 만들고 있었어 요. 그리고 유니버설을 어슬렁거렸죠. 그 상황은 지속됐어요. 나는 모든 강의를 월, 화, 수요일에 들었어요. 15.5학점을 몰 아서 들었고 목, 금요일에는 강의가 없도록 해서, 유니버설에 가서 감독, 편집 기사, 음향 담당자 등과 어울렸어요.

원돌프　　　조지 루카스를 만났을 때 맥주라도 한잔하러 가셨나요?

스필버그　　아뇨, 우리가 친구가 된 건 1~2년 정도 후였어요. 핼 바우드
　　　　　　와 매슈 로빈스 같은 몇몇 작가 친구들이 조지와 매우 친했는
　　　　　　데, 그들이 우리의 두 번째 만남을 주선했죠. 그때 빠른 속도
　　　　　　로 친구가 됐어요.

원돌프　　　영화를 매개로 한 관계였나요, 아니면 우정이기도 했나요?

스필버그　　열정을 나눴고, 한편으로는 사적인 우정이었어요.

원돌프　　　그가 감독님께 첫 인디아나 존스 이야기에 대해 말한 게 하와
　　　　　　이에서였나요?

하와이에서 모래성들을 쌓곤 했는데,
첫 만조를 견뎌내면 영화가 성공하는 거였죠.

스필버그　　그가 전화를 했어요. "하와이에 오지 않겠나? 〈스타워즈 에
　　　　　　피소드 4—새로운 희망〉 개봉 때문에 가야 하는데, 합류하겠
　　　　　　나?" 그래서 비행기에 올라 그와 그의 아내와 합류했고, 하와
　　　　　　이에 함께 있게 됐죠. 우리는 개봉 첫 주 수입을 기다리는 중
　　　　　　이었어요. 지금 생각하기론 영화가 몇몇 극장에서 10시에 개
　　　　　　봉했으니까, 당시 아침 상영 흥행 결과를 기다리고 있었을 거
　　　　　　예요. 오후 3시 혹은 4시경에 연락을 받았어요. 아직 해가 지

왼쪽부터 차례대로 마틴 스코세이지, 스티븐 스필버그, 프랜시스 포드 코폴라, 조지 루카스

지 않은 시간이었죠. 조지가 전국의 모든 아침 10시 상영이 매진됐다는 소식을 들었던 게 기억나요. 그 순간 그는 지난 세월 동안 내가 지켜본 그 어느 때보다도 가장 혼란스러운 모습이었어요. 그저 어찌할 바를 몰랐는데, 무엇보다도 안도감 때문이었죠. 통계를 기다리는 동안 그는 한참 뭔가를 생각하는가 싶더니, 내게로 돌아서서 말했어요. "자네의 다음 계획은 뭔가?" 나는 한 번 거절당했던 영화 제작자 커비 브로콜리를 찾아가서, 그가 마음을 바꿔 나를 제임스 본드 영화에 고용할지 알아보려 한다고 답했어요. 그러자 조지는 말했죠. "더 나은 게 있네. 〈레이더스〉라는 제목이지." 그는 내게 스토리를 말해줬고 나는 해변에서 그걸 하기로 약속했죠. 우리는 행운의 모래성 쌓기 놀이를 시작했어요. 하와이에서 모래성들을 쌓곤 했는데, 첫 만조를 견뎌내면 영화가 성공하는 거였죠. 만약 만조로 모래성이 무너지면 제작비를 회수하기 위해 분투해야 한다는 거였고요. 우리의 미신이자 전통이었어요.

원돌프   어떤 해변이었나요?

스필버그   마우나케아요. 빅아일랜드에 있죠.

원돌프   백사장 말인가요?

스필버그   네, 맞아요.

윈돌프   감독님이 〈사고친 후에〉를 보셨는지, 특히 주인공이 유대인
         들이 쳐부수기 때문에 영화 〈뮌헨〉을 좋아한다고 말하는 장
         면을 보셨는지 궁금했어요.

스필버그   〈사고친 후에〉는 정말 마음에 들었죠! 감독인 저드 애퍼타우
         에게 전화해서 영화를 칭찬했더니, 저드가 〈뮌헨〉 부분의 편
         집되지 않은 즉흥 장면, 최종 영화에 포함되지 않은 통 장면
         을 보내왔어요. 최종 영화에는 그 장면의 첫 3분의 1만 나오
         지만, 편집되지 않은 버전에서는 2분이 더 지속돼요. 내게 전
         체 장면을 보라고 보내줬는데, 환상적이었죠.

윈돌프   링컨 관련 영화 혹은 〈트라이얼 오브 더 시카고 7〉은 계속 진
         행 중이세요?

스필버그   〈링컨〉과 〈트라이얼 오브 더 시카고 7〉 모두 진행하고 있어
         요. 지금 현재 〈트라이얼 오브 더 시카고 7〉에 어떤 배우들이
         가능한지 조사하고 있죠.

윈돌프   〈링컨〉보다 먼저 사전제작이 끝날 것 같으세요?

스필버그   기정사실화하고 싶진 않지만, 〈링컨〉보다 먼저 완료될 가능
         성이 있어요.

윈돌프   토니 쿠슈너가 〈링컨〉을 작업 중인 걸 봤습니다.

스필버그　지금은 아니에요. 파업 때문이죠. 모든 작가들이 피켓시위를 하고 있어요.

원돌프　감독님은 오락영화와 매우 진중한 영화들을 모두 작업하는 이중의 커리어를 쌓아오셨어요.

스필버그　모든 영화예술, 각각의 영화…… 그러니까 한 영화가 어떤 종류에 속하든 실제 상황을 반영하려면 실화들이 갖는 그 모든 파동을 뿜어내야만 해요. 불합리가 있고, 코미디가 있고, 비극적 상실, 당신을 쓰러뜨리는 거대한 철통같은 힘이 있고, 그런 후 마지막에 구원이 있다는 의미예요. 사실 각각의 영화는 단지 한 시대, 누군가의 삶 속 한순간의 증류일 뿐인 것에 반해, 영화감독들과 작가들은 그 순간 속에 모든 가능한 요소들을 밀어넣기를 좋아하죠. 그래서 관객은 한두 시간 안에 하나의 삶을 통째로 경험하게 돼요. 영화는 전부 그걸 성취하려고 분투하죠.

원돌프　감독님 영화들을 다시 보면서 놀랐던 건, 〈에이 아이〉가 거의 가장 비극적으로 느껴진다는 점입니다.

스필버그　그 영화는 극히 비극적이지만 내 영화들 중 제일 그런 건 아니에요.

원돌프　〈쉰들러 리스트〉와 〈아미스타드〉에서조차 궁극적으로는 주요인물들이 일종의 구원을 받습니다.

스필버그   나는 〈쉰들러 리스트〉의 끝에서 주인공의 구원을 결코 보려고 하지 않았어요. 내가 보려 한 것은 홀로코스트가 종식된 후, 그것이 존재했다는 걸 증언할 목격자들이 존재했고, 그런 생존자들이 없었다면 대규모 살상에 대한 진실을 이야기할 어떤 증인도 없었을 거라는 점이에요. 인류를 적으로 자행된 가장 엄청난 범죄를 전 세계에 밝힐 수 있는 현장 목격자들이 없는 거죠. 그러니까 나는 〈쉰들러 리스트〉의 종결을 지금 말한 것 이상으로 생각한 적이 결코 없고, 그 1200명의 생존자가 없었다면 그 이야기를 할 사람은 전무했을 거예요. 그 점이 내게 중요했어요. 하지만 어떤 의미에서는 〈에이 아이〉가 더 어두운 전망을 보여주는 게, 그 영화는 인간이 자신을 사랑해줄 수 있을 만한 소년을 만들려는 탐욕적인 노력에 따라 세상에 내놓은, 그런 프랑켄슈타인들에 의해 대체되는 인류 전체의 종말을 다루니까요. 그런데 소년 자신은 인간이 아니라 단지 인간에 가깝죠. 대체물로서의 사생아는 아시다시피 범죄에 가까우며, 인류는 그 범죄의 대가를 치르죠. 따라서 매우 비극적인 이야기라 생각해요. 그 영화에서 나는 스탠리 큐브릭의 비전에 가능한 한 충실했어요.

윈돌프   조지 루카스는 아버지와 아들에 관한 각본을 쓰는 경향이 있고, 감독님은 종종 어머니와 아들에 관한 각본을 쓰십니다. 이번 '인디아나 존스' 신작은 추측건대 또 하나의 아버지와

아들 이야기일 것 같은데요.

스필버그   그것이 아버지와 아들의 이야기라 말하지는 않겠어요. 이번
          신작은 위대한 원정, 놀라운 탐색에 관한 거예요. 거기까지만
          말할게요.

나는 사과와 오렌지를
비교하지 않았어요

지난 일요일 스티븐 스필버그는 65세를 맞이하면서 그의 길고도 전설적인 이력 중 최고로 바쁜 시절이라 할 수 있는 한 해를 마무리했다. 2011년에만 〈슈퍼 에이트〉의 제작을 비롯해, 〈트랜스포머 3〉〈카우보이&에이리언〉〈리얼 스틸〉, 텔레비전 시리즈 〈폴링 스카이 시즌 1〉과 〈테라노바〉의 책임 프로듀서로 활동했다. 이것만으로 충분해 보이지 않는다면, 단지 5일 간격을 두고 개봉될 예정인 영화 〈틴틴〉과 〈워 호스〉를 감독한 사실도 들 수 있다.

스필버그는 근 30년간 에르제의 고전만화 『탱탱의 모험Les Aventures de Tintin』의 영화 저작권을 보유하고 있었지만, 〈반지의 제왕〉의 감독 피터 잭슨과 파트너가 되기 전까지는 그 프로젝트를 현실화할 수 없었다. 잭슨을 제작자로, 스필버그는 모션 캡처인간 캐릭터의 연기를 컴퓨터상에서 디지털 캐릭터의 형상으로 전환하는 효과(〈반지의 제왕〉 삼부작의 골룸을 창조하는 데 사용된 것과 동일한 기술)를 사용해 첫 애니메이션 영화를 만들었다. 그럼으로써 제이미 벨, 앤디 서키스, 대니얼 크레이그 같은 배우들

맷 맥대니얼Matt McDaniel, 2011년 12월 20일 자 〈야후Yahoo〉에서.

이 만화 캐릭터들에게 새로운 생명을 불어넣을 수 있었으며, 스필버그는 〈쥬라기 공원〉 첫 편 이래 최대의 기술적 도전에 직면하게 되었다.

그 결과물로 나온 영화는 지구 곳곳을 뛰어다니는(해적선, 수상 비행기, 오토바이 추격전 등을 갖춘) 미스터리물로, 고전 모험담을 보여주기 위해 최첨단 3D 컴퓨터그래픽을 사용했다. 아카데미상을 세 차례나 수상한 감독을 〈틴틴〉과 관련해 인터뷰할 수 있었고, 그는 자신의 영화제작 과정을 맞춰나간 방식과 피터 잭슨과의 관계가, 영화의 주요인물들의 관계에 반영된 방식에 대해 설명했다.

맥대니얼   영화를 만들 때 가장 멋진 일 중 하나는, 탐색할 만한 새로운 뭔가가 늘 존재한다는 것이라 짐작하는데요. 〈틴틴〉은 한동안 감독님이 작업하신 그 어떤 프로젝트보다도 새로운 요소들을 포함하고 있어요, 그렇지 않나요?

스필버그   〈쥬라기 공원〉 이래 그렇죠. 당시 우리는 영화사상 처음으로 주연 캐릭터들을 디지털로 작업했어요. 그때까지 전혀 그런 예가 없었죠. 〈쥬라기 공원〉 이후, 내가 스토리 완성에 관해 그만큼 중대한 기술에 관여한 적은 없었을 거예요.

맥대니얼   이제 그런 것에 돌입하기에 앞서 위압감이 존재하나요, 아니면 단지 흥분의 수준인 건가요?

스필버그   아뇨, 위압감은 없어요. 단지 내가 『탱탱의 모험』 이야기를 풀어내기에 유일하게 적합한 매체라고 느끼는 기발한 뭔가를 수행하기 위해 운명을 시험하는 것 같아요.

맥대니얼   한 세계 속에서 이런 완벽한 공백의 캔버스를 다루실 때, 판타지와 현실 사이의 균형을 어떻게 찾으시죠?

스필버그   운 좋게도 애니메이션에서 판타지는 우리 편이에요. 그래서 이야기가 더 상상적이고 더 통제 불가능한 상황에 도달하려 할 때(그리고 웃음을 유발하고 틴틴과 하독 선장 간의 진정한 버디 무비의 관계에 도달하려 하고, 우리를 17세기로 데려가는 광적인 일련의 플래시백을 얻게 될 때), 이 모든 것들이 실제 액션이 아닌 애니메이션을 사용하면 더 수월하게 진행된다고 생각해요.

운 좋게도 애니메이션에서 판타지는 우리 편이에요

맥대니얼   그렇다면 모션 캡처 세트장에서, '이런, 실제 해적선이나 사막에 있지 않은 게 천만다행이군'이라 생각한 순간들이 있었나요?

스필버그   아뇨, 전혀요, 전혀 아니에요. 그건 내게 완전히 새로운 도전이었거든요. 그래서 〈틴틴〉에서 내가 작업하고 있던 것을, 실제 로케이션 장소에서 실제 자동차를 가지고 촬영하고 실제 추격을 다뤘던, 말하자면 1~2년 정도 전에 내가 했던 것과 비교한 적이 결코 없었어요.

나는 사과와 오렌지를 비교하지 않았어요. 오렌지를 가지고 작업 중인 한, 오직 그 장르 내에서만 작업하는 것이 낫겠다고 생각했고, 심지어 모션 캡처 세트에서는 신선한 공기 없이 모든 게 에어컨 냉방 중에 이뤄지며, 어디에서도 햇빛을 찾아볼 수 없다는 사실을 비교하려는 시도조차 하지 않는 게 낫겠다고 생각했죠.

맥대니얼   틴틴을 연기하는 제이미 벨과도 이야기를 나눌 수 있었는데요. 그는 감독님과 피터 잭슨이 함께 일하는 것을 보는 게, 영화 속 틴틴과 하독 선장을 보는 것과 같았다고 말하던데요?

스필버그   네, 왜냐하면 내가 보기에 난 좀 더 틴틴과 비슷하고, 정말로 피터는 스스로 하독과 더 비슷하다고 느끼거든요. 그래서 이 영화를 만들기 위해 피터와 내가 함께 떠난 여정에는 웃음꽃이 만발했죠.
조지 루카스와의 수많은 경험 이후, 협업 중 가장 멋진 경험이라 할 만한 걸 해봤다고 생각해요. 확실히 조지와의 작업을 제외하고선 가장 신나는 경험이었어요.

맥대니얼   감독님 스스로 피터 잭슨에게 가장 많이 의지했다고 느끼신 부분은 뭔가요?

스필버그   그냥 그의 인내였어요. 나는 매우 참을성 없는 감독이에요. 가능한 한 빨리 결과를 획득하길 좋아하죠. 반면 피터는 "기다려봅시다. 분위기가 조성될 때까지 기다립시다. 적합한 날이 오기를 기다려보죠" 같은 식이에요. 그는 일을 서두르지 않고, 그런 의미에서 그는 위급할 게 전혀 없다고 말하며 내게 매우 차분한 영향을 끼쳤죠.

더 나은 영화를 만들어내기 위해 모션 픽처를 며칠 더 사용해야 한다면 그러면 되지, 같은 식이죠. 파라마운트와 소니는 재력이 있으니까요. 운 좋게도 우리는 기존 예산의 고작 1~2백만 달러 정도만 초과했고, 자랑스럽게 말하고 싶은 것은, 이런 유의 애니메이션 영화치곤 상대적으로 매우 낮은 비용으로, 예산 대비 1~2백만 달러만 초과했다는 거예요.

맥대니얼   그리고 배우들이 얼마나 캐릭터 속으로 완벽하게 녹아드는지가 정말 인상 깊었어요. 단지 외관뿐 아니라, 연기 차원에서요. 거기에 대니얼 크레이그가 있다는 걸 알아차리기 힘들 거예요. 배우들이 이미 구축된 자신의 페르소나를 극복하고 단지 캐릭터로서 존재하기 위해 감독님은 어떤 도움을 주셨나요?

스필버그   그건 내가 배우들에게 영향을 미치기 위해 무엇을 했는지가 아니라, 배우들이 어떤 상식을 벗어난 연기를 하더라도, 각자가 스스로 외견상 그들처럼 보이지 않기에 늘 안전하고 결코 비난받지 않으리라고 느끼기 위해 무엇을 했는지의 문제예요. 크레이그는 자신이 사악한 악당이 되어 진정으로 상식을 벗어난 연기를 할 수 있으며, 또 그렇더라도 과도함의 주체가 대니얼 크레이그가 아닐 것임을 항상 알았던 거예요. 사카린

일 테니까요. 대니얼은 말하곤 했어요. "보세요, 사람들이 사카린을 좋아하지 않더라도, 나는 그 남자처럼 생기지 않았기 때문에 여전히 그들은 나를 좋아할 거예요."

그리고 제이미 벨은 늘 농담조로 말했죠. "아무도 내 얼굴을 못 보니, 위험을 감수할 용기가 더 생기네요." 앤디도 동일하게 느꼈어요. 앤디 서키스는, 스크린상의 얼굴이 그의 것이 아니라 하독 선장의 얼굴이기 때문에, 즉흥 연기와 실험을 통해 하독에게 더욱 강렬한 개성을 부여하는 방법을 경험하고 실제로 고안해낼 수 있었어요.

맥대니얼 모션 픽처 기술이 향하는 곳은 어디인가요? 전통 애니메이션과 함께 공존할까요, 아니면 그것을 대체할까요?

각 장르마다 자신의 자리가 있다고 생각해요.
각각의 공간이 존재해요.

스필버그 아뇨, 각 장르마다 자신의 자리가 있다고 생각해요. 각각의 공간이 존재해요. 모든 건 적합한 이야기에 적합한 기술을 선택하는 것의 문제죠. 우리의 경우 모션 픽처 기술을 선택했는데, 나는 우리가 이 기술을 잘 선택함으로 인해, '틴틴'과 인물들을 창조한 에르제가 직접 종이 위에 손으로 그린 예술에 가장 근접하게 〈틴틴〉을 만들어낼 수 있었다고 말하게 되어 매우 자랑스러워요.

모든 감독이 스스로 그런 선택의 결정을 내려야만 한다고 생각해요. 모두가 도구들을 사용하는 법을 이해해야 하며, 이제 도구들은 모두에게 접근 가능해요. 그리고 나는 하나의 도구가 다른 도구를 대체한다고 생각하지 않아요. 모션 픽처는 매우 광범위하고 다채로운 애니메이션 세계의 하위 장르에 불과해요.

버락 오바마에게 대통령자유훈장을 받는 스필버그, 2015

영화로 탐험한 내면의 기억

에이브러햄 링컨의 것으로 여겨지는 많은 금언과 재담들이 있으나, 그중 일부는 아마도 링컨에게서 나온 말이 아닐 것이다. 그럼에도 조지 B. 매클렐런 장군^{미국 남북전쟁 중 북군의 총사령관}을 겨냥한 다음의 말은 반박의 여지없이 그의 것이다. 1862년 앤티텀전투 이후 링컨은 편지를 썼다. "장군이 군대를 사용하길 원치 않는다면 당분간 내가 군대를 빌리고 싶소."

앤티텀전투는 미국 역사상 최대의 인명 손실을 야기한 전투 중 하나로, 그 뒤로 매클렐런 장군이 북군에게 주어진 기회를 활용해 밀어붙이는 데 주저한 일은 헤아릴 수 없을 정도로 대통령의 심기를 불편하게 만들었다. 그의 서한이 입증하듯, 링컨은 손 놓고 있는 부류가 아니었으며, 중차대한 문제들을 우아하게 처리하는 법을 알았다.

이 같은 묘사는 현존하는 최고의 미국 영화감독으로 널리 간주되는 스티븐 스필버그에게도 동일하게 적용될 수 있을 것이다. 그의 최신작 〈링컨〉은 대니얼 데이 루이스를 거인 대통령 역으로 캐스팅했으며, 노

윌 로렌스Will Lawrence, 2013년 1월 16일 자 〈더 텔레그래프The Telegraph〉에서.

예제를 폐지하고 결과적으로 내전을 종식한 수정 헌법 13조를 통과시키기 위한 그의 투쟁을 기록한다.

스필버그의 사유재산은 대략 30억 달러 정도로 예측되고 있는데, 그럼에도 66세의 그는 여전히 작업에 공들이고 있으며 지금까지 감독한 이력만 해도 서른 편이 넘는다. 그중 세 편(〈워 호스〉 〈틴틴〉 〈링컨〉)은 최근 2년 동안 만들어졌다. 그는 현재 어마어마한 예산이 들어가게 될 〈로보포칼립스〉를 기획 중이다.

인터뷰는 이른 아침 시작된다(지난 10년간 할리우드 영화감독들을 인터뷰해왔지만, 그와의 인터뷰는 처음이다). 맨해튼의 얼어붙은 아침에는 심지어 호텔 스위트룸도 쌀쌀하지만(스필버그는 스카프를 두르고 있다), 아카데미 감독상을 세 차례 수상한 이 감독은 내면의 따뜻한 불빛을 드러낸다. 우리의 만남은 그가 백악관에 초대된 지 이틀 지난 시점에서 이뤄졌는데, 그는 백악관에서 버락 오바마를 위해 〈링컨〉의 비공개 시사회를 주선했다. 대통령은 감동받았다.

"링컨의 시대에는 포르티코에 길게 줄을 서기만 하면 됐고, 관직 지원자들은 문으로 들어가서 대통령을 알현해 삶에 대한 불만을 토로하거나 도움을 요청하곤 했죠"라고 스필버그는 말문을 연다. "오늘날에는 예약 없인 안 되죠." 그는 웃음을 터뜨린다. "그런데 우리는 초대받았어요."

오바마가 상당한 비평적 통찰력을 보여줬나요? "가장 아름다운 반응을 보여줬어요"라고 스필버그는 말한다. "내가 바랄 수 있는 것보다 훨씬 더 아름다웠죠. 하지만 그의 의견은 사적인 것으로 남겨두려 해요. 내가 백악관의 '네 번째 벽카메라가 위치한 구역'을 침범해선 안 되겠죠."

영화에 대한 오바마의 긍정적 평가는 그의 국민의 평가를 반영하는 것으로 보인다. 비공개 시사회 직후 〈링컨〉은 박스오피스에서 1억 5천만 달러 이상을 쓸어 담고 있으며 영국 아카데미상BAFTA 10개 부문과 아카데미상 12개 부문 후보에 올랐다.

영화계에서는 〈링컨〉을 다가오는 아카데미 시상식의 가장 유력한 작품상 후보로 홍보하고 있으며, 주인공을 맡은 데이 루이스는 이번 주초 골든 글로브상 수상에 이어 세 번째 아카데미 남우주연상의 길에 나선 것으로 보인다.

수상을 둘러싼 무성한 소문들에도 불구하고, 〈링컨〉이 스필버그에게 극히 개인적인 영화임에는 변함이 없다. 그는 높이 치솟은 링컨 기념관을 방문했던 워싱턴 여행을 유년기의 가장 생생한 기억으로 언급한다. 그 후 거대한 조각상은 그의 의식에 크게 자리 잡았다. 어렸을 때 그는 난독증으로 고생했지만, 그럼에도 링컨이 이야기에 등장하면 항상 독서가 수월해졌다.

"우리는 링컨을 대리석 받침대에 올려놓기를 원하지 않았어요"라고, 그는 토니 쿠슈너와 함께 기울인 노력에 대해 이야기한다. 칭송받는 극작가이자 시나리오작가인 쿠슈너는 〈링컨〉의 각본을 위한 원재료로 동료 퓰리처상 수상자 도리스 컨스 굿윈의 『권력의 조건Team of Rivals』을 활용했다. "또한 그의 모든 면을 탐구하는 경지에 이르려고 하지는 않았죠. 대부분의 측면, 특히 그의 속내에 대해서는 알려진 바가 없거든요."

"그러나 우리는 그가 당면한 중대한 문제를 둘러싸고 진정으로 소통하길 원했어요. 그것은 노예제를 폐지하게 될 수정 헌법을 통과시킬 수 있는 충분한 표를 쟁취하기 위해 투쟁하는 것과, 내전의 종식이라는 문제였어요."

스필버그에 따르면, 링컨을 비판한 사람들 일부는 그가 고귀한 정치력을 가졌음에도 불구하고 정치의 장에서는 교묘한 기피자의 일면을 가진 사람이어서, 드러나지 않는 인종주의자라고 비난했다. "그건 전혀 사실이 아니었어요. 그의 만트라(불교 혹은 힌두교에서 기도나 명상 때 외우는 주술)는 '통일, 통일, 통일'이었지만, 유년기에서 기원한 숨은 의미는 항상 '평등, 평등, 평등'이었어요. 그는 절대 관점을 바꾸지 않았죠."

스필버그는 영화를 만들면서 역사에 대한 자신의 깊은 사랑을 확고히 하게 됐을 뿐 아니라, "스스로 애국자이며 이 나라를 사랑한다는 사실" 또한 확인했다. "다른 영화들에서도 이를 표현하긴 했지만, 이번 영화에서 진정으로 그 점(민주주의가 작동한다는 사실에 대한 존중)을 표현하고자 노력했어요."

"민주주의 절차라는 시스템은 150년 전이나 오늘날이나 정말로 전혀 다르지 않아요. 그 점을 지적하고 싶었어요."

"또한 우리는 링컨을 아버지이자 남편으로 보여주길 원했어요"라고 그는 이어서 말한다. 영화는 링컨의 삶에 닥친 비극들과 비탄에 빠진 그의 아내 메리(영화에서는, 아카데미상 후보에 올랐던 샐리 필드가 연기한다)와의 관계를 다룬다. 그들의 네 아들 중 장남인 로버트(조셉 고든 레빗)만이 유일하게 성인이 될 때까지 살아남았지만, 영화는 링컨을 행복한 아버지로 보여준다. 스필버그는 말한다. "링컨의 양육 방식이 독특했다고 생각해요. 아이들이 자유롭고 거칠게 굴도록 놔뒀죠."

대통령은 아버지와의 순탄하지 못한 관계를 견뎌야 했으며, 이는 스필버그에게 친숙한 불운이다. 스필버그는 부모님의 이혼을 아버지 탓으로 돌렸으며, 둘은 15년 동안 왕래가 없다가 1990년에 화해했다. 스필버그의 여러 영화들에서 아버지는 일중독이거나 부재하는 것으로 나온다. 〈이티〉〈후크〉 혹은 심지어 〈인디아나 존스—최후의 성전〉을 생각해보라.

그는 말한다. "그것은 단지 내가 아버지와 아들을 보는 방식의 일면이 우연히 드러난 거예요. 경험을 통해서만 볼 수 있거든요. 그러나 내가 아버지와 진정으로 행복한 관계를 맺었다거나, 아니면 10년 반 동안 감정적인 균열이 없었다 하더라도, 어느 정도는 내가 만든 영화들에서의 선택과 동일한 선택을 했을 겁니다."

1998년에 만든 2차 대전 영화이자 아카데미 수상작 〈라이언 일병 구하기〉는 그가 무엇보다도 아버지를 생각해서 만든 영화로, 아카데미 시상식에서 그는 아버지에게 감사의 말을 전했다. "아버지께 다시 헌정했는데, 왜냐하면 내 성장기에 아버지가 들려주신 그 모든 전쟁 이야기들이 이 영화를 만드는 데 영감을 줬기 때문이에요."

역사의 수많은 시기를 좋아하긴 해도, 스필버그는 2차 대전에 특별히 매혹을 느낀다. 그의 아버지는 중국-버마-인도 전장에서 싸웠고, 스필버그는 그의 영화 〈태양의 제국〉과 〈쉰들러 리스트〉에서, 그리고 미니시리즈 〈밴드 오브 브라더스〉와 〈퍼시픽〉을 제작하면서 다양한 전투의 무대를 탐험했다.

"아버지는 집에 아주 많은 참전 용사들을 불러들이셨고, 나는 나이를 먹을수록 그들의 희생을 높이 평가하게 됐어요"라고 그는 회상한다. "특히 우리가 현재 '외상 후 스트레스 장애PTSD'라는 이름으로 알고 있는 희생이요. 그들은 여전히 고통받고 있었어요. 흐느끼는 소리가 들리곤 했고 나는 그 방에 들어가거나 혹은 입을 여는 것조차 아주 두려워하곤 했어요. 구석에서 몰래 훔쳐봤고 그 남자들은 두 손에 얼굴을 묻고 울고 있었어요."

"나중에, 아버지께 무슨 일이 있었냐고 물었는데, 아버지는 항상 그저 '힘겨운 기억'이라고만 말씀하셨어요. 그게 다였죠."

변하거나 변하지 않는 방식으로

신작 〈스파이 브릿지〉에서 스티븐 스필버그 감독은 그에게 마르지 않는 영감의 원천인 미국의 역사로 회귀했다. 이번에 그의 영웅은 2012년 작품 〈링컨〉에서처럼 신성시되는 국가 인사가 아니라 거의 이름이 알려지지 않은 사람으로, 톰 행크스가 연기하는 제임스 도노반이다. 냉전 시대의 절정기에, 비난받는 소련 스파이 루돌프 아벨(마크 라이런스)을 변호하는 브롱크스 태생의 도노반은, 이후 아벨과 두 명의 미국인, 즉 소련에 의해 격추된 U-2 스파이 비행기 조종사 프랜시스 게리 파워스와 동베를린에서 억류됐던 미국인 대학원생의 맞교환을 협상했다.

최근 스필버그(열성적이고 사려 깊으며 친절한 모습이다)는 트라이베카에서 잠시 자리에 앉아, 9.11 이후의 세상이 어떤 방식으로 그의 신작에 영향을 미치고, 여성과 소수자들을 위해 할리우드가 무엇을 할 수 있는지, 그리고 그가 왜 수십 년 늦게 태어났다고 느끼는지에 대해 이야기했다.

캐러 버클리Cara Buckley, 2015년 10월 14일 자 〈뉴욕 타임스The New York Times〉에서.

버클리 　줄거리 면에서 〈스파이 브릿지〉와 〈링컨〉 간에 공통점이 있다고 보셨나요?

스필버그 　두 남자 모두 극히 원칙을 따르며, 기본적으로 수행해야 할 임무가 있죠. 링컨의 임무는 우리가 서로를 바라보는 방식을 바꾸게 될 그런 것이었으며 도노반의 임무는 우선 누군가를 집으로 데려오는 것이었어요. 어떤 의미에서 링컨과 도노반은 역사 속의 비타협적인 인물들로, 한 명은 완전히 무명이고 다른 한 명은 이루 말할 수 없을 정도로 유명하죠.

버클리 　도노반은 특별히 아벨이 모든 변호 절차에 대한 권리를 갖는 다는 데 단호했어요. 여기에는 일종의 신념과 원칙에 대한 노스탤지어가 작용하나요? 관타나모쿠바 관타나모 만에 있는 미 해군기지 내 수용소로, 주로 테러리스트들을 수용하고 있다. 재판을 거치지 않고 고문이 자행되어 비판받고 있다에 수용된 죄수들이 생각나더군요. 영화를 만드실 때 그런 걸 마음에 두셨나요?

스필버그 　동시대의 너무나 많은 것들을 생각했죠. 드론 임무, 관타나모 만, 사이버 해킹(사이버 해킹 또한 스파이 활동의 한 형식이죠)까지요. 1950년대 후반 U-2의 영공 비행이 수반된 기술적 첩보의 아주 초기에, 우리가 두려워한 것은 스푸트니크소련의 인공위성가 첩보위성일 수도 있다는 가능성이었는데, 당연히 그렇지 않다고 밝혀졌어요. 더불어 핵에 의한 홀로코스트에 관해 거대한 의혹과 공포도 있었어요. 나는 그런 시대에 성장했어요.

위험의 정도가 매우, 매우 높았던 시절이죠. 그럼에도 오늘날, 누가 우리 어깨 너머로 들여다보고 있는지에 대한 두려움과 공포는 훨씬 더 커요. 1950년대와 1960년대에는 소련이라는 구체적인 적이 존재했어요. 오늘날에는 우리의 적이 누구인지 모르죠. 적에게 구체적인 얼굴이 없는 거예요.

> 오늘날에는 우리의 적이 누구인지 모르죠.
> 적에게 구체적인 얼굴이 없는 거예요.

버클리   감독님께 역사 속 영웅들을 바라본다는 건 위안이 되나요? 지금 세상에서 벌어지는 것과 비교하면 일종의 위로인가요?

스필버그   설명드리죠. 요즘에는 더욱 힘든 상황이에요. 소셜미디어가 존재하지 않던 시절에 도노반은 확실히 비밀리에 일할 수 있었어요. 오늘날 자신의 원칙을 대변하면서 소셜미디어의 비방자들이 가하는 신랄한 공격을 견딜 만한 사람을 찾는 건 훨씬 더 어려울 거예요. 도노반은 힘든 상황을 겪었죠. 1950년대 말 그의 집 창문으로 총탄이 날아들었어요. 그런 모든 상황이 요즘 시대에 발생했다면 도노반의 가족이 입을 상처가 얼마나 클지 상상해보세요.

버클리   이 이야기를 어떻게 발굴하셨나요?

스필버그   맷 차먼이라는 영국 각본가가 스파이 맞교환을 다룬 이 믿어지지 않는 이야기를 보여줬어요. 나는 첩보 장르의 열성 팬이에요. 비록 이 영화가 그보다 지적인, 협상과 대화의 기술을 다룬 스파이 드라마이긴 했지만, 그래도 여전히 나를 정말 흥분하게 만든 첩보를 담고 있었죠. 나는 〈비밀첩보원 퀄러〉 〈국제 첩보국〉 〈추운 곳에서 온 스파이〉, 그리고 심지어 〈전격 후린트 고고작전〉 〈007 살인번호〉 〈007 위기일발〉의 엄청난 팬이랍니다.

버클리   몇 가지 일반적인 질문으로 건너뛰겠습니다. 영화산업이 건강한 상태라고 느끼시나요?

스필버그   영화산업은 늘 텔레비전과 경쟁 관계에 있었고, 텔레비전 초기에 굉장한 시나리오작가 몇몇이 텔레비전에서 일하기도 했어요. 패디 차예프스키, 스털링 실리펀트, 로드 설링 등이 그랬죠. 그 후 텔레비전은 매우 상투적으로 변해버렸어요. 그런데 지난 7~8년 동안 뭔가 움직임이 있었어요. 오늘날 최고의 각본 중 몇몇은 텔레비전용이죠. 〈트랜스페어런트〉 〈블러드라인〉 〈울프 홀〉 〈다운튼 애비〉 같은 드라마를 보세요. 나는 〈홈랜드〉라는 훌륭한 드라마에 푹 빠져 있어요.

텔레비전은, 관객들이 영화를 보러 갈 때 어떤 영화에 돈을 쓸지에 관해 좀 더 큰 위험을 감수할 수 있게 해줬어요. 왜냐하면, 관객이 그런 이야기를 오직 극장에서만 맛볼 수 있다면, 더 많은 사람들이 그런 영화들을 보러 가게 될 테니까요.

버클리　　그러면 영화감독들 또한 좀 더 위험을 감수할 수 있는 건가요?

스필버그　네, 스튜디오들이 위험을 좀 더 감수할 수 있고, 영화감독들로 하여금 너무나 자족적이어서 후속편조차 가능하지 못한 이야기들을 만들게 할 수 있죠. 텔레비전이 독립영화를 도왔으며 독립영화는 TV물의 장편화에 영감을 줬다고 생각해요. 지금은 틀림없이 텔레비전의 두 번째 황금기예요.

버클리　　최근 여성들의 관점이 대대적인 화제였습니다. 감독님 같은 위치에 있는 사람에게 젊은 여성 영화감독들을 양성해야 할 책임이 있다고 생각하세요?

스필버그　내 비서를 제작자로 삼고, 또 회사 앰블린을 설립하기로 결심한 이래, 줄곧 여성들을 양성해왔어요. 여성들과 함께 일할 때 훨씬 더 편안해요. 행정 업무가 아닌 창의력 측면에서의 여성들에 대해 말하는 거예요. 드림웍스를 위해 내가 승인한 첫 영화는 〈피스메이커〉라는 제목이었고 미미 레더가 감독을 맡았죠. 여성들은 오늘날 영화산업 전반에서 경영진 자리를 상당수 차지하고 있어요. 유니버설, 폭스 2000 픽처스, 그리고 소니의 전 책임자를 들 수 있어요. 내가 이해 못하는 것은 모션 픽처 회사들의 경영진에 다양성과 인종에 대한 고려가 부족하다는 점이며, 바로 그에 대해 우리가 주의 깊게 살펴보고 이유를 물어야만 한다고 생각해요.

버클리　　　감독도 마찬가지예요. 왜 그렇다고 생각하세요?

스필버그　　나는 더 많은 여성 감독과 더 많은 유색인종 감독을 유입해야
　　　　　　한다고 생각해요.

더 많은 여성 감독과
더 많은 유색인종 감독을
유입해야 한다고 생각해요.

버클리　　　어떻게 하면 가능할까요?

스필버그　　유튜브에서든 바인Vine에서든 사람들이 만들어내는 영화들을
　　　　　　지속적으로 보면 돼요. 단지 마음을 열기만 하면 되고, 또 그
　　　　　　에 관한 것들을 검색해야 하죠. 밖으로 나가서 재능 있는 사
　　　　　　람이 어디에 있는지 발견해야 하고, 무엇보다도 그런 사람들
　　　　　　을 양성해야 해요.

버클리　　　감독님은 슈퍼히어로 영화들에 관해 명확한 의견을 주셨습니
　　　　　　다. 그 영화들이 서부극에 비해 유한한 수명을 가질 것이라고
　　　　　　요. 좋아하시는 슈퍼히어로 영화가 있나요?

스필버그　　그 장르에 찬성하지 않았던 건 아니에요. 영화들을 모두 보러
　　　　　　가거든요. 슈퍼히어로 영화 중 내가 선호하는 건 '아이언맨'
　　　　　　시리즈예요. 팀 버튼의 〈배트맨〉과, 그 후(미래로 비약해서) 배

트맨과 관련해서 크리스토퍼 놀런이 수행한 작업을 모두 좋아해요. 어두움 때문에 좋아하고, 또 그처럼 매우 다채로운 캐릭터가 그런 종류의 공공서비스에 임하도록 동기를 부여하는 요소들이 좋아요.

버클리   〈아이언맨〉은 왜……

스필버그   아이언맨 영화들에는 조지프 캠벨미국의 신화종교학자 및 비교신화학자로,『천의 얼굴을 가진 영웅』등의 저서들이 '아이언맨' '스타워즈' 같은 현대의 영웅 서사에 큰 영향을 끼쳤다이 많이 들어가 있어요. 우리는 모두 날고 싶어 해요. 그리고 우리는 날개 없이는, 꿈속이 아니면, 날 수 없다는 걸 알아요. 나는 보디 슈트를 입고 날아다니는 걸 꿈꿨고, 〈아이언맨〉이 나왔을 때 보러 갔죠. "날 위해 이걸 만들었군. 소원이 이루어진 거야."

버클리   〈이티〉와 〈미지와의 조우〉로 감독님은 이 세상 너머를 보셨어요. 이번에는 역사를 파고들고 있으신데요.

스필버그   만약 뭘 할지 독립적으로 결정할 수 있을 만큼 성공한다면, 나에게 의미 있는 이야기, 위대한 과업을 해낸 사람들에 대한 이야기를 하고 싶다고 항상 스스로에게 말하곤 했어요.
상상을 하기도 하죠. 너무 오래 빈둥거리면 쓸모없어질까봐 조금 두려워지고, 그래서 실화를 토대로 한 이야기들과 그보다 훨씬 더 나의(혹은 최소한 로알드 달영국 출신의 동화작가로, 애드거 앨런 포상을 두 차례 수상함의) 과도한 상상의 산물인 영화들 사이를 오가요. 로알드 달의 상상의 결과물이 바로 내 다음 영화 〈마이 리틀 자이언트〉인데, 마크 라이런스가 거인을 연기해요.

버클리　마크 라이런스가 아벨이라는 걸 몰랐어요. 캐릭터에 그만큼 깊이 녹아들었어요.

스필버그　브로드웨이 연극 〈십이야〉와 〈리차드 3세〉를 통해 2년 전쯤 마크 라이런스에 대해 자세히 알게 됐어요. 그를 제일 먼저 캐스팅했어요. 톰 행크스는 과거에 미국의 상징적인 인물들을 연기했고, 당연히 우리가 위대한 미국의 지도력이라 믿는 것의 핵심 가치들을 매우 잘 대변해요. 이번 영화의 경우, 이야기 속 캐릭터가 거칠기 때문에 톰에게는 특별한 배역이었어요. 정의를 추구하는 여정에서 괴롭힘을 당했죠.

버클리　감독님은 사람들로부터 훌륭한 연기를 끌어내시는 것 같아요.

스필버그　대니얼 데이 루이스와의 작업은 나를 아주 여러 단계 성장하게 했어요. 나는 단지 대니얼 데이 루이스를 따라다녔고, 10년이 지난 뒤 마침내 그는 에이브러햄 링컨 역을 맡는 데 동의했죠. 그건 내 상황을 진정 나아지게 했어요. 진심으로, 무엇보다 이 한 명의 배우로 인해, 〈링컨〉에서 내 생애 최상의 작업 중 일부를 성취했다고 믿어요.

루비 반힐과 스필버그, 〈마이 리틀 자이언트〉 촬영장에서

버클리   도대체 그가 뭘 했기에 새 아이디어들이 폭발한 건가요?

스필버그   말로 표현할 수 없어요. 과거로 돌아가서 하워드 호크스가 어
           떻게 〈붉은 강〉에서 몽고메리 클리프트와 존 웨인으로부터
           그런 연기를 얻어냈을까 이해해보려고 노력하죠.
           요즘에는 진심으로 내가 70년 전의 작업 방식에 매우 적합하
           다는 생각이 들어요. 계약에 따라 할당받은 이야기를 가지고
           열심히 일하는 사람이었을 테고, 성공했을 겁니다.
           지금 만들어지는 영화들보다 60~70년 전 영화들을 보면서
           더 많은 시간을 보내요. 클린트 이스트우드와 절친 사이인데,
           항상 우리는 그런 유의 이야기를 나눠요. 그는 과거로 돌아가
           대릴 재넉이나 해리 콘 혹은 루이스 B. 메이어가 중개인을 거
           쳐 할당된 스토리를 건넨다면 어땠을지 경험해보길 바라죠.
           읽어본 뒤 말하는 거예요. "그거 아시오? 정말 맘에 안 들지
           만, 내가 바로잡아볼 수 있겠소."

어느 세계를 선택할 것인가

스필버그는 그런 명칭이 생기기도 전에 '게이머'였으며, 이를 증명하기 위한 일화들도 갖추고 있다.

먼저 1974년 〈죠스〉를 찍는 동안 리처드 드레이퍼스와 함께 마서스비니어드에서 '퐁Pong' 게임을 한 것에 대해 이야기할 수 있다. 몇 년 후 1982년 작품 〈이티〉를 만들 당시, 그는 세트장에 미사일 조종 오락 기계를 두었는데, 이유인즉슨, 1백만 점을 넘어보려는 생각에 사로잡혀 있었기 때문이다. "영화를 마무리하기 전에 판돈을 쓸어갈 결심을 하고 있었죠"라고 그는 회상한다. "시합을 벌인 셈이었어요."

비디오게임에 대한 그런 변치 않는 사랑을 스필버그의 1980년대(할리우드의 발군의 흥행 제조기라는 그의 명성을 확고하게 만든 10년)와의 깊은 유대와 조합해보라. 그러면 영화의 신神들에 의해, 어니스트 클라인의 2011년 베스트셀러 SF소설 『레디 플레이어 원』을 각색한 거대 예산 영화의 감독으로 운명이 정해질 것이다. 이 영화는 3월 29일 개봉한다.

조시 로튼버그Josh Rottenberg, 2018년 3월 23일 자 〈로스앤젤레스 타임스Los Angeles Times〉에서.

〈레디 플레이어 원〉은 사람들이 '오아시스'라 불리는 가상현실 영역에서 대부분의 삶을 살아가는 디스토피아적 근미래를 배경으로, 위험도가 상당한 디지털 보물 사냥에 초점을 맞춘다. 이 사냥에서 참가자들은 오아시스의 총명한 창조자 제임스 할리데이가 남긴, 1980년대의 팝 문화에서 영감을 받은 부활절 달걀들을 추적한다. 〈초콜릿 천국〉과 〈매트릭스〉를 한데 넣어 으깬 뒤 눈알이 튀어나올 정도의 액션 시퀀스와 1980년대 및 1990년대의 토템에 대한 수많은 복고풍의 참조들을 더하면, 어림잡아 이 영화가 나온다. 타이 셰리든, 올리비아 쿡, 벤 멘덜슨, 마크 라이런스 등이 주연으로 나온다.

클라인과 공동 각본가 자크 펜에게, 스필버그는 괴짜 문화에 대한 이번 찬가의 조종을 맡을 이상적인 감독이었다(그는 1980년대에 성년이 된 누구에게라도 유년기 시절 할리데이 같은 영향력을 행사했다). 펜은 말한다. "누군가 우리에게 물었어요. '차선책으로 염두에 둔 감독은 누구죠?' 아무도 없었어요. 내 말은, 일단 그를 확보하면 다른 모든 선택은 잘못돼 보인다는 거죠."

그럼에도 스필버그를 빨아들인 건, 레이건 시절 팝 문화에 대한 향수보다는, 이야기가 가진 심오한 주제들과 현 디지털 시대의 약속과 위험에 대한 시의적절한 탐색이었다. "이 영화에 대해 내가 항상 하는 말은, 이야기는 앞쪽 유리이고, 향수는 옆쪽 창문이라는 거예요"라고 감독은 말한다.

아카데미 작품상 후보에 오른 국방부 비밀 보고서 관련 영화 〈더 포스트〉가 개봉한 지 이제 막 3개월이 지난 시점이다.

"스티븐에게 이 질문은 일상적으로 아내와 자기 가족들과 함께 다루는 사안이에요. 온라인에 머물겠는가, 아니면 실제 세상에서 살겠는가."

스필버그의 오랜 제작 파트너 크리스티 마르코스 크리거의 말이다. "결국, 그것이 영화가 다루고자 하는 거예요."

최근 어느 날 오후에 71세의 스필버그, 45세의 클라인과 앉아서 클라인의 야심 찬 책을 영화화하는 도전, 즉 향수의 유혹과 가상현실의 미래에 대해 의견을 나눴다.

로튼버그　　스티븐, 〈레디 플레이어 원〉의 각본을 처음 읽었을 때 마음에 들었지만, 애초 직감적인 반응은 아마도 좀 더 젊은 영화감독이 연출을 맡아야 하는 게 아닐까, 였다고 말씀하셨어요. 왜죠?

스필버그　　단지 얼마나 힘들지 알았던 거예요. 이 영화는 순서상 〈죠스〉 〈라이언 일병 구하기〉에 이어 가장 힘들게 만든 세 번째 영화예요. 내가 이 영화를 하게 된다면 무엇이 나를 기다리고 있을지 생각하느라 지친 상태에서, 이런 생각이 들었어요. "혹시 이십 대 감독이라면 위축되어본 경험이 없기 때문에 이렇게 겁나진 않을지도 모르지." 그러나 가능성들에 너무 매혹된 나머지 그냥 말했죠. "만약 문제가 생기면 나보다 젊은 감독 협업자 중 한 명에게 찾아가 도와달라고 할 겁니다."

한두 번은 아침에 깼을 때 "침대를 벗어나 오늘 이 영화를 찍으러 간다는 게 믿기지 않는군. 24시간 동안 자야만 하겠다는 생각이 드네"라고 말했다는 걸 고백해야만 하겠네요. 또 한두 번은 가장 친한 친구 중 하나인 J. J. 에이브럼스에게 "이봐, 영국으로 건너와서 나를 위해 제2 제작 팀을 맡아주지 않겠나?"라고 전화를 걸 뻔했죠. 하지만 그러지 않았어요. 내게 필요한 건 단지 따뜻한 차 한 잔과 내 아내(배우 케이트 캡쇼를 가리킨다)로부터의 약간의 격려라는 걸 깨달았죠. 그런 다음 촬영장에 갔어요.

로튼버그   그럼에도 불구하고, 〈레디 플레이어 원〉을 찍으시는 동안에 〈더 포스트〉 또한 촬영하셨어요. 서로 너무나도 다른 영화인데도 말이죠. 어떻게 해내셨죠?

기본적으로 내가 분류할 수 없는
감독들을 경배해요.

스필버그   〈레디 플레이어 원〉의 최종 편집을 완료한 상태였고, 일주일에 한 번 세 시간 동안 스카이프로 ILM과 영화의 시각효과들을 재검토하는 과정에 있었어요. 내 시간을 일주일에 한 번만 〈레디 플레이어 원〉에 쏟아야 하는 그 짧은 기간에, 그때 바로 리즈 해나의 〈더 포스트〉 시나리오 초고를 읽게 됐어요. 마음에 와닿았어요. 그 속에는 동시대의 위급한 정치 메시지가 들어 있었고, 당장 그곳으로 뛰어들더라도 〈레디 플레이어 원〉에서 잃게 되는 건 없으리라 생각했어요.

한번 보세요. 내가 가장 좋아하는 감독 중에는 윌리엄 와일러가 있는데, 그는 결코 같은 구멍에서 다시 나온 적이 없었어요. 나는 늘 스타일 면에서 완벽하게 스스로를 재창조할 수 있었던 그런 감독들을 찬미해왔어요. 〈미니버 부인〉에서 〈벤

437

허〉로, 〈빅 컨츄리〉에서 〈화니 걸〉로 넘어갈 수 있는, 그런 사람들이 내가 존경한 감독들이죠. 기본적으로 내가 분류할 수 없는 감독들을 경배해요. 나는 결코 윌리엄 와일러만큼 훌륭한 감독은 되지 않겠지만, 그가 그랬던 것처럼 다방면에 걸치는 것, 그것이 늘 내가 원했던 바예요.

로튼버그　어니스트, 당신의 유년 시절을 구성한 핵심 요소 중 하나였던 이 영화감독이 이제 당신의 소설을 각색한다는 사실에 감회가 어떠세요?

클라인　정말 표현하기 힘드네요. 자기가 사랑하는 것들을 염치없이 찬양할 때 어떤 일이 발생하는지를 보여주는 증거가 바로 나라는 느낌이 들어요. 『레디 플레이어 원』을 쓰는 건, 마치 "이게 내가 사랑하는 것이고 동시에 왜 내가 그것을 사랑하는지 보여주는 이유입니다. 당신도 함께 좋아하지 않으실래요?"라고 선언하며 모닥불이나 탐조등을 만드는 것 같았어요. 그렇게 함으로써 이 이야기를 쓰는 데 영감을 준 바로 그 사람들이 나와 협력하도록 끌어당기는 데 성공했어요.
사람들은 말해요. "대담해지면 강력한 힘들이 당신을 도우러 올 것이다." 바로 그런 상황이 벌어진 거죠.

로튼버그　감독님, 이 책 전반에서 감독님 이름과 영화들이 발견됩니다. 감독님은 영화 속에서 과거에 찍은 영화들에 윙크를 보내는 것과는 거리가 먼 걸로 알려져 있는데요. 그걸 어떻게 다루셨나요?

스필버그　워너 브라더스로부터 처음 각본을 받았을 때, 만약 내가 도전을 받아들인다면, 나와 관련된 문화적 참조 중 최소 70퍼센트는 잘라내야 할 거라고 말했어요. 그러지 않는다면 마치 거울 앞에서의 몸치장과 다름없을 것이기 때문이며, 스스로 그런 짓을 하게 놔두지는 않을 테니까요.

나는 내가 겸손하다는 걸 자랑스럽게 생각해요. 그렇지만 또한 1980년대를 살았고 그 시대를 알죠. 내 작업과 과거에 대해 충분히 객관적인 만큼, 드로리안과 티렉스와 아마도 내 영화에서 비롯된 몇 가지 다른 것들을 생략한다면 죄가 되리라는 걸 알죠. 그래서 책에 나온 내용 중 20퍼센트는 남겨뒀어요.

로튼버그　특히 1980년대에 성장한 사람이라면 누가 보기에도 〈레디 플레이어 원〉은 당시 팝 문화에 대한 향수에 푹 젖어 있습니다. 그런데 할리우드가 이미 끝없는 리메이크와 재가동을 하면서 향수에 너무 집착하고 있고, 이런 과거로부터의 지속적인 채굴이 창작의 막다른 길이 될 수 있다는 주장이 있어요. 그에 대해 어떤 의견이세요?

클라인　글쎄요, 그게 바로 〈레디 플레이어 원〉이 마음에 드는 이유인 걸요. 리메이크나 재가동이 아니거든요. 그 문화를 모두 취한 뒤 새로운 이야기를 하는 거죠.

〈레디 플레이어 원〉을 쓰고 있었을 때, 팝 문화라는 게 '인디아나 존스' 영화들의 신화와 유사하다는 생각이 들었어요. 사람들은 성배나 잃어버린 궤에 대해, 혹은 그런 게 얼마나 진실인지에 대해 잘 모를 수도 있어요. 하지만 착한 자들이 누구고 악당들이 누구인지, 또 스스로 누구를 응원하는지는 충분히 알아요. 나는 결코 〈레디 플레이어 원〉의 플롯이 특정한 지식에 달렸다고 생각한 적이 없어요. 그럼에도 이야기는 스스로 작동해요.

스필버그   아시겠지만, 필사적으로 탈출을 추구하는 건 향수가 아니에요. 우리 모두에게 익숙한 것이죠. 현실도피는, 특히 오늘날에는, 그 어느 때보다도 사람들이 단지 지독하게 우울한 뉴스 사이클로부터 벗어나기 위해 갈구하는 그 무엇이에요. 매 10년마다 한 번씩 지독하게 우울한 소식들이 들려오는 주기가 존재했지만, 지금은 그 골이 매우 깊어요. 따라서 생각하죠. "지금이 바로 이걸 하기에 적기야."

로튼버그   감독님은 이 책이 담고 있는 1980년대에 대한 향수에 공감하세요? 혹은 그 자체로 감독님의 유년 시절을 향한 사적인 끌림인가요?

스필버그   내 유년기는 1960년대였어요. 나는 비틀스와 롤링스톤스의 시대, 그리고 세계를 바꾼 시민권 쟁취 운동의 탄생을 사랑해요. 그런 한편 1980년대는 〈레이더스〉와 〈이티〉 및 당시 내가 만든 영화들의 관점에서 보면, 내가 처음으로 정말 큰 성공을 거둔 시기였어요. 그리고 내가 기억하는 한, 가장 재미를 추구했던 10년이었어요. 전혀 냉소적인 10년이 아니었죠. 경제는 상대적이나마 안정적이었고 상황은 비교적 차분했어요. 그리고 우리의 대통령은 배우 출신이었죠.

로튼버그　재미를 목표로 하는 것만큼이나, 〈레디 플레이어 원〉은 미래에 대한 극히 암울한 비전을 제시합니다. 세상이 너무 붕괴된 나머지 사람들은 가상현실에서만 만족을 찾을 수 있어요. 그런 상황이 얼마나 타당하다고 생각하세요?

클라인　이미 우리가 그런 상황인 것 같아 걱정인데요. 너무나 많은 사람들이 그들의 시간을 온라인에서 보내요. 우리에게 주어진 엔터테인먼트의 방대한 양 때문에 이미 실제 세계가 경시되고 있다고 생각합니다. 모든 영화와 노래, 예술 작품 등, 디지털화할 수 있는 거라면 모두 인터넷에서 즉각적으로 접근 가능해요. 그 어느 때보다도 현실도피가 쉬워졌어요. 그래서 나는, 결국 균형의 문제로 봐요.

그곳이 진정으로 당신이
삶의 나머지를 보내고 싶은 세계인가?

스필버그　나는 미래에 VR이 슈퍼 마약이 될 거라 생각해요. 이 영화는 간단하게, 당신의 선택에 달렸다는 메시지를 건네죠. 당신의 주된 시간을 어디에 쓰고 싶은가? 실제 세계에서 실제 사람들과 쓰고 싶은가? 그런데 그곳은 종종 당신이 늘 되길 원했던 그런 사람이 될 수 있는, 자아가 정말 자신이 될 수 있는 가상 세계에서 시간을 보내는 것보다 힘들 텐데? 그곳이 진정으로 당신이 삶의 나머지를 보내고 싶은 세계인가?

로튼버그   영화감독으로서 스토리텔링에 대한 통제권을 얼마나 많이 잃게 되는지, 라는 사안 때문에 가상현실에 대해 양가적인 입장을 보이셨습니다.

스필버그   많은 걸 포기하고 있고, 우리 모두 그래야 할 거예요. VR이 정말 유행하게 되면, 그렇게 되리라 생각하는데, 서사를 풀어내는 완전히 새로운 패러다임이 존재하게 될 겁니다. 이 새로운, 360도 미래 세계에서 영화감독들은 전혀 다른 방식으로 이야기를 진행해야 할 거예요. 이야기가 실종되지 않기 위해 관객들이 봐야만 할 지점을 보도록 하기 위해서는, VR 경험 속에서 관객들을 이끄는 다른 방식들을 찾아야만 할 거예요. 스탠리 큐브릭과 친한 사이였는데, 그는 늘 말하곤 했어요. "나는 내러티브 형식을 변화시키는 데 가담할 수 있는 그날을 위해 살고 있지." VR이 바로 우리 모두에게 스토리텔링 형식의 변화를 강요하는 그 방식일지도 모르죠.

클라인   이미 패러다임의 변화가 막 시작되려 한다는 느낌이 들어요. VR과 더불어 우리는 말 그대로 스스로를 다른 누군가의 처지에 둘 수 있게 됐어요. 나는 난민캠프를 통과하는 360도 VR

체험을 했는데, 마치 그곳에 있는 것처럼 느껴지더군요. 장면을 2차원의 스크린상에서 보는 것과, 온통 당신을 둘러싼 상태에서 구석구석을 살피는 건 전혀 달라요. 이 영화가 분명히 더 많은 사람들을 가상현실로 끌어들여서, 그것을 탐험하고, 소통의 도구이자 스토리텔링의 수단으로서의 잠재성을 발견하게 만들 거라고 생각해요.

로튼버그　스티븐, 감독으로서 이미 그렇게 많은 걸 성취하셨는데, 이 지점에서 새로운 프로젝트를 맡는 기준은 뭔가요? 여전히 늘 그랬던 것과 같은 기준인가요?

그러니까, 내가 따르지 않은 조언들이 많은 거죠.
그리고 따르지 않은 게 다행이에요.

스필버그　늘 동일해요. 무엇이든 내 엔진에 불을 붙이는 것에 혹하죠. 나는 커리어에 관한 전략이나 의식적인 장르 파괴에 대한 어떤 계획이나 장기적 관점도 없어요. 상상력을 잡아채는 뭔가가 닥치면 그걸 하고 싶어 하죠. 심지어 이전에 매우 유사한 영화를 만든 적이 있더라도 말이에요.
〈이티〉를 만들고 싶었던 것처럼 말이죠. 내 머릿속으로 쓴 이야기였는데, 많은 사람들이 말했어요. "〈미지와의 조우〉를 이미 만들었잖소. 4년이 지난 지금 외계인에 대한 또 다른 영화를 뒤이어 내놓길 바라는 건 아니겠지."
그러니까, 내가 따르지 않은 조언들이 많은 거죠. 그리고 따르지 않은 게 다행이에요.

클라인   저도 마찬가지예요!

고친 뒤에도 남아 있는 장면

아카데미상 수상 감독 스티븐 스필버그와 퓰리처상 및 토니상을 수상한 시나리오작가 토니 쿠슈너가 뮤지컬 〈웨스트 사이드 스토리〉를 함께 재해석했다. 이 생기 넘치는 영화는 라이벌 갱단인 제트 파派와 샤크파의 이야기를 중심으로, 1957년 뉴욕 한복판에서 벌어지는 토니(앤설 엘고트)와 마리아(레이철 지글러)의 꽃다운 사랑을 펼쳐놓는다. 두 파로 양분된 도시가 폭발할 위기에 놓이며, 들통나기 직전인 둘의 금지된 로맨스와 절정에 달한 거리 갱단 간의 긴장을 둘러싼 가족, 충성, 사랑의 문제가 제기된다.

래디시 스필버그, 마지막으로 영화를 만들면서 멋진 시간을 보냈다고 한 게 〈이티〉 때였는데요.

스필버그 그랬죠.

크리스티나 래디시Christina Radish, 2021년 12월 7일 자 〈콜라이더Collider〉에서.

래디시   또한 어렸을 때 〈웨스트 사이드 스토리〉의 모든 노랫말을 다
          외웠다고 말씀하셨죠. 영화를 찍다가 의자를 박차고 일어나
          배우들과 함께 노래하고 춤추고 싶었던 적이 있나요?

리허설 당시 자리를 박차고 일어났고,
배우들과 함께 노래하고 춤췄어요.

스필버그   실제로 리허설 당시 자리를 박차고 일어났고, 배우들과 함
          께 노래하고 춤췄어요. 음치에다가 몸치였지만요. 뉴욕의 링
          컨센터와 브루클린의 '덤보'라는 장소에서 4개월 반 동안 리
          허설을 했어요. 모레노도 거기 있었는데, 배우들과 춤을 추고
          있었어요. 우리 머릿속은 일어나야겠다는 생각으로 가득했
          죠. 노래와 춤으로 완전히 생동감 넘치는 분위기였고, 천재적
          인 안무가 저스틴 펙이 모든 남녀 댄서들로부터 역동적인 춤
          을 이끌어내고 있었어요. 하지만 촬영에 돌입했을 때에는 아
          니었어요. 감독으로서 나는 발로 장단을 맞추는 것조차 하지
          않았죠. 그저 모니터에 집중하며 우리가 얻어내는 것이 뭔지,
          어떤 이미지를 건지고 있는지에 몰입했어요. 여하튼 이 영화
          는 〈이티〉 이후 맛본 가장 유쾌한, 모두가 하나의 가족이 된
          듯한 경험이었어요. 나 스스로 마치 이 모든 십 대 배우들의
          아버지인 양 느꼈죠. 예전에, 아직 아버지가 아니었던 시절
          〈이티〉를 만들면서 아버지가 되길 바라게 됐고, 그 결과 영화
          가 끝난 지 3년 후 첫아이가 태어났어요. 이번 영화에서 그런
          감정, 내가 아주 다양한 구성원으로 이뤄진 가족의 일부이며,

그 중심에 있는 게 아니라 단지 일부일 뿐이라는 감정을 다시 한번 느꼈어요.

쿠슈너   영화 제작 과정을 통틀어 가장 즐거웠던 순간 중 하나는 제작 초기의 리허설 도중이었는데(스필버그가 춤을 추진 않았어요), 저스틴이 막 「아메리카」원작 뮤지컬 및 영화에 나오는 노래 중 하나 안무의 아주 작은 부분을 연습 삼아 짜기 시작한 참이었어요. 스필버그와 나는 그냥 앉아서 보기로 되어 있었는데, 스필버그가 어찌나 흥분했던지 휴대폰을 집어 들고는 달리에 앉아 앞으로 가더군요. 그저 앉아 있을 수만은 없었던 거죠. 그런 그의 행동을 보니 영화가 흥미진진해졌어요. 이 장면에서 스필버그는 너무나 대단한 감독이었어요. 대단한 안무가, 대단한 춤과 함께 작업하는 위대한 감독이었죠. 모든 게 실험에 불과했지만, 바로 그때 "야, 이 영화 정말 성공하겠군"이라고 느낄 수 있었어요.

래디시   쿠슈너, 이번 각본 작업은 어땠나요?

쿠슈너   처음 스필버그가 각본을 맡아달라고 했을 때, 집에 가서 남편한테 물어봤어요. "스필버그가 방금 완전히 정신 나간 뭔가를 해달라고 부탁했는데 어떻게 빠져나올까?" 내 생각에는 이건 '완전히 불가능한 것'이었어요. 나는 1961년에 제작된 첫 영화를 좋아해요. 누구나 좋아하죠. 걸작이니까요. 좋아하는 마음과는 별개로 불가능한 일이라 여겼어요. 아무리 멋진 결과

물을 내놓는다 하더라도 반박의 여지없이 그리고 정당한 이유로, 역사상 가장 사랑받는 뮤지컬 영화 중 하나의 그늘에 가려질 터였죠. 그런데 남편 마크의 반응은 달랐어요. "당신은 그걸 해야만 해. 다만 '덕Doc' 캐릭터를 없애야 하지. 덕의 과부 캐릭터를 만들고 푸에르토리코인으로 설정한 뒤 리타 모레노에게 배역을 맡아달라고 하는 거야."

모레노   마크가 저지른 잘못이죠.

쿠슈너   그래서 스필버그에게 곧장 전화해서 말했죠. "마크가 끝내주는 아이디어를 냈어요." 그러자 스필버그가 말했죠. "오, 맙소사, 기가 막히는 아이디어군." 그렇게 해서 발렌티나 캐릭터가 탄생한 거예요. 이후 시나리오 완성본이 나올 때까지 기다렸다가 모레노에게 전화했죠. 그 배역이 단순한 카메오가 아니며, 대본에 있는, 구글 번역기로 번역한 스페인어는 이후 바뀔 거라고 안심시키고 승낙을 받아냈어요.

래디시   모레노, 다른 사람에게 횃불을 넘겨주는 과정, 즉 첫 영화 버전에 참여했다가 새로운 영화의 일부가 되어서 다시 한 번 이야기가 펼쳐지는 걸 보니 어떤 느낌이었나요?

모레노   다른 사람에게 횃불을 넘겨준다니 그럴싸한 표현이에요. 쉽지 않은 일이었죠. 질투심을 느끼지 않았다곤 말하지 않겠어요. 새빨간 거짓말일 테니까요. 내가 저 청춘으로 되돌아가

다시 그 역을 하길 바랐지만 그럴 일은 없었어요. 그렇지만 아름다운 대사를 동반한 이 배역이 주어졌죠. 이런 말을 자주 하지는 않는데, 이번 영화 속의 나를 사랑해요. 내가 등장하는 모든 장면이 마음에 들고, 내 연기가 마음에 들어요. 하지만 힘들었어요. 과거에 아니타로서 연기했던 장면을 그와 함께 다시 하는 건 정말이지 기이했어요. 그에게도 이상했겠지만, 내가 훨씬 더 힘들었죠. 그저 그를 바라만 봤어요. 그 장면으로 들어갈 때 가장 힘든 시간을 보냈는데, 내가 과거 첫 영화에서 방해했던 인물인 덕을 이번에는 내가 대신하게 되었기 때문이었죠. 아주 이상했어요.

스필버그   그 장면 자체로 〈블랙 미러〉의 한 회가 될 수 있을 겁니다.

래디시   스티븐 손드하임은 겨우 스물네 살 때 〈웨스트 사이드 스토리〉의 가사를 썼고, 최근에 사망했습니다. 이번 제작에는 어떻게 참여했나요?

스필버그   제작에 참여했죠. 우리만의 〈웨스트 사이드 스토리〉를 만들려고 저작권자를 찾아다닐 무렵, 손드하임을 가장 먼저 만났어요. 뉴욕에 있는 그의 집에서 그의 반려견들과 함께 의논했어요. 그전에 내 제작사가 조니 뎁이 나오는 각색 영화 〈스위니 토드: 어느 잔혹한 이발사 이야기〉를 만들었기 때문에 만난 적이 있었어요. 영화 개봉 당시 처음으로 손드하임을 만났죠. 그 이후에도 대통령자유훈장을 수훈할 때 백악관에서 마주쳤어요. 손드하임, 바브라 스트라이샌드, 그리고 내가 수훈자였는데 모두 부부 동반으로 참석했죠. 그때 손드하임에게 "정말 간절하게 〈웨스트 사이드 스토리〉를 내 버전으로 만들고 싶어요"라고 말하고 싶었지만 차마 입 밖으로 나오지 않더군요. 그 말만 제외하고 얼마나 많은 대화를 했던지…….

그러다가 마침내 이를 악물고 애쓴 결과 그와 또 다른 관계자들을 만날 수 있었어요. 여하튼 손드하임이 참여한 비중은 컸어요. 그는 쿠슈너의 각본에 대해 특히 많은 조언을 했어요. 그에게는 아이디어가 있었고, 쿠슈너는 초안에서 다음 버전으로 넘어가는 과정에서 손드하임과 터놓고 대화했어요. 그리고 무엇보다 그의 참여는 보컬 아티스트들과의 사전 녹음 과정에서 빛났어요. 손드하임은 3주 동안 매주 5일을 하루 종일 녹음 스튜디오에서 내 바로 옆에 앉아 있었어요. 그 시간을 함께한 건 큰 영광이었죠.

모레노   나도 거기에서 그를 처음 만났어요.

스필버그   녹음 스튜디오에서요?

모레노   그래요.

쿠슈너   사실은 두 번째로 만난 거죠.

모레노   첫 번째는 언제였는데요?

쿠슈너   1961년 〈웨스트 사이드 스토리〉 첫 상영 때 만났다고 하던데요.

모레노   내가 하이힐로 자기 발을 밟았다고도 했겠죠. 당시 나는 상영에 갈 수 없었고, 거기에 없었다고 그에게 말하기도 했어요.

쿠슈너   그럼 그가 지어낸 이야기인가요?

모레노   아뇨, 그는 정말 나라고 믿었어요. 아마 치타 리베라미국의 여배우이자 댄서. 〈배쓰텁스 오버 브로드웨이〉 등에 출연했다였을지도 모르죠. 난들 어떻게 알겠어요?

래디시   이 영화에서 뉴욕은 그 자체로 하나의 캐릭터가 됩니다. 70년 전의 도시에 대한 전망을 재창조하고 포착하는 작업은 어땠나요?

1950년대 뉴욕은 브루클린, 퀸스,
브롱크스, 할렘에 생생하게 살아 있죠.
건물들이 바뀌지 않은 곳에서만 촬영했어요.

스필버그   사실 여전히 일부 자치구에 70년 전의 도시가 남아 있어요. 1950년대 뉴욕은 브루클린, 퀸스, 브롱크스, 할렘에 생생하게 살아 있죠. 건물들이 바뀌지 않은 곳에서만 촬영했어요. 뉴저지의 패터슨은 영화 속 빈민가인 산후안 힐이 되었는데, 건축

적으로 맨해튼 59번가와 72번가 사이, 그리고 콜럼버스 서클

미국 맨해튼 어퍼 웨스트 사이드에 있는 원형 광장과 강가 사이 지역의 당시 모습과 훨씬 더 닮았기 때문이에요. 한 가지 더 짚고 넘어가고 싶은 사실은, 영화의 첫 오프닝 쇼트에서 세트를 확장한 게 영화에서 디지털 작업을 한, 즉 우리가 컴퓨터로 작업한 유일한 경우라는 거예요. 폐허가 된 웨스트 사이드의 다섯 블록을 실제로 설치하긴 했지만, 멀리 배경에 컴퓨터로 허드슨 강을 추가했죠. 딱 하나 더 디지털로 작업한 부분이 있다면, 창가의 실외기, 위성 안테나, 안전대 들을 없앤 거예요. 요즘 뉴욕에는 안전대가 2층보다 높이 있거든요. 뉴욕 자체는 여전히 그 시대와 어울리기 때문에, 이 두 가지만 빼면 나머지는 모두 그때 그대로였어요.

래디시   몇몇 캐릭터는 영화 내내 스페인어로 말하는데 영어 자막이 없습니다. 처음부터 계획된 건가요, 아니면 즉흥적으로 결정하셨나요?

쿠슈너   계획에 있었어요. 의도된 거죠. 그 인물들은 영어에서 스페인어로 옮겨가는 중이에요. 아니타가 곧 자기 남편이 되기를 바라는 연인과 마리아를 동시에 쟁취하기 위해 "이제 뉴욕에 왔으니 우리는 동화되어야만 해요. 제발 이 언어를 사용해요"라고 말하거든요. 아니타는 모두를 교정하려고 해요. "영어로 말해요"라고 하죠. 발단은 명백한 백인 인종주의자인 슈랭크 형사가 스페인어를 하는 사람들 모두에게 "영어로"라고 말하는

데 있어요. 그는 "스페인어 말고 영어로만 말해"라고 합니다. 그러자 이제 미국에서 미국인으로 살고 싶은 아니타는 "영어로 말해요"라고 하게 되는 거죠. 그래서 우리는 존중의 의미로, 어떤 스페인어에도 자막을 달지 않았어요. 이 언어는 도움 없이 영어 옆에 동등한 크기로 존재해야 했어요. 주의를 기울일지 아닐지는 관객의 소관 혹은 마음에 달려 있죠. 대부분은 그들이 무슨 말을 하는지 거의 다 알아들을 수 있거든요.

모레노　　정말 그래요.

쿠슈너　　내가 바라는 바는 스페인어를 못하는 관객들이 스페인어를 할 줄 아는 사람과 다시 오는 거예요.

스필버그　　나는 스페인어로 말하는 관객들과 영어로 말하는 관객들이 함께 영화관에 앉아 있다가, 영어를 하는 관객들이 갑자기 극장 한쪽 스페인어를 구사하는 관객들로부터 터져 나오는 웃음소리를 듣게 되길 바랍니다.

쿠슈너　　미국은 이 두 언어를 모두 사용하는 나라이며, 이렇게 자막을 처리하면 그런 나라를 위한 영화처럼 느껴지기 때문이죠.

모레노　　하지만 관객들을 안심시키기 위해 말하자면, 영화에는 영어가 아주 많이 사용돼요. 난 그저 누구도 소외되길 원하지 않아요.

쿠슈너   혼자 남겨졌다는 느낌은 결코 들지 않을 겁니다.

래디시   「아메리카」를 부르는 장면이 무더위가 신기록을 세운 날 중
         하루에 촬영됐다는 게 사실인가요?

스필버그   네, 3일 동안 참기 힘든 더위가 기승을 부렸어요. 할렘 거리들
         을 봉쇄하고 촬영을 진행하는 건 토요일과 일요일에만 가능
         했는데, 토요일에 더위 지수가 102에 다다랐어요. 실제 기온
         은 약 35도였고요. 노래 없이 춤만 추는 장면을 찍고 있었는
         데 커버리지 쇼트들이 많고 테이크 수도 많아서 촬영이 오래
         걸렸어요. 배우들은 너무나 힘들게 작업하고 있었어요. 옷이
         땀에 흠뻑 젖을 정도였죠.
         디지털 기술의 마법으로 땀을 제거했어요. 스크린상에서는
         그 누구의 겨드랑이에도 땀이 배어있지 않아요. 후반작업에
         서 엄청난 양의 땀을 제거했거든요. 하루를 마감할 무렵, 배
         우들은 숨이 차서 헐떡거렸어요. 좋은 테이크가 나오면 모두
         를 천막으로 초대하곤 했는데, 그들은 천막 안이 그늘져서 좋
         아하기도 했지만, 지금 막 찍은 걸 보고 싶어 했어요. 자신들
         이 춤추는 모습을 보면서 격렬한 반응을 보이곤 했고, 그런
         다음 밖으로 나가서 다시 춤을 추고 싶어 했어요. 땀을 뚝뚝
         흘리고 있었는데도 그랬죠.
         그날 일정을 마쳤을 때 프로듀서 한 명에게 물었어요. "내
         일 기온은 어떤가?" 할렘에서 보내게 될 일요일이었어요. 그
         는 답했어요. "오늘 기온이 35도였고 내일은 더위 지수 103에

36도로 예상됩니다." 그래서 나는 대략 다음과 같이 말했어요. "일요일은 쉬도록 하지. 뒷일은 내가 책임지겠네. 실제로 촬영을 하루 취소할 거니까 월트 디즈니 스튜디오나 폭스 앞으로 비용을 댈 필요도 없고. 댄서들이 이런 걸 또 다시 겪게 할 순 없어." 운 좋게도 얼마 지나지 않아 무더위가 꺾였고, 「아메리카」 장면으로 돌아갔을 때에는 31도였어요. 훨씬 나았죠.

래디시   스필버그, 쿠슈너, 영화를 현재 배경으로 만드는 걸 고려한 적이 있나요? 결국 예전 영화와 시대적 배경을 똑같이 결정한 이유는 뭔가요?

쿠슈너   시대를 바꾸는 사안에 대해 한 번도 논의하지 않은 건 두 가지 이유에서였어요. 먼저, 음악이 전혀 구시대적이지 않기 때문이에요. 그 음악들은 유행을 타지 않아요. 생동감 넘치고 훌륭하며, 어떤 순간과도 어울리기에 확신하건대 모든 시대를 아우르죠. 그 음악을 들을 때마다 지금 일어나고 있는 일인 양 느껴질 겁니다. 그래서 예스럽거나 구식인 게 하나도 없어요. 더불어 손드하임은 어떤 언어로라도 최고의 작업을 이끌어내는 가장 위대한 작사가이자 작곡가 중 한 명이었어요. 사람들이 사고하고 느끼는 방식에 대한 통찰력이 유행을 타지 않는다는 의미에서, 그는 시간을 초월하는 특수성의 대가였죠. 노래 가사들은 전적으로 1957년의 십 대들이 흥얼거릴 법한 거였기에 그 노래들을 2021년으로 가져왔다면 이상했을 거라 생각해요. 또한, 이 영화제작에 대해 처음 논의하기 시작할 때 스필버그가 가장 먼저 내게 당부한 것 중 하나가 "길가에 서 있는 십 대들에게서 더러움이 느껴졌으면 하네. 굶주려 보였으면 좋겠어"였어요.

스필버그   38세나 39세가 18세를 연기하는 게 아니라, 그들이 정말 십 대처럼 보이길 원했어요. 샤크 파와 제트 파 구성원 모두 23세 미만이여야 한다는 게 중요했죠.

쿠슈너   1950년대에는 도시 빈곤으로 인한 삶의 모진 면들이 존재했고, 부끄럽게도 오늘날까지 지속되고 있어요. 당시에는 주로 웨스트 사이드가 그랬죠. 우리는 60번가에서 72번가까지, 브로드웨이에서부터 강가까지 그 일대 전체가 빈민가를 철거한다는 명목 아래 날아가버렸다는 사실에 주목했어요. 제트 파가 사는 그 오래되고 무너지는 중인 동네는 깨끗이 없어졌고, 푸에르토리코에서 새로 도착해 그들의 삶을 일궈가던 이주자들의 동네인 산후안 힐도 마찬가지였죠. 집에서 쫓겨난 이들이 재정착할 수 있기 위한 실질적인 지원은 전혀 없었어요. 그래서 스필버그와 나는 이 비극이 서로 싸우는 사람들의 발 밑에서 허물어지는 중인 풍경 속에서 일어나고 있다는 아이디어를 받아들였죠.

스필버그   그들의 영역 다툼이 정말로 인종과 관련된다고 생각해왔어요. 그들이 걱정된다고 주장하는 영토 전체가 건물 해체용 철구wrecking ball의 그늘 아래에 있어요. 그래서 우리는 그 쇳덩이와 함께 영화를 시작했죠. 새로운 도시계획이 수립될 수 있을 거라고 봐요. 공연예술을 위한 링컨센터를 설립할 계획 말이죠.

쿠슈너   영화에서 스필버그가 만들어낸 이미지 중 가장 마음에 든 하나는 제트 파의 노래가 끝날 때, 그 거리의 쥐들이 "우리는 세상의 왕이야"라고 말한 뒤 돌무더기를 기어오르는 순간이에요.

스필버그   그들은 폐기물 더미를 위해 싸우는 셈이죠.

쿠슈너   쓰레기를 위해.

래디시   두 분 모두 정말 완벽하게 만들어야겠다는 압박감을 느낀 장면들이 있나요?

무엇을 시도하기 전에는
늘 반드시 대화를 시도해야 한다는 거예요.

스필버그   이 영화의 어떤 장면도 그렇지 않은 게 없었어요. 하나의 장면은 단순히 본다면 하나의 주장 혹은 이야기의 끝을 향한 진행 과정이에요. 우리 둘이 공통으로 느낀 것은, 만약 어떤 장면이 전체 이야기에 기여하지 않거나 캐릭터들의 성장선 혹은 포물선에 기여하지 않는다면 그 장면은 〈웨스트 사이드 스토리〉에서 자리를 잃는다는 거였어요. 모든 장면은 각각 이야기의 진전, 살아 있음에 대한 축배, 그리고 마지막 비극에서 수행해야 할 중요한 역할이 있어요. 그 비극이 발생하기 전, 대화는 불가능했어요. 영화의 메시지는 무엇을 시도하기 전에는 늘 반드시 대화를 시도해야 한다는 거예요.

각 장면은 진주 목걸이의 진주처럼 한 건물을 구성하는 작은 요소예요. 외과의가 쏟을 법한 주의를 기울이지 않은 장면은 없었어요. 또한 쿠슈너는 배우들이 갖고 있을지 모르는 새로운 아이디어들, 혹은 장면을 만들 수 있는 다른 방식이 있는지에 대해 지극히 개방적이었어요. 어떤 장면인지는 밝히지 않겠지만, 32번이나 고친 뒤 실제 촬영에 들어가기 24시간 전에 마지막으로 다시 수정했던, 그런 장면이 있었어요.

래디시   어떤 장면인지 말씀해주지 않으실 건가요?

스필버그   그럴 이유가 없죠. 사람들이 그 장면이 나타나기만을 기다리는 건 바라지 않거든요.

모레노   우리는 지금까지 영화 네 편을 함께 만들었어요. 이제 막 끝난 이 영화를 포함해 모든 영화에는 우리가 고치고, 고치고, 또 고치고, 다시 고치고, 그래도 또 다시 고치는 장면이 하나씩 있답니다.

영원한 청년, 꿈꾸는 모험가, 스티븐 스필버그

'20세기 최고 영향력 있는 영화감독' '영화사에서 가장 강력하고 영향력 있는 인물' '현대사에서 가장 인기 있는 영화감독', 모두 스티븐 스필버그를 일컫는 말이다. 당대 최고의 흥행 기록을 세운 〈죠스〉 〈레이더스〉 〈인디아나 존스〉 〈이티〉뿐 아니라 〈쥬라기 공원〉 〈쉰들러 리스트〉 〈라이언 일병 구하기〉가 모두 그의 손에서 나왔다. 그뿐이랴? 〈에이 아이〉 〈마이너리티 리포트〉 〈우주 전쟁〉 〈레디 플레이어 원〉도 그의 작품이다. 세계적으로 문화적 시대정신을 선도한 그 장대한 이력의 중심에는 꿈꾸기를 멈추지 않고 모험에 뛰어드는 걸 마다하지 않는 청년의 마음이 깃들어 있다.

1970년대 중반, 아직 세계관이랄 게 없다고 하며 대중을 기쁘게 해주는 데 주력하던 젊은 흥행 감독이 2010년대에 들어 칸영화제 심사위원장으로 위촉되고 다양한 국가의 훈장을 받는 영예를 누리기까지, 그 변화의 중심에는 〈쉰들러 리스트〉가 있었다. 스필버그의 영화 중 처음으로 아카데미에서 수상하면서 이미 갑부였던 그에게 명예마저 선사한 대작이다. 그럼에도 이 영화는 감독에게 사적인 의미가 더 컸다. 〈쉰들러 리스트〉를 만들며 유대인이라는 자신의 정체성 문제를 진지하게 마주할 수 있기까지 스필버그가 얼마나 망설이고 고민했는지는 이 책의 곳곳에서 드러난다.

스필버그의 여정은, 감독 스스로의 표현에 따르면, 순수한 재미로서의 영화movie와 그보다 진지하게 인간을 탐구하는, 예술로서의 영화film라는 상이한 두 축을 따라 펼쳐진다. 하지만 정작 그의 필모그래피를 보고 있노라면, 장르의 재미 속에 인간에 대한 성찰이 짙게 깔려 있기에, '장르라는 틀 속에서 고유의 일관된 세계를 구축한 감독들을 영화작가로 본' 초기 프랑스 작가주의를 떠올리게 된다. 스필버그는 1930~40년대 전성기의 할리우드 스튜디오 시스템은 아닐지라도 유니버설을 통해 1970년대 중반 영화계에 발을 들여놓은 이래 스스로 제작사를 차리기까지 엄연히 스튜디오라는 틀을 경험했고, 그 후로도 스튜디오와의 연결고리를 끊지 않았다. 그럼에도 그의 장르영화들은 세월이 축적되면서 일관되게 진지한 주제 의식들을 보여줬고, 21세기의 학계는 그런 일관성에 주목하고 있으니, 이를 과거 〈카이에 뒤 시네마〉 평론가들이 '작가' 앨프리드 히치콕을 재발견한 것에 비유한다면 지나친 비약일까.

스필버그의 인터뷰들에서 반복되는 영화 만들기의 키워드 중에는 이야기, 모험, 인간성이 있다. 그중 모험은 그의 유년기 보이스카우트 시절에 싹튼 이래 '인디아나 존스' 시리즈로 표면화됐고, 스필버그가 할리우드 영화계를 헤쳐온, 즉 그가 살아온 삶의 방식이기도 하다. 그가 말하는 인간성은 기계들의 광기와 대비되며, 부자 관계, 인간에 대한 존중, 외계 생물과 맞서는 주인공 등을 통해 드러날 뿐 아니라 영화제작에서도 발현된다. 이를테면 〈슈가랜드 특급〉의 촬영장에서 생생하게 느껴지는, 스턴트 장인들의 몸을 사리지 않는 점프와 땀방울은 그 자체로 인간성을 표현한다.

이때 인간성이란 것은 디지털의 대척점에 위치한다는 생각도 든다. 〈쥬라기 공원 2—잃어버린 세계〉의 CGI가 〈죠스〉의 기계 상어의 대척점에 있는 것처럼. 스필버그의 영화들은 결과물을 통해, 혹은 그 제작 과정에서 디지털 시대의 약속과 위험을 예견했고 또 그것을 관통해왔다. 할리우드의 B급 공룡들을 보면서 성장했을뿐더러 그 스스로 로봇공학과 CGI가 공존하는 사실상 최후의 영화들을 만들었기에 그런 문제의식을 가질 수 있었을 테다. 같은 맥락에서 〈레디 플레이어 원〉 관련 인터뷰에는 노장 감독이 최신식 디지털 환경에 도전해서 겪는 어려움을 끝내 극복하는 감동적인 모험이 녹아 있을 뿐 아니라, 가상현실이 약속하는 새로운 스토리텔링과 더불어 그것의 마약 같은 면에 대한 선견지명이 번뜩인다.

이 책은 1974년 〈죠스〉가 촬영 중이던 선상에서의 인터뷰부터 2018년 〈레디 플레이어 원〉 인터뷰까지 원서에 수록된 스무 편의 인터뷰에, 한국어판에 한해 2022년 1월 국내 개봉 예정인 〈웨스트 사이드 스토리〉 관련 인터뷰를 추가한 총 스물한 편의 인터뷰들로 이루어져 있다. 〈대결〉이나 〈슈가랜드 특급〉에서의 경우를 포함, 할리우드 대가가 지휘하는 영화제작의 전 과정을 총망라하고 있으며, 인터뷰가 진행된 긴 세월만큼이나 시대 변화에 따른 스필버그 자신의 성숙, 할리우드 풍경의 변화, 영화 기술의 발전 등이 복합적으로 펼쳐진다. 줄타기를 하듯 작품과 거래, 창작자와 비즈니스맨을 오가는 할리우드 감독의 실상은 물론, 스태프 군단과 신경전을 벌이며 촬영을 끝까지 이끌어야만 하는 모든 감독의 스트레스도 녹아 있다. 젊은 스필버그에게 범접하기 힘든 저 하늘의 별이었던, 앨프리드 히치콕의 촬영장에 잠입했다가 '뒤통수에 눈이 달려 있는' 그에게 쫓겨난 일화, 조앤 크로퍼드나 데이비드 린 같은 영화사의 전설들이나 그가 존경해마지 않는 누벨바그 감독 프랑수아 트뤼포와의 만남도 생생하게 수록되어 있다. 그러는 와중 스필버그는 평생 지기 조지 루카스와 모래성을 쌓거나, 로빈 윌리엄스와 원격으로 비디오게임을 한 일화, 투자금을 둘러싸고 톰 행크스와 의기투합한 일 등, 할리우드의 별들에 얽힌 깨알 같은 뒷얘기들 또한 별미로 들려준다.

스필버그의 남다른 재치와 유머 감각 덕에 수시로 터져 나오는 웃음을 참지 못한 채 읽게 될 이 책에는, 영원한 청년이자 꿈꾸는 모험가의 솔직한 입담이 빛을 발한다. 관객, 시네필, 영화학도, 영화감독 모두에게 진솔하게 다가올 일종의 스필버그 자서전이자, 향후 그에 대한 진지한 연구의 밑거름이 될 책이기도 하다. 개인적으로는 지극히 즐거운 독서를 동반한 번역이었지만 한편으로 구어체의 문장들로 이루어진 원서에 맥락이 애매한 부분들이 종종 있었다. 그에 따른 번역의 미비함에 대해서는 독자들에게 미리 너그러운 양해를 구하고자 한다. 마지막으로 소중한 책의 번역을 맡겨주신 마음산책과 거친 번역을 꼼꼼하게 봐주신 나한비 편집자에게 감사의 말씀을 전한다.

2021년 12월
이수원

1946   12월 18일 오하이오의 신시내티에서 아널드 스필버그와 레아 포스너 스필
버그의 장남으로 태어난다.

1952   가족이 해든 타운십이라 불리는 뉴저지주 캠던의 교외로 이사한다.

1957   첫 아마추어 영화 〈마지막 기차 사고The Last Train Wreck〉(3분, 8밀리)를 감
독한다. 가족이 애리조나의 아케이디아로 이사한다.

1958-61   〈마지막 총격전The Last Gunfight〉〈천둥 친 하루A Day in the Life of
Thunder〉〈전사 부대〉〈필름 누아르Film Noir〉〈스케리 핼로Scary Hollow〉
를 포함, 점차 복잡해지는 일련의 영화 시리즈를 감독한다.

1962   40분짜리 전쟁영화 〈도피할 수 없는 탈출Escape to Nowhere〉로 영화 만들
기 대회에서 수상한다.

1964   감독한 140분짜리 장편 극영화 〈불빛〉이 애리조나의 피닉스에서 처음 상
영된다. 가족이 캘리포니아로 이사하고, 새러토가에서 살게 된다.

1965-69   캘리포니아주립대학교 롱비치캠퍼스에 다닌다.

1966   부모님이 이혼한다.

1968   35밀리 단편영화 〈앰블린〉을 감독하고 제작한다. 이 영화로 1969년에 애
틀랜타 영화제에서 수상한다.

1969   유니버설 스튜디오의 제작국장 시드 샤인버그가 〈앰블린〉을 보고 스필버
그에게 7년 계약을 제안한다. 대학을 떠나 프로 영화감독이 된다. TV 시리
즈 '심야의 화랑'의 〈눈Eyes〉 편을 연출한다. 로드 설링이 각본을 쓰고 조앤
크로퍼드, 배리 설리번, 톰 보슬리가 출연했으며 11월 8일 방영된다.

1970   TV 시리즈 '심야의 화랑'(〈나를 웃겨봐〉 편), '게임의 이름'(〈LA 2017〉 편), '정
신과 의사들'(〈마틴 돌턴의 사적인 세계〉 편), '형사 콜롬보'(〈책에 따른 살인〉
편), '변호사 오언 마셜'(〈와이드 리시버를 위한 찬가〉 편)을 연출한다. 〈대결〉
이 ABC 주말의 영화로 방영되고, 유럽에서 (추가 장면을 찍은 버전으로) 극
장 개봉한다.

1974   〈슈가랜드 특급〉을 발표한다.

1975   〈죠스〉를 발표한다.

1977   〈미지와의 조우〉로 처음 아카데미 감독상 후보에 오른다.

1979   〈1941〉을 발표한다.

1981   〈레이더스〉를 발표한다.

1982   각본가로 참여한, 토브 후퍼 감독의 〈폴터가이스트〉가 개봉한다.

1983   「꿈을 심어주는 노인Kick the Can」 부분에 참여한 영화 〈환상 특급Twilight Zone: The Movie〉이 개봉한다.

1984   〈인디아나 존스〉를 발표한다.

1985   〈컬러 퍼플〉을 발표한다. 아들 맥스가 태어나고 에이미 어빙과 결혼한다. TV 시리즈 '어메이징 스토리'의 두 편(〈임무〉와 〈유령 기차〉)를 연출한다.

1987   〈태양의 제국〉을 발표한다. 아카데미가 수여하는 '창의적 제작creative producing'에 관한 어빙 G. 솔버그 기념상을 수상한다.

1989   〈인디아나 존스─최후의 성전〉 〈영혼은 그대 곁에〉를 발표한다. 에이미 어빙과 이혼한다.

1990   딸 사샤가 태어나고 케이트 캡쇼와 결혼한다. 테오를 입양한다.

1991   〈후크〉를 발표한다.

1992   아들 소여가 태어난다.

1993   〈쥬라기 공원〉을 발표한다. 〈쉰들러 리스트〉가 아카데미 작품상과 감독상
을 수상한다.

1994   제프리 캐천버그와 데이비드 게펀과 함께 새 스튜디오 '드림웍스 SKG'를
출범한다. 홀로코스트 생존자들의 이야기를 영상으로 녹화하기 위해 '쇼
아영상역사재단Shoah Visual History Foundation'을 설립한다.

1996   딸 데스트리가 태어나고 미카엘라를 입양한다.

1997   〈쥬라기 공원 2—잃어버린 세계〉 〈아미스타드〉를 발표한다.

1998   〈라이언 일병 구하기〉가 아카데미 감독상을 수상한다. 독일연방공화국 공
로장을 수훈한다.

2001   〈에이 아이〉를 발표한다. 대영제국 훈장KBE을 받는다. 음모론자 다이애나
나폴리스에게 스토킹을 당한다.

2002   〈마이너리티 리포트〉 〈캐치 미 이프 유 캔〉을 발표한다. 동계 올림픽 개막
식에서 오륜기를 옮긴 여덟 명의 기수 중 하나가 된다.

2004   〈터미널〉을 발표한다. 프랑스의 레지옹 도뇌르 훈장을 수훈한다.

2005   〈우주 전쟁〉을 발표한다. 〈뮌헨〉(아카데미 작품상과 감독상 후보)을 발표한
다. 'SF 명예의 전당'에 입성한다. 잡지 〈엠파이어Empire〉에 의해 '역대 가
장 위대한 영화감독'으로 명명된다.

2006   잡지 〈프리미어〉에 의해 영화사에서 가장 강력하고 영향력 있는 인물 목
록에 오른다.

2008   〈인디아나 존스: 크리스탈 해골의 왕국〉을 발표한다. 골든 글로브에서 세
실 B. 드밀상을 수상한다.

2009   시각효과협회로부터 평생공로상을 수상한다.

2011   〈틴틴: 유니콘호의 비밀〉을 발표한다. 〈워 호스〉(아카데미 작품상 수상)를 발
표한다.

2012   〈링컨〉(아카데미 작품상과 감독상 후보)을 발표한다.

2013   칸영화제 경쟁부문 심사위원장에 위촉된다.

2014   〈포브스〉에 의해 미국의 가장 영향력 있는 셀러브리티로 선정된다.

2015   〈스파이 브릿지〉(아카데미 작품상 후보)를 발표한다. 대통령자유훈장을 수
훈한다.

2016   〈마이 리틀 자이언트〉를 발표한다.

2017   〈더 포스트〉(아카데미 작품상 후보)를 발표한다.

2018   〈레디 플레이어 원〉(아카데미 시각효과상 후보)을 발표한다.

2021   〈웨스트 사이드 스토리〉를 발표한다.

1971   **대결Duel**

제작사: 유니버설 픽처스(MCA/유니버설 픽처스)

배급: ABC

프로듀서: 조지 에크스타인

감독: 스티븐 스필버그

각본: 리처드 매더슨

촬영: 잭 A. 마타

프로덕션 디자인: 로버트 S. 스미스

편집: 프랭크 모리스

음악: 빌리 골든버그

출연: 데니스 위버, 재클린 스콧, 에디 파이어스톤, 루 프리젤, 진 다이나스키, 루실
        벤슨, 팀 허버트, 찰스 실, 셜리 오하라, 알렉산더 록우드

촬영 포맷: 컬러

상영 시간: 90분

1974   **슈가랜드 특급The Sugarland Express**

제작사: 유니버설 픽처스(MCA/유니버설 픽처스)

프로듀서: 데이비드 브라운, 리처드 D. 재녁

감독: 스티븐 스필버그

각본: 핼 바우드, 매슈 로빈스

촬영: 빌모스 지그몬드

편집: 에드워드 M. 에이브롬스, 버나 필즈

음악: 존 윌리엄스

출연: 골디 혼, 벤 존슨, 마이클 색스, 윌리엄 애서턴, 그레고리 월컷, 스티브 캐널리,
        루이스 레이섬, 해리슨 재녁, A. L. 캠프, 제시 리 풀턴

촬영 포맷: 컬러

상영 시간: 110분

1975 **죠스Jaws**

제작사: 유니버설 픽처스(MCA/유니버설 픽처스)

프로듀서: 데이비드 브라운, 리처드 D. 재녁

감독: 스티븐 스필버그

각본: 피터 벤츨리, 칼 고틀립

촬영: 빌 버틀러

프로덕션 디자인: 조 앨브스

편집: 버나 필즈

음악: 존 윌리엄스

출연: 로이 샤이더, 로버트 쇼, 리처드 드레이퍼스, 로레인 게리, 머리 해밀턴, 칼 고
틀립, 제프리 크레이머, 수전 배클리니, 조너선 파일리, 크리스 리벨로

촬영 포맷: 컬러

상영 시간: 124분

1977 **미지와의 조우Close Encounters of the Third Kind**

제작사: 컬럼비아 픽처스 코퍼레이션

프로듀서: 줄리아 필립스, 마이클 필립스, 클라크 L. 페일로(협력 프로듀서)

감독: 스티븐 스필버그

각본: 스티븐 스필버그

촬영: 빌모스 지그몬드

프로덕션 디자인: 조 앨브스

편집: 마이클 칸

음악: 존 윌리엄스

출연: 리처드 드레이퍼스, 프랑수아 트뤼포, 테리 가, 멜린다 딜론, 밥 발라반, J. 패
트릭 맥너마라, 워런 J. 케멀링, 로버츠 블로섬, 필립 도즈, 케리 구피

촬영 포맷: 컬러

상영 시간: 132분(특별판)

1979   **1941**

제작사: 컬럼비아 픽처스 코퍼레이션

프로듀서: 버즈 피트샨스, 재닛 힐리(협력 프로듀서), 마이클 칸(협력 프로듀서)

감독: 스티븐 스필버그

각본: 로버트 저메키스, 밥 게일

촬영: 윌리엄 A. 프레이커

프로덕션 디자인: 딘 에드워드 미츠너

편집: 마이클 칸

음악: 존 윌리엄스

출연: 댄 에이크로이드, 네드 비티, 존 벨루시, 로레인 게리, 머리 해밀턴, 크리스토
    퍼 리, 팀 매더슨, 미후네 도시로, 워런 오츠, 로버트 스택

촬영 포맷: 컬러

상영 시간: 118분

1981   **레이더스Raiders of the Lost Ark**

제작사: 루카스필름 Ltd., 파라마운트 픽처스

프로듀서: 하워드 G. 카잔지안(책임 프로듀서), 조지 루카스(책임 프로듀서), 프랭크
    마셜, 로버트 와츠(협력 프로듀서)

감독: 스티븐 스필버그

각본: 로렌스 캐스단

촬영: 더글러스 슬로컴

프로덕션 디자인: 노먼 레이놀즈

편집: 마이클 칸

음악: 존 윌리엄스

출연: 해리슨 포드, 캐런 앨런, 폴 프리먼, 로널드 레이시, 존 라이스-데이비스, 덴홈
    엘리엇, 앨프리드 몰리나, 볼프 칼러, 앤서니 히긴스, 빅 터블리언

촬영 포맷: 컬러

상영 시간: 115분

1982   **이티E.T. The Extra-Terrestrial**
제작사: 유니버설 픽처스(MCA/유니버설 픽처스), 앰블린 엔터테인먼트
프로듀서: 캐슬린 케네디, 멜리사 매시선(협력 프로듀서), 스티븐 스필버그
감독: 스티븐 스필버그
각본: 맬리사 매시선
촬영: 앨런 다비오
프로덕션 디자인: 제임스 D. 비셀
편집: 캐럴 리틀턴
음악: 존 윌리엄스
출연: 디 월리스-스톤, 헨리 토머스, 피터 코요테, 로버트 맥노튼, 드류 베리모어, K.
     C. 마텔, 숀 프라이, C. 토머스 하월, 에리카 엘레니악, 리처드 스윙글러
촬영 포맷: 컬러
상영 시간: 115분

1984   **인디아나 존스Indiana Jones and the Temple of Doom**
제작사: 루카스필름 Ltd., 파라마운트 픽처스
프로듀서: 캐슬린 케네디(협력 프로듀서), 조지 루카스(책임 프로듀서), 프랭크 마셜
     (책임 프로듀서), 로버트 와츠
감독: 스티븐 스필버그
각본: 윌러드 휴익, 글로리아 카츠
촬영: 더글러스 슬로컴
프로덕션 디자인: 엘리엇 스콧
편집: 마이클 칸
음악: 존 윌리엄스
출연: 해리슨 포드, 케이트 캡쇼, 조너선 키 호이 콴, 암리쉬 푸리, 로샨 세스, 필립
     스톤, 교펭, 데이비드 이프, 클레어 스맬리, 리 스프린텔
촬영 포맷: 컬러
상영 시간: 118분

1985　　　**컬러 퍼플The Color Purple**

제작사: 워너 브라더스, 앰블린 엔터테인먼트, 거버-피터스 컴퍼니

프로듀서: 피터 거버(책임 프로듀서), 캐럴 이젠버그(협력 프로듀서), 퀸시 존스, 캐슬
　　　린 케네디, 프랭크 마셜, 존 피터스(책임 프로듀서), 스티븐 스필버그

감독: 스티븐 스필버그

각본: 앨리스 워커, 메노 마이제스

촬영: 앨런 다비오

프로덕션 디자인: J. 마이클 리바

편집: 마이클 칸

음악: 크리스 보드먼, 조지 캘런드렐리, 안드레이 크루치, 잭 헤이스, 제리 헤이, 퀸
　　　시 존스, 랜디 커버, 제러미 러벅, 조엘 로즌바움, 카이퍼스 세메냐, 프레드 스
　　　타이너, 로드 템퍼튼

출연: 대니 글로버, 우피 골드버그, 마거릿 에이버리, 오프라 윈프리, 윌러드 E. 퍼프,
　　　아코수아 버시아, 데스레타 잭슨, 아돌프 시저, 래 돈 총, 데이나 아이비

촬영 포맷: 컬러

상영 시간: 152분

1987　　　**태양의 제국Empire of the Sun**

제작사: 워너 브라더스, 앰블린 엔터테인먼트

프로듀서: 캐슬린 케네디, 크리스 케니(협력 프로듀서), 프랭크 마셜, 로버트 셔피로
　　　(책임 프로듀서), 스티븐 스필버그

감독: 스티븐 스필버그

각본: J. G. 밸러드, 톰 스토파드

촬영: 앨런 다비오

프로덕션 디자인: 프레드 홀, 노먼 레이놀즈

편집: 마이클 칸

음악: 존 윌리엄스

출연: 크리스천 베일, 존 말코비치, 미란다 리처드슨, 나이절 하버스, 조 판토리아노,

레슬리 필립스, 이부 마사토, 에밀리 리처드, 루퍼트 프레이저, 피터 게일
촬영 포맷: 컬러
상영 시간: 154분

1989　**인디아나 존스—최후의 성전Indiana Jones and the Last Crusade**
제작사: 루카스필름 Ltd., 파라마운트 픽처스
프로듀서: 조지 루카스(책임 프로듀서), 프랭크 마셜(책임 프로듀서), 아서 F. 리폴라
　　　(협력 프로듀서), 로버트 와츠
감독: 스티븐 스필버그
각본: 제프리 봄
촬영: 더글러스 슬로컴
프로덕션 디자인: 엘리엇 스콧
편집: 마이클 칸
음악: 존 윌리엄스
출연: 해리슨 포드, 숀 코너리, 덴홈 엘리엇, 앨리슨 두디, 존 라이스-데이비스, 줄리
　　　언 글로버, 리버 피닉스, 마이클 번, 커보크 말리키안, 로버트 에디슨
촬영 포맷: 컬러
상영 시간: 127분

영혼은 그대 곁에Always
(《조라는 이름의 사나이》(1943)의 리메이크)
제작사: 유니버설 픽처스(MCA/유니버설 픽처스), 앰블린 엔터테인먼트
프로듀서: 캐슬린 케네디, 프랭크 마셜, 스티븐 스필버그
감독: 스티븐 스필버그
각본: 돌턴 트럼보(《조라는 이름의 사나이》 각본가), 제리 벨슨
촬영: 미카엘 살로몬
프로덕션 디자인: 제임스 D. 비셀

편집: 마이클 칸

음악: 존 윌리엄스

출연: 리처드 드레이퍼스, 홀리 헌터, 브래드 존슨, 존 굿맨, 오드리 헵번, 로버츠 블

로섬, 키스 데이비드, 에드 반 너이스, 마그 헬젠버거, 데일 다이

촬영 포맷: 컬러

상영 시간: 106분

1991　　　　**후크Hook**

제작사: 트리스타 픽처스, 컬럼비아 픽처스 코퍼레이션, 앰블린 엔터테인먼트

프로듀서: 게리 애덜슨(공동 제작자), 크레이그 바움가튼(공동 제작자), 브루스 코언

(협력 프로듀서), 도디 파이드(책임 프로듀서), 제임스 V. 하트(책임 프로듀서),

캐슬린 케네디, 말리아 스캇치 마모(협력 프로듀서), 프랭크 마셜

감독: 스티븐 스필버그

각본: 제임스 V. 하트, 말리아 스코치 마모

촬영: 딘 컨디

프로덕션 디자인: 노먼 가우드

편집: 마이클 칸

음악: 존 윌리엄스

출연: 더스틴 호프먼, 로빈 윌리엄스, 줄리아 로버츠, 밥 호스킨스, 매기 스미스, 캐

럴라인 구딜, 찰리 코스모, 앰버 스콧, 로렐 크로닌, 필 콜린스

촬영 포맷: 컬러

상영 시간: 144분

1993　　　　**쥬라기 공원Jurassic Park**

제작사: 유니버설 픽처스(MCA/유니버설 픽처스), 앰블린 엔터테인먼트

프로듀서: 캐슬린 케네디, 제럴드 R. 몰른, 레이타 라이언(협력 프로듀서), 콜린 윌슨

(협력 프로듀서)

감독: 스티븐 스필버그
각본: 마이클 크라이튼, 데이비드 켑
촬영: 딘 컨디
프로덕션 디자인: 릭 카터
편집: 마이클 칸
음악: 존 윌리엄스
출연: 샘 닐, 로라 던, 제프 골드블럼, 리처드 애튼버러, 밥 펙, 마틴 페레로, B. D. 웡,
　　　조지프 마젤로, 아리아나 리처즈, 새뮤얼 L. 잭슨
촬영 포맷: 컬러
상영 시간: 127분

션들러 리스트Schindler's List
제작사: 유니버설 픽처스(MCA/유니버설 픽처스), 앰블린 엔터테인먼트
프로듀서: 어빙 글로빈(협력 프로듀서), 캐슬린 케네디(책임 프로듀서), 브랑코 러스
　　　틱, 제럴드 R. 몰른, 로버트 레이먼드(협력 프로듀서), 류 리윈(공동 제작자), 스
　　　티븐 스필버그
감독: 스티븐 스필버그
각본: 스티븐 자일리안
촬영: 야누시 카민스키
프로덕션 디자인: 앨런 스타스키
편집: 마이클 칸
음악: 요한 세바스티안 바흐, 존 윌리엄스
출연: 리엄 니슨, 벤 킹즐리, 레이프 파인스, 캐럴라인 구덜, 조너선 사갈, 엠베스 데
　　　이비츠, 말고샤 게벨, 쉬퓰릭 레비, 마크 이바니어, 베아트리체 마콜라
촬영 포맷: 흑백
상영 시간: 197분

1997   **쥬라기 공원 2―잃어버린 세계The Lost World : Jurassic Park**

제작사: 유니버설 픽처스(MCA/유니버설 픽처스), 앰블린 엔터테인먼트

프로듀서: 보니 커티스(협력 프로듀서), 캐슬린 케네디(책임 프로듀서), 제럴드 R. 몰른, 콜린 윌슨

감독: 스티븐 스필버그

각본: 마이클 크라이튼, 데이비드 켑

촬영: 야누시 카민스키

프로덕션 디자인: 릭 카터

편집: 마이클 칸

음악: 존 윌리엄스

출연: 제프 골드블럼, 줄리앤 무어, 피트 포스틀스웨이트, 알리스 하워드, 리처드 애튼버러, 빈스 본, 버네사 리 체스터, 피터 스토메어, 하비 제이슨, 리처드 시프

촬영 포맷: 컬러

상영 시간: 129분

아미스타드Amistad

제작사: 드림웍스 SKG, HBO

프로듀서: 데비 앨런, 로버트 M. 쿠퍼(책임 프로듀서), 보니 커티스(협력 프로듀서), 폴 디슨(협력 프로듀서), 로리 맥도널드(책임 프로듀서), 월터 F. 파크스(책임 프로듀서), 팀 슈라이버(공동 제작자), 스티븐 스필버그, 콜린 윌슨

감독: 스티븐 스필버그

각본: 데이비드 H. 프랜조니

촬영: 야누시 카민스키

프로덕션 디자인: 릭 카터

편집: 마이클 칸

음악: 존 윌리엄스

출연: 모건 프리먼, 나이절 호손, 앤서니 홉킨스, 자이먼 운수, 매슈 매코너헤이, 데이비드 페이머, 피트 포스틀스웨이트, 스텔란 스카르스고르드, 아도티 라자

크, 아부 바카 포파나
촬영 포맷: 컬러
상영 시간: 152분

1998 **라이언 일병 구하기Saving Private Ryan**
제작사: 드림웍스 SKG, 앰블린 엔터테인먼트, 파라마운트 픽처스
프로듀서: 이안 브라이스, 보니 커티스(공동 제작자), 마크 고든, 게리 레빈슨, 앨리
슨 라이온 시건(공동 제작자), 스티븐 스필버그
감독: 스티븐 스필버그
각본: 로버트 로댓
촬영: 야누시 카민스키
프로덕션 디자인: 토머스 E. 샌더스
편집: 마이클 칸
음악: 존 윌리엄스
출연: 톰 행크스, 톰 시즈모어, 에드워드 J. 번스, 맷 데이먼, 제러미 데이비스, 빈 디
젤, 애덤 골드버그, 배리 페퍼, 지오바니 리비시, 테드 댄슨
촬영 포맷: 컬러
상영 시간: 168분

2001 **에이 아이A.I. Artificial Intelligence**
제작사: 워너 브라더스, 드림웍스 SKG, 앰블린 엔터테인먼트, 스탠리 큐브릭 프로덕
션스
프로듀서: 보니 커티스, 얀 하를란(책임 프로듀서), 캐슬린 케네디, 월터 F. 파크스,
스티븐 스필버그
감독: 스티븐 스필버그
각본: 브라이언 올디스(단편소설 「작년여름의 장난감들Supertoys Last All Summer Long」,
이안 왓슨(각색), 스티븐 스필버그(각본)

촬영: 야누시 카민스키
프로덕션 디자인: 릭 카터
편집: 마이클 칸
음악: 존 윌리엄스
출연: 헤일리 조엘 오스먼트, 프랜시스 오코너, 샘 로버스, 제이크 토머스, 주드 로,
　　　윌리엄 허트, 켄 렁, 클라크 그레그, 케빈 서스먼, 톰 갤럽
촬영 포맷: 컬러
상영 시간: 146분

2002　　**마이너리티 리포트Minority Report**
제작사: 20세기 폭스, 드림웍스 SKG, 크루즈/와그너 프로덕션스, 블루 튤립 프로덕
　　　션스, 앰블린 엔터테인먼트, 디지털 이미지 어소시에이츠
프로듀서: 보니 커티스, 얀 드봉, 마이클 도번(협력 프로듀서), 게리 골드먼(책임 프로
　　　듀서), 세르지오 미미카-게잔(협력 프로듀서), 제럴드 R. 몰른, 월터 F. 파크스,
　　　로널드 슈셋(책임 프로듀서)
감독: 스티븐 스필버그
각본: 스콧 프랭크, 존 코언
촬영: 야누시 카민스키
프로덕션 디자인: 앨릭스 맥다월
편집: 마이클 칸
음악: 존 윌리엄스
출연: 톰 크루즈, 막스 본 쉬도브, 스티브 해리스, 닐 맥도너, 패트릭 킬패트릭, 제시
　　　카 캡쇼, 리처드 코카, 키스 캠벨, 커크 B. R. 울러, 클레아 스콧
촬영 포맷: 컬러
상영 시간: 145분

캐치 미 이프 유 캔Catch Me If You Can

제작사: 드림웍스 SKG, 켐프 컴퍼니, 스플렌디드 픽처스, 파크스/맥도널드 이미지 네이션, 앰블린 엔터테인먼트, 뮤즈 엔터테인먼트 엔터프라이즈

프로듀서: 배리 켐프(책임 프로듀서), 대니얼 루피(공동 책임 프로듀서), 로리 맥도널 드(책임 프로듀서), 세르지오 미미카-게잔(협력 프로듀서), 데버라 무스-핸킨, 월터 F. 파크스, 앤서니 로마노(책임 프로듀서), 미셸 셰인(책임 프로듀서), 스티븐 스필버그

감독: 스티븐 스필버그

각본: 제프 네이선슨

촬영: 야누시 카민스키

프로덕션 디자인: 제닌 오프월

편집: 마이클 칸

음악: 존 윌리엄스

출연: 리어나도 디캐프리오, 톰 행크스, 크리스토퍼 워컨, 마틴 신, 나탈리 베이, 에이미 애덤스, 제임스 브롤린, 브라이언 하우, 프랭크 존 휴스, 스티브 이스틴

촬영 포맷: 컬러

상영 시간: 141분

2004 **터미널The Terminal**

제작사: 드림웍스 SKG, 앰블린 엔터테인먼트, 파크스/맥도널드 이미지 네이션

프로듀서: 제이슨 호프스(책임 프로듀서), 로리 맥도널드, 세르지오 미미카-게잔, 앤드루 니콜(책임 프로듀서), 월터 F. 파크스, 스티븐 스필버그, 퍼트리샤 휘처(협력 프로듀서)

감독: 스티븐 스필버그

각본: 사차 제바시, 제프 네이선슨

촬영: 야누시 카민스키

프로덕션 디자인: 앨릭스 맥다월

편집: 마이클 칸

음악: 존 윌리엄스

출연: 톰 행크스, 캐서린 제타-존스, 스탠리 투치, 치 맥브라이드, 디에고 루나, 배리 샤바카 헨리, 쿠마르 팰라나, 조이 살다나, 에디 존스, 주드 치코렐라

촬영 포맷: 컬러

상영 시간: 128분

2005   **우주 전쟁War of the Worlds**

제작사: 파라마운트 픽처스, 드림웍스 SKG, 앰블린 엔터테인먼트, 크루즈/와그너 프로덕션스

프로듀서: 데이미언 콜리어(책임 프로듀서), 캐슬린 케네디, 폴라 와그너(책임 프로듀서), 콜린 윌슨

감독: 스티븐 스필버그

각본: 조시 프리드먼, 데이비드 켑

촬영: 야누시 카민스키

프로덕션 디자인: 릭 카터

편집: 마이클 칸

음악: 존 윌리엄스

출연: 톰 크루즈, 다코타 패닝, 미란다 오토, 저스틴 채트윈, 팀 로빈스, 릭 곤잘레즈, 율 바스케스, 레니 베니토, 앤 로빈슨, 진 배리

촬영 포맷: 컬러

상영 시간: 116분

뮌헨Munich

제작사: 드림웍스 SKG, 유니버설 픽처스, 앰블린 엔터테인먼트, 케네디/마셜 컴퍼니, 배리 멘들 프로덕션스, 얼라이언스 애틀란티스 커뮤니케이션스, 페닌술라 필름스

프로듀서: 캐슬린 케네디, 배리 멘들, 빈센트 서번트(보조 제작자), 스티븐 스필버그,

콜린 윌슨

감독: 스티븐 스필버그

각본: 토니 쿠슈너, 에릭 로스

촬영: 야누시 카민스키

프로덕션 디자인: 릭 카터

편집: 마이클 칸

음악: 존 윌리엄스

출연: 에릭 바나, 대니얼 크레이그, 시아란 힌즈, 마티외 카소비츠, 한스 지슐러, 아 예레트 주러, 제프리 러시, 길라 알마고르, 미셸 롱스달, 마티외 아말리크

촬영 포맷: 컬러

상영 시간: 164분

2008 **인디아나 존스: 크리스탈 해골의 왕국Indiana Jones and the Kingdom of the Crystal Skull**

제작사: 파라마운트 픽처스, 루카스필름

프로듀서: 캐슬린 케네디(책임 프로듀서), 크리스티 마코스코 크리거(협력 프로듀 서), 조지 루카스(책임 프로듀서), 프랭크 마셜, 데니스 L. 스튜어트, 플라비우 R. 탐벨리니

감독: 스티븐 스필버그

각본: 데이비드 켑

촬영: 야누시 카민스키

프로덕션 디자인: 기 헨드릭스 디아스

편집: 마이클 칸

음악: 존 윌리엄스

출연: 해리슨 포드, 케이트 블란쳇, 캐런 앨런, 샤이아 러버프, 레이 윈스톤, 존 허트, 짐 브로드벤트, 이고어 지지킨, 디미트리 디아첸코, 엠마누엘 토도로프

촬영 포맷: 컬러

상영 시간: 122분

2011   **틴틴: 유니콘호의 비밀The Adventures of Tintin**

제작사: 컬럼비아 픽처스, 파라마운트 픽처스, 앰블린 엔터테인먼트, 윙너트 필름스, 케네디/마셜 컴퍼니, 헤미스피어 미디어 캐피털, 니켈로디언 무비스

프로듀서: 캐럴린 커닝햄, 피터 잭슨, 켄 카민스, 캐슬린 케네디, 제이슨 D. 맥개틀린, 닉 로드웰(책임 프로듀서), 애덤 솜너(협력 프로듀서), 스테판 스페리(책임 프로듀서), 스티븐 스필버그

감독: 스티븐 스필버그

각본: 스티븐 모펏, 에드거 라이트, 조 코니시

미술: 앤드루 L. 존스, 제프 위스뉴스키

프로덕션 매니지먼트: 피파 앤더슨(후반작업 관리: 뉴질랜드), 리처드 애손(웨타 워크숍 디자인 스튜디오 매니저), 랠프 버텔(프로덕션 책임자), 캔디스 D. 캠포스(프로덕션 관리)

편집: 마이클 칸

음악: 존 윌리엄스

출연: 제이미 벨, 앤디 서키스, 대니얼 크레이그, 닉 프로스트, 사이먼 페그, 대니얼 메이스, 개드 엘마레, 토비 존스, 조 스타, 엔 라이텔

촬영 포맷: 컬러

상영 시간: 107분

워 호스War Horse

제작사: 드림웍스 SKG, 릴라이언스 엔터테인먼트, 앰블린 엔터테인먼트, 케네디/마셜 컴퍼니

프로듀서: 레벨 게스트(책임 프로듀서), 캐슬린 케네디, 크리스티 마코스코 크리거(협력 프로듀서), 프랭크 마셜(책임 프로듀서), 트레이시 시워드, 애덤 솜너, 스티븐 스필버그

감독: 스티븐 스필버그

각본: 리 홀, 리처드 커티스

촬영: 야누시 카민스키

프로덕션 디자인: 릭 카터
편집: 마이클 칸
음악: 존 윌리엄스
출연: 제러미 어바인, 피터 멀런, 에밀리 왓슨, 닐스 아레스트럽, 데이비드 슐리스,
　　　톰 히들스턴, 베니딕트 컴버배치, 셀린 버켄스, 토비 켑케벨, 패트릭 케네디
촬영 포맷: 컬러, 흑백(아카이브 푸티지)
상영 시간: 146분

2012　　링컨Lincoln

제작사: 드림웍스 SKG, 20세기 폭스, 릴라이언스 엔터테인먼트, 파티시펀트 미디
　　　어, 듄 엔터테인먼트, 앰블린 엔터테인먼트, 케네디/마셜 컴퍼니, 월트 디즈니
　　　스튜디오스 모션 픽처스
프로듀서: 캐슬린 케네디, 조너선 킹, 크리스티 마코스코 크리거, 대니얼 루피(책임
　　　프로듀서), 제프 스콜(책임 프로듀서), 애덤 솜너, 스티븐 스필버그
감독: 스티븐 스필버그
각본: 토니 쿠슈너
촬영: 야누시 카민스키
프로덕션 디자인: 릭 카터
편집: 마이클 칸
음악: 존 윌리엄스
출연: 대니얼 데이 루이스, 샐리 필드, 데이비드 스트러세언, 조셉 고든 레빗, 제임스
　　　스페이더, 핼 홀브룩, 토미 리 존스, 존 호키스, 재키 얼 헤일리, 부르스 맥길
촬영 포맷: 컬러
상영 시간: 150분

2015　　스파이 브릿지Brige of Spies

제작사: 앰블린 엔터테인먼트, 드림웍스 SKG, 폭스 2000 픽처스, 마크 플랫 프로덕

션스, 파티시펀트 미디어, 릴라이언스 엔터테인먼트, 스튜디오 바벨스베르크, TSG 엔터테인먼트

프로듀서: 크리스토프 피셔, 조너선 킹(책임 프로듀서), 크리스티 마코스코 크리거, 대니얼 루피(책임 프로듀서), 헤닝 몰펜터, 마크 플랫, 제프 스콜(책임 프로듀서), 애덤 솜너(책임 프로듀서), 스티븐 스필버그, 찰리 워브큰

감독: 스티븐 스필버그

각본: 맷 차먼, 에선 코언, 조엘 코언

촬영: 야누시 카민스키

프로덕션 디자인: 애덤 스톡하우슨

편집: 마이클 칸

음악: 토머스 뉴먼

출연: 마크 라이런스, 도메닉 롬바도지, 빅터 버해그, 마크 피처라, 톰 행크스, 조슈아 하토, 앨런 알다, 빌리 매그너슨, 에이미 라이언, 브라이언 허친슨

촬영 포맷: 컬러, 흑백(아카이브 푸티지)

상영 시간: 142분

2016　　　**마이 리틀 자이언트 The BFG**

제작사: 앰블린 엔터테인먼트, 월트 디즈니 픽처스, 월든 미디어, 드림웍스 SKG, 릴라이언스 엔터테인먼트, 케네디/마셜 컴퍼니

프로듀서: 캐슬린 케네디(책임 프로듀서), 크리스티 마코스코 크리거(책임 프로듀서), 존 매든(책임 프로듀서), 프랭크 마셜, 멜리사 매시선(협력 프로듀서), 샘 머서, 마이클 시걸(책임 프로듀서), 애덤 솜너, 스티븐 스필버그

감독: 스티븐 스필버그

각본: 멜리사 매시선, 로알드 달(원작)

촬영: 야누시 카민스키

프로덕션 디자인: 릭 카터, 로버트 스트롬버그

편집: 마이클 칸

음악: 존 윌리엄스

출연: 마크 라이런스, 루비 반힐, 퍼넬러피 윌튼, 저메인 클레멘트, 레베카 홀, 레이
  프 스폴, 빌 헤이더, 올라뷔르 다리 올라프손
촬영 포맷: 컬러
상영 시간: 117분

2017　　　**더 포스트The Post**
제작사: 앰블린 엔터테인먼트, 드림웍스 SKG, 파티시펀트 미디어, 파스칼 픽처스 엔
  터테인먼트, 스타 스로어 엔터테인먼트
프로듀서: 리즈 해나(공동 제작자), 톰 카노스키(책임 프로듀서), 벤 러스타우스(협력
  프로듀서), 크리스티 마코스코 크리거, 레이철 오코너(공동 제작자), 에이미 파
  스칼, 조시 싱어(책임 프로듀서), 애덤 솜너(책임 프로듀서), 스티븐 스필버그,
  팀 화이트(책임 프로듀서), 트레버 화이트(책임 프로듀서)
감독: 스티븐 스필버그
각본: 리즈 해나, 조시 싱어
촬영: 야누시 카민스키
프로덕션 디자인: 릭 카터
편집: 세라 브로샤, 마이클 칸
음악: 존 윌리엄스
출연: 메릴 스트리프, 톰 행크스, 세라 폴슨, 밥 오덴커크, 트레이시 레츠, 브래드리
  휘트포드, 브루스 그린우드, 매슈 라이스, 앨리슨 브리, 캐리 쿤
촬영 포맷: 컬러
상영 시간: 116분

2018　　　**레디 플레이어 원Ready Player One**
제작사: 앰블린 엔터테인먼트, 드 라인 픽처스, 듄 엔터테인먼트, 페라 필름스 앤드
  매니지먼트, 릴라이언스 엔터테인먼트, 빌리지 로드쇼 픽처스, 워너 브라더스
프로듀서: 브루스 버먼(책임 프로듀서), 릭 카터(협력 프로듀서), 어니스트 클라인(공

동 제작자), 도널드 드 라인, 크리스 드파리아(책임 프로듀서), 댄 페라, 대니얼 루피(책임 프로듀서), 크리스티 마코스코 크리거, 제니퍼 마이슬론(공동 제작자), 애덤 솜너(책임 프로듀서), 스티븐 스필버그

감독: 스티븐 스필버그

각본: 자크 펜, 어니스트 클라인(원작)

촬영: 야누시 카민스키

프로덕션 디자인: 애덤 스톡하우슨

편집: 세라 브로샤, 마이클 칸

음악: 앨런 실베스트리

출연: 타이 셰리든, 올리비아 쿡, 벤 멘델존, 리나 웨이스, T. J. 밀러, 사이먼 페그, 마크 라이런스, 필립 자오, 모리사키 윈, 해나 존-케이멘

촬영 포맷: 컬러

상영 시간: 240분

2021　**웨스트 사이드 스토리West Side Story**

제작사: 앰블린 엔터테인먼트, TSG 엔터테인먼트, 20세기 폭스

프로듀서: 케빈 맥콜럼, 크리스티 마코스코 크리거, 스티븐 스필버그

감독: 스티븐 스필버그

각본: 아서 로렌츠(원작), 토니 쿠슈너

촬영: 야누시 카민스키

프로덕션 디자인: 애덤 스톡하우슨

의상 디자인: 폴 태즈웰

편집: 세라 브로샤, 마이클 칸

음악: 리어나도 번스틴(원곡), 스티븐 손드하임(가사), 데이비드 뉴먼(편곡), 구스타보 두다멜(작곡)

보컬 프로듀서: 지넌 테소리

안무: 제롬 로빈스(1957년 뮤지컬 제작 및 연출, 1967년 영화감독), 저스틴 펙

출연: 레이철 지글러, 앤설 엘고트, 아리아나 데보스, 데이비드 앨버레즈, 마이크

페이스트, 조시 안드레스 리베라, 코리 스톨, 브라이언 다시 제임스, 리타 모레노

촬영 포맷: 컬러

상영 시간: 156분

책·매체·영화명